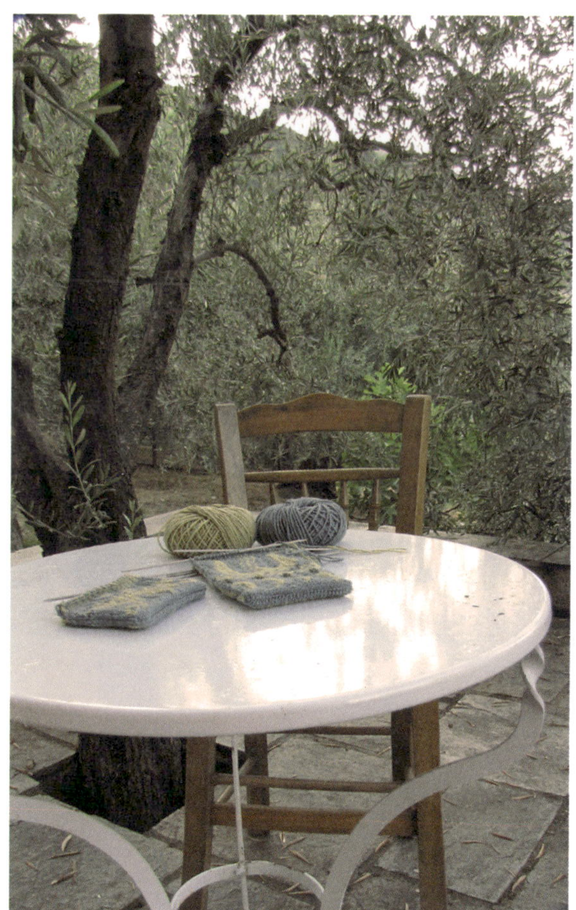

Für meine Kinder und Enkelkinder

und in memoriam für meine Mutter,
die sich so sehr auf das Erscheinen des
Buches gefreut hatte.

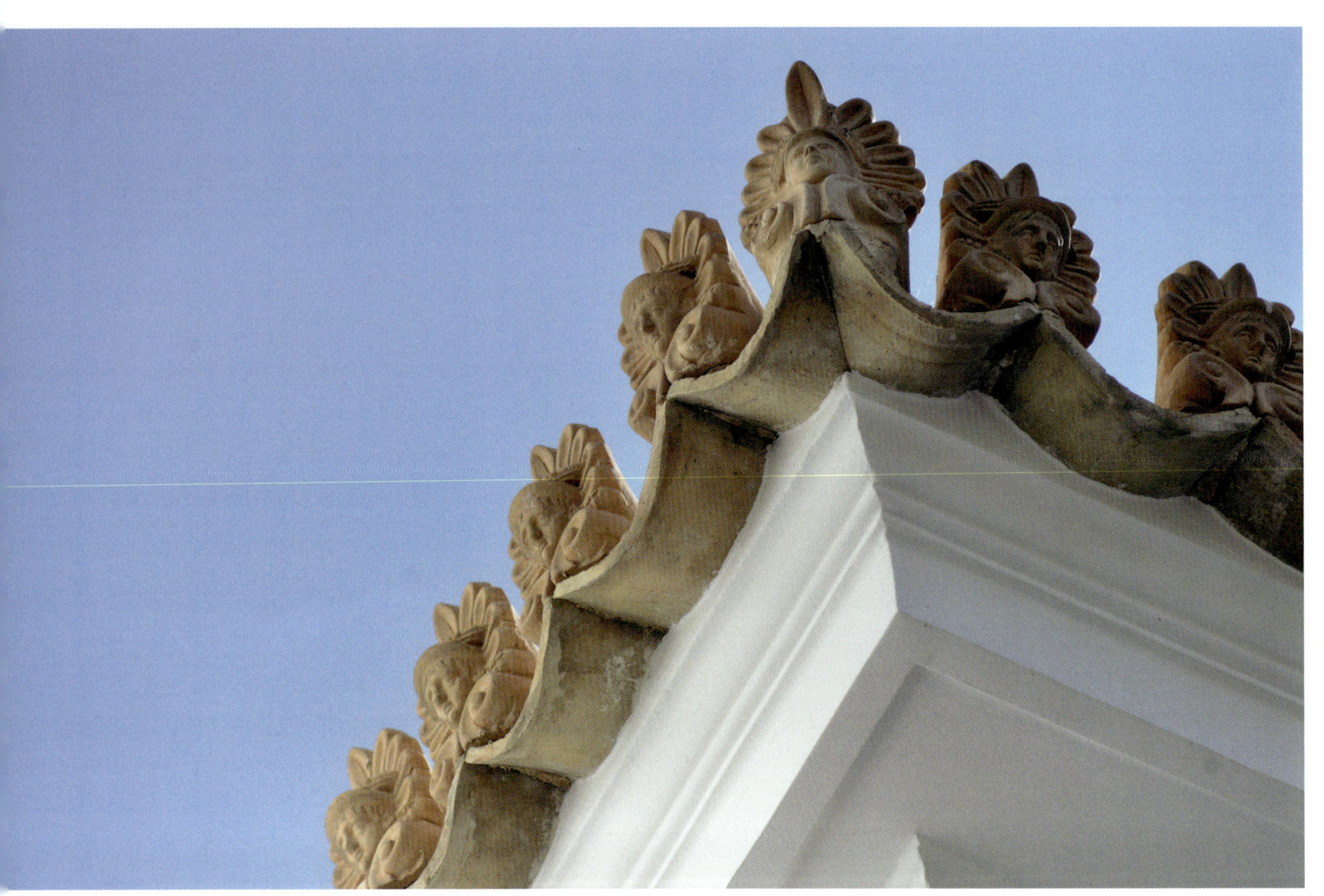

Sylvia Tsoúkas

ARIADNES FÄDEN

EINE STRICKREISE DURCH GRIECHENLAND

MaroVerlag

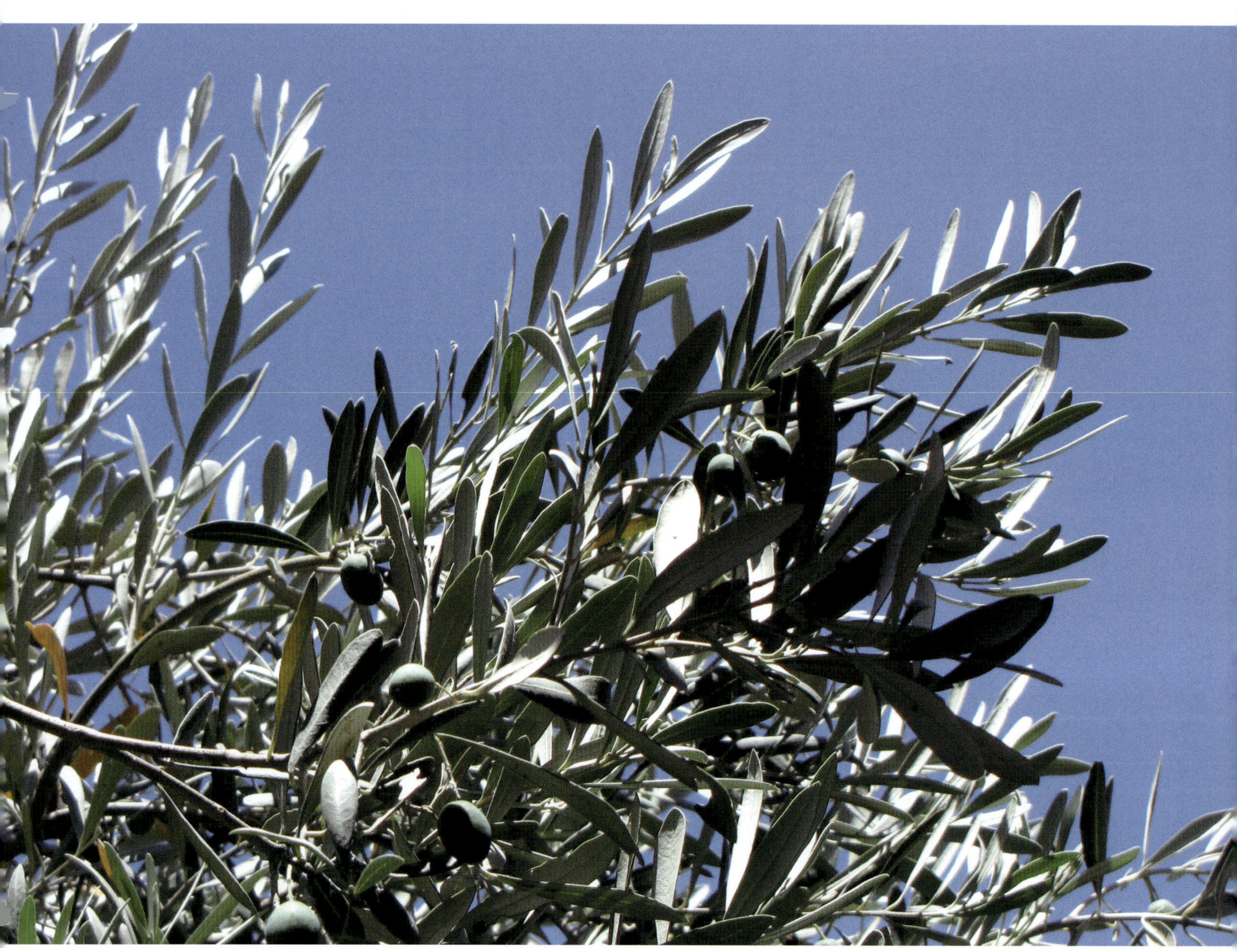

WILLKOMMEN

Der Sinn stand mir nach einem Bilder- und Geschichtenbuch für alle, die Gestricktes mögen und die sich zum Stricken und zu eigenen Strickentwürfen anregen lassen wollen.

Nachsinnen, Entdecken und Tun fügten sich zueinander und ich hoffe, Sie können erleben und spüren: Dieses Buch handelt von der Leidenschaft des Strickens, die Zufriedenheit bewirkt. Es handelt vom Wohlbefinden, das mir der Umgang mit natürlicher Wolle schenkt. Es handelt vom Glück, etwas mit seinen Händen zu gestalten. Es handelt von der Zeitlosigkeit, in die ich im Prozess des Strickens eintauchen kann als auch von der zeitlosen Gültigkeit eines Entwurfs. Und es handelt von meiner mir unverzichtbar gewordenen zweiten Heimat Griechenland, dessen enormer Formen- und Bilderreichtum in Natur und Kultur mich zu den Strickmodellen anregte.

Ich bin sicher, dass bei der breiten Palette von Modellen, die sich mittlerweile alltäglich bewähren, für jede oder jeden von Ihnen etwas dabei ist; egal, ob nach dem kleinen oder großen Projekt gesucht wird, ob kaum oder viel Strickerfahrung vorhanden ist, ob für's Zuhause oder zum Anziehen Strickwünsche bestehen.

Insbesondere möchte ich im Buch meine Freude am Jacquard-Stricken – das gar nicht schwierig ist – mit Ihnen teilen; zum Beispiel meine beinahe kindliche Ungeduld und Freude, die sich immer wieder auf's Neue einstellt, wenn ich einen Musterentwurf, der vielleicht schon lange in meiner Mappe vor sich hin vegetierte, auf die Nadeln nehme und das Musterbild sich Runde um Runde gemächlich herausschält. So wie die Abziehbildchen der Kindheit nach und nach zum Vorschein kamen.

Lassen Sie uns jetzt unsere Strickreise durch Griechenland beginnen: Von der Stadt auf's Land und vom Meer ins Gebirge. Stricken Sie nach Herzenslust oder erfreuen Sie sich einfach an den Bildern.

Sylvia Tsoúkas
im Sommer 2018

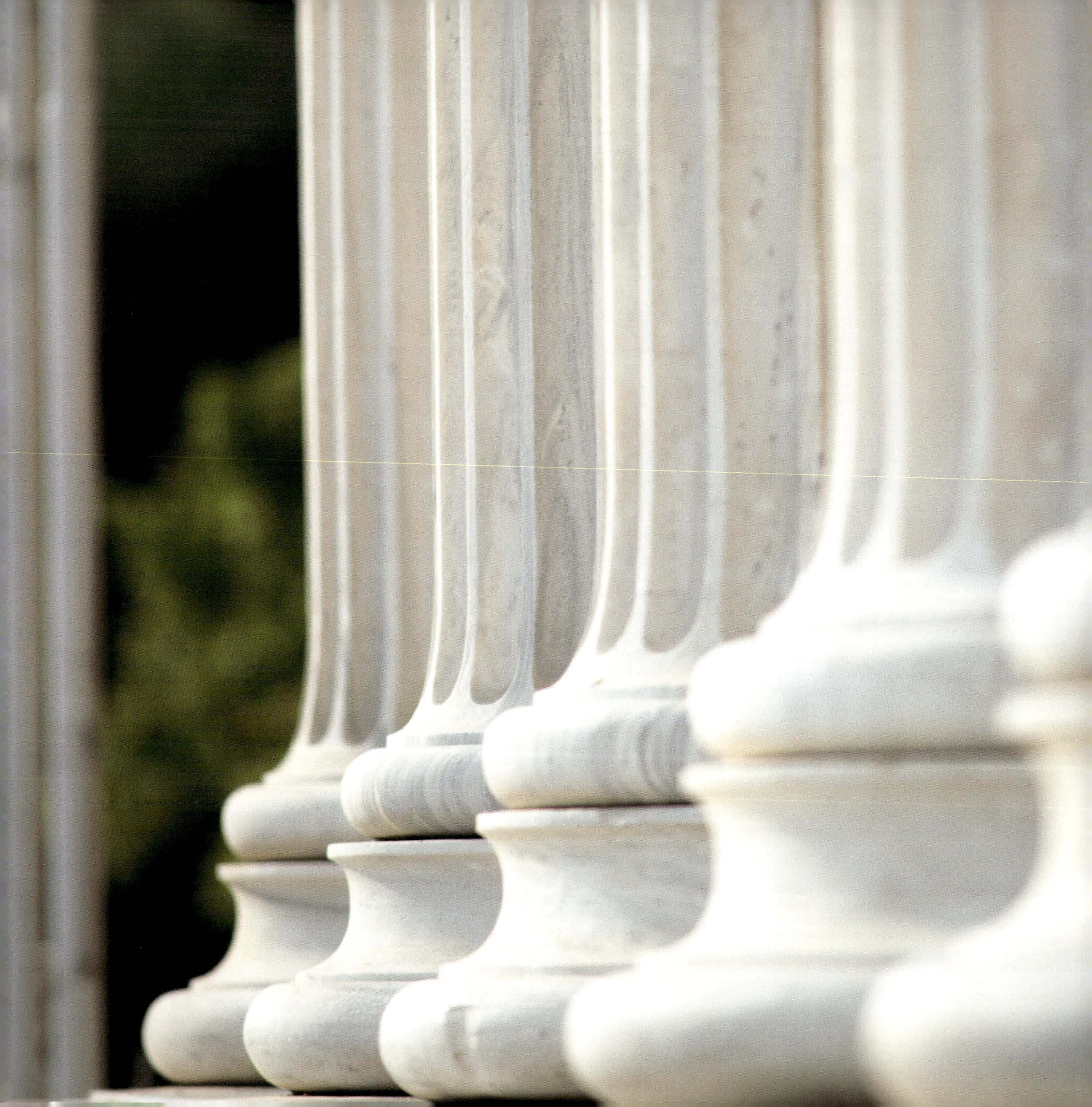

IN DER STADT

MEIN BUCH ENTSTEHT

Mein Buch entstand im Pilion, im Pindosgebirge und in Athen. Ich entwarf, schrieb und strickte natürlich, aber nicht nur. Wenn ich etwa in meinem Athener Viertel auf den Laikí, den Bauernmarkt gehe, für den allwöchentlich eine Straße gesperrt wird, dann kaufe ich zum Beispiel Honig aus Lakonien/Sparta, Oliven aus Kalamáta, Orangen aus Korinth, Bergtee vom Olymp, Safran aus Kozani, Kartoffeln aus Zypern, Olivenöl aus Kreta und Zitronen aus Attika.

Was für ein Klang von Orten und Landschaften! Und erst die Farbenpracht der prallen, erntefrischen Früchte, Gemüse, Blätter und Blüten, ihre oft fantasievolle Präsentation und die fröhliche Stimmung dazu! Ein Wort ergibt das andere, man kommt leicht ins Gespräch mit dem Händler oder anderen Käufern, man lacht zusammen, tauscht Rezepte, auch Neckereien aus und mitunter wird auch gesungen.

So fragte mich vor Kurzem ein Manávis (Händler), bei dem ich Orangen kaufen wollte: »Wo kommst du her?« »Aus Deutschland«, antwortete ich. Daraufhin meinte er scherzhaft, da wünsche er ein deutsches Lied zu hören, bevor er mir die Orangen aushändige. Das nächstbeste Lied, das mir einfiel, hieß »Die Gedanken sind frei«. Ich stellte mich hin, sang es und erhielt im Gegenzug meine Früchte, die der Manávis kunstvoll und Stück für Stück zu Pyramiden geschichtet hatte.

Zurück zum Buch: Minoische Kultur, Mykene, Klassik, Hellenistik, Byzanz, die Volkskunst und die Moderne schenkten mir reichlich inspirierende Geschichten, Motive und Symbole.

Man muss gar nicht unbedingt in Museen gehen oder Kunstbücher wälzen. Viele überzeugende Themen oder Details begegnen mir überall im Alltag in Griechenland: An Balkongeländern, Fenstergittern, Mosaikböden, Dachziegeln, Hausfassaden, in U-Bahnstationen und an allgegenwärtigen Altertümern und Ausgrabungsstätten. Selbst ein Kanaldeckel kann zu einem Strickentwurf anregen.

Formen, Farben und Stimmungen in diesem vom Gebirge und Meer dominierten Land mit all seinen Lebewesen fordern ebenso zum Zeichnen und Malen mit zwei Stricknadeln heraus wie etwa: Eulen, Blätter, Muscheln, Fische, Zweige, Seesterne, Blüten, Wasserwellen, Sandverwehungen, Gestirne, Seepferdchen, Schafe und Schildkröten.

Wenn Sie mit Skizzenblock und Kamera durch Ihre eigene Umgebung in Stadt, Dorf oder Landschaft streifen, werden Sie auch dort garantiert fündig. Wie Sie Ideen in eigene Entwürfe und Strickschriften umsetzen, erkläre ich ab Seite 188. Und bevor Sie sich an eines der nun im Folgenden vorgestellten Modelle setzen, empfehle ich einen Blick in das Kapitel Hinweise am Ende des Buches, von Seite 193–194.

SCHULTERTASCHE »SARINGÁRIA«

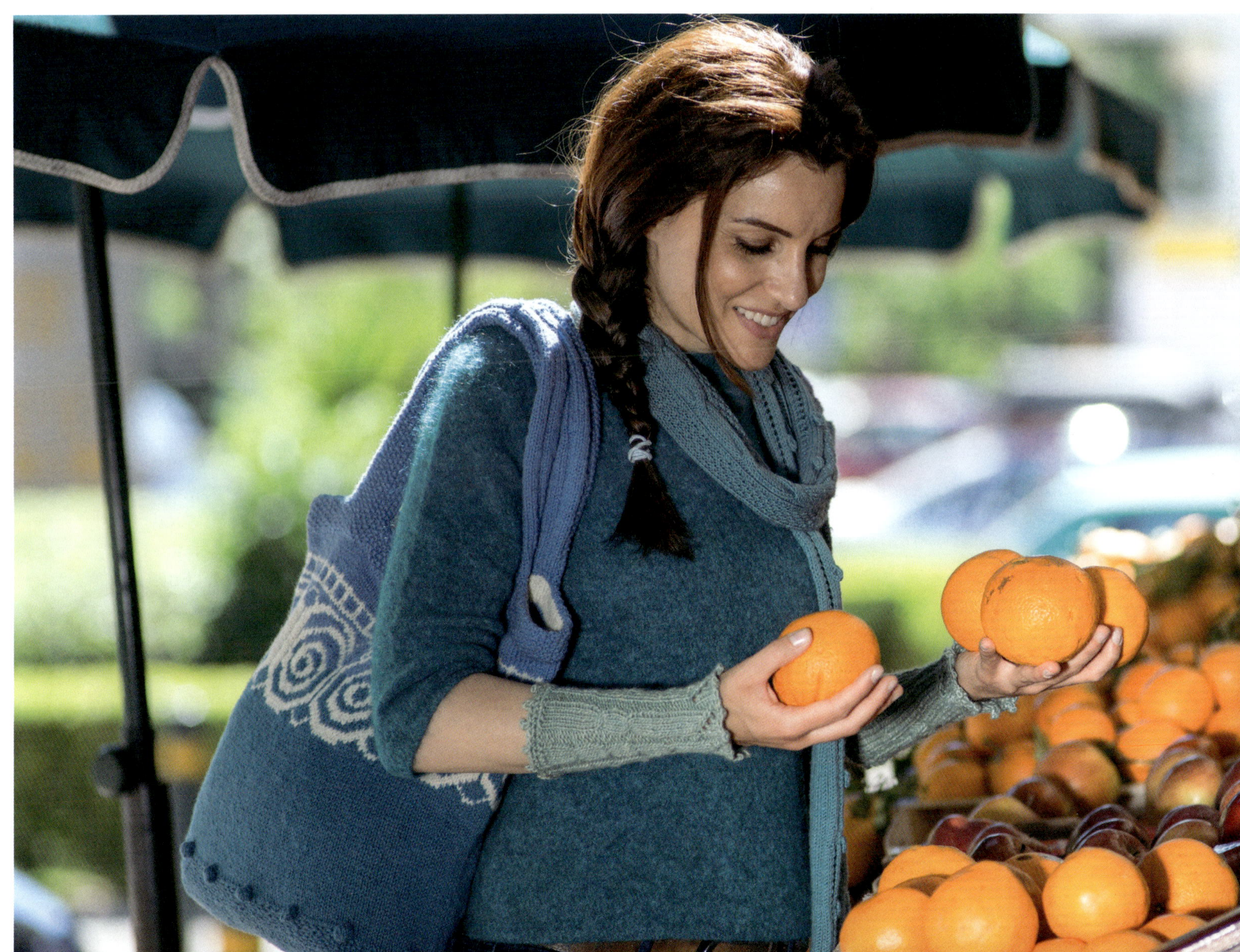

In luftiger Höhe zog ein schwarzes Balkongeländer meinen Blick auf sich: Nichts weiter als aneinandergereihte Schnecken – mir gefiel das ausgewogene Verhältnis von Einzelmotiv und Reihung. Zuhause »schrieb« ich Schneckenspiralen als Zählmuster auf Karopapier. Ich stellte mir die Spiralen in weiß auf himmelblauem Hintergrund mit meeresfarbener Basis vor. Den unteren Teil des meergrünen Grundes würde ich mit etwas Strukturmuster – kleinem Perlmuster und einer Noppenreihe – beschweren. So entstand die rundgestrickte Tasche »Saringária«. Diese füttern Sie idealerweise mit Stoff, wodurch sie stabiler wird. Zusätzlich können Sie den Boden mit Karton verstärken.

SCHULTERTASCHE »SARINGÁRIA«

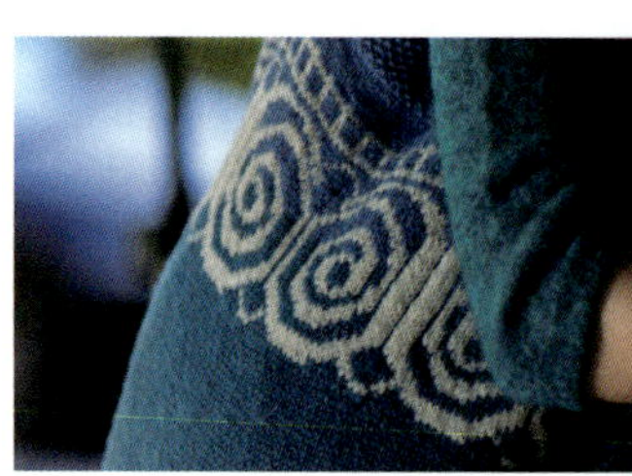

GRÖSSE

ca. 32 cm hoch und 40 cm breit

MATERIAL

Finkhof Wolle dünn (LL 300 m/100 g, 100% Merinowolle kbT), 110 g Petrol, 50 g Hellblau, 40 g Naturweiß. Je 1 Rundnadel Nr. 2,5 und 3, 80 cm lang; ggf. 8 Maschenraffer oder Fäden; 2 × 55 cm Ripsband, ca. 4 cm breit; Wollnadel; ggf. Häkelnadel.

MASCHENPROBE

21 M und 34 R in glatt re = 10 × 10 cm

MUSTER

KLEINES PERLMUSTER: 1 M re, 1 M li im Wechsel str, Mu in jeder Rd versetzen. **GLATT RECHTS IN RUNDEN:** Alle M re. **NOPPE:** Aus 1 M 5 M herausstr, dabei dieselbe M abwechselnd re und re verschränkt str, bis 5 M auf der Nd sind. Wenden. Über diese 5 M 4 R glatt re. Dann nacheinander die 4., 3., 2. und 1. M über die 5. ziehen. **JACQUARD:** Z-Mu glatt re in J-Technik str.

AUSFÜHRUNG

Die Tasche wird in Rd von unten nach oben gestr. Vorder- und Rückseite sind identisch. 168 M (M-Zahl teilbar durch 12, passend zur Verteilung der Noppen) mit Nd Nr. 2,5 anschl, 1 R re str und zur Rd schließen (= Rd 1). 9 Rd im kleinen Perlmu str. Rd 11 = N-Rd: 14 × in jede 12. M eine N str. Zwischen den N re M str. Ab Rd 12 wieder glatt re str. In Rd 51 gleichmäßig verteilt 6 M zun (= 176 M), d. h., aus dem Querfaden einer M eine 2. M herausstr. In Rd 52 Wechsel zu Nd Nr. 3 und Beginn des J-Mu mit Musterfb Naturweiß, dabei in jeder Rd 4 × den Rapport arb. In Rd 69 von Grundfb Petrol wechseln zu Grundfb Hellblau. Rd 87 = letzte Rd im J-Mu. In Rd 88 Wechsel zu Nd Nr. 2,5. Die Grundfb Hellblau und glatt re Mu beibehalten, dabei 2 × 2 M re zusstr (M 1 und 2 am Rd-Beginn sowie M 87 und 88). 95. Rd: 2 × 2 M re zusstr (M 87 und 88 sowie M 172 und 173). Rd 96: Wechsel zu kleinem Perlmu. Nach Rd 105 ist die Taschenhöhe erreicht: 172 M auf der Nd.

SAUM

Einteilung der M für den Saum und die 4 Trägerhälften ab Rd-Beginn wie folgt: 15 M für den Saum, 12 M für Trägerhälfte 1, 32 M für den Saum, 12 M für Träger 2, 30 M für den Saum, 12 M für Träger 3, 32 M für den Saum, 12 M für Träger 4, 15 M für den Saum. Alle diese Abschnitte einzeln stilllegen, bis auf die ersten 15 M der Rd. 1. Rd: Mit Hilfe der 2. Rundnd diese 15 M im kleinen Perlmu str, 12 M anschl, unter Auslassung der 12 M für Träger 1 (und der weiteren 3 Träger) die folg 32 stillgelegten M str, 12 M anschl, die nächsten 30 stillgelegten M str, 12 M anschl, die folg 32 stillgelegten M str, 12 M anschl, die restlichen 15 stillgelegten M str. Es sind wieder 172 M auf der Nd und die Rd ist wieder geschlossen. Mit **EINER** Rundnd weiterarb. In Rd 2 Wechsel zu glatt re und Naturweiß. In Rd 9 Wechsel zu Hellblau. Nach Rd 10 den Saum nach innen klappen und mit der Wollnd M für M von der Stricknd übernehmen und an der Tascheninnenseite annähen (alternativ abk und annähen).

TRÄGER

R 1 (Hinr): Die 12 stillgelegten M für Trägerhälfte 1 auf die Stricknd nehmen, 12 M in Hellblau im Perlmu str, 6 M anschl, wenden. R 2 (Rückr): 6 M li str, 12 M Perlmu, 6 M anschl, wenden. In der Einteilung 6 M glatt re, 12 M Perlmu, 6 M glatt re weiter in Hin-und Rückr str. Nach R 80 die M stilllegen, Faden abschneiden. Die 3 übrigen Trägerhälften ebenso arbeiten.

BODEN

An der unteren Kante der Tasche 56 Anschlag-M auffassen (14 M entfernt vom Rd-Beginn) und in Petrol 42 R im Perlmu str (mit RM). Abk. Die verbliebenen 3 Seiten des Bodens an die übrige Anschlag-Kante der Tasche nähen oder von li mit KM zushäkeln.

FERTIGSTELLUNG

Die Trägerhälften 1 und 4 sowie 2 und 3 zusnähen, das Ripsband mittig auf die Rückseite der beiden Träger legen und rutschfest annähen. Die glatt re gestr Teile der Träger über dem Ripsband aneinander schlagen und zusnähen. Nach Wunsch die Tasche füttern und ein Stück Pappe von ca. 29 × 12 cm schneiden, eine Stoffhülle dafür nähen und in den Taschenboden einlegen.

Rapport: 44 M, 4 × stricken

☐ = Grundfarbe Petrol / ab Runde 18 Hellblau

☒ = Naturweiß

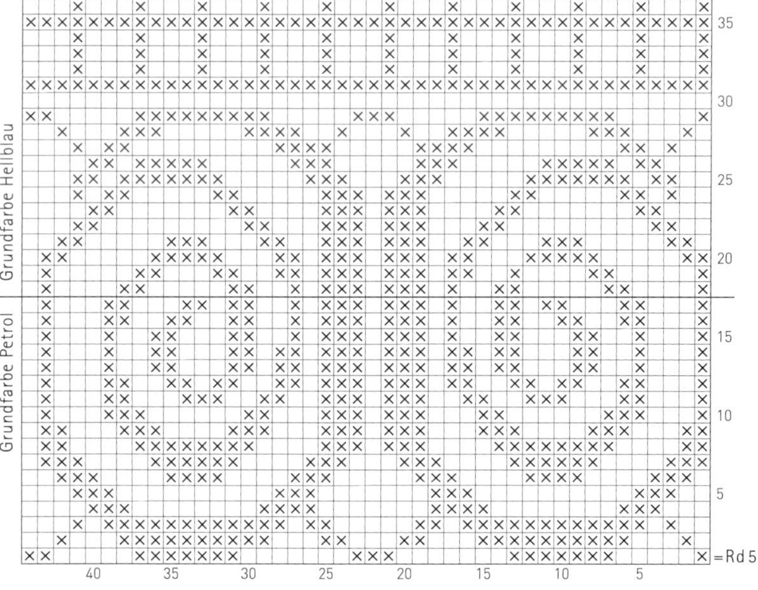

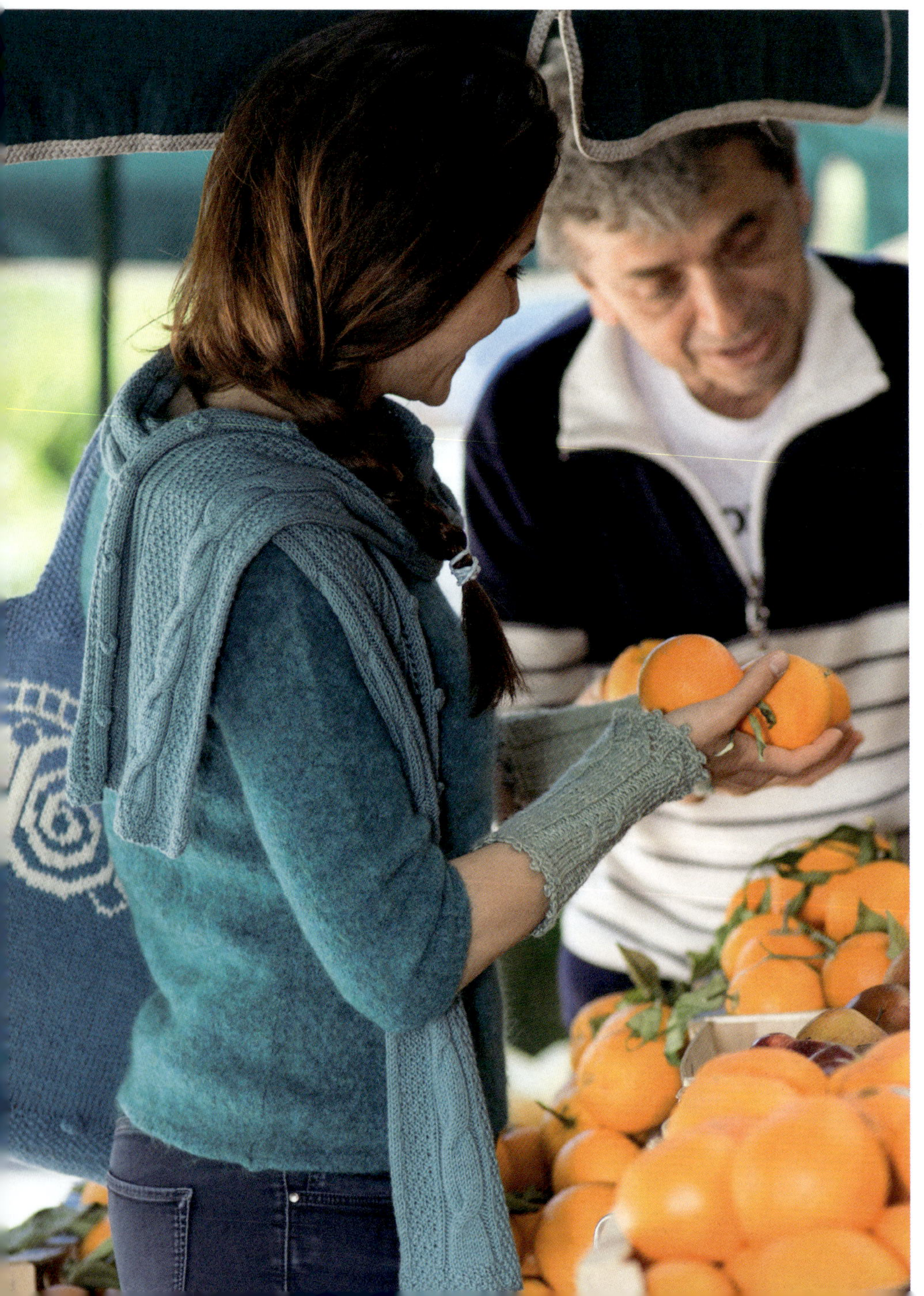

Der Schal »Eleni«, ein Geburtstagsgeschenk, entwickelte sich aus dem Herrenschal »Georgios« heraus, zu sehen auf Seite 93. Etwaige Parallelen zur alttestamentarischen Schöpfungsgeschichte sind dabei völlig unbeabsichtigt.

Der asymmetrisch angeordnete Mustermix mit verschieden breiten »Mustersäulen« des Herrenschals wurde beibehalten. Der weiblichen Variante fügte ich eine Noppen- und zwei Lochmustersäulen hinzu, sodass sich nun Zopf, Rechts-Links-Muster, Noppe und Loch aneinanderreihen. Damit ist der Schal um zehn Maschen breiter als die Herrenvariante. Außerdem strickte ich ihn etwas länger.

DAMENSCHAL »ELENI«

GRÖSSE

ca. 23 × 147 cm

MATERIAL

Wolle Rödel »Siena« (LL 135 m/50 g, 100 % Schurwolle), 185 g Minze. 2 lange Stricknadeln oder Rundnadel Nr. 2,5; Zopfnadel.

MASCHENPROBE

24 M und 32 R im Mustermix = 10 × 10 cm

MUSTER

ROLLRAND an den Längskanten: Die ersten 4 und die letzten 4 M der Hinr re, in der Rückr die ersten 4 und die letzten 4 M li str. **BÜNDCHENMUSTER:** In der Hinr 2 M re, 2 M li im Wechsel, in Rückr alle M str, wie sie erscheinen. **GROSSES PERLMUSTER:** 1. R: 1 M re, 1 M li im Wechsel. 2. R: Alle M str, wie sie erscheinen. 3. R: 1 M li, 1 M re im Wechsel. 4. R: Alle M str, wie sie erscheinen. **ZOPFMUSTER** über 8 M: 12 R ab Bündchen glatt re str, in der 13. R ab Bündchen erstmals zopfkreuzen nach li: 4 M auf die Zopfnd vor die Arbeit legen, 4 M re str, dann die M der Zopfnd re str. Fortl je 17 R glatt re str und in jeder 18. R zopfkreuzen, insgesamt 27 × über die Schallänge. Danach nochmal 12 R glatt re str. **RIPPENMUSTER:** In der Hinr 1 M re, 3 M li im Wechsel, in der Rückr alle M str, wie sie erscheinen. **LOCH:** 1 U, 2 M re zusstr in jeder Hinr. In der Rückr li str. **NOPPE:** Je 1 N in Hinr parallel zu jedem Zopfkreuzen (jeweils 18. R) str: Aus 1 M 5 M herausstr, dabei dieselbe M abwechselnd re und re verschränkt str, bis 5 M auf der Nd sind. Wenden. Über diese 5 M 4 R glatt re str. Dann nacheinander die 4., 3., 2. und 1. M über die 5. ziehen. In der Rückr li str.

MUSTEREINTEILUNG

4 M re (Rollrand), 6 M Perlmu, 1 M re, 2 M li, 8 M Zopfmu, 2 M li, 1 M re, 10 M Perlmu, 16 M Rippenmu, 1 M re, 1 U, 2 M re zusstr, 2 M re, 1 N, 2 M re, 1 U, 2 M re zusstr, 4 M re (Rollrand).

AUSFÜHRUNG

64 M anschl und 6 R im Bündchenmu str. In der oben angegebenen Mustereinteilung fortf; in Rückr die M jeweils str, wie sie erscheinen. Nach 516 R ab Anschlag noch 6 R im Bündchenmu str. Abk (= 522 R gesamt).

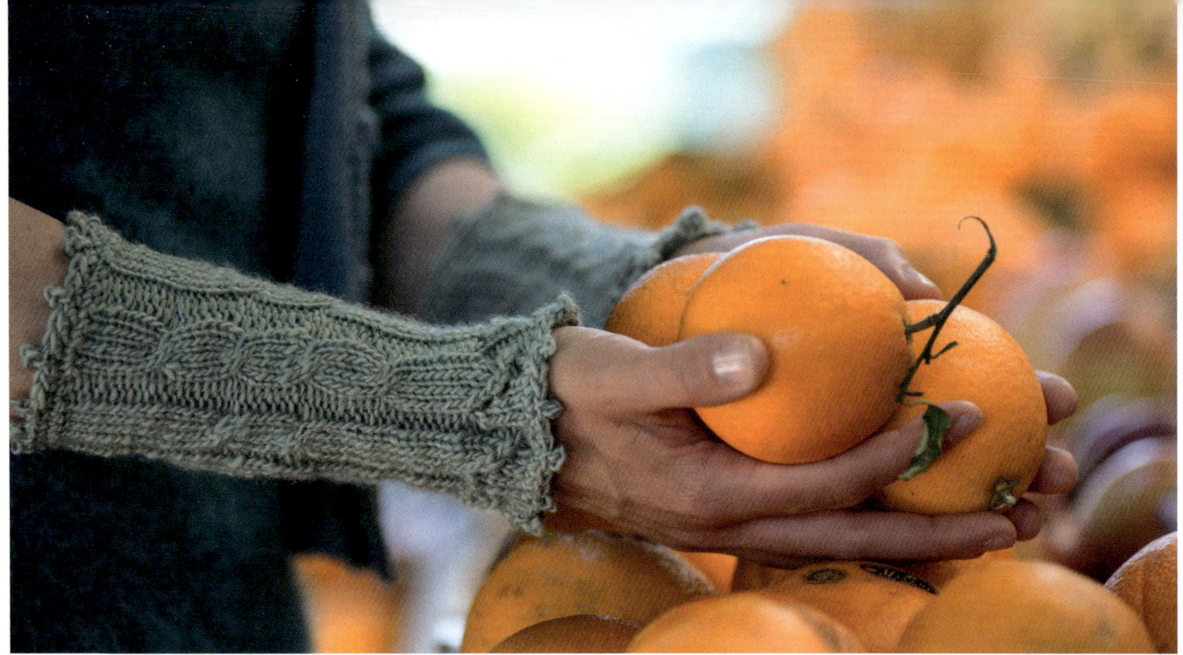

Für die Pulswärmer stellte ich mir als Ausgangspunkt anschmiegsame, lange Bündchen im Rippenstrick vor – wie bei griechischen Fischerunterhemden üblich: zwei Maschen rechts, zwei Maschen links. Ich wünschte mir, dass noch etwas Schmückendes auf den Rippen stattfindet. Dafür müsste die Aktionsfläche – von jeweils zwei Maschen rechts – verbreitert werden. Daher wandelte ich gedanklich das Rippenmuster um in: Vier Maschen rechts, zwei Maschen links, also in sogenannte Flachrippen. Nun verzierte ich eine Flachrippe mit einem einfachen Zöpfchen, welches aus der Flachrippe herauswächst und nach viermal Zopfkreuzen wieder zur Flachrippe wird. Aber ein Zöpfchen allein sieht so einsam und verlassen aus. So stellte ich dem Zöpfchen zwei weitere an die Seite – mit jedoch jeweils nur zwei Zopfverkreuzungen.

Zum vertikal Fließenden von Rippe und Zopf könnte sich noch etwas Diagonales und zu Hand und Fingern hin Öffnendes gesellen, nicht wahr? Dafür wären Löcher wie gemacht. Sie weiten und öffnen ein Strickstück. Also strickte ich anstelle jeder ersten Masche einer Flachrippe ein Loch und wiederholte dies in jeder zweiten Runde noch dreimal, das Loch dabei immer um eine Masche nach links versetzt – die diagonale Musterung entstand. Nun war die Kelchöffnung zur Hand hin erreicht und ich kettete ab. Als romantisches i-Tüpfelchen schloss ich den Abkettrand mit einer Runde gehäkelter irischer Pikots ab: Fertig war die »Rippenspitze«.

Ich verwendete pflanzengefärbtes Wolle-Seide-Garn mit Homespun-Charakter. Auf Seite 108 ist das gleiche Modell aus roter Finkhof Merinowolle zu sehen.

PULSWÄRMER »RIPPENSPITZE«

GRÖSSE
ca. 16 cm lang. Umfang ca. 19 cm

MATERIAL
Aus meinem Fundus: 29 g baligrünes Garn, pflanzengefärbt: 50 % Wolle, 50 % Seide, LL ca. 120 m/50g, bzw. Modell Seite 108: Finkhof Wolle dünn (LL 300 m/100 g, 100 % Merinowolle kbT), 25 g Rotmeliert. Nadelspiel Nr. 2,5; Zopfnadel; Häkelnadel Nr. 2,5.

MASCHENPROBE
22 M und 32 R im Grundmuster = 10 × 10 cm

MUSTER
GRUNDMUSTER IN RUNDEN: 4 M re, 2 M li im Wechsel. **ZOPFMUSTER:** Zopf über 4 M nach li verkr: 2 M auf die Zopfnd vor die Arbeit legen, 2 M re str, dann die M der Zopfnd re str. **LOCHMUSTER:** 1 U, 2 M re überzogen zusstr (1 M wie zum re str abh, 1 M re, abgehobene M über die gestr M ziehen).

AUSFÜHRUNG
36 M anschl und zur Rd schließen. Rd 1–11: Im Grundmu str. Rd 12: 4 M re, 2 M li, 4 M re, 2 M li, 4 M re, 2 M li, 4 M nach li verkr (Zopfmu), 2 M li, 4 M re, 2 M li, 4 M re, 2 M li. Rd 13–20: Im Grundmu str. Rd 21: 4 M re, 2 M li, 4 M re, 2 M li, 4 M nach li verkr, 2 M li, 4 M nach li verkr, 2 M li, 4 M nach li verkr, 2 M li, 4 M re, 2 M li. Rd 22–29: Im Grundmu str. Rd 30: Wie Rd 21 str. Rd 31–38: Im Grundmu str. Rd 39: Wie Rd 12 str. Rd 40–47: Im Grundmu str. Rd. 48: *1 U, 2 M re überzogen zusstr, 2 M re, 2 M li, 1 U, 2 M re überzogen zusstr*. Von * zu * fortl wdh. Rd 49, 51, 53: Im Grundmu str. Rd 50: *1 M re, 1 U, 2 M re überzogen zusstr, 1 M re, 2 M li*. Wdh. Rd 52: *2 M re, 1 U, 2 M re überzogen zusstr, 2 M li *. Wdh. Rd 54: *3 M re, 1 U, 2 M li überzogen zusstr (1 M abh, 1 M li, abgehobene M über gestr ziehen), 1 M li *. Rd 55: Abk im Grundmu.

ANSCHLAG- UND ABKETT-KANTE mit je 1 R irischer Pikots umhäkeln: *3 feste Maschen, 4 LM, häkelnd aus der Arbeitsschlinge ziehen in die 1. der 4 LM, danach in die Arbeitsschlinge einstechen und die Schlinge durch die LM ziehen *. Von * bis * fortl wdh.

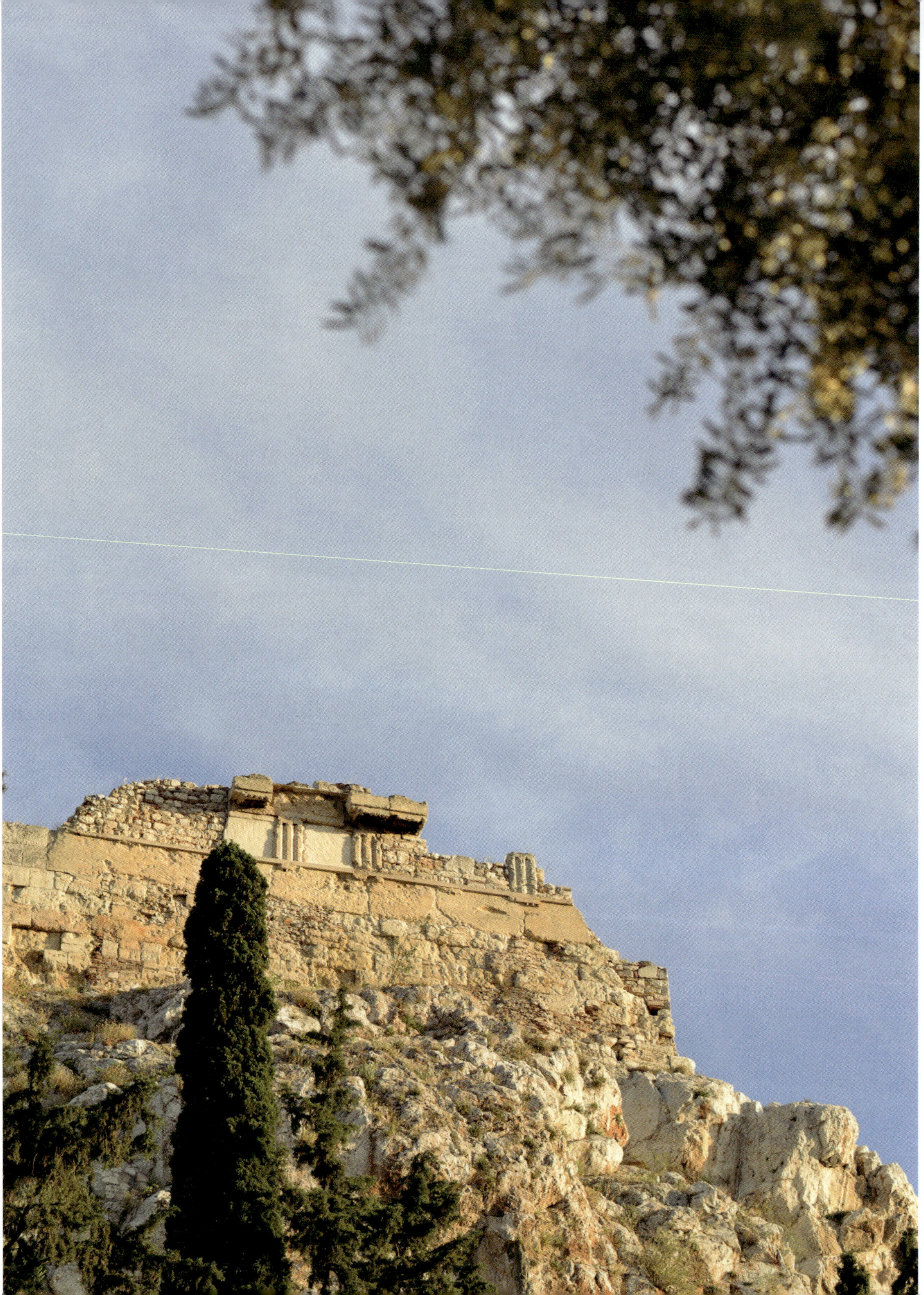

PAPOÚS TELLER

Wieder war ich in Athen gelandet und wieder besuchte ich nach langer Zeit die Akropolis, diesmal zur frühen Abendstunde. Da meldete sich die Erinnerung, ganz lebendig und gegenwärtig:

Wie wir uns als junges Paar versprochen hatten, zu heiraten. Für den Sommer hatte ich mir vorgenommen, unbedingt seine Eltern kennenzulernen. Nondas konnte sich aber nicht frei nehmen. So flog ich allein nach Athen, in eine Stadt, in ein Land, in dem ich noch nie zuvor war, aber mit dem Hausschlüssel und der Adresse des Elternhauses meines zukünftigen Mannes ausgerüstet.

Die so alte aber auch so junge Demokratie zählte gerade erst zwei Jahre nach der letzten Diktatur und es war auch noch nicht die Zeit der Handys. So wussten meine künftigen Schwiegereltern nicht, wann ich kommen würde. Die heißen Sommermonate verbrachten sie weit entfernt der Metropole in der frischen Bergluft des Pindosgebirges.

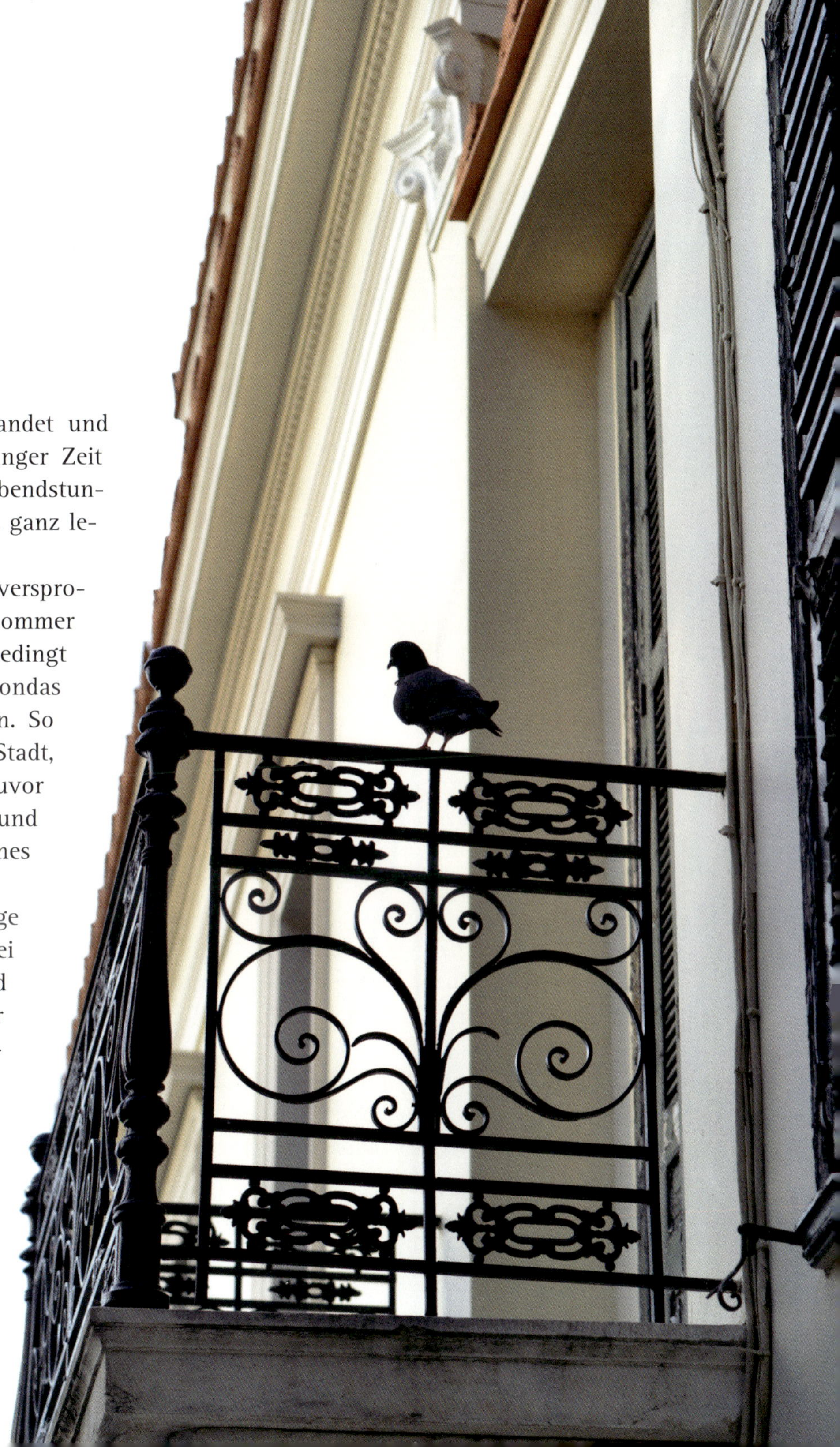

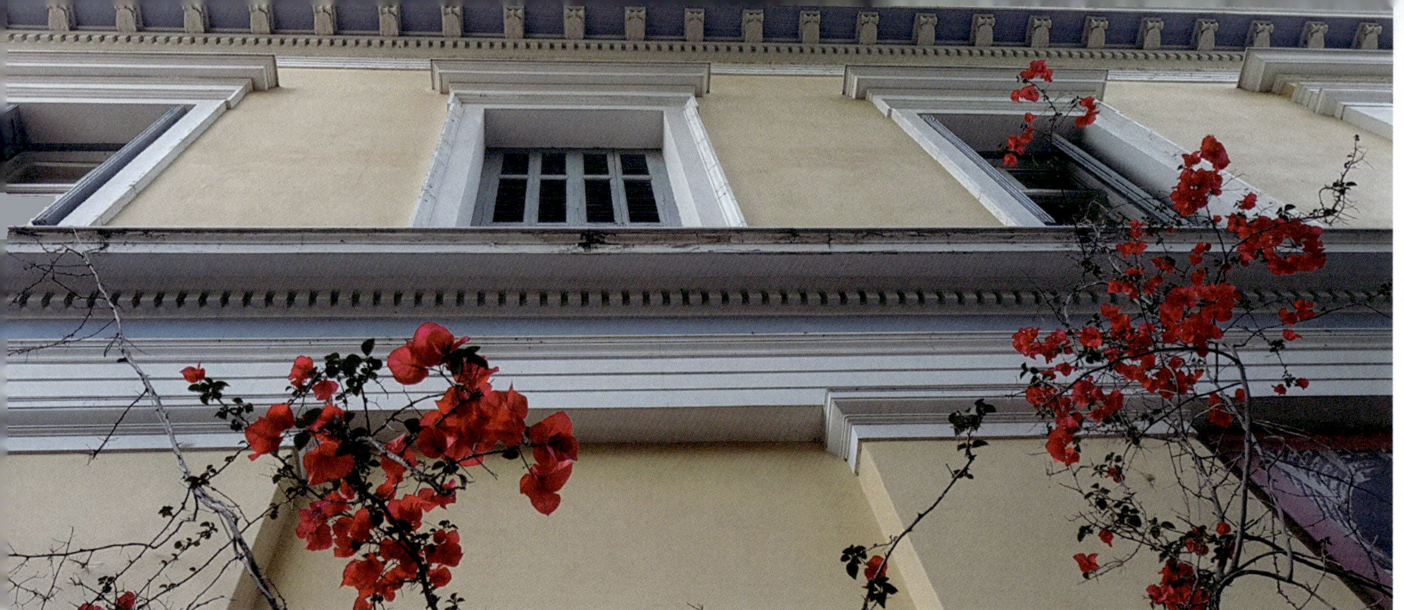

»Fahr' erst mal in die Wohnung und fühl dich wie zuhause. Es ist zwar niemand da, aber meine Eltern werden schon im Laufe des August aus dem Dorf kommen«, meinte mein Verlobter zum Abschied.

Das Flugzeug drehte eine Schleife über dem Saronischen Golf und setzte dicht am Wasser auf. Auf dem alten Flughafen Ellinikó. Ich war angekommen.

Kurz vor Mitternacht stieg ich die vier Treppen – samt Koffer – eines mir fremden Athener Hauses hoch, steckte den Schlüssel in die Wohnungstür und entschloss mich dann doch, vorsorglich zu klingeln.

Licht wurde angeknipst, ich hörte Schritte, die Tür wurde geöffnet und da stand meine künftige Schwiegermutter Eleni – im Negligé – vor mir.

Überraschung auf beiden Seiten. Eleni zeigte spontane Freude und ich spürte sofort Vertrautheit, Verbundenheit mit ihr, obwohl wir uns kaum mit Worten unterhalten konnten.

Noch bevor sie mir etwas zu essen und ein Bett richtete, präsentierte sie mir auf der Dachterrasse die von zig Lichtern beleuchtete, strahlend schöne Akropolis, den magischen Burgberg mit dem Parthenon, beinahe zum Greifen nah und damals noch unverbaut vom Wildwuchs der Häuser über fünf Stockwerke hinaus. Gleich morgen Früh würde sie mich hinführen, bedeutete mir Eleni. Meine erste Begegnung mit dem Zeitlosen und Maßvoll-Schönen Griechenlands.

Anderntags kam Student Takis, Nondas' jüngerer Bruder in Athen an. Takis, der mit unendlicher Geduld und Ausdauer als mein Übersetzer und Reiseführer fungierte.

Wir fuhren ein paar Tage ans Meer und als wir in die Backofenhitze Athens zurückkehrten – wer kann, meide Athen im August! –, war mein künftiger Schwiegervater eingetroffen: Eine enorme Respektsperson mit klugen, warmherzigen Augen, deren prüfendem Blick nichts entging. Ich erinnere mich, wie wir am weiß gedeckten, runden Tisch zu Mittag aßen, ich tags darauf am selben Tisch den schriftlichen 23-Fragenkatalog meines Schwiegervaters beantwortete, übersetzt von Takis. Schwiegervater Georgios Tsoúkas war dabei überaus freundlich und humorig, gleichwohl aber gespannt auf meine Antworten. Er fragte mich etwa, wie lange wir – Nondas und ich – uns kennen würden, wo Übereinstimmung und Gegensätze unserer Charaktere bestünden, ob wir vorhätten, zu heiraten, wie meine Eltern meine Beziehung zu Nondas sähen, ob und welche griechischen Philosophen ich studiert hätte, wo ich ideologisch stünde und welche Partei ich in Deutschland wählen würde. Berufstätigkeit, Kindererziehung, Toleranz im partnerschaftlichen Alltag, Religion, meine Eindrücke zu Griechenland, weltpolitische Einschätzungen und anderes gehörten ebenso zum Themenspektrum seiner Fragen. Mir blieb keine andere Wahl, als spontan und intuitiv zu antworten, denn schließlich war ich nicht vorbereitet – im Gegensatz zu ihm. Was war ich erleichtert, als seine Bilanz positiv ausfiel und Georgios Tsoúkas den innigen Wunsch bekundete, dass wir bald heiraten mögen. Er wirkte ausgesprochen heiter, beinahe euphorisch. Schon am nächsten Tag verabschiedete er sich sehr herzlich und schenkte mir die Replik eines antiken Tellers, bemalt mit schwarzen Mustern und Figuren auf rotem Grund aus der geometrischen Epoche Griechenlands. Zwei Monate später schickte er mir einen langen Brief nach Köln.

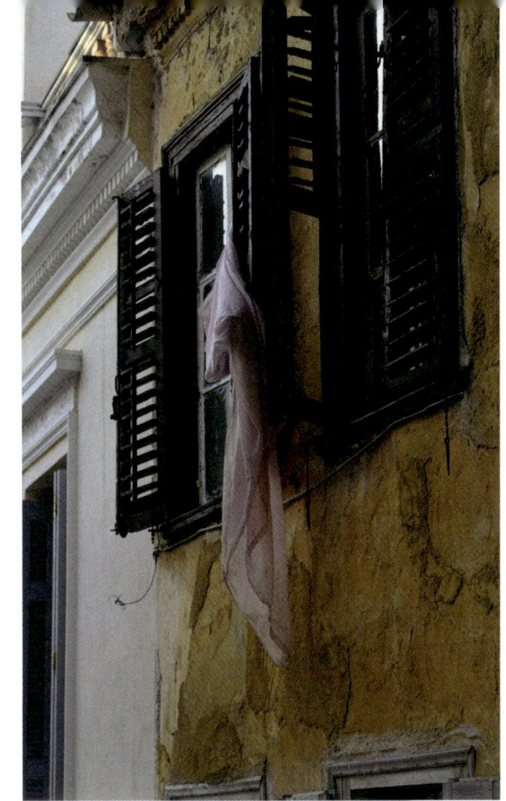

Wir nannten ihn Papoú (griechisch Großvater), als wir später Kinder hatten. Er starb wenige Monate nach unserer kurzen Begegnung in Athen. Und jetzt bin ich die Einzige, die den Enkelkindern eines Tages ein klein wenig von Georgios Tsoúkas erzählen kann – und auch von Eleni, Takis und Nondas.

Ab Seite 111 finden Sie die Strickdecke, zu der mich der Teller von Papoú anregte.

ERDIGES TERRACOTTA AUF LUFTIGEM FIRST

DECKE UND KISSEN »AKROTÉRION«

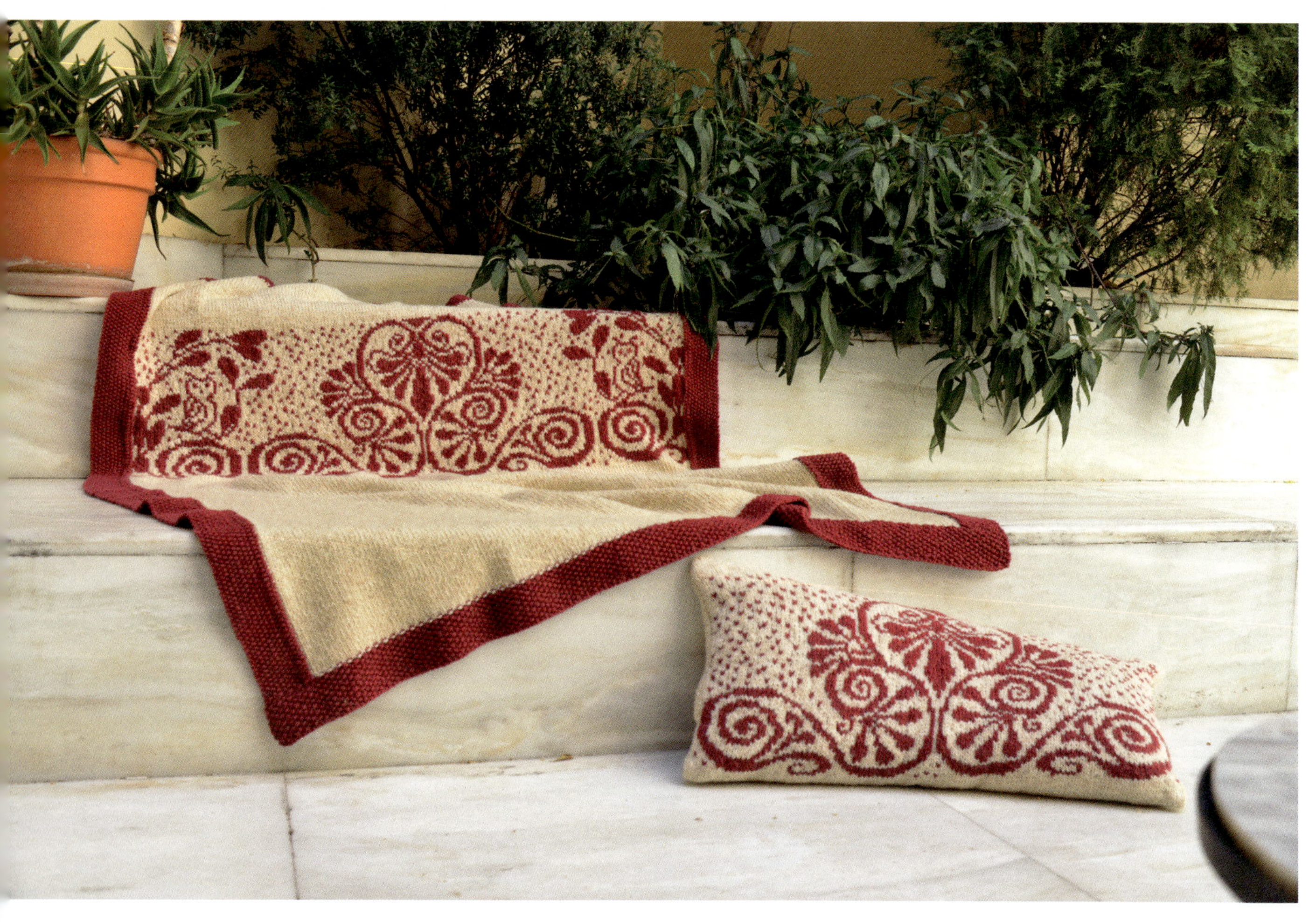

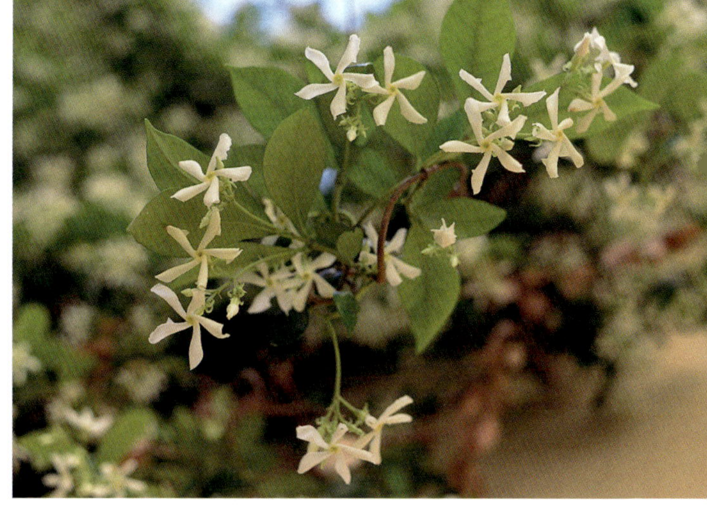

Kein Geringerer als Pheidías (480 v. Chr. – ca. 420 v. Chr.) gab mit dem Akrokéramo, einer Terracotta-Arbeit aus seiner Werkstatt, den Anstoß zu Kissen und Decke »Akrotérion«.

Akrotérien oder Akrokérama sind Formen, meist aus Ton, mit denen typischerweise griechische Hausdächer, entweder an den vier Ecken oder rundherum, bestückt und verziert wurden und zwar sowohl in der Antike als auch heute noch – unser Haus eingeschlossen. Ausgeschlossen sind gewöhnlich Flachdachhäuser.

Mir gefiel ein Akrotérion aus der Werkstatt des Pheidías, des berühmten Bildhauers und Vertreters der Hochklassik. Seine Keramikform war mittig geknickt und zeigte rechtwinklig in beide Richtungen des Daches.

Gedanklich klappte ich seine Form flächig auf und zeichnete die Palmette etwas herzförmiger auf Skizzenpapier, später als Zählmuster auf Karopapier. Legte die Diagramme zu meinen Strickschriften, die noch einer Umsetzung harrten.

Die Hochzeit meines mittleren Sohnes stand an. Das Brautpaar durfte eine Strickdecke von mir erwarten und das Bordürenmuster auswählen. Die beiden entschieden sich für das Akrotérion. Warme Finkhof-Wolle und die Farben meiner Strickprobe sagte ihnen auch zu. Den rötlichgolden schimmernden Naturton als Grundfarbe erreichte ich durch Verwendung von je einem Faden Merinowolle Naturweiß und einem Faden Fuchsschafwolle (vom Coburger Fuchsschaf) Naturbeige. Zwei Fäden festliches Purpurrot waren für's Einstrickmuster vorgesehen.

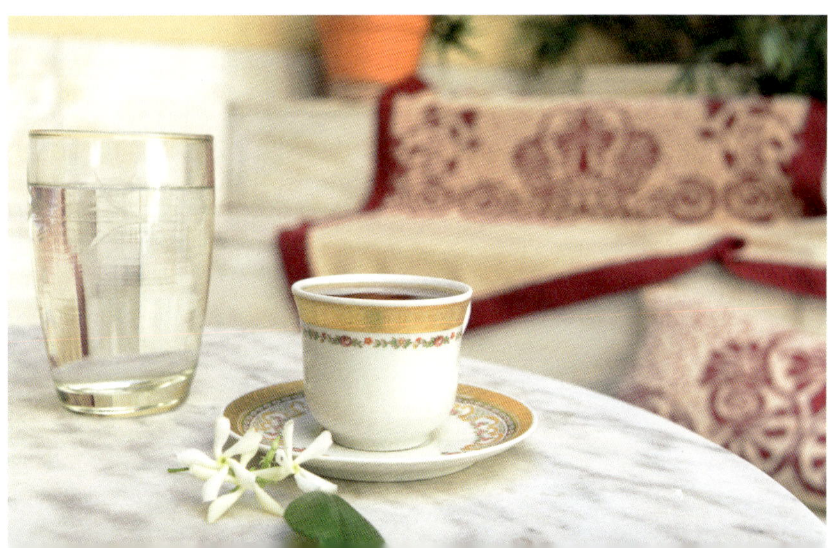

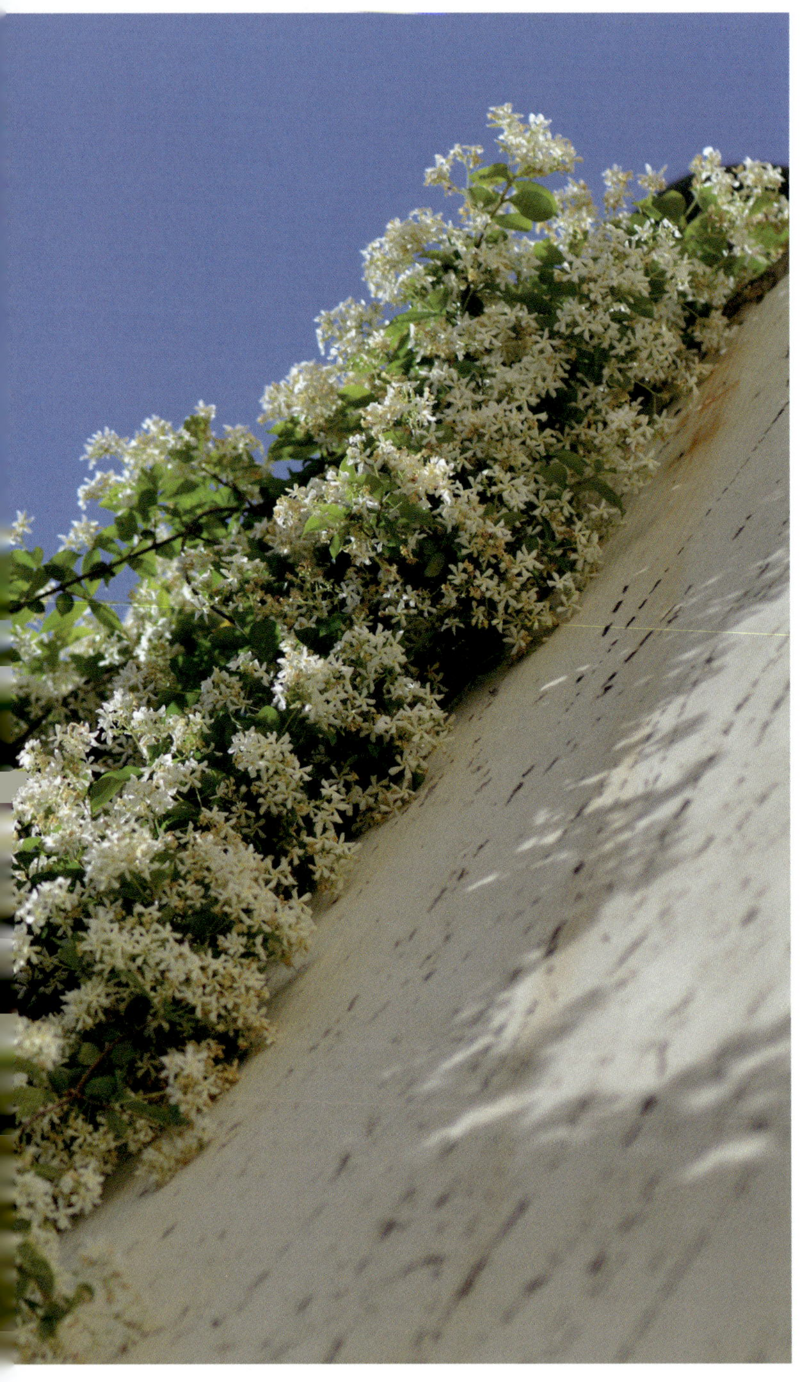

Oft schicke ich großen Projekten kleine oder kleinere Probeprojekte voraus und so entstand zuerst das Rückenkissen »Akrotérion«. Die Bordüre für eine Decke müsste aber breiter als eine Kissenlänge sein. Was kann man einem Akrotérion in luftiger Höhe unterm Sternenhimmel schon zur Seite stellen? Ich entwarf Stilisiertes und verwarf es wieder. Lebendiges wie Lorbeerbäume und Eulen könnten eine gute Nachbarschaft abgeben, fand ich schließlich.

Ich strickte die Decke in Runden an verschiedenen Plätzen Athens, die Bordüre mit dem umfangreichen Zählmuster zu Hause und konzentriert am ausgezogenen Esstisch, die übrige Decke auf Spielplätzen, Parkbänken, Chajátis, am Busbahnhof auf den Bus nach Kalamáta wartend, auf Felsen am Areopag sitzend, auf den Marmorstufen des Záppeion, dabei immer wieder im Gespräch mit Passanten. Im wunderbar urwüchsigen Philopáppou-Park in Athen sagte ein Herr zu mir: »Es ist ein Bild des Friedens, wie Sie da in der Natur sitzen und so etwas Schönes aus Wolle entsteht.« »Ja«, antwortete ich lachend, »es fehlen nur noch die Schafe um mich herum« – ein streunender »Hüte«-Hund hatte sich mittlerweile neben mir eingefunden und zur Ruhe gelegt.

Übrigens: Die beiden möchten ihre Decke aus schwäbischer Biowolle und griechischem Muster nicht missen. Sie liegt stets griffbereit bei ihnen im Wohnzimmer.

DECKE »AKROTÉRION«

GRÖSSE

ca. 170 cm hoch und 138 cm breit

MATERIAL

Finkhof Wolle dünn (LL 300 m/100 g, 100 % Merinowolle bzw. 100 % Fuchsschafwolle kbT), 435 g Fuchsschafwolle beige, 435 g Merinowolle Naturweiß und 400 g Purpur. Je 1 Rundnadel Nr. 4 und 4,5, 120 cm lang; 1 Nadelspiel Nr. 4; Wollnadel.

MASCHENPROBE

Glatt rechts:
14 M und 24 R mit Nd Nr. 4 = 10 × 10 cm
Jacquardmuster:
15 M und 17 Rd mit Nd Nr. 4,5 = 10 × 10 cm

MUSTER

GLATT RECHTS IN RUNDEN: Alle M re. **JACQUARD IN RUNDEN:** Nach Z-Mu Seite 24 und 25 glatt re in J-Technik str. **KLEINES PERLMUSTER IN REIHEN:** 1 M re, 1 M li im Wechsel str, in Rückr versetzen.

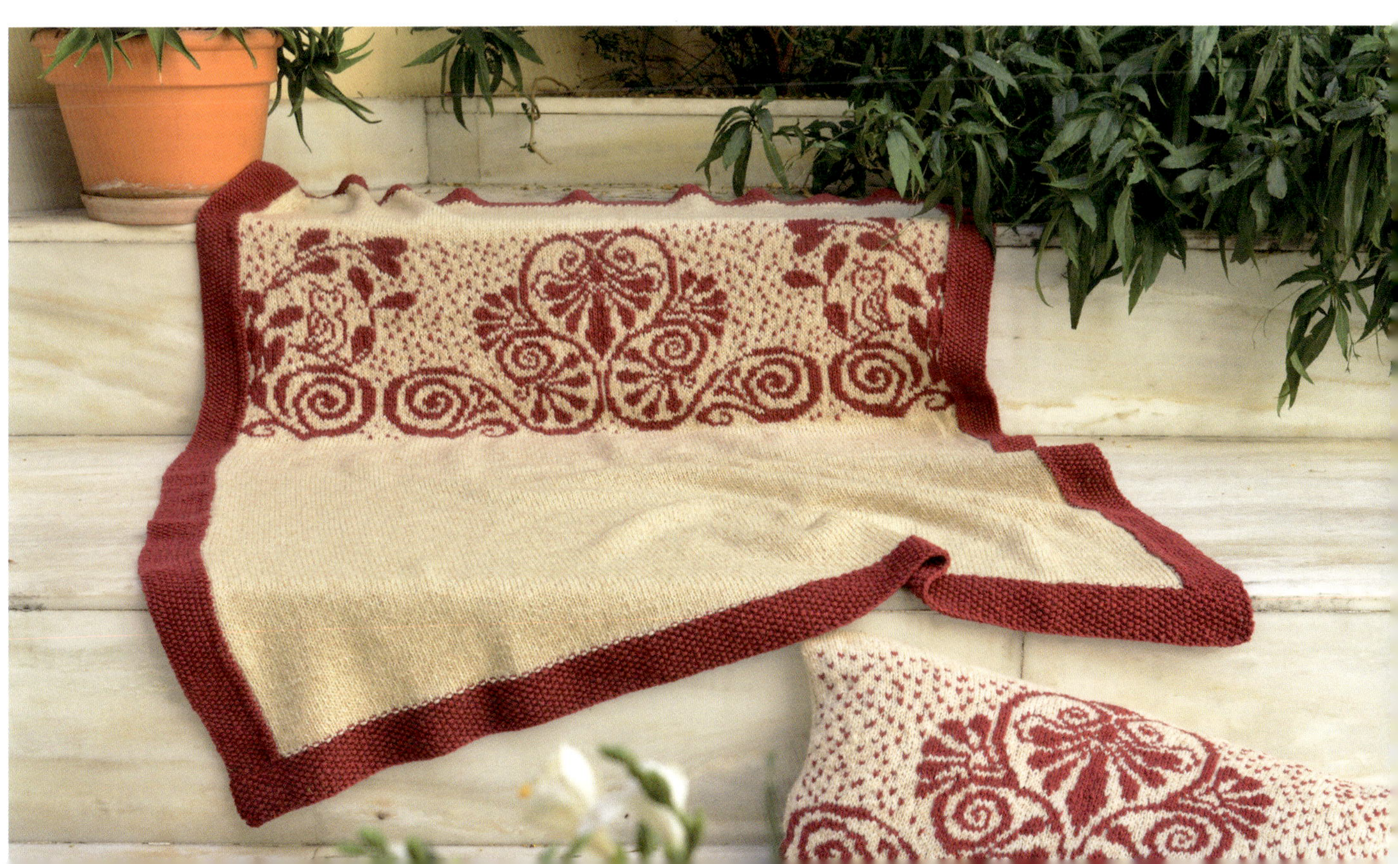

Aufgrund der umfassenden Größe ist das eigentlich zusammenhängende Zählmuster auf zwei Buchseiten aufgeteilt. Das Muster wird jeweils von ganz rechts (S. 25) bis ganz links (S. 24) in Runden gestrickt.

☐ = Grundfarbe Naturweiß (1 Faden) und Fuchsschafwolle beige (1 Faden)

☒ = Musterfarbe Purpur (2 Fäden)

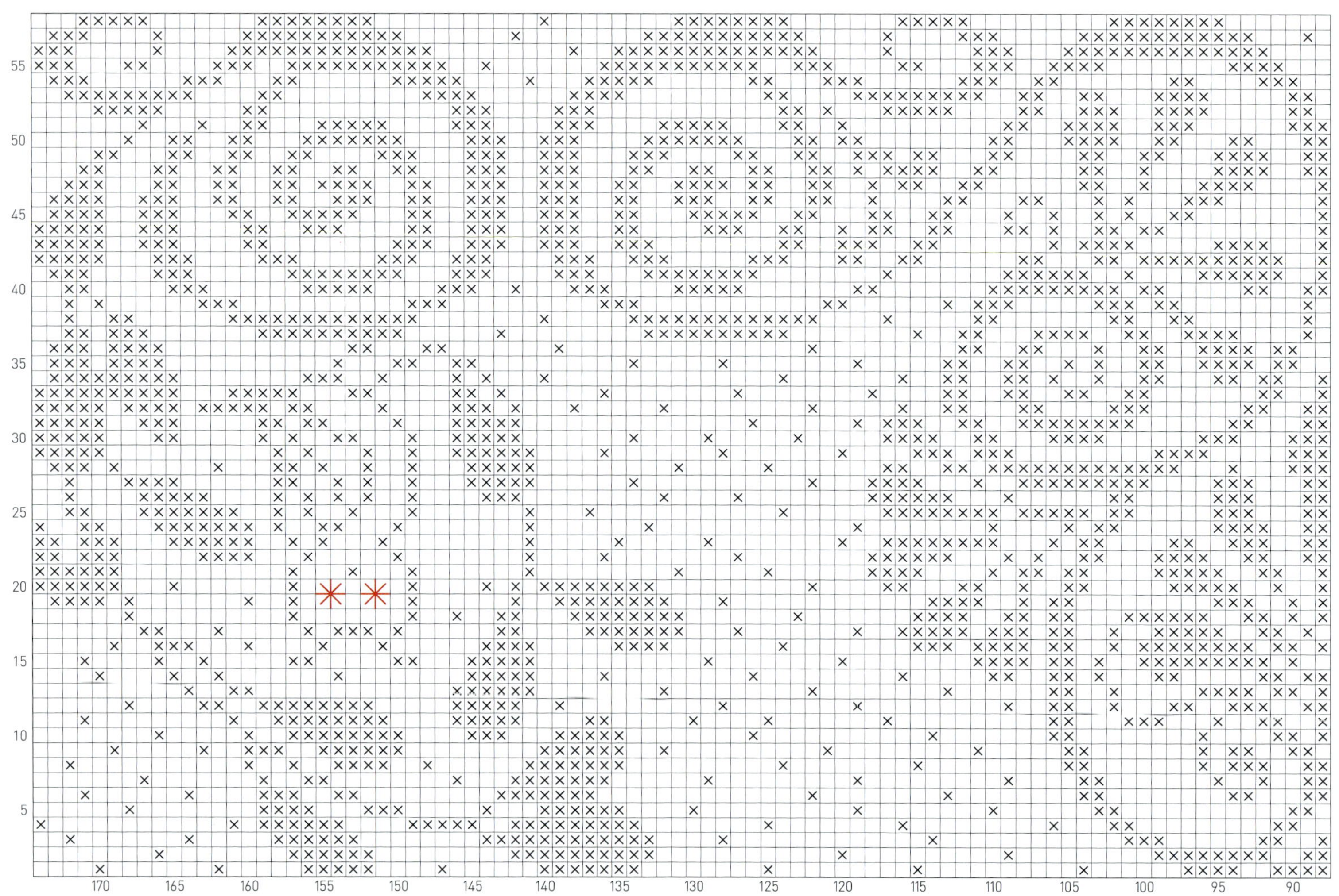

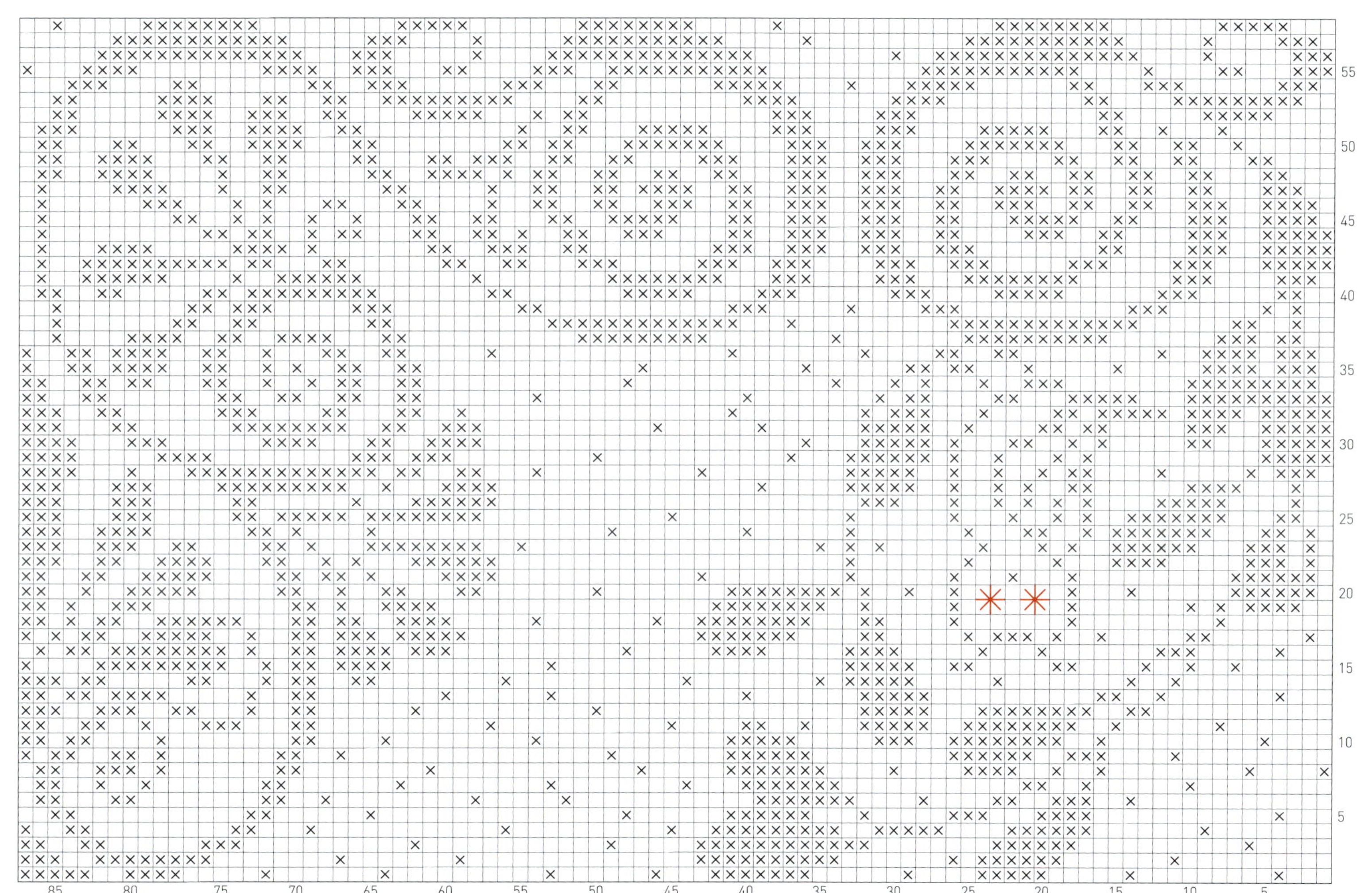

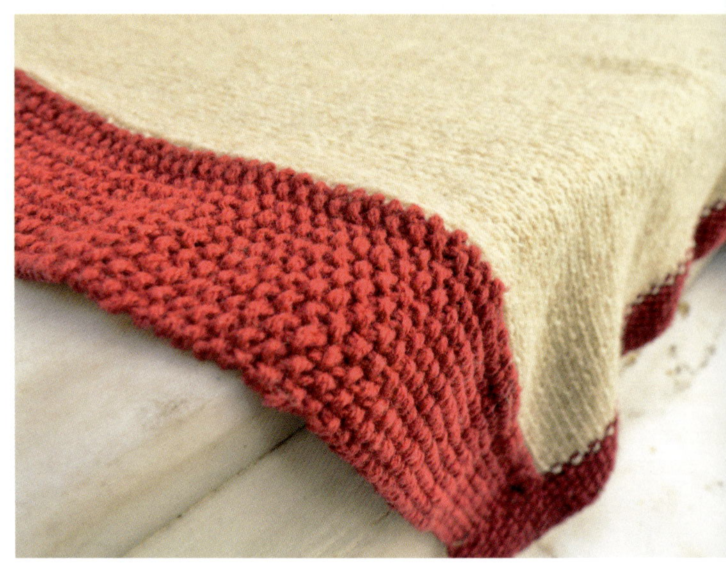

AUSFÜHRUNG

Doppelfädig! Die Decke wird in Rd mit Steek (Nahtzugabe) von oben nach unten gestr und danach aufgeschnitten. – Mit je einem Faden Naturweiß und Beige (= Grundfb) 177 M mit Nd Nr. 4 anschl, zur Rd schließen und 58 Rd in folg Einteilung str: 1 M re, 1 M li, 1 M re, 1 M li (= 1. Steekhälfte), 169 M re (= Hauptteil), 1 M li, 1 M re, 1 M li, 1 M re (= 2. Steekhälfte). In der 58. Rd gleichmäßig verteilt 6 M zun (herausstr). Es sind 183 M auf der Nd. Wechsel zu Nd Nr. 4,5. Es folgen 58 Rd J-Mu mit Musterfb Purpur (2-fädig) laut Z-Mu, dabei werden für den Steek am Anfang jeder Rd 1 M Grundfb, 1 M Purpur, 1 M Grundfb, 1 M Purpur und am Ende jeder Rd 1 M Purpur, 1 M Grundfb, 1 M Purpur, 1 M Grundfb gestr. Nach Beendigung des J-Teils wiederum Wechsel zur Grundfb, zu Nd Nr. 4 und gleichmäßig verteilter Abnahme von 6 M (je 2 M re zusstr) in der 1. Rd nach dem J-Teil, dabei wird der Steek wiederum mit re und li M wie zu Beginn gebildet. Nach weiteren 174 Rd glatt re in der Grundfb ist die untere Kante der Decke erreicht. Nicht abk. – Mit der Nähmaschine (optional per Hand) auf den beiden Purpur M-Säulen beidseits des Rd-Beginns (bzw. auf den Linke-M-Säulen) dichte Nähte setzen, exakt am Rd-Beginn aufschneiden und die Kanten versäubern. Dazu die Schnittkante mit einem doppelten Wollfaden und einer Wollnadel umstechen, sodass alle Fadenenden gesichert sind.

RANDEINFASSUNG

Am unteren Rand sind nun (ohne die Steek-M) 169 M auf der Nd. In Purpur 15 R im Perlmu str, dabei nach R 1 noch 11 M anschl, wenden und nach R 2 nochmal 11 M anschl (= 192 M gesamt). In R 15 alle M abk. Mit einer kurzen Nd die 11 Anschlag-M an der re Deckenseite auffassen und im Perlmu in Hin-und Rückr eine lange Randblende str, die bis zur oberen Anschlag-Kante der Decke reicht. Nicht abk. Die linke Randblende identisch arb. Beide Blenden an die Decken-Längskanten nähen. Mit der langen Rundnd die 169 Anschlag-M am oberen Deckenrand auffassen, am Anfang und Ende der Nd die je 11 M aus den Randblenden hinzunehmen (= 192 M) und 15 R im Perlmu str. Abk.

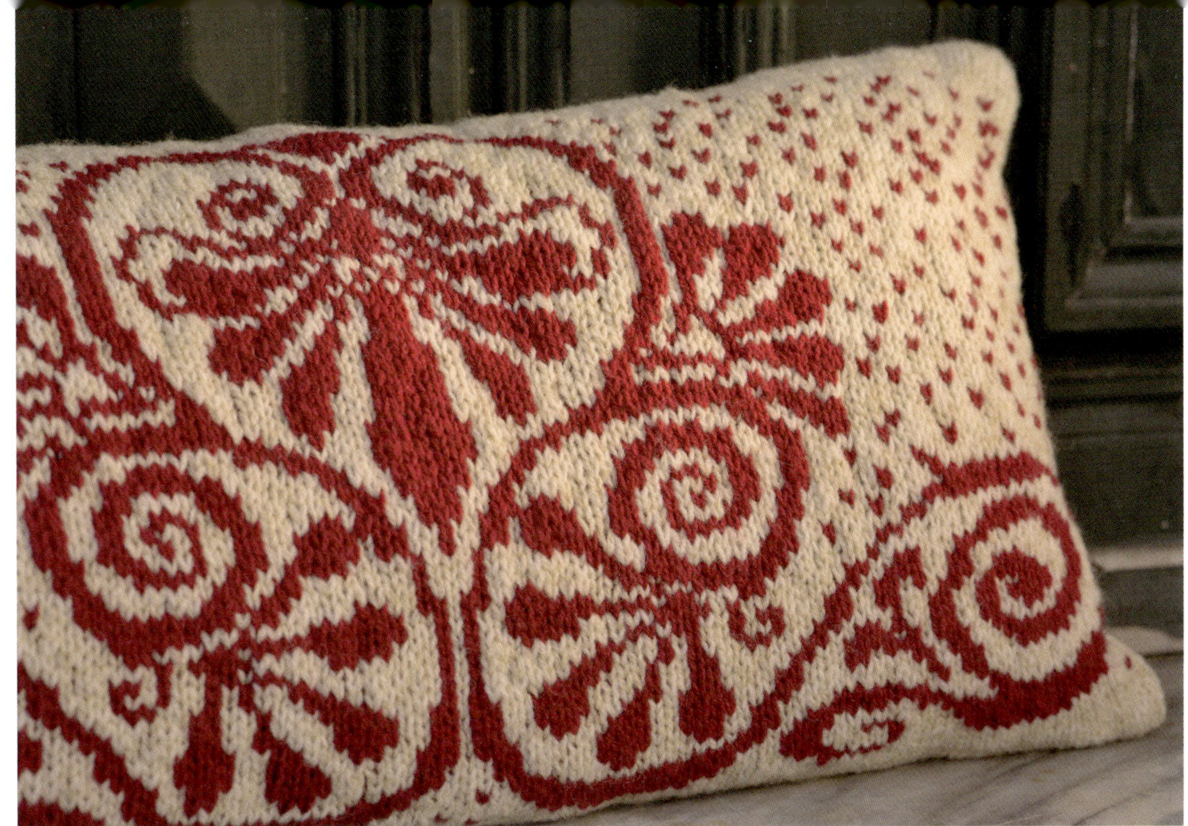

KISSEN »AKROTÉRION«

GRÖSSE

ca. 35 cm hoch und 72 cm breit

MATERIAL

Finkhof Wolle dünn (LL 300 m/100 g, 100 % Merinowolle bzw. 100 % Fuchsschafwolle kbT), 160 g Fuchsschafwolle Beige, 160 g Merinowolle Naturweiß und 64 g Purpur. Je 1 Rundnadel Nr. 4 und 4,5, 80 cm lang; Wollnadel; 5 Knöpfe; Kisseninlett 35 × 72 cm.

MASCHENPROBE

Jacquard: 15 M und 17 Rd mit Nd Nr. 4,5 = 10 × 10 cm
Glatt rechts: 14 M und 24 R mit Nd Nr. 4 = 10 × 10 cm

MUSTER

GLATT RECHTS IN REIHEN: In Hinr re und in Rückr li M str. **GLATT RECHTS IN RUNDEN:** Alle M re str. **JACQUARD IN RUNDEN:** Nach Zählmuster S. 29 glatt re in J-Technik str. **KLEINES PERLMUSTER IN RUNDEN:** 1 M re, 1 M li im Wechsel str; das Muster in jeder Rd versetzen.

AUSFÜHRUNG

Doppelfädig! Die Vorderseite wird (von unten nach oben) in Rd im J-Mu mit Steek (Nahtzugabe) gestr und danach aufgeschnitten. (Mehr zu Steek s. Hinweise auf S. 194) Die Rückseite wird in der Grundfb in R mit einer horizontalen Knopfleiste gestr. – Mit je 1 Faden Naturweiß und Beige (= Grundfarbe) 115 M mit Nd Nr. 4 provisorisch anschl (alternativ herkömmlich anschl), zur Rd schließen und 7 Rd in folg Einteilung str: 1 M re, 1 M li, 1 M re, 1 M li (= halber Steek), 107 M re (= Hauptteil), 1 M li, 1 M re, 1 M li, 1 M re (= 2. Steekhälfte). Wechsel zu Nd Nr 4,5: Es folgen 58 Rd J-Mu mit Musterfb Purpur (2-fädig) laut Z-Mu, dabei werden für den Steek am Anfang jeder Rd 1 M Grundfb, 1 M Purpur, 1 M Grundfb, 1 M Purpur und am Ende jeder Rd 1 M Purpur, 1 M Grundfb, 1 M Purpur und 1 M Grundfb gestr. Wechsel zu Ndl Nr. 4 und Beendigung der Kissenvorderseite mit 11 Rd in der Grundfb und glatt re, dabei den Steek wie anfangs mit re und li M handhaben. – Mit der Nähmaschine oder per Hand auf den beiden Purpur M-Säulen (beidseits des Rd-Beginns) dichte Nähte setzen, exakt am Rd-Beginn aufschneiden und die Kanten versäubern. Dazu die Schnittkante mit einem doppelten Wollfaden und einer Wollnadel umstechen.

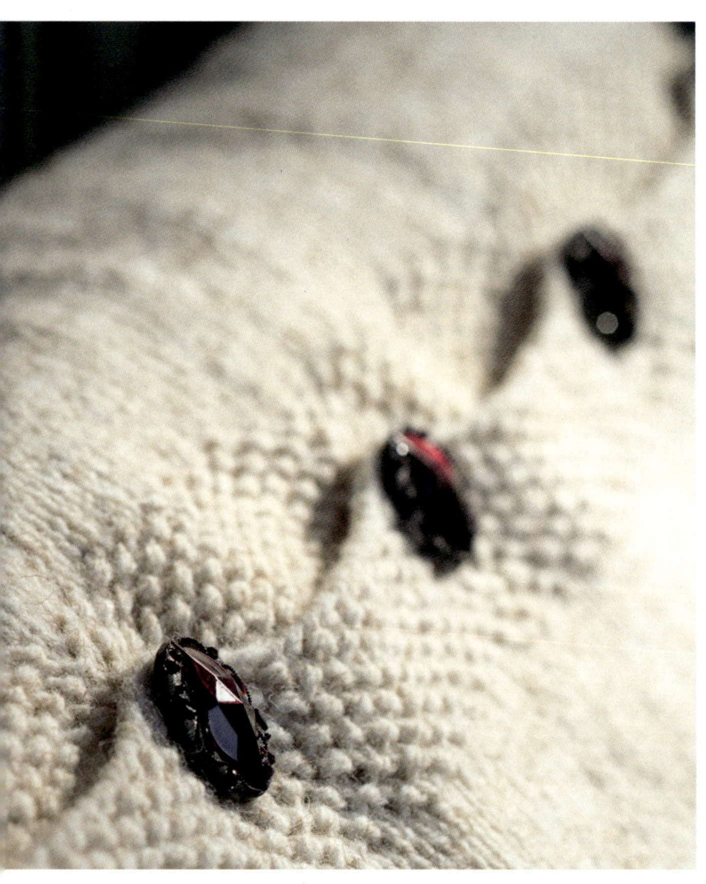

RÜCKSEITE

Die verbliebenen 107 M (ohne Steek-M) an der oberen Kissen-Kante wieder aufnehmen und zwischen den RM 46 R in glatt re (Grundfb) str. Noch 11 R im Perlmu für die Knopfleiste (= Übertritt) anfügen und abk, dabei in R 5 gleichmäßig verteilt 5 Knopflöcher arb (pro Knopf jeweils 2 M abk) und in R 6 die abgeketteten M wieder anschl. Für die 2. Hälfte der Rückseite die 107 M des provisorischen Anschlags aufnehmen (alternativ die Anschlag-M auffassen) und zwischen den RM 20 R glatt re str, danach 11 R im Perlmu (= Untertritt) arb und abk.

Den Über- und Untertritt sowie Vorder- und Rückseite exakt aufeinander legen und die Seitennähte schließen. Knöpfe annähen.

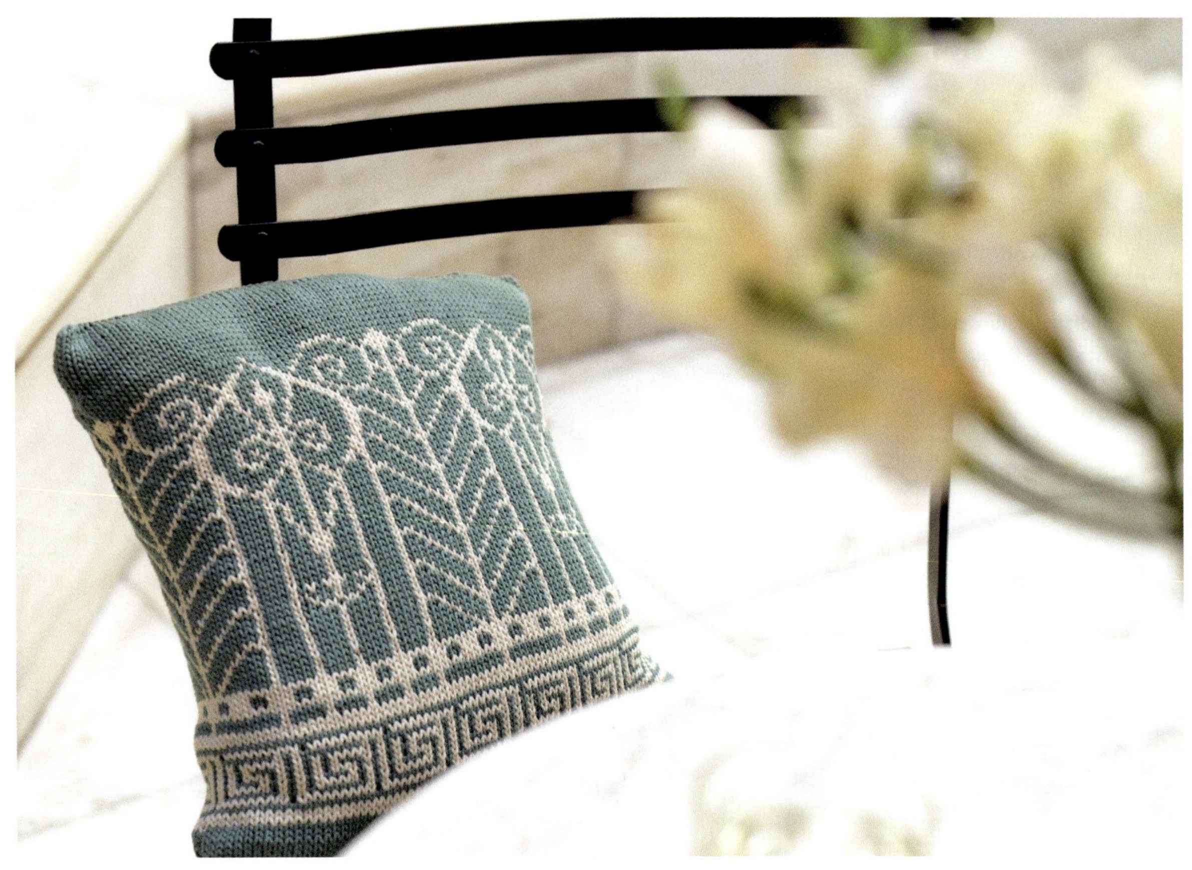

KISSEN »LEONÍDOU«

Griechische Schmiedekunst zeigt sich selten kompakt und wuchtig, sondern meist zart und filigran – ganz gleich, aus welcher Epoche oder welchen Stils. Das byzantinische Gitter eines Kellerfensters in einem alten Stadtteil Athens inspirierte mich zu diesem eleganten Kissen, das die Leichtigkeit der Schmiedearbeit widerspiegelt. Ich mixte Byzantinisches und Klassizistisches mit eigenen Zutaten und verwendete weiche griechische Baumwolle.

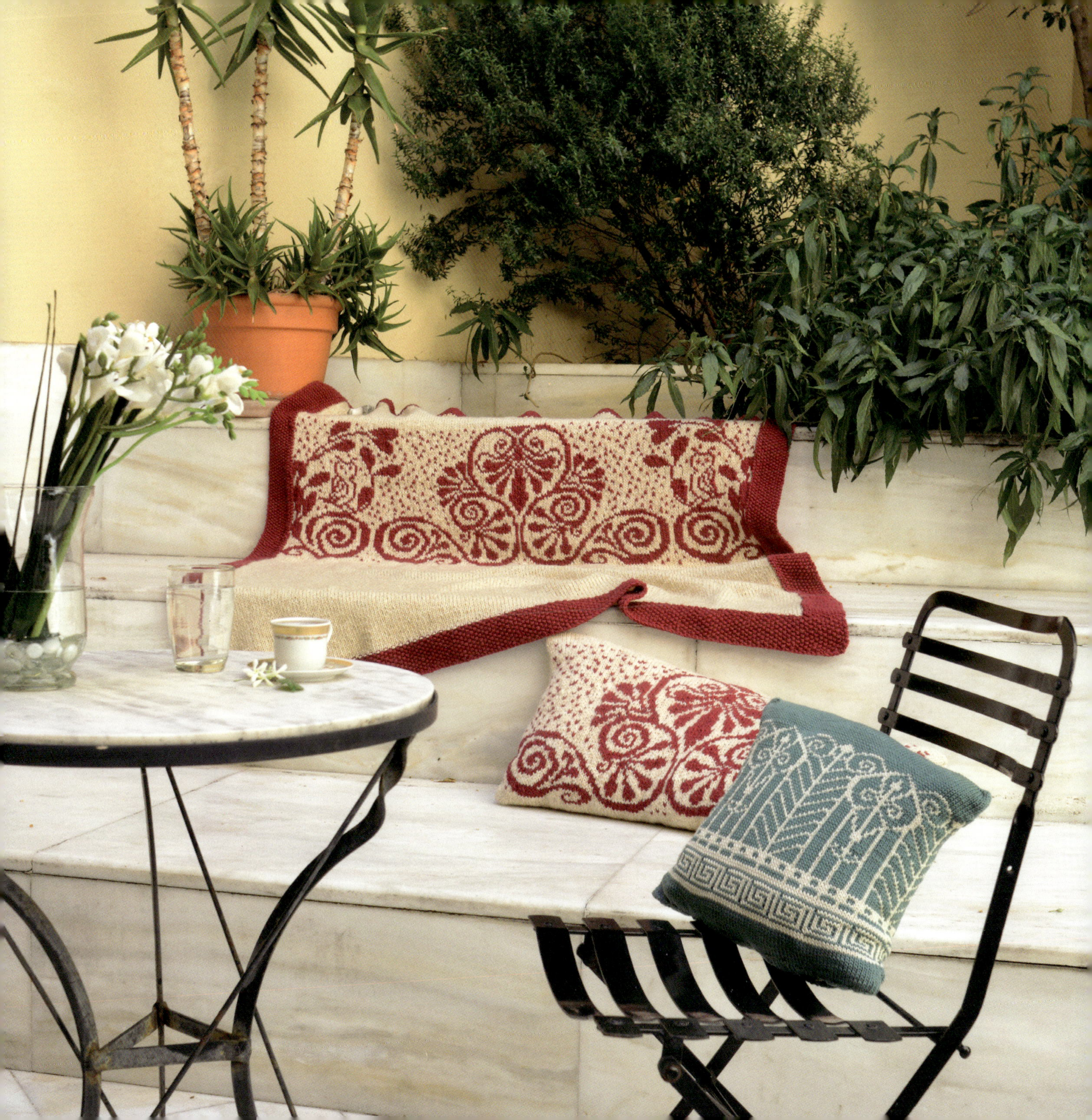

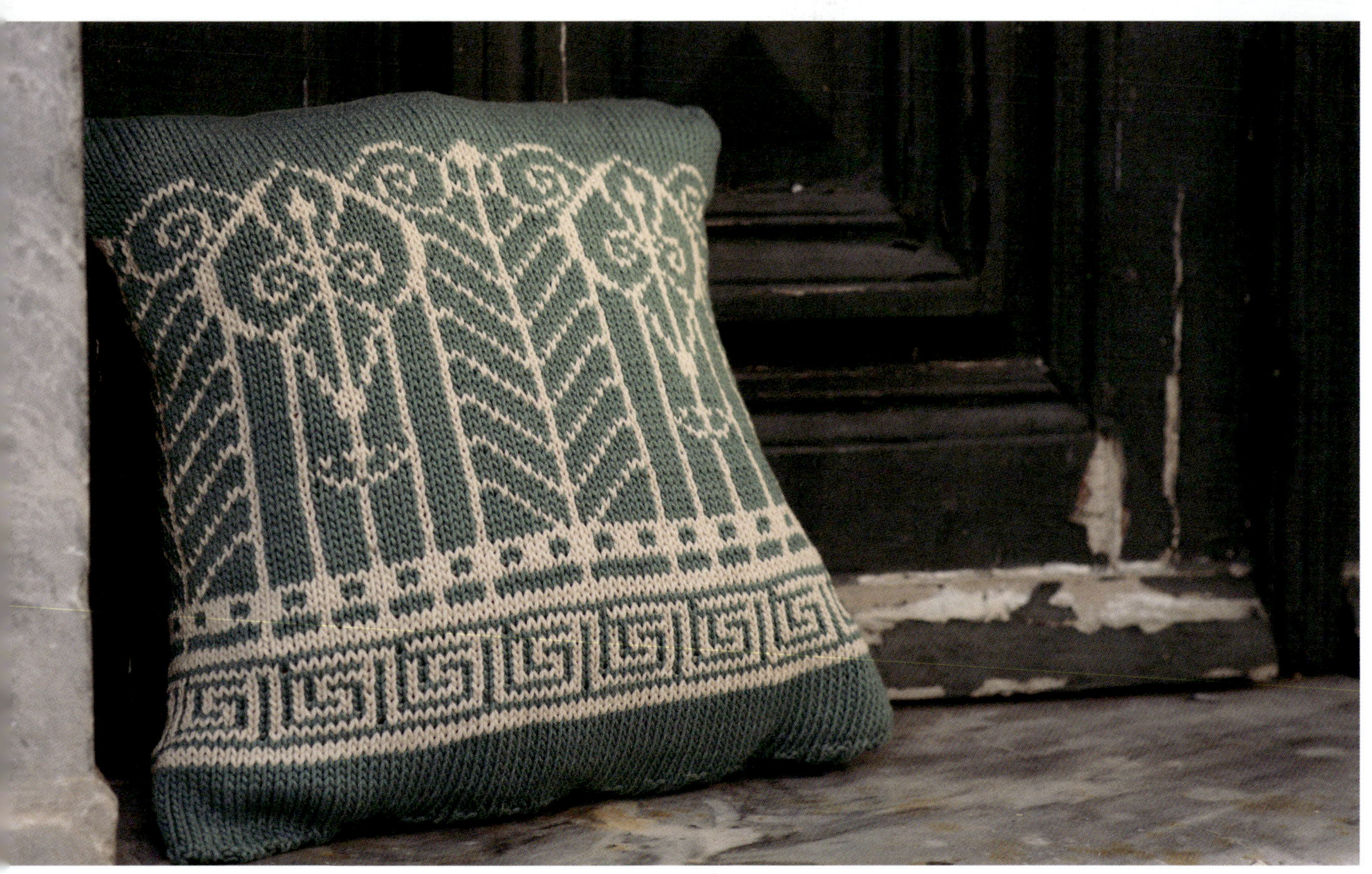

KISSEN »LEONÍDOU«

GRÖSSE
ca. 38 × 38 cm

MASCHENPROBE
Glatt rechts:
21 M und 27 Rd mit Nd Nr. 2,5 = 10 × 10 cm
Jacquardmuster:
21 M und 25 Rd mit Nd Nr. 3 = 10 × 10 cm

MATERIAL
Butterfly/El. D. Mouzakis »Super 10« (LL 230m/125 g, 100 % mercerized Cotton), 125 g in Fb 3757 (Grün) und 55 g in Fb 3201 (Creme). Je 1 Rundnadel Nr. 2,5 und Nr. 3, 60 cm lang; 1 Stricknadel Nr. 2,5; Wollnadel; ggf. Häkelnadel, 4 Druckknöpfe; Kisseninlett ca. 38 × 38 cm.

MUSTER

GLATT RECHTS IN RUNDEN: Alle M rechts stricken. **JACQUARD IN RUNDEN:** Nach Z-Mu glatt re in J-Technik str. **RIPPENMUSTER:** In Rd stets 2 M re, 2 M li str; in R: in Rückr die M str, wie sie erscheinen.

AUSFÜHRUNG

Das Kissen wird in Rd von unten nach oben gestr, dabei wird im Rippenmu in R (für den Untertritt) begonnen. 80 M in Grundfb Grün mit Nd Nr. 2,5 anschl und ohne RM 13 R im Rippenmu str. R 14: Alle M li str (= Faltkante), 80 M (für die Rückseite) dazu anschl (= 160 M gesamt) und zur Rd schließen. Dabei gelten die ersten 80 M ab Rd-Beginn der Vorderseite und die zweiten 80 M der Rückseite. Rd 1 bis 10: 80 M glatt re und 80 M im Rippenmu (= Übertritt) str. In Rd 11 und 12 alle M re arb. In Rd 13 Wechsel zu Nd Nr. 3 und Beginn des J-Mu (= 69 Rd) mit Musterfb Creme, dabei den Rapport von 40 M laut Z-Mu je 2 × für Vorder- und Rückseite arb. In Rd 81 das J-Mu beenden und mit Nd Nr. 2,5 und Grundfb Grün fortf. Nach 16 Rd ist die Arbeit in Rd 97 beendet.

FERTIGSTELLUNG

Die Arbeit wenden (Innenseite nach außen) und mittels einer weiteren Stricknadel die Vorder- und Rückseite am oberen Kissenrand (= 97. Runde) zusstr und gleichzeitig abk. Alternativ kann (von re) auf herkömmliche Weise abgekettet und zusgenäht werden oder von li mit KM zusgehäkelt werden. Auf Unter- und Übertritt die Druckknöpfe annähen.

Rapport: 40 M, 4 × stricken

☐ = Grundfarbe Grün

☒ = Creme

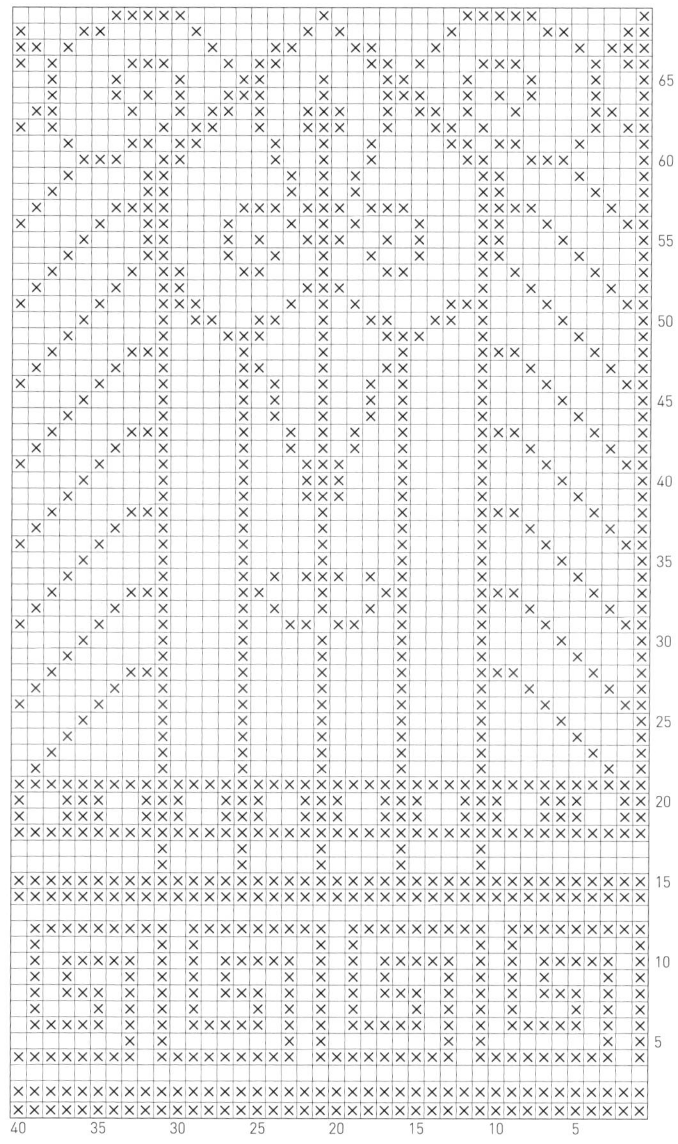

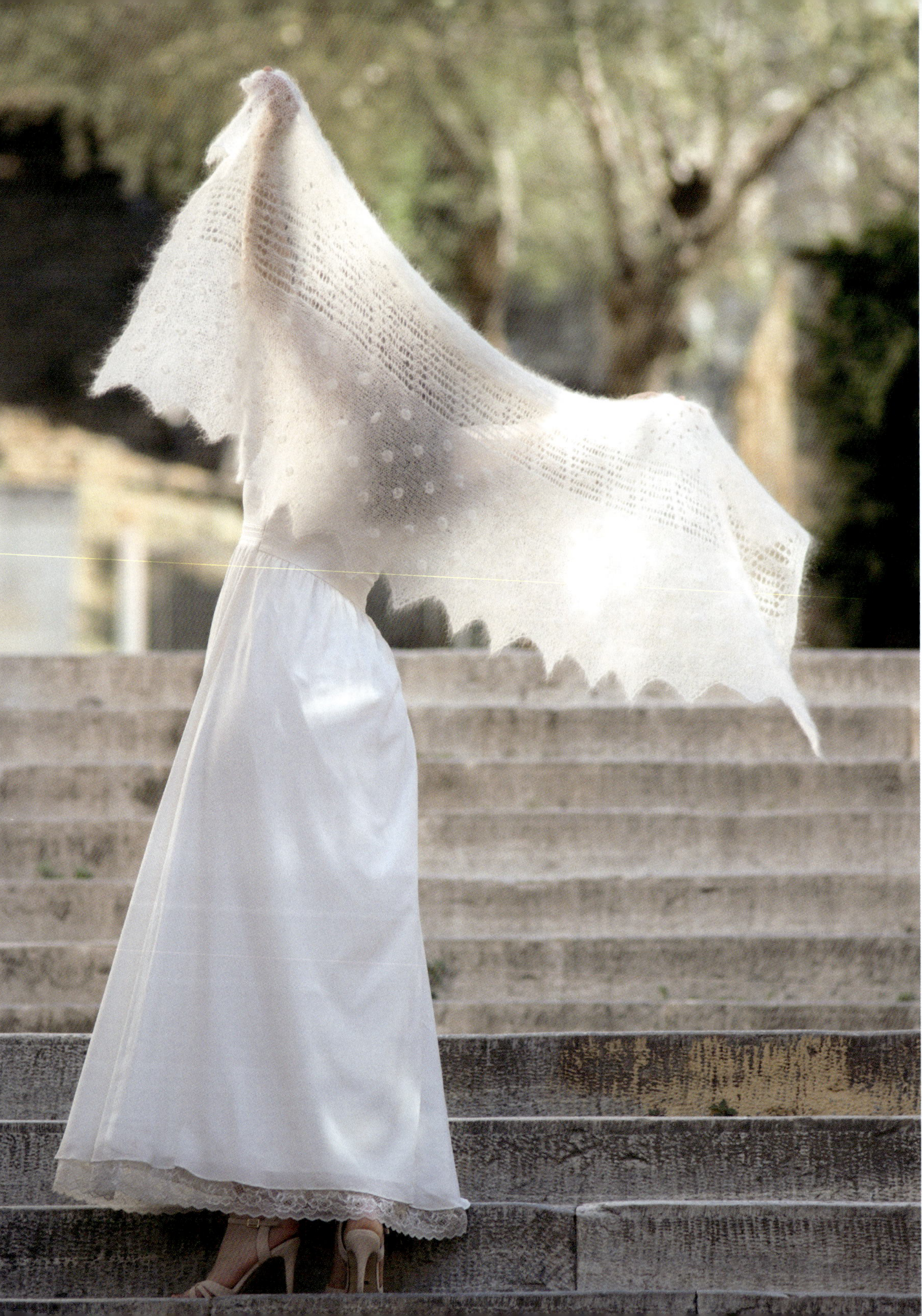

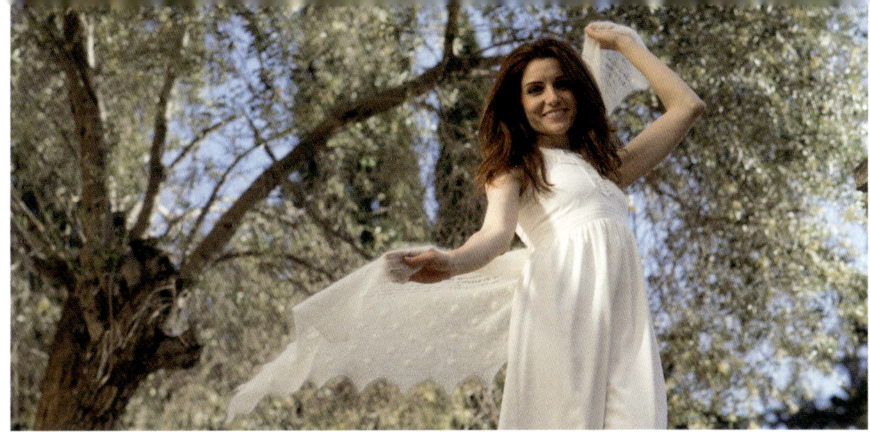

NEUNUNDACHTZIG GRAMM LEICHTGEWICHT FÜR DIE SCHULTERN DER BRAUT

Als Brautstola schwebte mir kein romantisches Spitzentuch vor, sondern zwei klare Musterflächen, die durch eine Bordüre miteinander verbunden wären.

Die Muster der beiden Flächen dieser Stola könnten kontrastreicher nicht sein: Loch und Noppe. Mit dem Loch stricke ich quasi ein Nichts, mit der Noppe ein Anhäufung, eine Verdichtung.

Die Bordüre zwischen den Flächen führte ich in Lochmustertechnik aus, so, wie es das Mohair-Seide-Garn von mir wollte. Wer genau hinschaut, entdeckt das griechische Mäandermuster darin, das den Lebensweg, den »roten Faden« symbolisiert. Auf dieser Brautstola gehen Zwei diesen Weg gemeinsam, dargestellt durch zwei Lochwege nebeneinander, umgeben von unterschiedlichen Lebenslandschaften.

Zartes, federleichtes Material und feminin-heitere Noppen und Löcher vermischen sich mit der geometrischen Strenge der Bordüre. Zacken und Noppen an den Längsrändern setzen das Kontrastthema fort. Wer mag, kann die vier Ecken mit kleinen Quasten und/oder Perlen verzieren. Andere Farben als weiß sind natürlich auch denkbar.

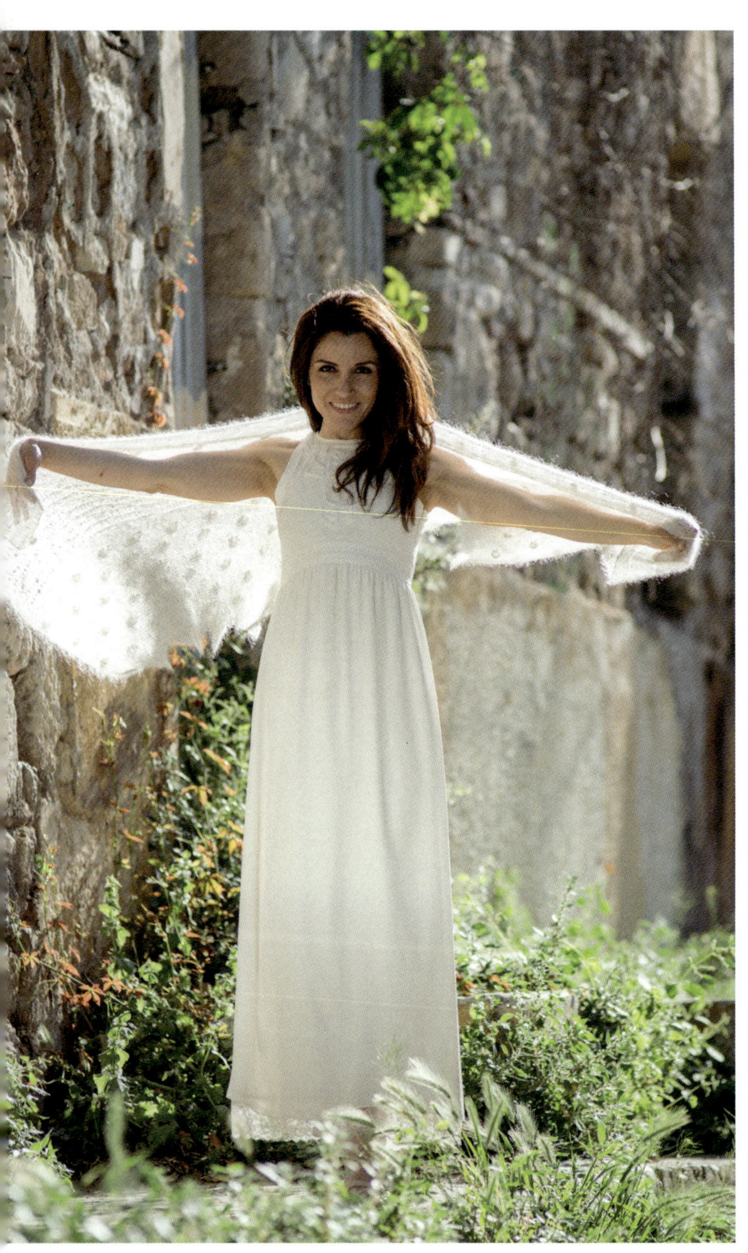

BRAUTSTOLA

GRÖSSE

ca. 60 × 160 cm

MATERIAL

Schulana »Kid-Seta« (LL 210 m/25 g, 70 % Mohair, 30 % Seide), 79 g Naturweiß. Rundnadel Nr. 3,5; Wollnadel.

MASCHENPROBE

16 M und 24 R in glatt rechts = 10 × 10 cm

MUSTER

GLATT RECHTS IN REIHEN (HAUPTTEIL): In Hinr re und in Rückr li str. **KRAUS RECHTS IN REIHEN** (alle Ränder): Alle M re str. **LOCH:** 1 U und 2 M re zusstr. **NOPPE:** Aus 1 M 5 M herausstr, dabei dieselbe M abwechselnd re und re verschr str, bis 5 M auf der Nd sind. Wenden. Die 5 M li str. Wenden. 5 M re str. Wenden. 5 M li str. Wenden. 5 M re str. Nacheinander die 4., 3., 2., und 1. M über die 5. M ziehen.

AUSFÜHRUNG

90 M locker anschl und für den unteren Rand 8 R kraus re str, dabei am li Rand für die Zacken in R 3, 5 und 7 je 1 M abn (jeweils die letzten 2 M re zusstr) laut Strickschrift. Mit R 8 ist der untere Rand beendet, es sind 87 M auf der Nd. Es folgt der Hauptteil mit dem Höhen-Rapport von 24 R, der 15 × gestr wird. Pro R ist das Mu eingeteilt in 4 M kraus re (mit N in R 1), in 24 M

glatt re mit gleichmäßig verteilten Löchern, in 16 M Mäander-Lochbordüre, in 41 M glatt re mit gleichmäßig verteilten N und dem Zackenrand in kraus re. Die Zunahmen erfolgen durch U, die Abnahmen durch 2 M re zusstr (siehe Strickschrift). Nach 15 × 24 R (= 360 R) Hauptteil folgen noch 8 R in kraus re für den oberen Rand, dabei in R 1 am re Rand 1 N str und am li Rand in R 1, 3, 5 und 7 je 1 U vor der jeweils letzten M arb. In R 8 locker abk. Die Stola spannen, anfeuchten und trocknen lassen.

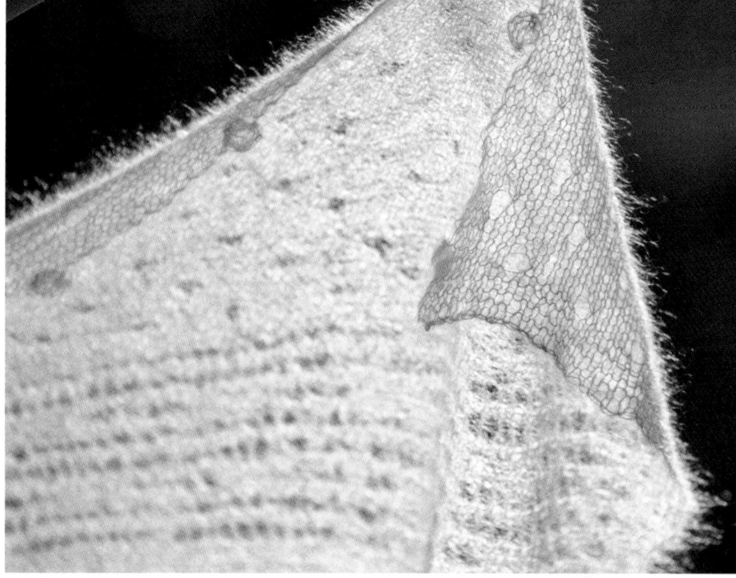

Hier sind die Noppen entlang des Randes gut zu sehen, die jeweils in der 1. Masche jeder 1. Reihe des Höhen-Rapports zu stricken sind.

24 Reihen Höhen-Rapport, 15 × stricken

- □ = 1 M re, in Rückr li
- ⊡ = 1 U
- ⧄ = 2 M re zusstr
- Ⓤ = 1 M kraus re, in Rückr re
- Ⓝ = 1 Noppe

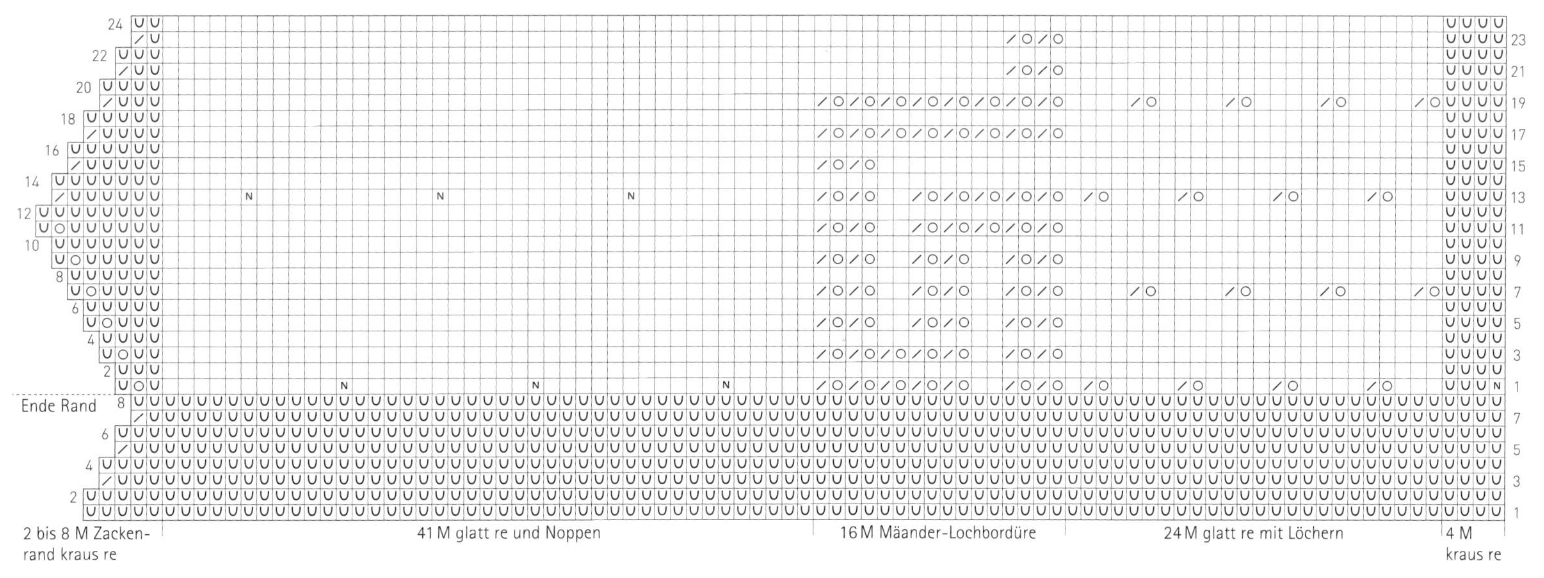

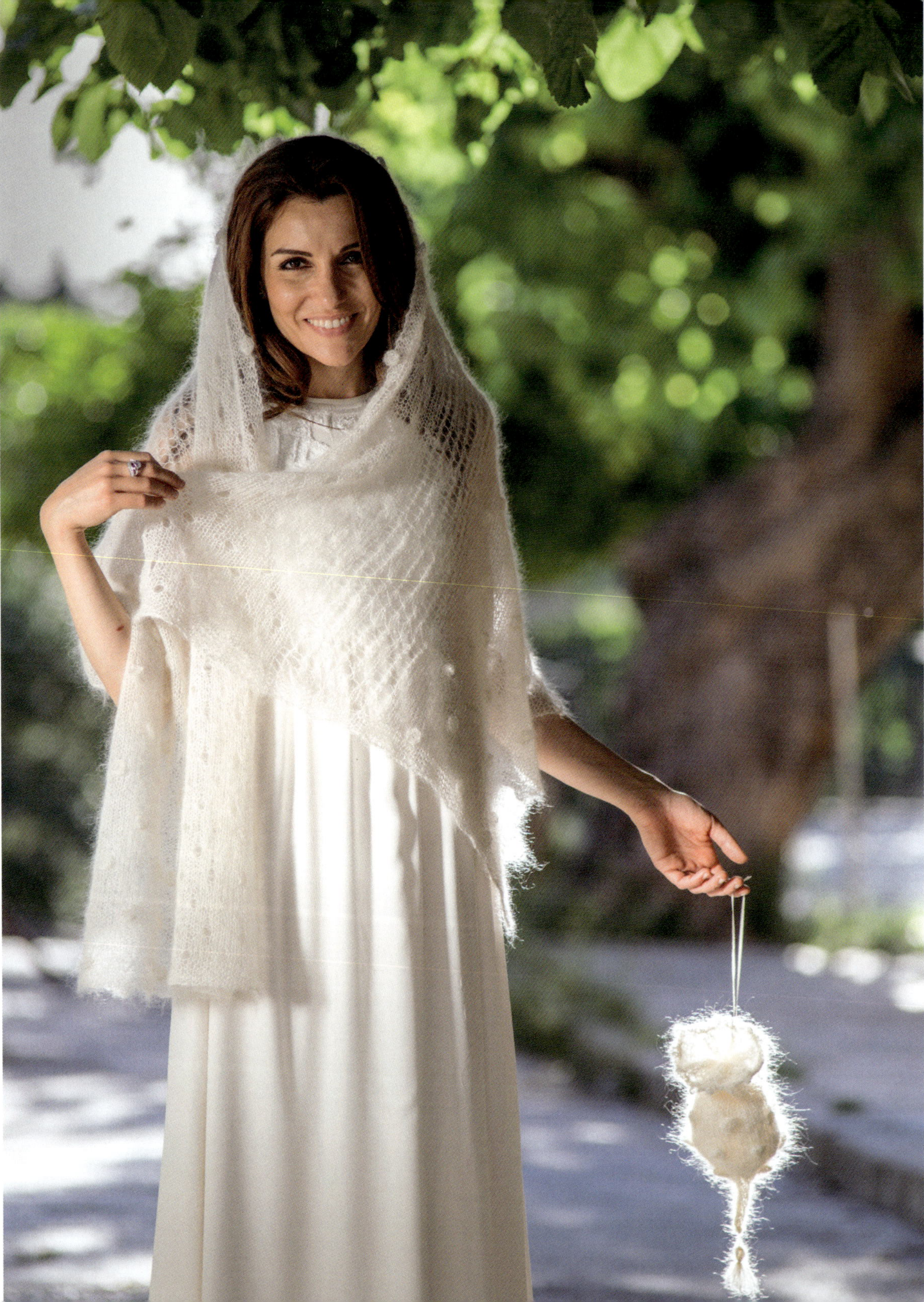

HOCHZEITSEINLADUNG

ODER: STRICKANLASS

Eine Hochzeitseinladung flog uns ins Haus. Auf der Rückseite wurde in Versform gebeten:

»Liebe Gäste, seid so nett,
unser Hausstand ist komplett,
wollt' Ihr uns eine Freude machen,
lasst doch unser Sparschwein lachen.«

Wir wollten der Bitte nachkommen, aber einfach Geldscheine in ein Kuvert stecken und zusammen mit einer Glückwunschkarte dem Brautpaar übergeben? Das kam nicht in Frage – in unseren Augen. Einen Gag als Hülle basteln, nur für den Moment der Übergabe: Das wollte ich auch nicht. Welche Geldhülle könnte auch nach der Hochzeit Verwendung finden? Mir kamen die in Kirchen verwendeten Klingelbeutel in den Sinn, die vom Mesner an einer langen Stange gehalten, durch die Bankreihen gereicht wurden. Die festlich verzierten Beutel erfreuten die Kinderherzen und waren nicht überhörbar, da am unteren Ende ein Glöckchen bimmelte. Oft waren die Beutel aus rotem Samt und mit goldenen Borten verziert.

Also: Ein Geldbeutel, den die Braut später als Pompadour verwenden könnte, sollte es werden. So entstand das vorliegende Beutelchen, dem ich mit der Zwiebelform, der Quaste, den Noppen, der Lochverzierung und den irischen Pikots am oberen Ende eine märchenhafte Note verleihen wollte. Als Garn wählte ich »feenhaftes« Mohair – das naturgemäß durch seine Zartheit eher für leichte Geldscheine als für harte Münzen geeignet ist.

Denkbar sind natürlich zusätzliche Verzierungen wie etwa aufgestickte Perlen oder Pailletten.

POMPADOUR

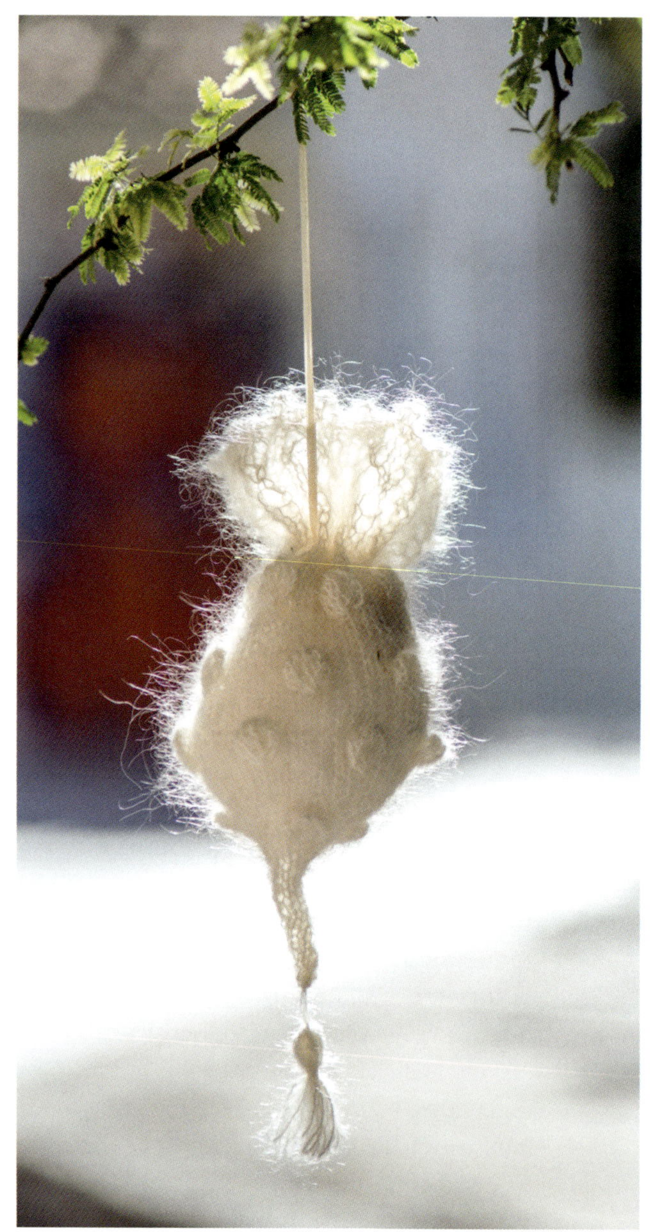

GRÖSSE

ca. 34,5 cm hoch (ohne Quaste) und 15 cm breit

MATERIAL

Wolle Rödel »Kid Mohair« (LL 100 m/25 g, 80 % Mohair, 20 % Polyester), 16 g Naturweiß (für Modell auf dieser Seite) oder je 16 g in Fb Sonne, Mango, Tinte, Beere (für Modelle von Seite 69). Rundnadel Nr. 4; Häkelnadel Nr. 4; Wollnadel; pro Beutel ca. 2 m Organza-Bändchen in Beutel-Fb.

MASCHENPROBE

14 M und 19 R in glatt re = 10 × 10 cm

MUSTER

GRUNDMUSTER 1: In Hinr 4 M re, 2 M li fortl, in Rückr die M str, wie sie erscheinen. **GRUNDMUSTER 2:** In Hinr alle M re, in Rückr alle M li. **LOCH:** 1 U, 2 M re zusstr, in Rückr li str. **NOPPE:** Aus 1 M 5 M herausstr, dabei dieselbe M abwechselnd re und re verschr str, bis 5 M auf der Nd sind. Wenden. Die 5 M li str. Wenden. 5 M re str. Wenden. 5 M li str. Wenden. 5 M re str. Nacheinander die 4., 3., 2. und 1. M über die 5. M ziehen. **KNÖTCHENRAND:** In Hinr 1. und letzte M re str und in Rückr 1. und letzte M li str.

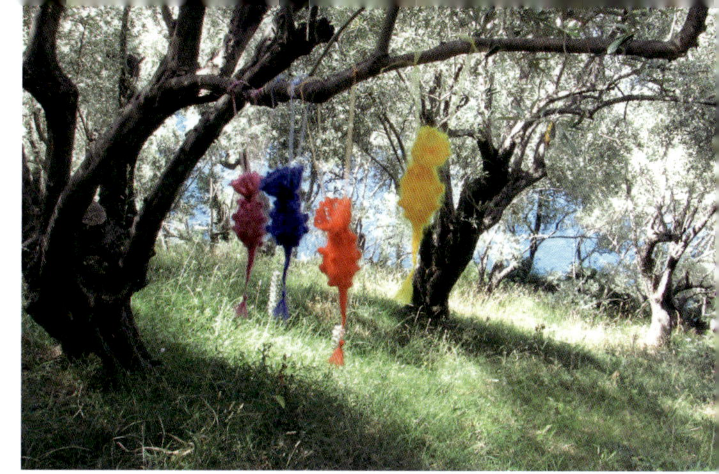

AUSFÜHRUNG

Der Pompadour wird offen von oben nach unten gestr, da, in Rd auf einem Ndspiel gearb, Mohair leicht von den Nd rutscht. Für die »Kelchöffnung« 42 M anschl und R 1 und 2 im Grundmu 1 str. R 3: 1 U, 2 M re zusstr, 2 M re, 2 M li fortl. R 4: Grundmu 1. R 5: 1 M re, 1 U, 2 M re zusstr, 1 M re, 2 M li fortl. R 6: Grundmu 1. R 7: 2 M re, 1 U, 2 M re zusstr, 2 M li fortl. R 8: Grundmu 1. R 9: 3 M re, 1 U, 2 M li zusstr, 1 M li fortl. R 10 bis 12: Grundmu 1. R 13 (»Hals«-Abnahme): 2 M re zusstr, 2 M re, 2 M li fortl. R 14: 2 M re, 3 M li fortl. R 15 (Loch-R für das Bändchen): 1 M re, 1 U, 2 M re zusstr, 1 U, 2 M li zusstr, fortl. R 16: 2 M re, 3 M li, fortl. R 17 (Zunahmen für den »Bauch«): 1 M re zun (re herausstr), 4 M re, fortl. (= 42 M). R 18 bis 20: Grundmu 2. R 21: 1 N, 6 M re fortl. R 22 bis 28: Grundmu 2. R 29: 3 M re, dann fortl 1 N, 6 M re. Enden mit 1 N, 3 M re. R 30 bis 36: Grundmu 2. R 37: 1 N, 6 M re, fortl. R 38 bis 41: Grundmu 2. R 42 bis 44 (Beginn der Abnahmen für die Spitze): Grundmu 2, dabei in jeder R gleichmäßig verteilt je 7 M abn. R 45: 1 M re, 1 N, 6 M re, 1 N, 6 M re, 1 N, 5 M re. R 46 und alle folg R: Grundmu 2, dabei in R 46 gleichmäßig verteilt 6 M abn. Weitere Abnahmen: In R 48 3 M abn und in den R 51, 53, 55, 57, 59, 61, 63 und 65 je 1 M abn. Es verbleiben 4 M. Den Faden abschneiden, und das Fadenende durch die Rest-M führen, festziehen und das Beutelchen an den Kanten zusnähen. Den oberen Rand mit 1 R irischer Pikots umhäkeln: * 3 feste Maschen, 4 LM, Häkelnd aus der Arbeitsschlinge ziehen in die 1. der 4 LM, danach in die Arbeitsschlinge einstechen und die Schlinge durch die LM ziehen*. Von * bis * fortl wdh. Eine Quaste arb und an die Spitze nähen. Das Organzaband halbieren, die beiden Hälften gegengleich durch die Loch-R ziehen und die Enden verknoten.

QUASTE

Ein Pappkartonstück in der Wunschlänge der Quaste zurechtschneiden und mindestens 30 mal mit Garn umwickeln. An der oberen Kartonkante unter den Umwicklungen einen Faden hindurch ziehen und verknoten. Nun die Fäden an der unteren Kante aufschneiden und den Karton entfernen. Einen doppelten Faden ein Stück vom oberen Ende entfernt mehrmals um die Quaste schlingen, sodass ein »Köpfchen« entsteht. Den Faden fest verknoten und mit einer Nadel nach innen ziehen. Die Quastenenden auf die gleiche Fadenlänge schneiden.

DECKE »NEUGIER«

Eine rasch durchschaubare Geschichte erzählt diese Decke. Ich nannte sie »Neugier« und jeder Strickanfänger kann sich daran wagen. Mein Ausgangspunkt war das Quadrat im Quadrat, das heißt, mein kleines Quadrat im Zentrum entsprach exakt einem Viertel des großen Quadrates.

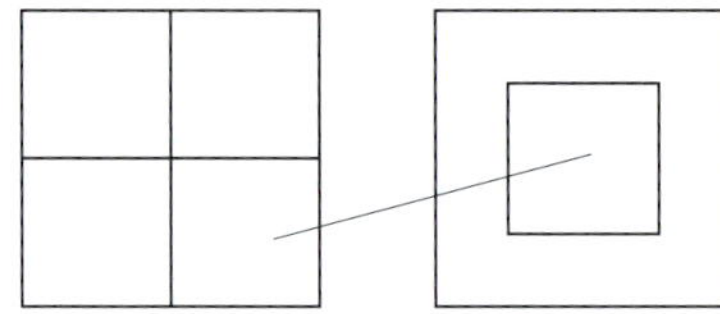

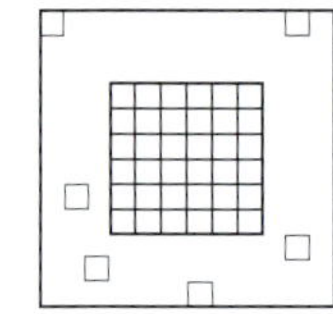

Das große Quadrat stellte ich mir in milden, helleren Blautönen vor, das kleine in Wollweiß. Blau und Weiß: Farben, die wohl nicht nur ich mit Griechenland verbinde.

Dann zerlegte ich – auf dem Karopapier – die beiden Quadrate in viele kleine Quadrate. Ich zählte meine weißen »Mosaiksteine«, es sind 36, und ließ von diesen das eine oder andere »in die Welt« hinausspazieren.

Zwei traten die Reise gemeinsam an. Ich färbte die beiden Reisenden in leuchtendem Orange, der Komplementärfarbe von Blau. Diese Spur Orange ist die farbliche Würze, das i-Tüpfelchen zum vielen Blau rundum.

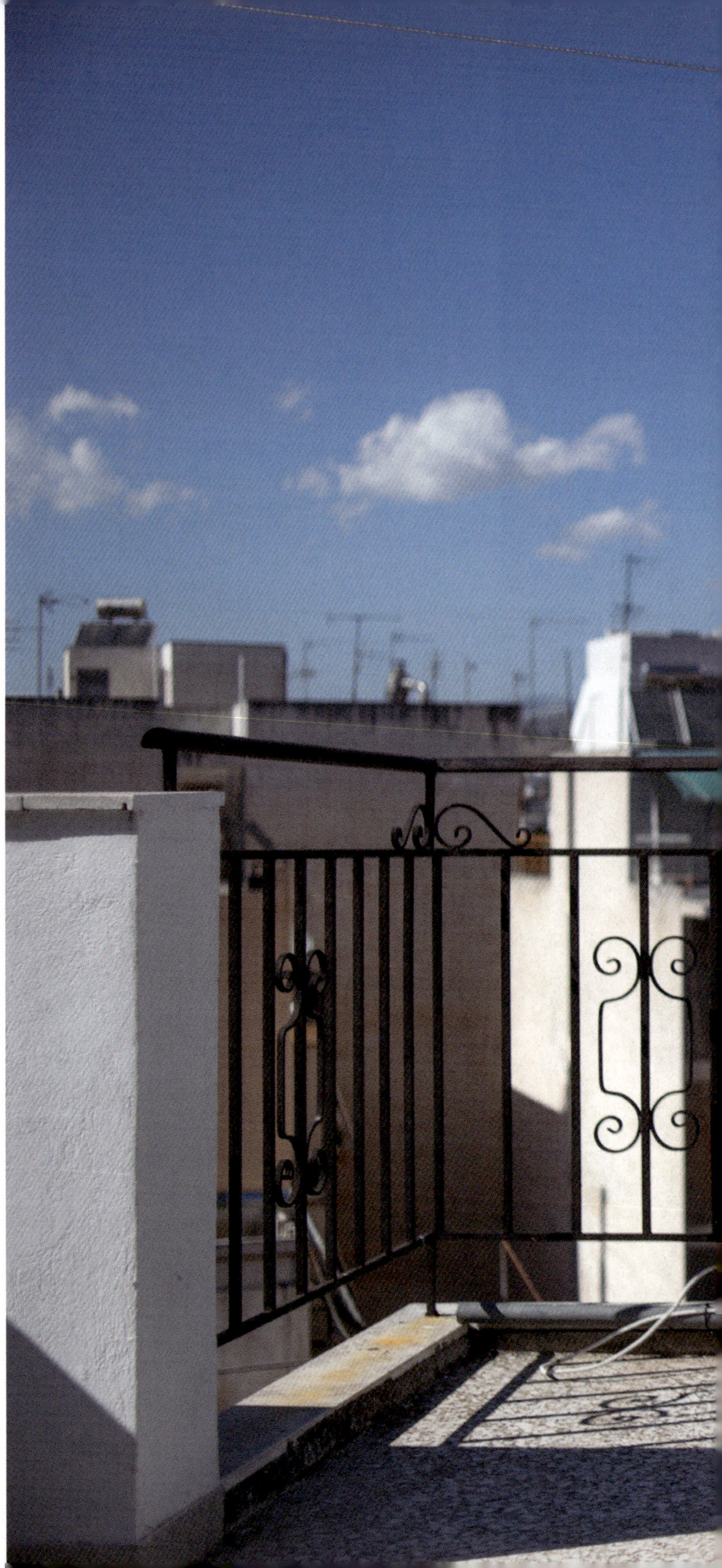

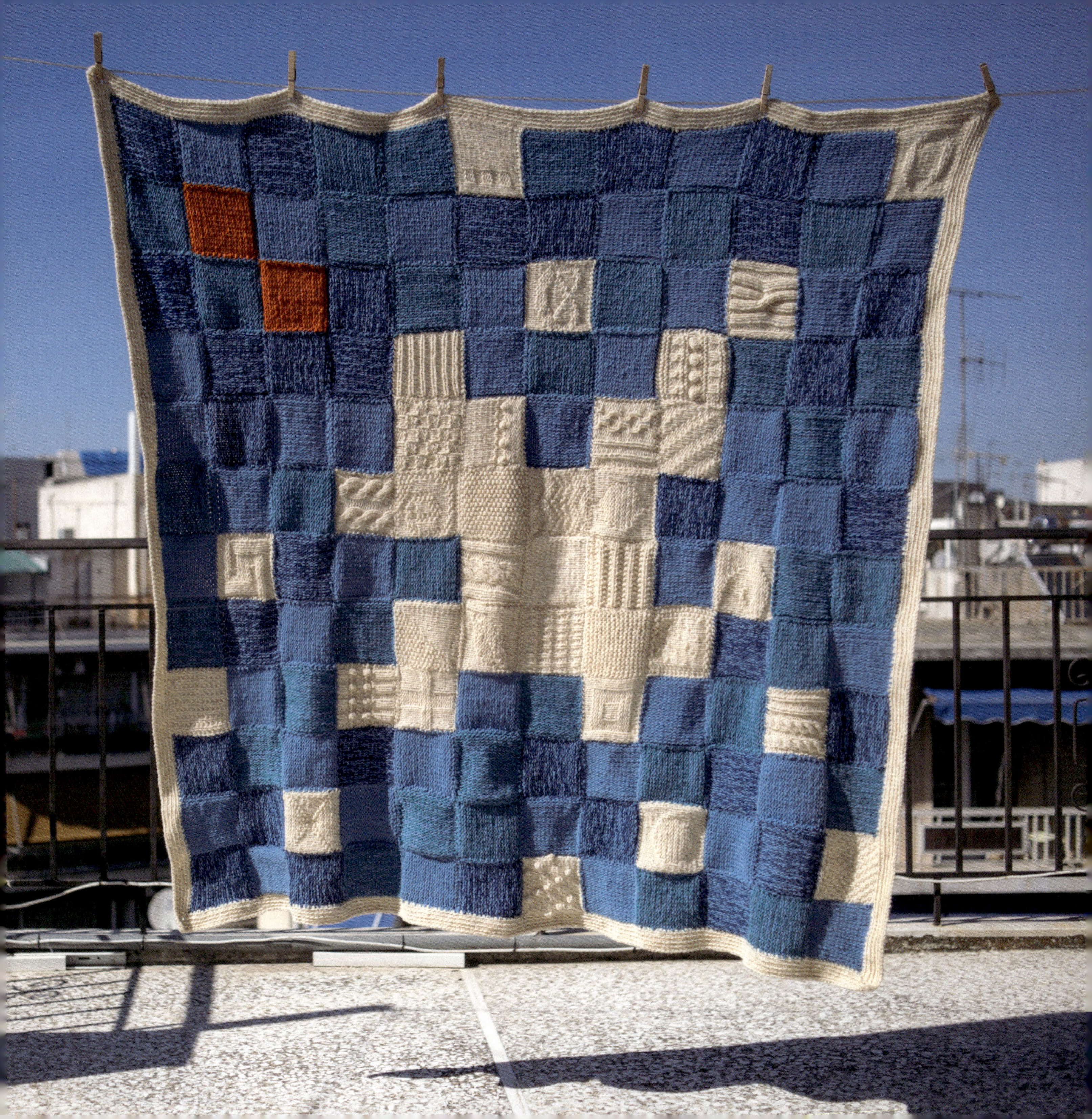

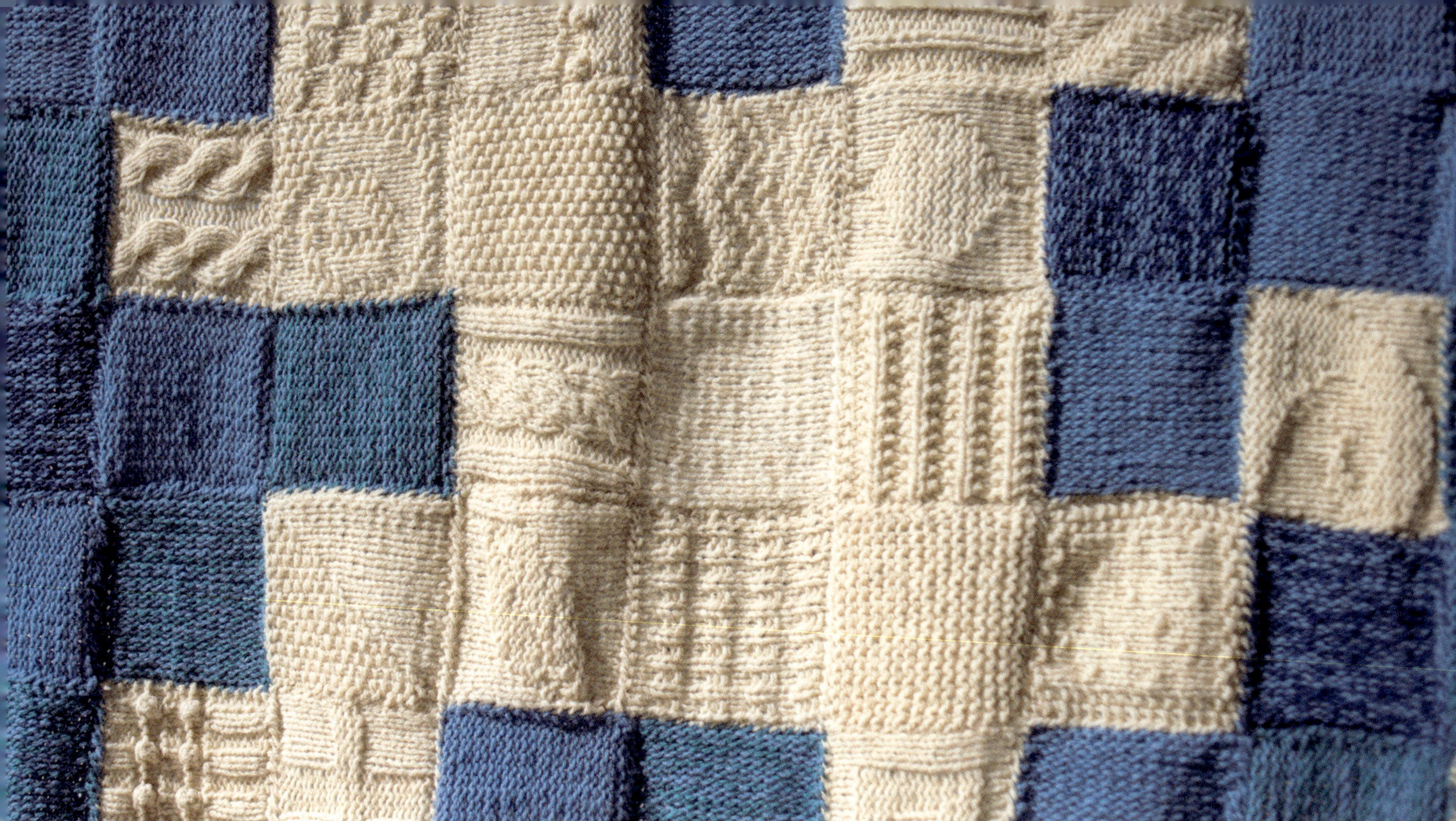

Um viele Spielmöglichkeiten mit den weißen und blauen Quadraten auf dem Karopapier zu haben, sollten diese möglichst klein sein, von etwa 10–12 Zentimeter Seitenlänge pro Strickquadrat.

Welche Stricktechnik bietet sich an? Es ist durchaus möglich, dass Sie alle Quadrate auf die einfachste Art kraus rechts stricken und sie anschließend – jeweils um neunzig Grad gedreht – aneinander nähen.

Ich wählte für die blaue Fläche ein einheitliches Muster: glatt links. Die weißen Quadrate wollte ich etwas mehr »individualisieren« und strickte sie deshalb in 34 verschiedenen Mustern. Dadurch ist der weiße Block lebhafter.

Beim Material entschied ich mich für die dünne Finkhof Merinowolle, die ich doppelt – also zweifädig – verstrickte. Dadurch hatte ich auch die Möglichkeit, jeweils zwei verschiedene Blautöne miteinander zu kombinieren – neben gleichfarbigen Blaufäden. Dies bringt Bewegung in die Blaufläche, noch dazu, wenn die Quadrate um neunzig Grad gedreht aneinander genäht werden.

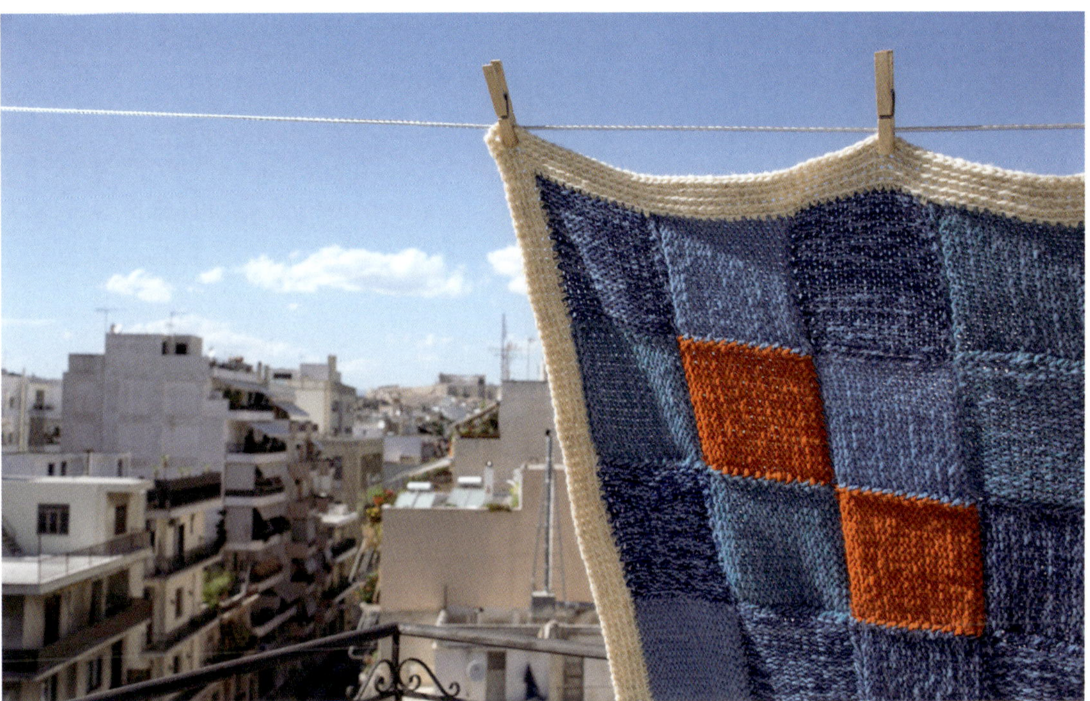

Lassen Sie im Spiel mit den Quadraten Ihre eigene Decke entstehen! Vielleicht wollen Sie den weißen »Mosaiksteinchen« lieber etwas Farbe verleihen? Oder vielleicht bevorzugen Sie als Format ein Rechteck im Rechteck?

Wenn Sie sich für verschiedene Muster entscheiden, sollten Sie von jedem Muster eine Maschenprobe anfertigen, damit Sie mittels Maschenanzahl unterschiedliches Musterverhalten ausgleichen können, denn: Egal in welchem Muster Sie stricken, alle Quadrate müssen die gleiche Seitenlänge aufweisen.

Da die Decke aus vielen kleinen Teilen besteht, ist sie auch als Gemeinschaftsprojekt denkbar. Zum Entwickeln eigener Strickmuster bzw. Entwürfe möchte ich Ihnen gerne meine Anregungen zum »Zeichnen« mit linken Maschen auf Seite 191 ans Herz legen.

Unter dieser Decke können bis zu drei Kinder stecken oder wahlweise ein Erwachsener und ein Kind – dem vielleicht erzählt oder vorgelesen wird.

DECKE »NEUGIER«

GRÖSSE

ca. 152 × 152 cm

MATERIAL

Finkhof Wolle dünn (LL300m/100g, 100% Merinowolle bzw. 100% Fuchsschafwolle kbT), 450g in Hellblau, 231g Naturweiß, 226g Fuchsschafwolle Beige, 102g Petrol, 96g Stahlblau, 12g Orange. 2 kurze Stricknadeln Nr. 4; Zopfnadel; Häkelnadel Nr. 4; Wollnadel.

MASCHENPROBE

16 M und 22 R (zweifädig) in glatt li =
1 Deckenquadrat von 12 × 12 cm

MUSTER

GLATT LINKS (GRUNDMU): In R1 alle M li und in R2 alle M re str. Weitere Muster siehe Strickschriften auf der nächsten Doppelseite. Im Folgenden Vorschläge für **MUSTERQUADRATE:**

KRAUS-RECHTS: Kraus rechts: 16 M anschl und stets alle M re str. In der 29. R abk.

GLATT RECHTS: 16 M anschl und in Hinr alle M re str, in Rückr li M str. In R 22 abk.

KLEINES PERLMUSTER: 15 M anschl und stets 1 M re, 1 M li im Wechsel str. In R 28 abk.

GROSSES PERLMUSTER: 16 M anschl und in R 1 1 M re, 1 M li im Wechsel str. In R 2 und 4 alle M str, wie sie erscheinen. In R 3 1 M li, 1 M re im Wechsel str. R 1 – 4 stets wdh, in R 22 abk.

RIPPEN: 20 M anschl und fortl 2 M li, 1 M re str. In R 2 die M str, wie sie erscheinen. R 1 – 2 fortl wdh. In R 23 abk.

EINERRIPPEN: 18 M anschl und alle M re str. In R 2 1 M re, 1 M li im Wechsel str. R 1 – 2 fortl wdh. In R 24 abk.

FALSCHES PATENT: 19 M anschl und stets (und in jeder R) 2 M li, 2 M re str. Mit 1 M re enden. In R 24 abk.

SCHACHBRETT: 17 M anschl und zwischen den RM in R1 und 3 fortl 3 M li, 3 M re str. In den Rückr stets alle M str, wie sie erscheinen. In R 5 und 7 fortl 3 M re, 3 M li str. R 1 – 8 fortl wdh. In R 24 abk.

SCHRÄGSTREIFEN: 18 M anschl und 3 M li, 3 M re im Wechsel str. In Rückr stets alle M str, wie sie erscheinen. In allen ungeraden R das Mu um eine M nach li versetzen, also in R 3: 1 M re, 3 M li, 3 M re, usw. In R 24 abk.

UNTERBROCHENE RIPPEN: 18 M anschl und in R1 und 3 alle M re str. In R 2 alle M li str. In R 4 und 6 fortl 1 M re, 1 M li str. In R 5 fortl 1 M li, 1 M re str. R 1 – 6 stets wdh. In R 24 abk.

VERKREUZTE RIPPEN: 22 M anschl und 12 R im Rippenmu (2 M re, 2 M li) str, dabei die M in der Rückr str, wie sie erscheinen. In R 13 verzopfen: 2 M re, 2 M li, 2 M re, Zopfkreuzen über 10 M (5 M auf die Zopfnd vor die Arbeit legen, 5 M im Mu str, dann die M der Zopfnd str), 2 M re, 2 M li, 2 M re. Fortf im Rippenmu und in R23 abk.

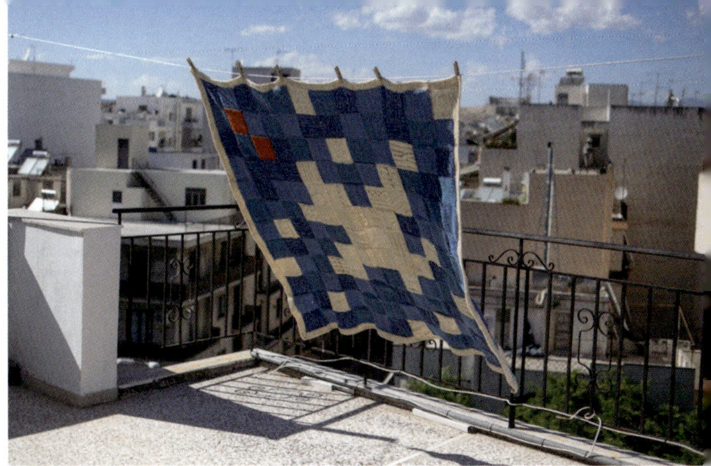

ZOPF: 20 M anschl und in Hinr stets 3 M li, 6 M re, 2 M li, 6 M re, 3 M li str. Dabei in den R 5, 13 und 21 je 2 × zopfkreuzen über je 6 M: 3 M auf die Zopfnd vor die Arbeit legen, 3 M re str, dann die M der Zopfnd str. In Rückr alle M str, wie sie erscheinen. In R 23 abk.

KABELZOPF-RIPPEN: 20 M anschl und in Hinr stets 2 M li, 4 M re, 2 M li, 4 M re, 2 M li, 1 M re, 2 M li, 1 M re, 2 M li str, dabei in den R 3, 7, 11, 15, 19 und 23 je 2 × zopfkreuzen über je 4 M: 2 M auf die Zopfnd hinter die Arbeit legen, 2 M re str, dann die M der Zopfnd str. In Rückr alle M str, wie sie erscheinen. In R 25 abk.

SEILMUSTER-RIPPEN (darunter 1 Seilmu über 6 M und 8 R): 18 M anschl und in 1. R 1 M re, 2 M li, 1 M re, 2 M li, 1 M re, 2 M li str; für das Seilmu 1 M re, 4 M li, 1 M re str; danach 2 M li, 1 M re str. In Rückr die M stets str, wie sie erscheinen. In allen Hinr das Rippenmu beibehalten, aber für das Seilmu in R 3: 1 M auf die Zopfnd vor die Arbeit legen, die 2 folg M li str, dann die M der Zopfnd re str; 2 M auf Zopfnd hinter die Arbeit legen, die folg M re str, dann die 2 M der Zopfnd li str. Seilmu in R 5: 2 M li, 2 M re, 2 M li str. Seilmu in R 7: 2 M auf die Zopfnd hinter die Arbeit legen, die folg M re str, dann die 2 M der Zopfnd li str; 1 M auf die Zopfnd vor die Arbeit legen, die 2 folg M li str, dann die M der Zopfnd re str. R 1–8 stets wdh. In R 24 abk.

NOPPE: Siehe im Abschnitt **MUSTER** auf Seite 10.

AUSFÜHRUNG

Die quadratische Decke besteht aus 144 Quadraten (= 12 × 12 Quadrate) von je 12 cm Seitenlänge, dabei wurden alle Quadrate mit 2 Fäden verstrickt und zwar jeweils 36 Quadrate in Hellblau und Petrol, in Hellblau und Stahlblau und in Hellblau und Hellblau, ferner 2 Quadrate in Orange und Orange und 34 Quadrate in Naturweiß und Fuchsschafwolle Beige. Die weißen Quadrate wurden in 34 verschiedenen Mu gearb, während die übrigen Quadrate im Grundmu gestr sind: Pro Quadrat 16 M anschl und 22 R in glatt li arb ohne RM.

FERTIGSTELLUNG

Erst wenn alle Teile gestr, gewaschen, festgesteckt und getrocknet sind, wird das Mosaik nach Belieben angeordnet – vor dem Zusammennähen. Dabei wurden bei dieser Decke alle glatt li gestr Teile längs und quer zueinander zusgenäht, hingegen die weißen Teile in Blickrichtung zum Betrachter. Der Rand besteht aus 5 Rd fester Maschen (jeweils in das hintere M-Glied eingestochen) in Naturweiß und Fuchsschafwolle Beige.

Diese Anleitung sei lediglich als Anregung für Ihr eigenes Erproben und Gestalten gedacht.

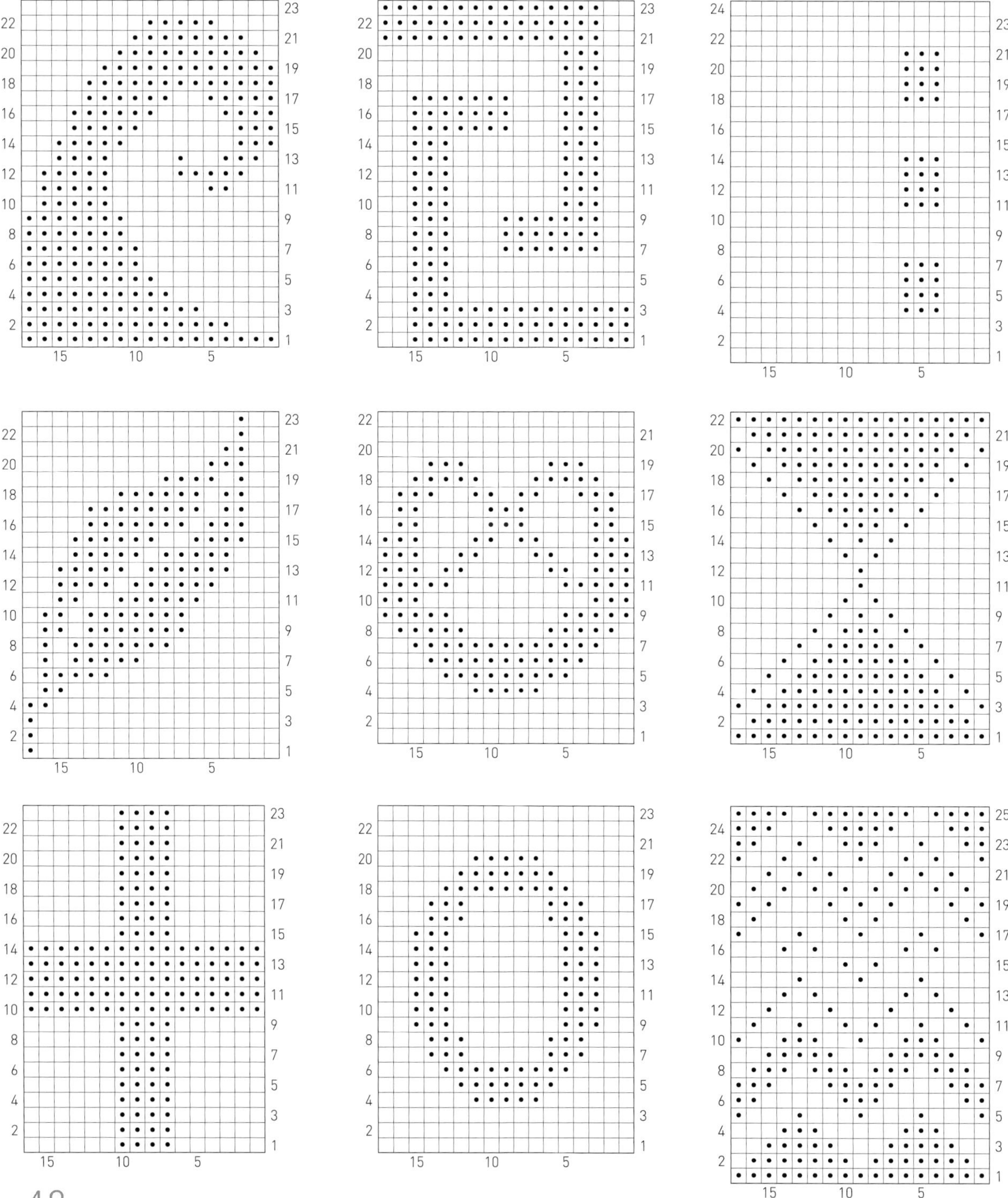

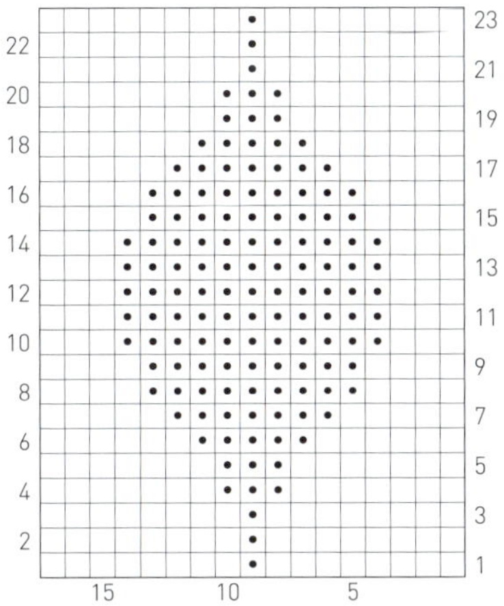

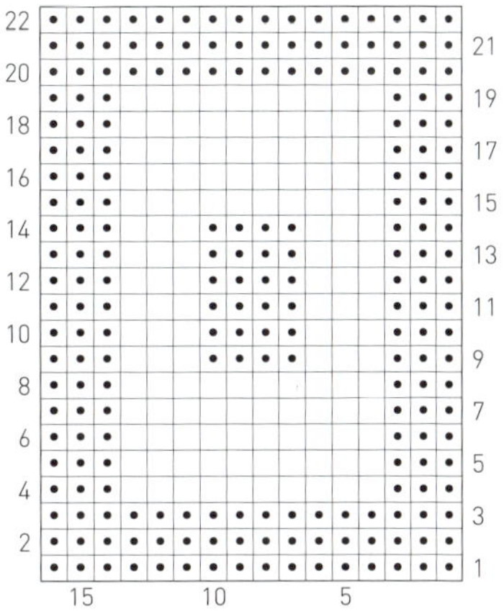

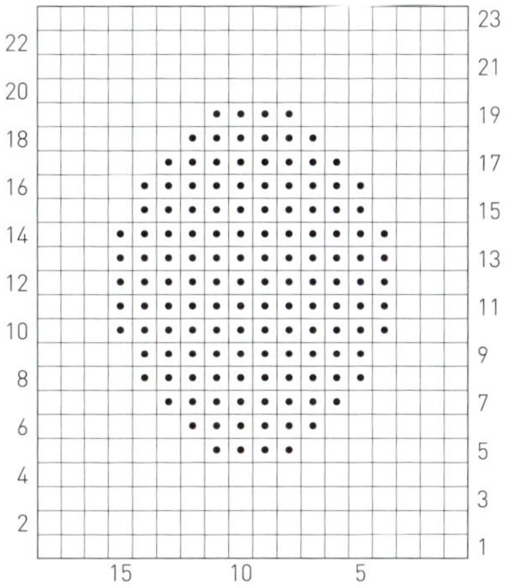

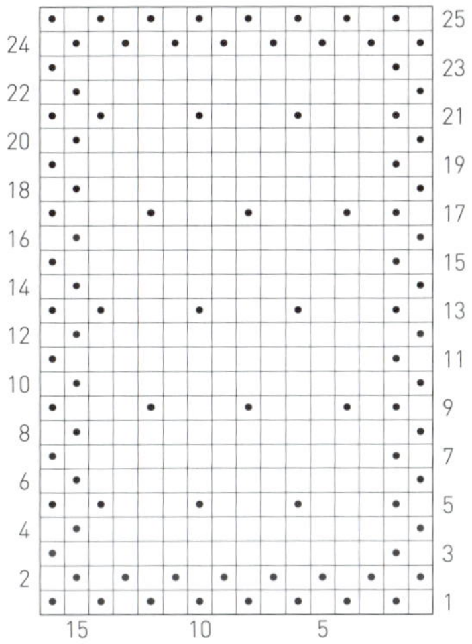

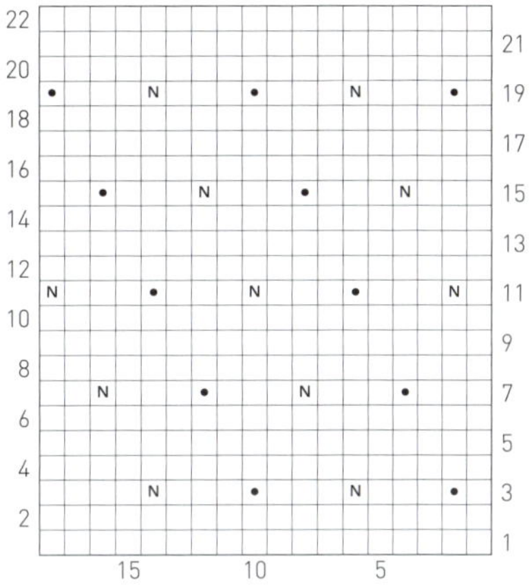

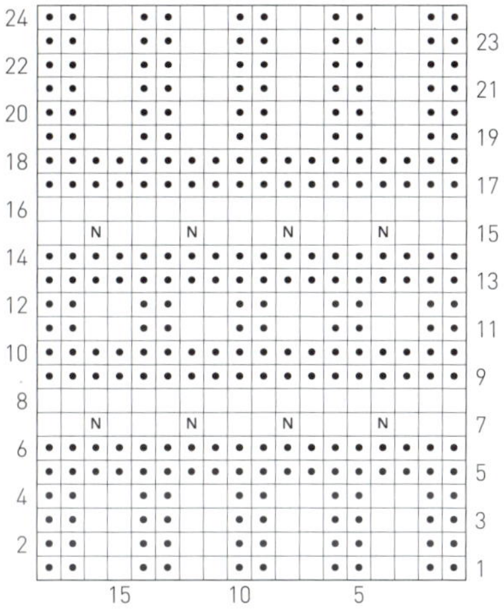

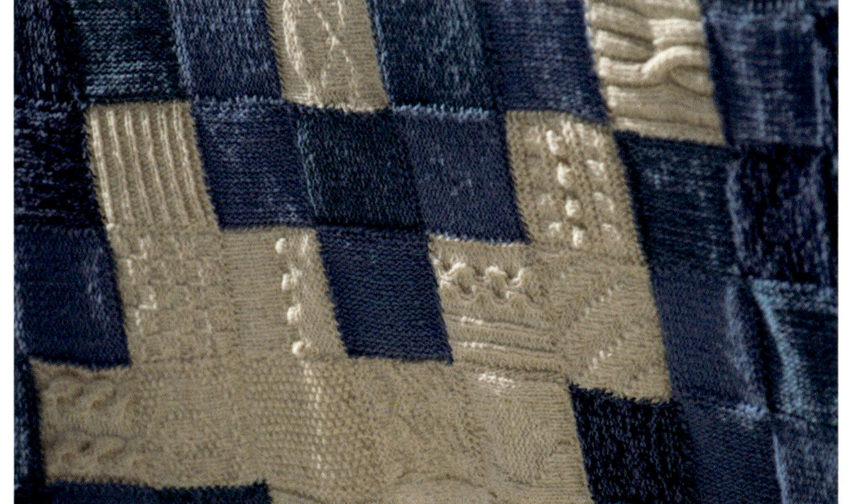

☐ = 1 M re, in Rückr li str

⊡ = 1 M li, in Rückr re str

N = Noppe

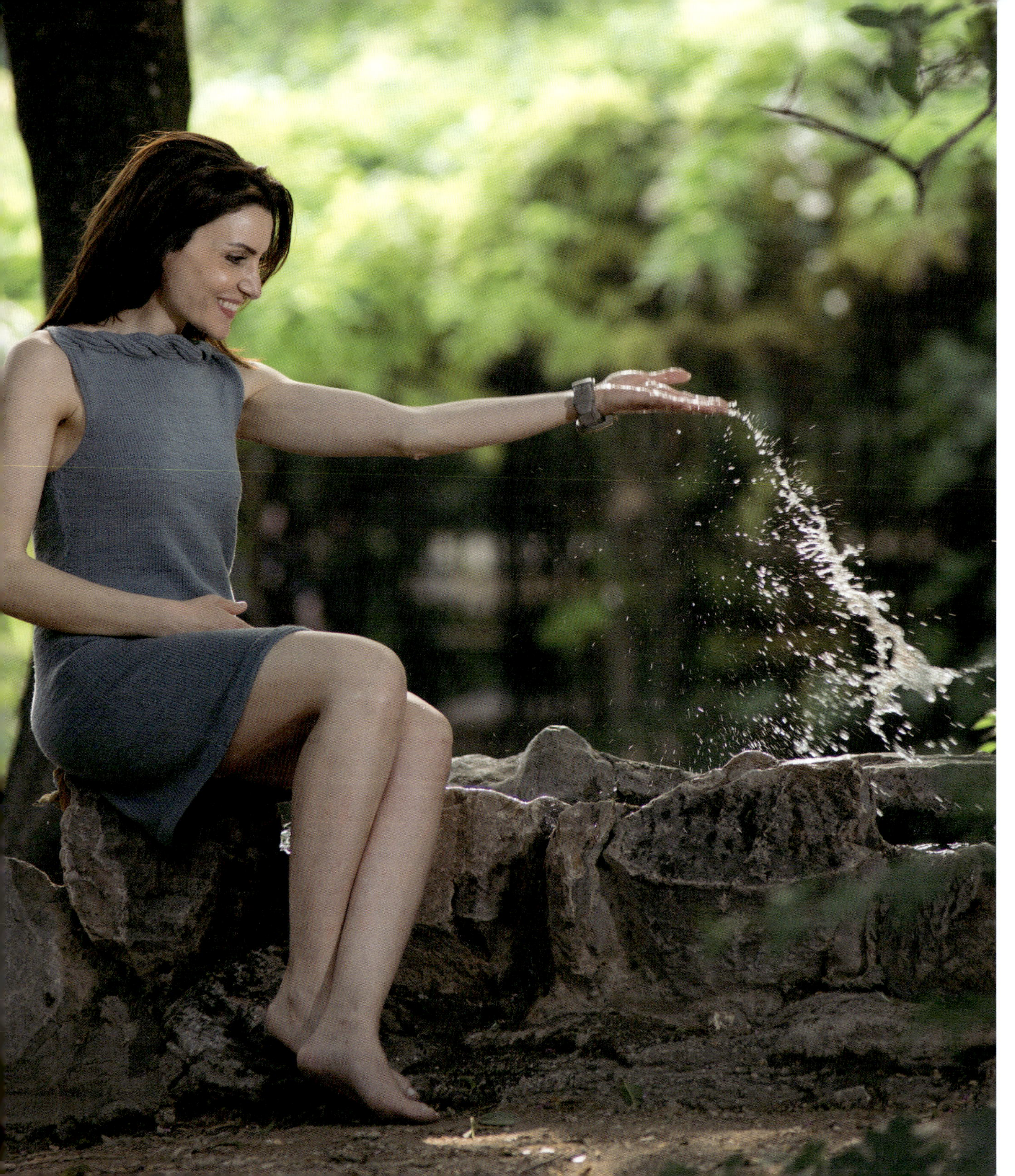

KLEID »NEREIDE«

Bei Strickkleidern – also dem nahezu von Kopf bis Fuß Eingehülltsein in Selbstgestricktes – scheiden sich die Geister. Ich erinnere mich besonders an ein Mädchen in meiner Klasse in den Sechzigerjahren, das sommers wie winters in den handgestrickten, kratzwolligen, unübertroffen altbackenen Kleiderkreationen seiner Großmutter herumlaufen musste. Stoisch widersetzte sich die Großmutter den Diktaten der Pariser Modezaren und versorgte auch noch die kleineren Enkelinnen mit ihrem grausam-liebevollen Gestrick. Die Klassenkameradin zog später in eine andere Stadt, so dass ich nicht sagen kann, wann sie gegen Großmutters Liebestaten revoltierte. Meinerseits war ich froh, dass ich nicht mit einer gegen die Modewelt sich stemmenden Oma gesegnet war.

Ich brauchte Jahre, bis ich mich an die Realisierung eines Handstrick-Kleides wagte.

Klassische Kleider der griechischen Antike, die auch heute noch unseren Schönheitssinn befriedigen, wurden gewebt und nicht gestrickt. Es gab keinen Zuschnitt und somit auch keinen Stoffabfall. Man steckte einfach an den Schultern ein Stoffrechteck aneinander. Der Körper war mit reichlich Stoff locker umhüllt. Nun begann das eigentliche »Styling«, nämlich das raffinierte Faltenlegen und Gürten, welches zeitweise sogar in Schulen gelehrt wurde. Durch jahrtausendealte Reliefs und Plastiken können wir immer noch die Anmut und fließende Eleganz der damaligen Kleidung erleben, die ihre volle Wirkung in der Bewegung entfaltete.

Handgestricktes ist aber um ein Vielfaches dicker als fein gewebter Woll- oder Leinenstoff und nicht dazu da, in Falten gelegt zu werden. Vielmehr ist die locker anliegende Etui-Form dem Handgestrickten adäquat.

Einfach überziehen und sich wohlfühlen, so sollte mein Strickkleid sein. Dazu alltagstauglich und reisefreundlich. Ich entschied mich für eine verschlungene Bordüre am Halsausschnitt, die auch als Wasserwellen-Band gesehen werden kann. Wir finden sie immer wieder auf antiken Mosaikböden. Die fließende Linie, Ärmellosigkeit und die knappe Verbindung von Vorder- und Rückenteil am Halsausschnitt greifen Merkmale hellenistischer Kleidung auf.

Anders als bei Gewebtem kann Formgebung bei Gestricktem ganz ohne Zuschnitt und Abfall durch Zu- oder Abnahmen erreicht werden, was aus einem Sack- oder Hängerkleid ein Etuikleid werden lässt – einfach kleidsam.

KLEID »NEREIDE«

GRÖSSE 36/38
Brustumfang 88 cm, Hüftumfang 90 cm, Länge 81 cm

MATERIAL
Wolle Rödel »Siena« (LL 135 m/50 g, 100 % Schurwolle), 370 g in Patina. 2 Rundnadeln Nr. 2,5, 80 cm lang; Nadelspiel Nr. 2,5; MM; Maschenraffer; Wollnadel.

MASCHENPROBE
24 M und 36 Rd in glatt re = 10 × 10 cm

MUSTER
RIPPENMUSTER: 2 M re, 2 M li im Wechsel str, in Rückr die M str, wie sie erscheinen (siehe Strickschrift). GLATT RECHTS IN RUNDEN: alle M re str. BETONTE ABNAHME, RECHTER RAND: 1 M abh, 1 M re str und die abgehobene M darüberziehen. LINKER RAND: zwei M re zusstr. BETONTE ZUNAHME, RECHTER RAND: Mit der li Nd den Querfaden von vorne nach hinten aufnehmen und re verschränkt abstr. LINKER RAND: Mit der li Nd von hinten nach vorn den Querfaden aufnehmen und wie re M abstr.

AUSFÜHRUNG
Nach dem Stricken der Wellenbordüre im Rippenmu wird das Kleid in Rd von oben nach unten gearb. – Für die BORDÜRE 44 M anschl und im Rippenmu laut Strickschrift arb, dabei nach 6 R die Arbeit in 4 Stränge teilen und jeden Strang von 12 M über 136 R getrennt str und die M stilllegen. Nun Strang 1 und 2 (= Bordüre/Vorderteil) laut Zeichnung 6× umeinander schlingen (mit Nd fixieren), desgleichen Strang 3 und 4 (= Bordüre/Rückenteil). Alle M der 4 Stränge wieder auf eine Nd nehmen und – wie zu Beginn – noch 6 R str und abk. Die fertige Bordüre ist ungedehnt 34 cm lang (von Schulter zu Schulter).

Für das RÜCKENTEIL mit der Rundnd 85 M aus den RM der Bordüre auffassen und 42 R in glatt re str, dabei stets für den re Rand 3 M re, 1 M li str und gegengleich für den li Rand 1 M li, 3 M re. In Rückr alle M str, wie sie erscheinen. In der 43. R für die Armausschnitte beidseits je 1 M zun (dabei den Rand stets beibehalten), dann in jeder 2. R (Hinr) noch 5 × 1 M und 3 × 2 M beidseits zun. Nach der Rückr (R 60) sind 109 M auf der Nd. Das VORDERTEIL bis hierher identisch arb.

Weiterarb in Rd: In Rd 1 das Vorder- und Rückenteil nacheinander abstr, zur Rd schließen (218 M) und an beiden Seiten (Mitte des Armausschnitts) eine M als »Naht«-M markieren. Es werden stets alle M re gestr. Nach 15 weiteren Rd in Rd 17 für die Taille beidseits der beiden Naht-M je 1 M abn und in jeder 8. Rd noch 4 × je 1 M beidseits der Naht-M abn (198 M). 10 Taillen-Rd str, dann für die Hüftschrägung beidseits der Naht-M je 1 M zun und in jeder 8. Rd noch 5 × je 1 M beidseits der Naht-M zun (222 M). In Rd weiterstr, bis die Gesamtlänge von 81 cm bzw. die Wunschlänge erreicht ist. Für den Saum 1 Rd li M str (=Umbruchkante), 8 Rd re M str und abk. Den Saum nach innen klappen und annähen.

☐ = 1 M re, in Rückr li stricken

⊡ = 1 M li, in Rückr re stricken

☐ = keine M, Platzhalter

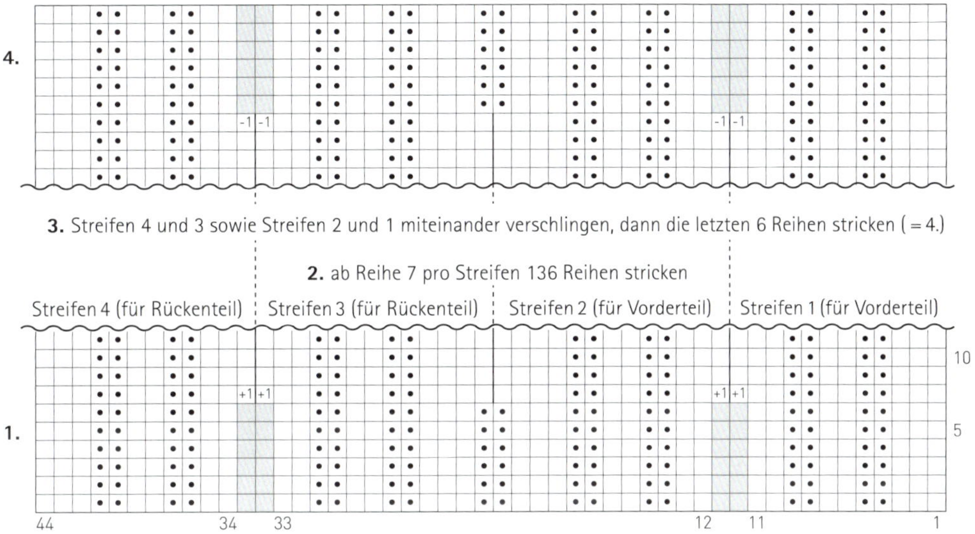

4.

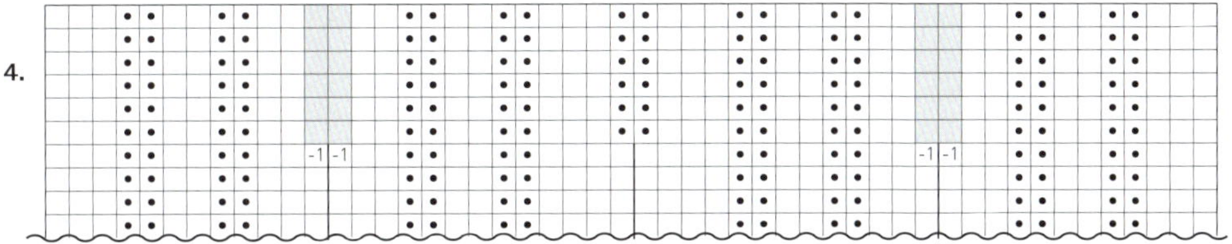

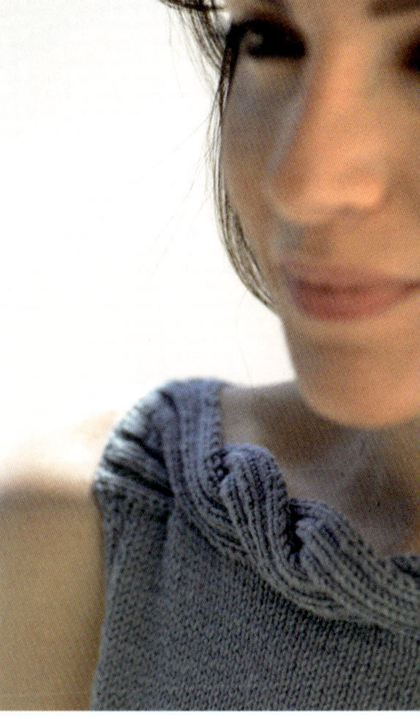

3. Streifen 4 und 3 sowie Streifen 2 und 1 miteinander verschlingen, dann die letzten 6 Reihen stricken (= 4.)

2. ab Reihe 7 pro Streifen 136 Reihen stricken

Streifen 4 (für Rückenteil) | Streifen 3 (für Rückenteil) | Streifen 2 (für Vorderteil) | Streifen 1 (für Vorderteil)

1.

+1 +1   +1 +1

10

5

44 34 33 12 11 1

DIAGRAMM ZUM UMSCHLINGEN

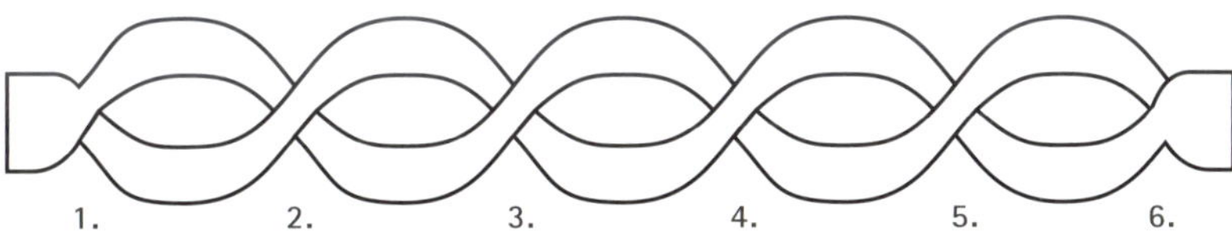

Streifen 4 und 3 sowie Streifen 1 und 2 jeweils gemäß Diagramm umeinanderschlingen. Dann die letzten 6 Reihen wieder mit allen Maschen auf einer Nadel stricken.

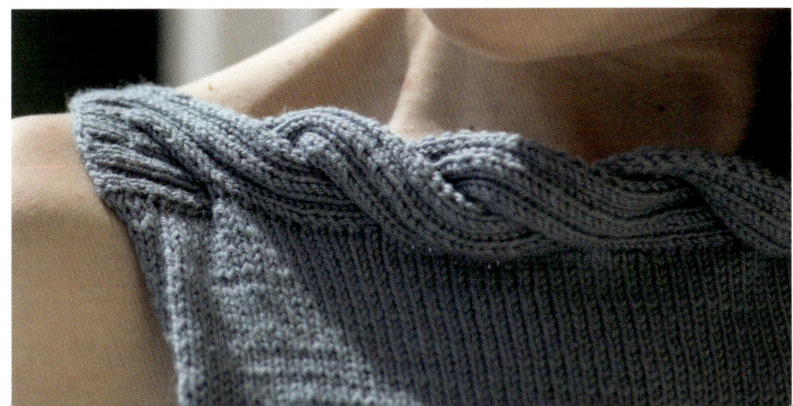

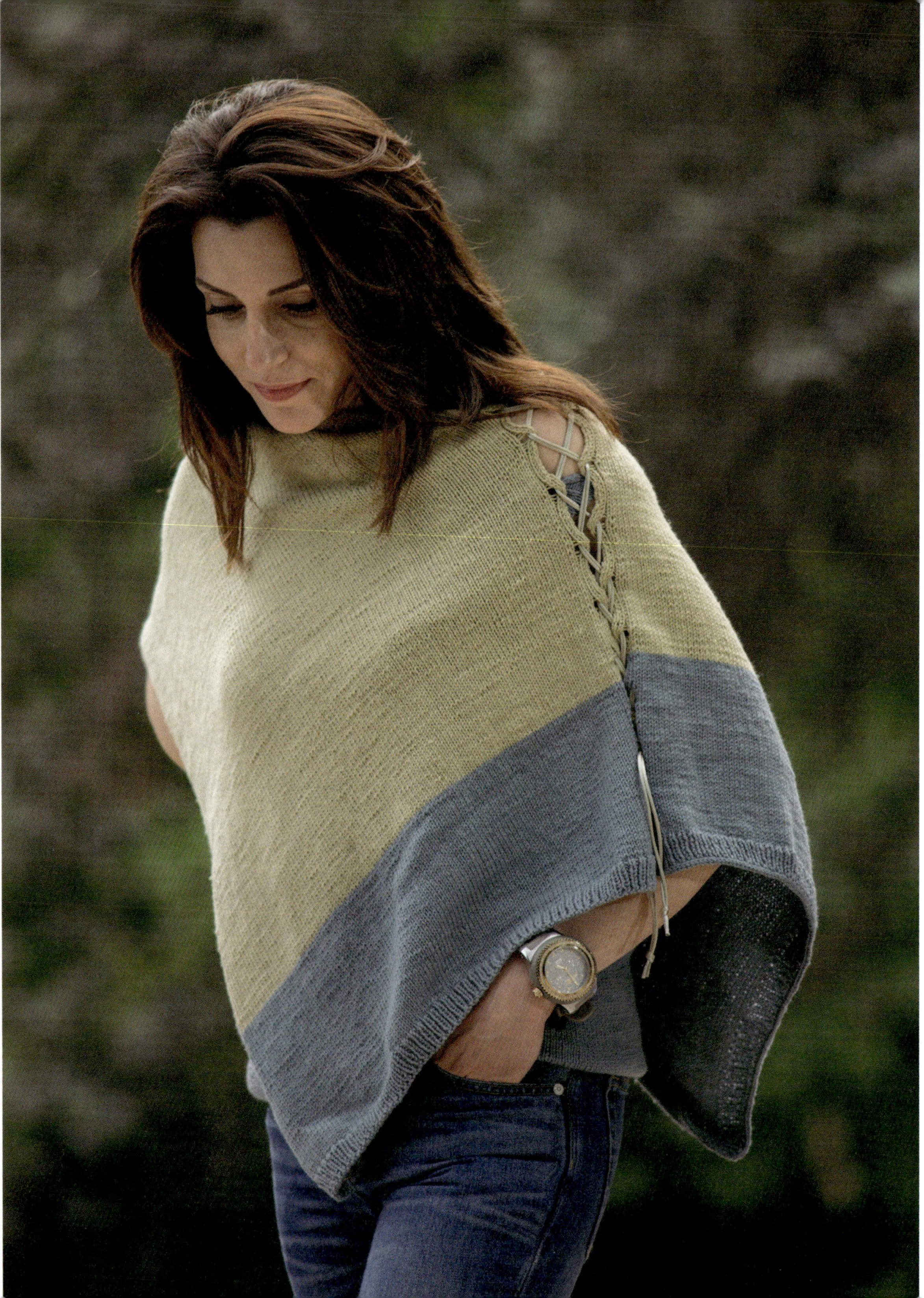

PONCHO »KÁLAMOS«

Dieser Poncho wendet sich an Beginner und Wieder-Einsteiger. Hier mein Rezept: Man nehme drei Viertel von einer Farbe und ein Viertel von einer zweiten Farbe, stricke einen breiten Schal, falte ihn zur Hälfte, verbinde beide Hälften und setze das Ganze schräg in Szene.

Man kann den Schal an der Schulter zusammennähen. Dann wird es ein Poncho zum Hineinschlüpfen. Variabler wird er aber, wenn man eine Lochleiste am oberen bzw. rechten Rand mitstrickt, die sehr leicht zu bewerkstelligen ist, und den Poncho mittels Knöpfen oder Bändchen verschließt. So kann er nach Belieben auch offen als kürzere Stola getragen werden. Ich nähte deshalb die Knöpfe nicht am Strickteil, sondern auf einem separaten Ripsband fest – wie früher als Knopfleiste bei Bettwäsche üblich. Damit kann der Poncho je nach Anlass oder Laune mittels Knöpfen oder Bändchen geschlossen werden.

Ob Poncho, Wrap, Umhang oder Cape: Diese Hüllen ohne angestrickte Ärmel sind unverzichtbar, zeitlos und ganzjährig gefragt.

Ich nannte den Poncho »Kálamos«, was »Schilf« bedeutet. Biegsames Schilf, das sich mir öffnet und mich umschließt, das auf den leisesten Windhauch mit Bewegung reagiert. Nur folgerichtig, dass ich auch als Farbton »Schilf« wählte.

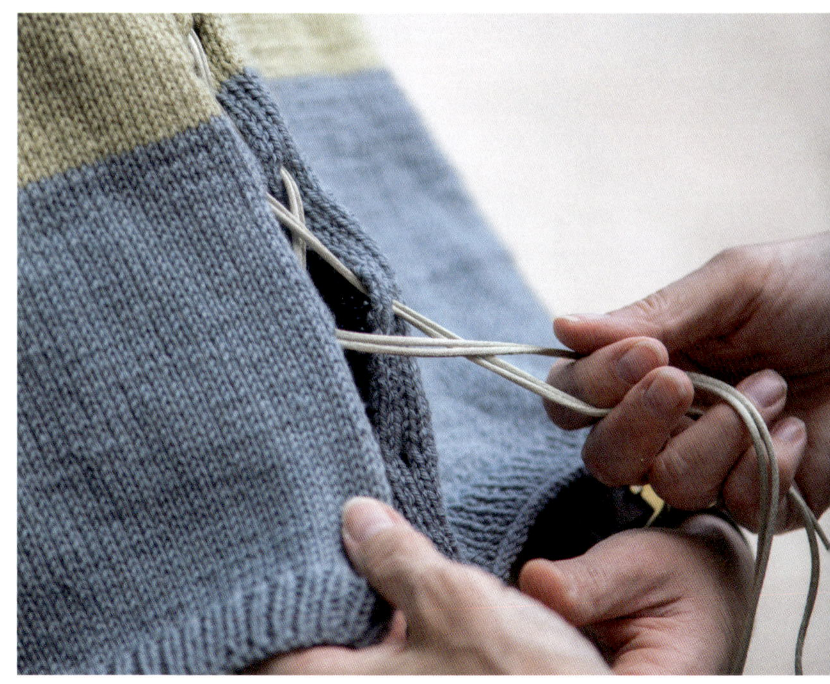

PONCHO »KÁLAMOS«

GRÖSSE

ca. 54 × 142 cm

MATERIAL

Wolle Rödel »Siena« (LL 135 m/50 g, 100 % Schurwolle), 300 g in Schilf und 100 g in Patina. Rundnadel Nr. 2,5, 80 cm lang; 70 cm Ripsband, ca. 2 cm breit und (optional) 140 cm Ripsband, ca. 1 cm breit, farblich abgestimmt auf die Grundfarbe »Schilf«; 10 goldene Knöpfe.

MASCHENPROBE

22 M und 32 R in glatt re = 10 × 10 cm

MUSTER

RIPPENMUSTER: In Hinr 1 M re, 1 M li im Wechsel, in Rückr 1 M li, 1 M re im Wechsel. **GLATT RECHTS:** In Hinr re M und in Rückr li M str. **LOCHSÄULE** (für Knöpfe bzw. Bänder zum Schnüren): 1 U und 2 M re zusstr.

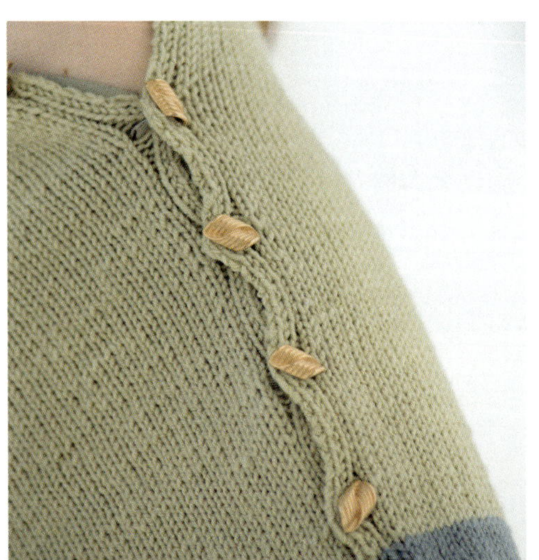

AUSFÜHRUNG

Der Poncho wird als breiter Schal gestr, der offen oder mittels Knopfleiste bzw. mittels Ripsbandschnürung geschlossen getragen werden kann.

127 M mit Fb Patina anschl und 8 R im Rippenmu str, dabei am re Rand in der Hinr mit 1 M re beginnen und am li Rand mit 1 M re enden. In folg Mustereinteilung fortf: 1 M re, 1 M li, 1 M re, 1 M li (= re Rand), 117 M re; dann 1 M li, 1 M re, 1 M li, 1 M re, 1 M li, 1 M re (= li Rand). In Rückr die M stricken, wie sie erscheinen. In R 11 das erste Loch am re Rand in folg Einteilg str: 1 M re, 1 M li, 1 M re, 1 U, 2 M re zusstr. Weiter in glatt re. Danach noch 9 × in jeder 16. R ein Loch str. In R 59 Wechsel zu Fb Schilf. Nachdem in R 163 das 10. Loch am re Rand gestr wurde, noch 69 R ohne Löcher weiterstr, bis mit 232 R die erste Hälfte der Arbeit erreicht ist. Gegengleich beenden.

Auf dem breiteren Ripsband (= Knopfleiste) im gleichmäßigen Abstand der Löcher (ca. alle 5 cm) die Knöpfe annähen, das Ripsband an beiden Enden säumen und in die Lochleiste des Ponchos einknöpfen. Optional kann der Poncho mittels der beiden Lochleisten und des schmalen Ripsbandes wie ein Schuh geschnürt werden. Der Poncho wird dazu in der Mitte gefaltet, die Knopf- oder Schnürleiste sitzt auf der rechten Schulter.

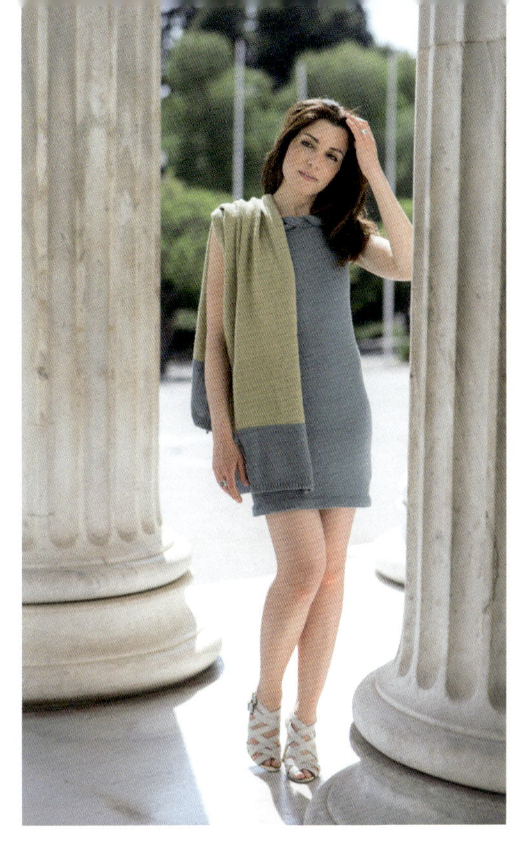

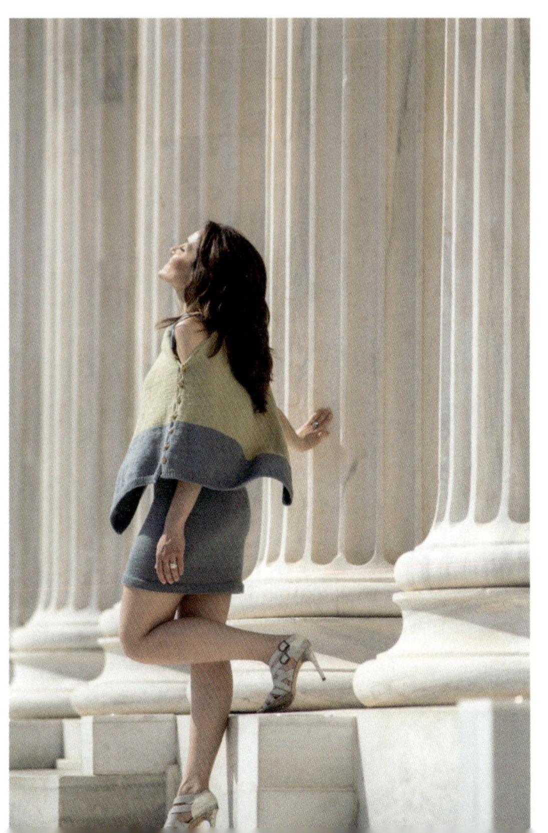

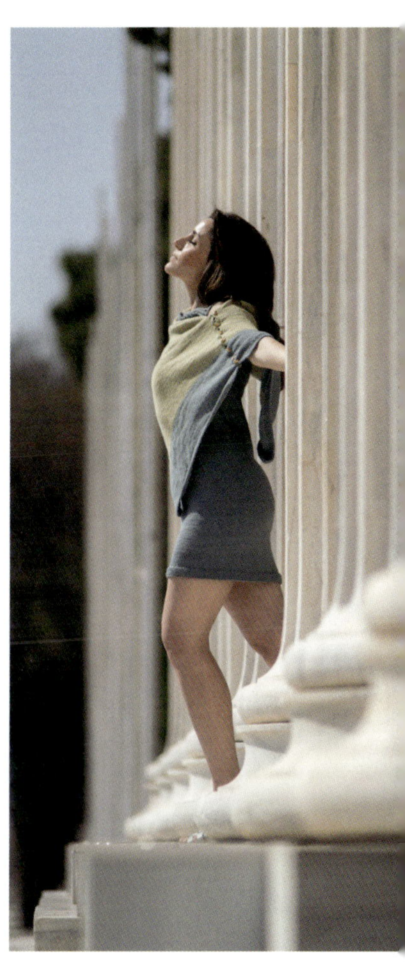

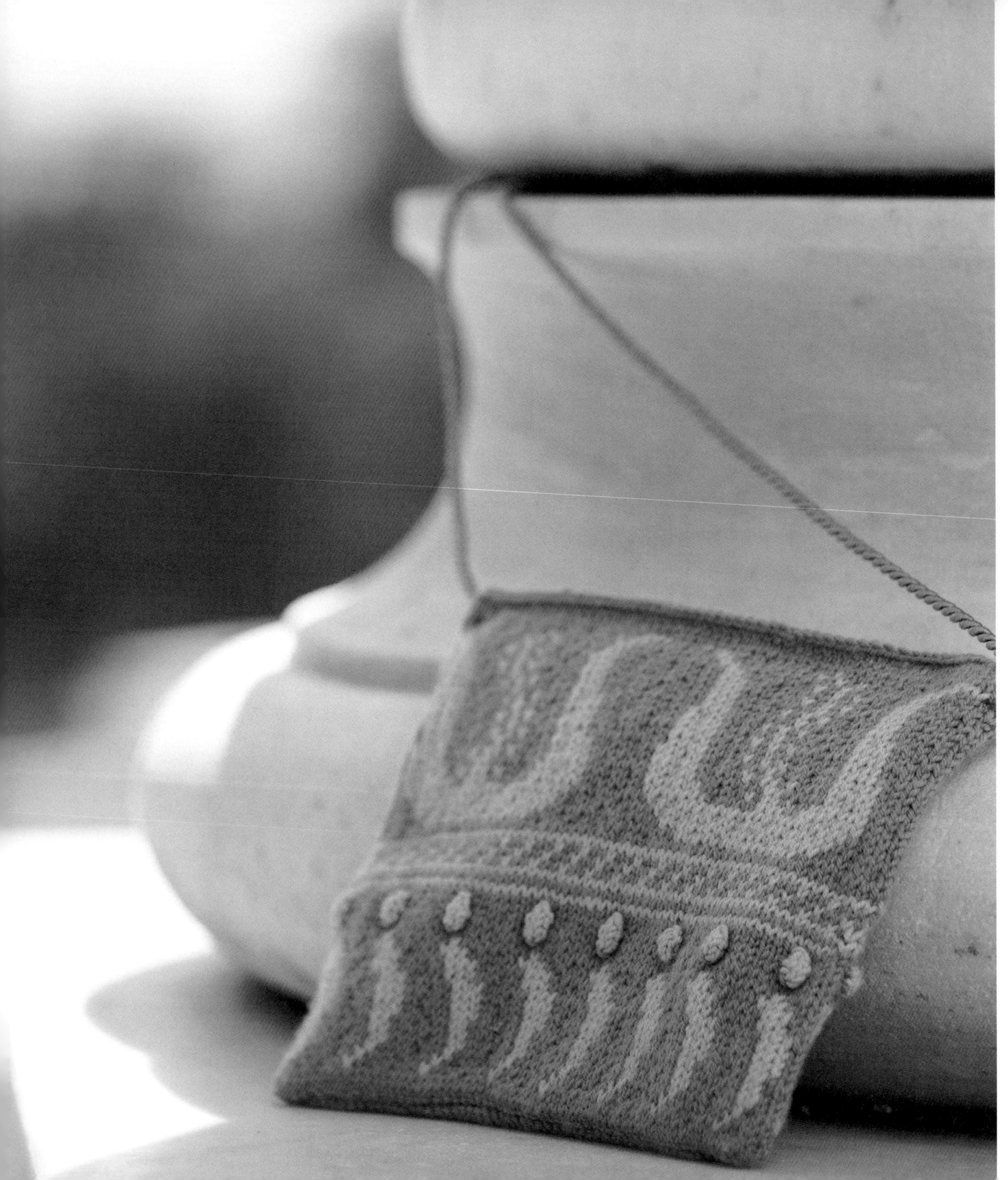

CLUTCH »NONDAS«

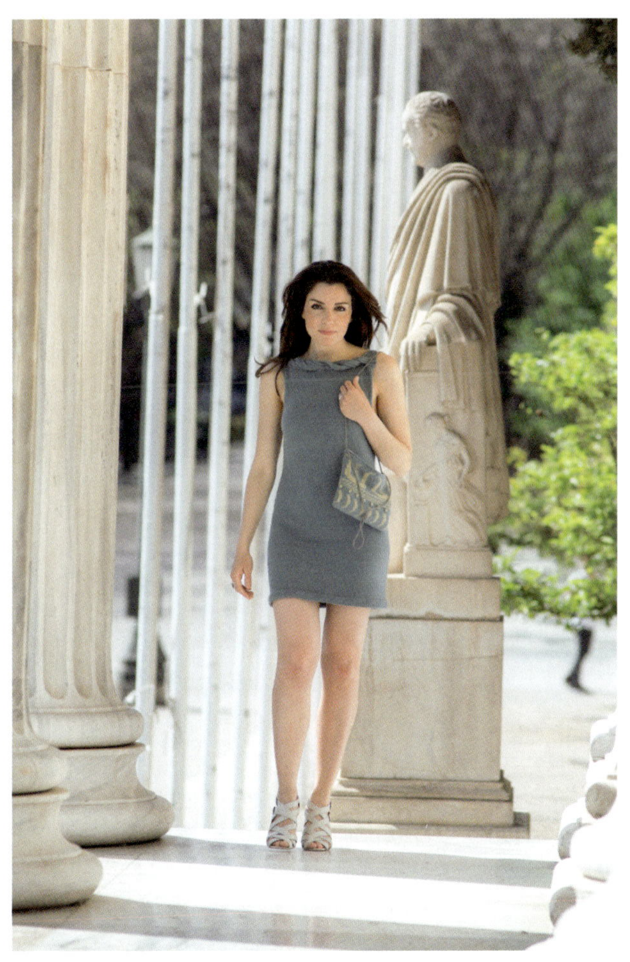

Das aparte Täschchen geht zurück auf das Etui »Nondas« von Seite 79 und kann als Unterarmtasche oder mit Schulterkordel getragen werden.

CLUTCH »NONDAS«

GRÖSSE
ca. 17,5 cm hoch und 22,5 cm breit

MATERIAL
Wolle Rödel »Siena« (LL 135 m/50 g, 100 % Schurwolle) 33 g in Patina und 21 g in Schilf. Rundnadel Nr. 2,5, 40 oder 50 cm lang; 1 Häkelnadel Nr. 2,5; Reißverschluss, 24 cm lang; Kordel, ca. 110 cm lang (als Träger, falls gewünscht); optional matte Goldperle für den Zipper; Futterstoff.

MASCHENPROBE
28 M und 33 Rd im Jacquardmuster = 10 × 10 cm

MUSTER
GLATT RECHTS IN RUNDEN: Alle M rechts stricken. **JACQUARD IN RUNDEN:** Nach Zählmuster glatt re in J-Technik str. **NOPPE:** Aus 1 M 3 M herausstr, dabei diesselbe M abwechselnd 1 × re, 1 × re verschränkt und 1 × re str. Wenden. 3 M li str. Wenden. 3 M re str. Wenden. 3 M li str. Wenden. 3 M re str. Nacheinander die 2. und 1. M über die 3. M ziehen. **LOCH** (für den Kordeldurchzug): 1 U, 2 M re zusstr.

AUSFÜHRUNG
Die Tasche wird in Rd von unten nach oben gestr. – 126 M in Grundfb Patina anschl und 2 Rd re str. In Rd 3 Beginn des J-Mu mit Musterfb Schilf, dabei den Rapport von 63 M laut Z-Mu je 1 × für Vorder- und Rückseite arb. In Rd 20 die eingezeichneten N str. In Rd 52 das J-Mu beenden, fortf in Grundfb Patina. In Rd 56 optional 4 Löcher für eine Trägerkordel str wie folgt: Am Rdbeginn 1 M re, 1 U, 2 M re zusstr, 58 M re, 1 U, 2 M re zusstr, 1 M re, 1 U, 2 M re zusstr, 58 M re, 1 U, 2 M re zusstr. In Rd 57 abk.

FERTIGSTELLUNG
Die Arbeit wenden (Innenseite nach außen) und die Anschlag-Kanten mit KM zushäkeln oder von re zusnähen. Durch Loch 1 und Loch 3 die beiden Kordelenden nach innen ziehen. Unterhalb der Abk-Kante den Reißverschluss einnähen und optional den Futterstoff. Dabei darauf achten, dass die 4 Löcher frei bleiben. So kann die Clutch mit langer Schulterkordel oder mit kurzer Kordel (die Enden durch Loch 3 und 4 gezogen) an der Hand getragen werden. Will man die Kordel in variabler Länge nutzen, muss sie innen variabel befestigt werden, ansonsten wird sie innen nach Bestimmung der Wunschlänge angenäht. Ich verzierte den gelochten Zipper mit einer mattgoldenen Perle, die ich mit einem Faden in Patina mit dem Zipper verband.

☐ = Grundfarbe Patina

☒ = Musterfarbe Schilf

N = Noppe (3 M aus 1 M)

○ = Loch (für Kordel etc.)

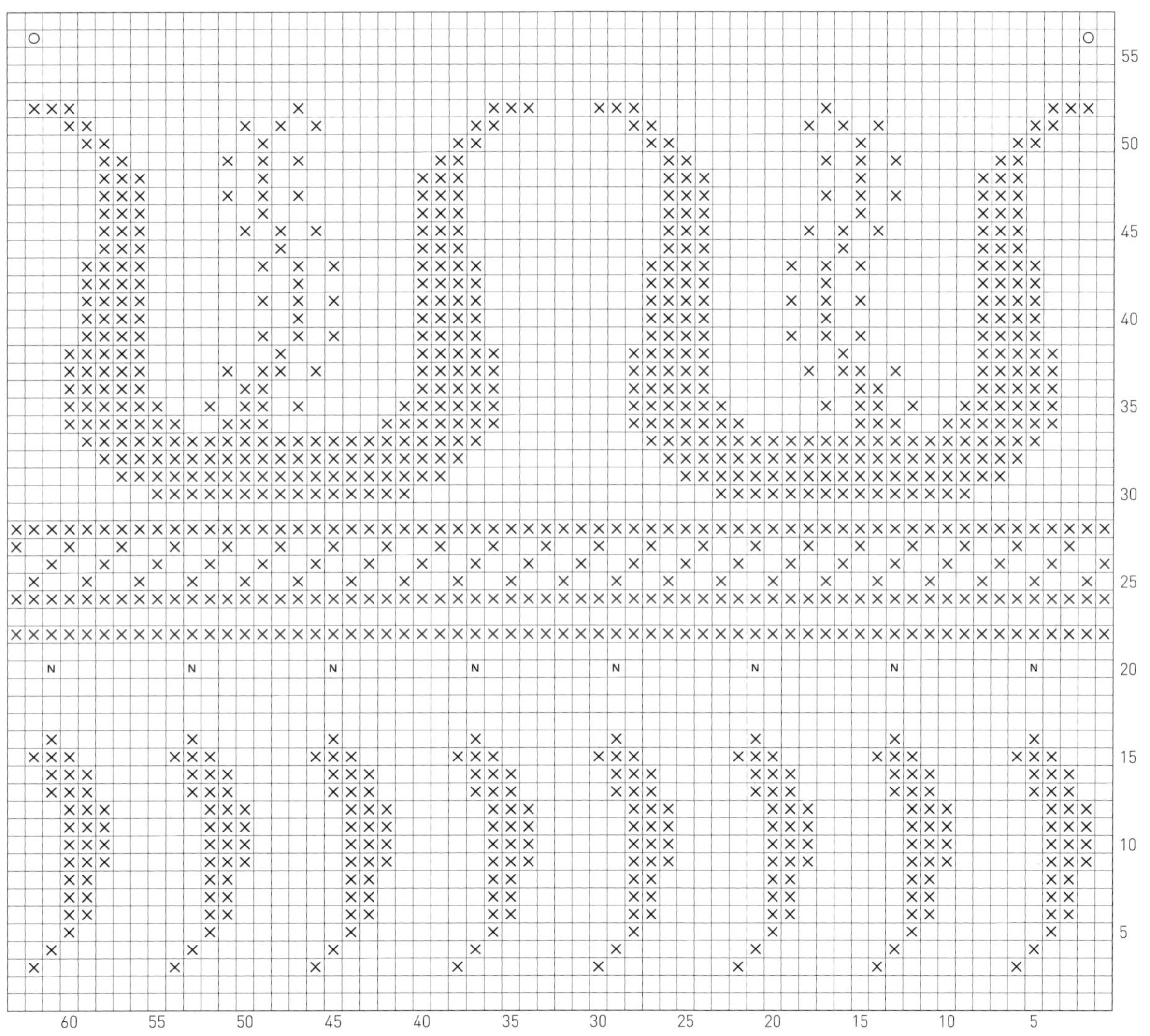

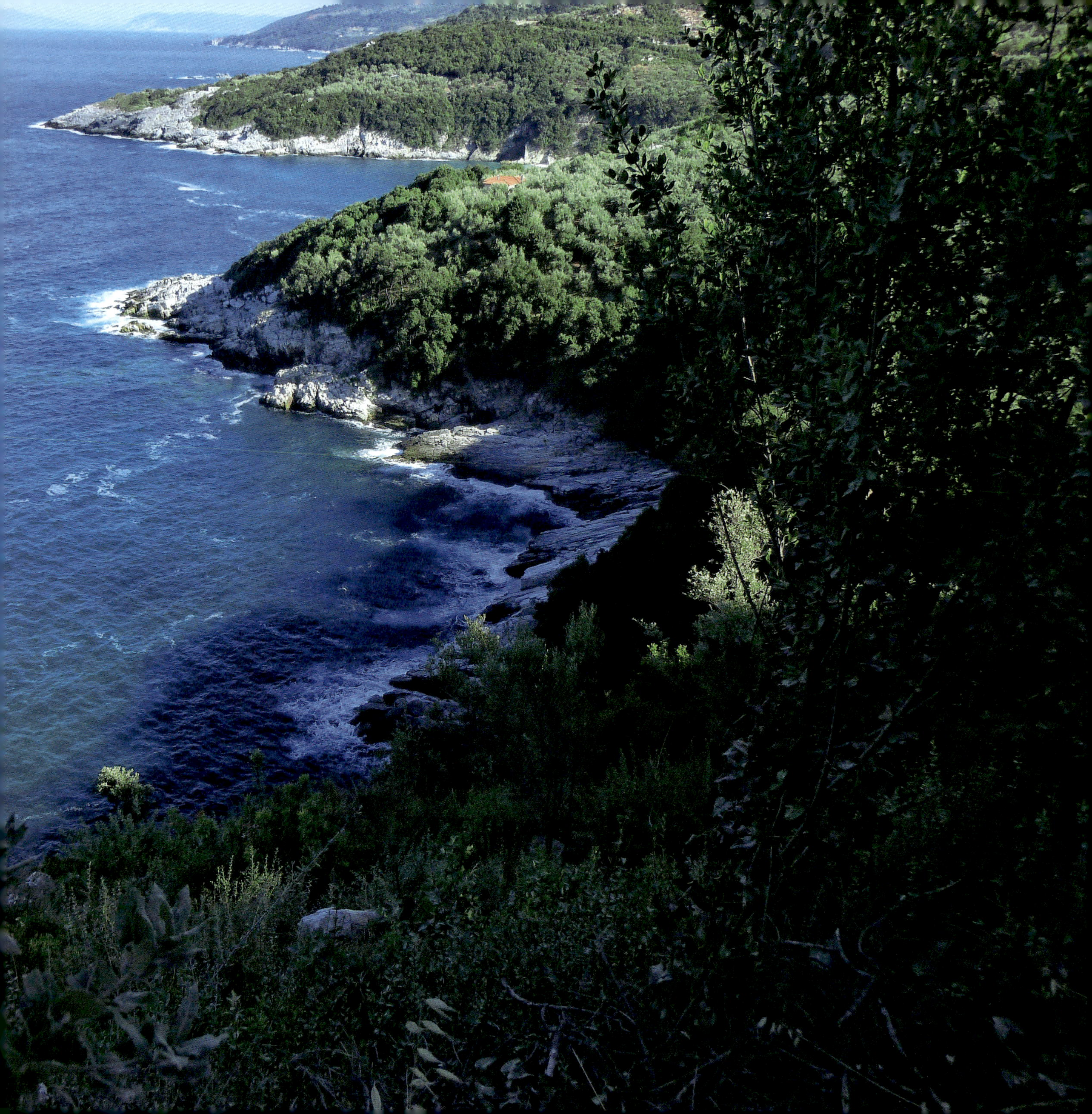

AUF DEM LAND

IM PILION

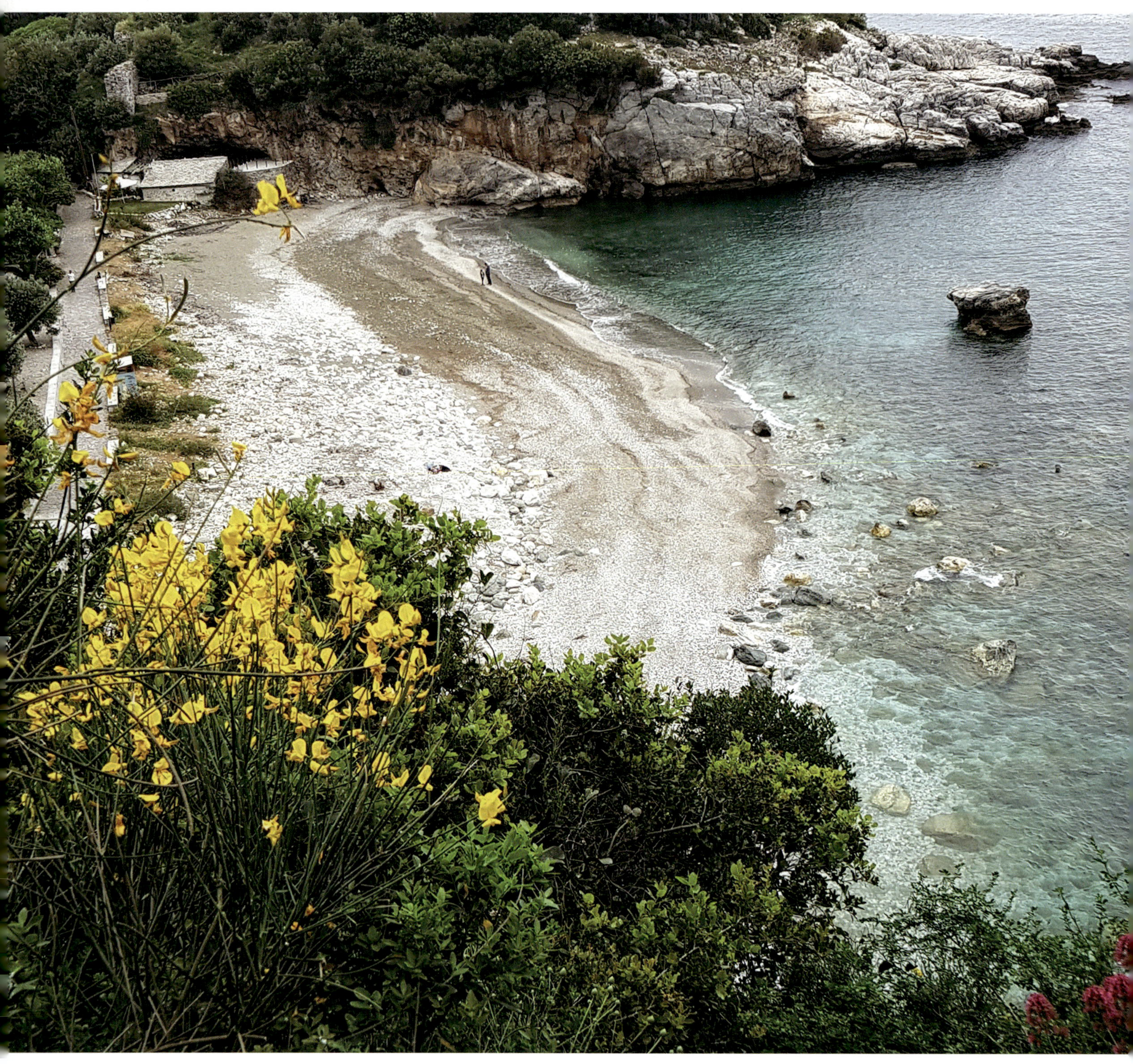

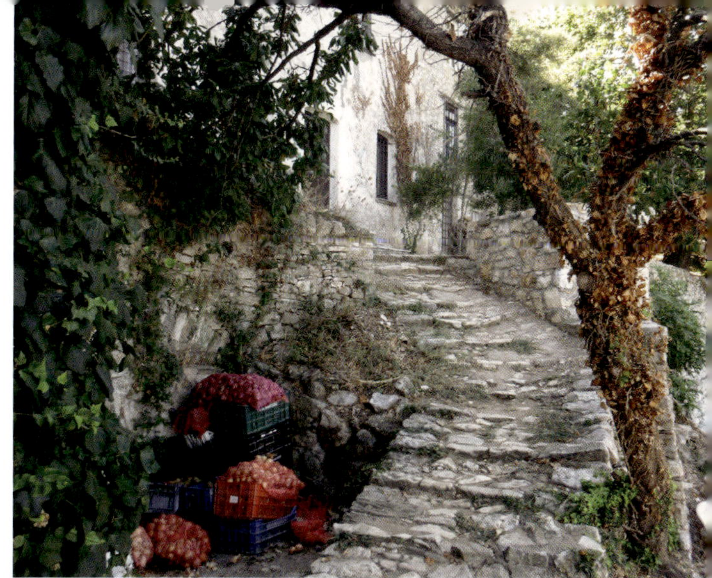

Der Inbegriff griechischer Landschaft ist für mich der Pilion südlich des Olymp: Meer und dicht bewachsenes Gebirge, ursprüngliche Wildheit und gepflegtes Kulturland, alles durchdringt sich. Klares Quellwasser und pralle Früchte. Von Oliven, Orangen, Granatäpfeln, Feigen und Zitronen bis zu Maronen, Äpfeln, Birnen, Trauben, Kirschen und Nüssen. Dazu Honig und Kräuter in Fülle. Nicht umsonst beliebten die olympischen Götter hier ihren Urlaub zu verbringen. Ein paar Jährchen später machten wir es ihnen nach, genauer gesagt 1978. Und von da an ließ uns der Pilion nicht mehr los.

Sind wir hier, rücken Weltereignisse, Politik, die gewohnte Arbeitswelt in die Ferne. Dagegen treten Naturrhythmen, die Elemente und Kreaturen – zuweilen vehement – in den Vordergrund und fordern unsere Aufmerksamkeit. Die Natur bewertet nicht. Sie ist einfach da in mannigfaltiger Schönheit – und tut uns gut.

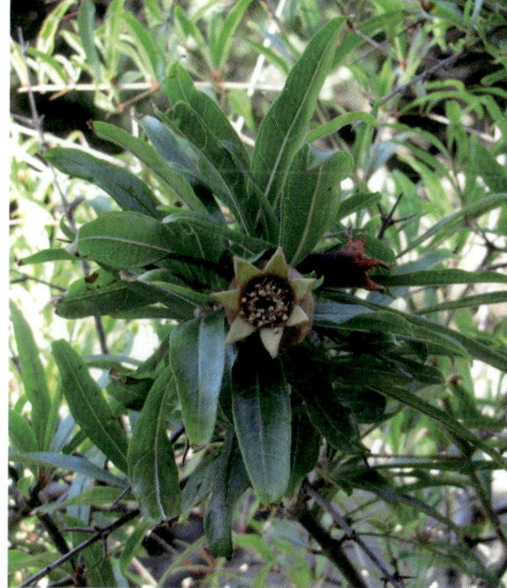

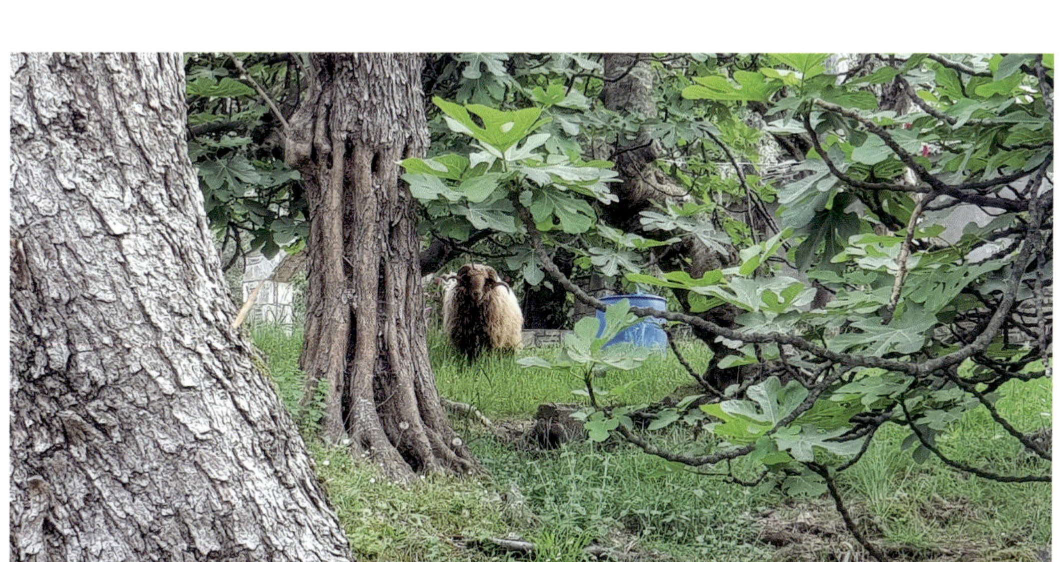

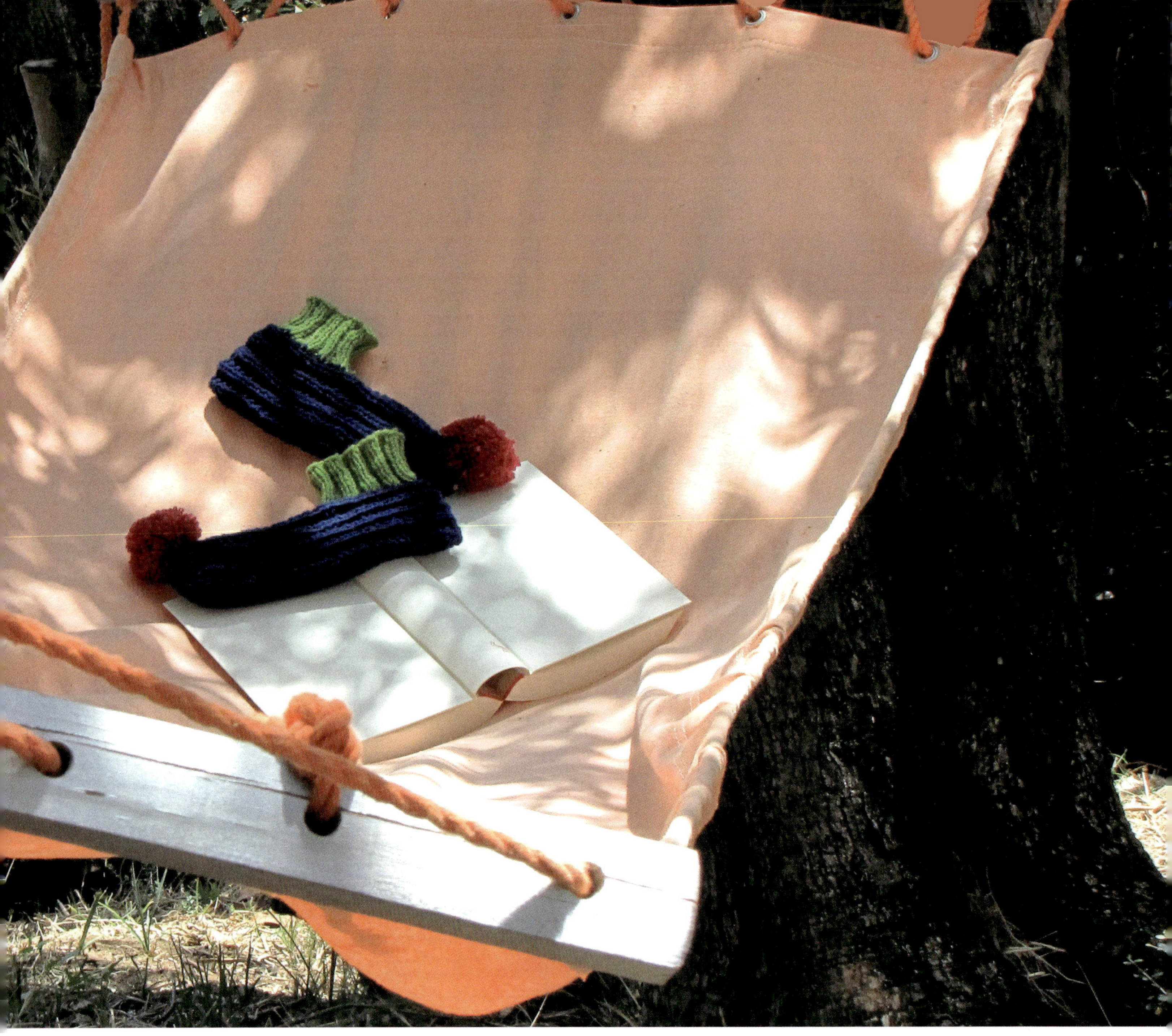

KINDERBETTSCHUHE »TSAROÚCHIA«

Einmal im November kam meine Tante für einige Tage zu Besuch. Meine Schwiegermutter aus Athen weilte zu der Zeit gerade bei uns. Mit Worten konnten sie sich nicht unterhalten: Mama sprach kein Deutsch und Tante kein Griechisch. Aber das machte nichts, sie verständigten sich über eine gemeinsame Tätigkeit und hatten ihren Riesenspaß dabei.

Auch wenn Tante früher mit uns Kindern viel gespielt, gebastelt und gesungen hatte, war sie meines Wissens nicht als Handarbeitskünstlerin hervorgetreten. Aber sie hatte eine Spezialität: Das Bettsocken-Stricken im Patentmuster. Vermutlich, weil sie selbst oft kalte Füße im Bett hatte, was in den eiskalten Schlafzimmern meiner frühen Kindheit nicht verwunderlich war.

Das Novemberwetter verlockte nicht zum Spazierengehen und so führte Tante ihr Bettsocken-Stricken vor. Mama, die mit komplizierten Handarbeitstechniken vertraut war, zeigte sich verblüfft über die zielgerichtete deutsche Art, in so kurzer Zeit zu einem vorzeigbaren Ergebnis zu kommen. Das abendliche Strickprojekt entwickelte sich dann zu einer deutsch-griechischen Koproduktion, indem Tante das bewährte Modell strickte und Mama diesem eine griechische Note verlieh. Sie fertigte rote Pompons und nähte sie auf die Schuhspitzen – in Anlehnung an die griechischen Tsaroúchia, den Bommelschuhen der Evzonen (historische Eliteeinheit zum Schutze Hellas; seit 1974 Präsidialgarde).

Bettschuhe sollen wärmen, aber den Fuß nicht einkerkern, das heißt, sie dürfen nicht straff sitzen. Ich vereinfachte Tantes Modell, indem ich falsches Patentmuster wählte. Die Bettschuhe bestehen aus je einem zusammengenähten Rechteck. Sie sind einfach und schnell zu stricken und eignen sich als Geschenk für Kinder und alle, die schnell kalte Füße bekommen.

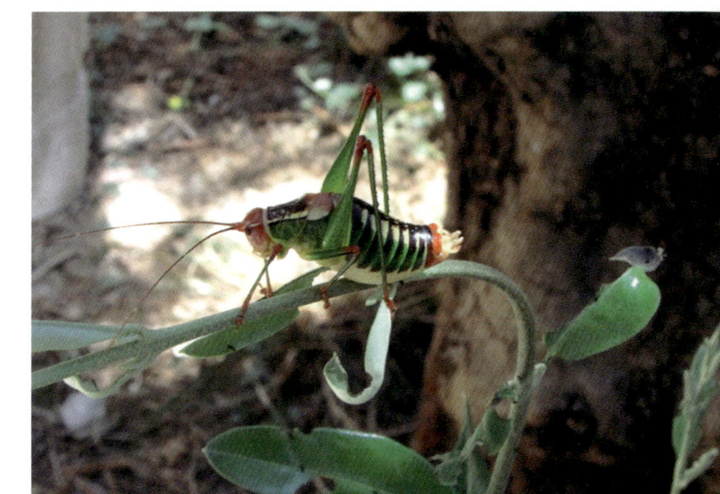

KINDERBETTSCHUHE »TSAROÚCHIA«

GRÖSSEN 28 bis 32

MATERIAL
Finkhof Wolle dünn (LL 300 m/100 g, 100 % Merinowolle kbT), 34 g Dunkelblau, 8 g Purpur, 7 g Hellgrün. 1 Rundnadel und 1 Nadelspiel Nr. 2,5; Wollnadel.

MASCHENPROBE
22 M und 32 R in falschem Patentmuster = 10 × 10 cm

MUSTER
FALSCHES PATENTMUSTER IN REIHEN (ungerade M-Zahl plus 2 RM): Zwischen den RM in jeder R fortl 2 M li und 2 M re str und mit 1 M re (vor der RM) enden. **GLATT RECHTS IN REIHEN:** Hinr re M und Rückr li M stricken. **BÜNDCHENMUSTER IN RUNDEN** (M-Zahl durch 4 teilbar): 2 M re, 2 M li fortlaufend stricken.

AUSFÜHRUNG
Ein Schuh besteht aus einem zusgenähtem Rechteck (oben und Fersenwand) mit angestricktem Bündchen. 41 M in Dunkelblau anschl und 60 R (18 cm) im falschen Patentmu str. R 61–65 in glatt re str, dabei für die Spitze in R 61, 63 und 65 **STETS** 2 M re zusstr. Es verbleiben 7 M. Den Faden abschneiden und das Fadenende 2 × durch die Rest-M führen, festziehen und für den Fußrücken in der vorderen Mitte ca. 11 cm (16 RM) zusnähen. Die Fersenwandnaht schließen. Kontrollieren, dass zum Hineinschlüpfen die Weite ausreicht. Für das Bündchen (Schaft) 28 RM mit dem Ndspiel auffassen, daraus 40 M herausstr und im Bündchenmu in Hellgrün 14 Rd str und locker abk. Den 2. Schuh identisch arbeiten. 2 Pompons in Purpur von etwa 5 cm Durchmesser anfertigen und auf die Schuhspitzen nähen.

POMPONS
Pro Pompon 2 Kreise aus Pappkarton mit einem Durchmesser von 5 cm ausschneiden. Aus der Mitte der Kreise je einen kleineren Kreis herausschneiden (wie für Apfelringe oder Weihnachtskringel). Den Wollfaden dicht um beide Pappringe wickeln, bis sich das Loch in der Mitte schließt. Nun mit der Schere zwischen den beiden Pappringen ansetzen und die Fäden rundherum aufschneiden. Einen Wollfaden zwischen den Pappringen mehrmals um die Fäden wickeln und verknoten. Die Pappe durch Aufschneiden entfernen und den Pompon gleichmäßig kugelig in Form schneiden.

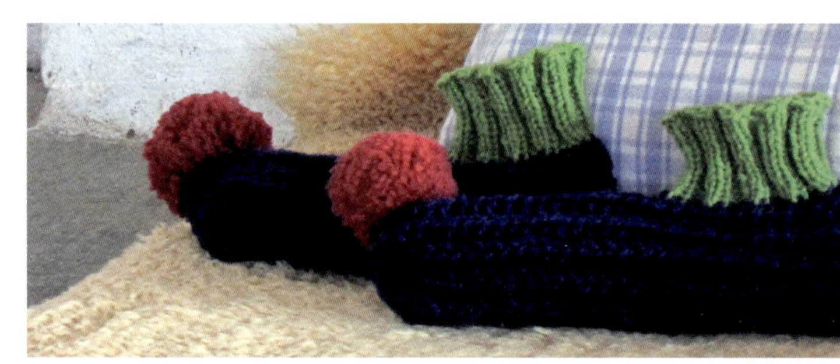

POMPADOUR

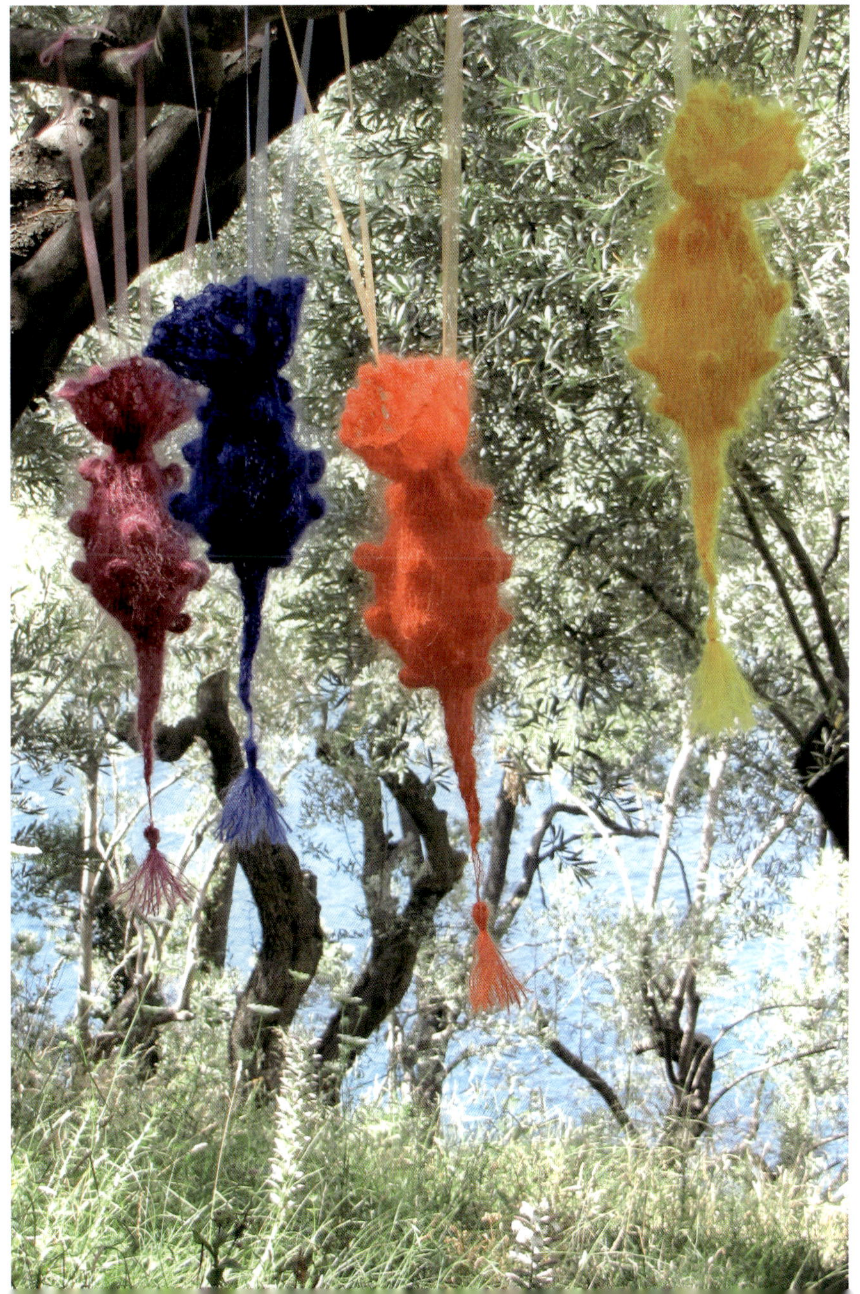

Junge Mädchen werden die leuchtend bunten Pompadours lieben, die auf das Beutelchen auf Seite 40 zurückgehen. Wer mag, kann sie mit einem leichten Stoff und mit guten Wünschen an die zu Beschenkende füttern.

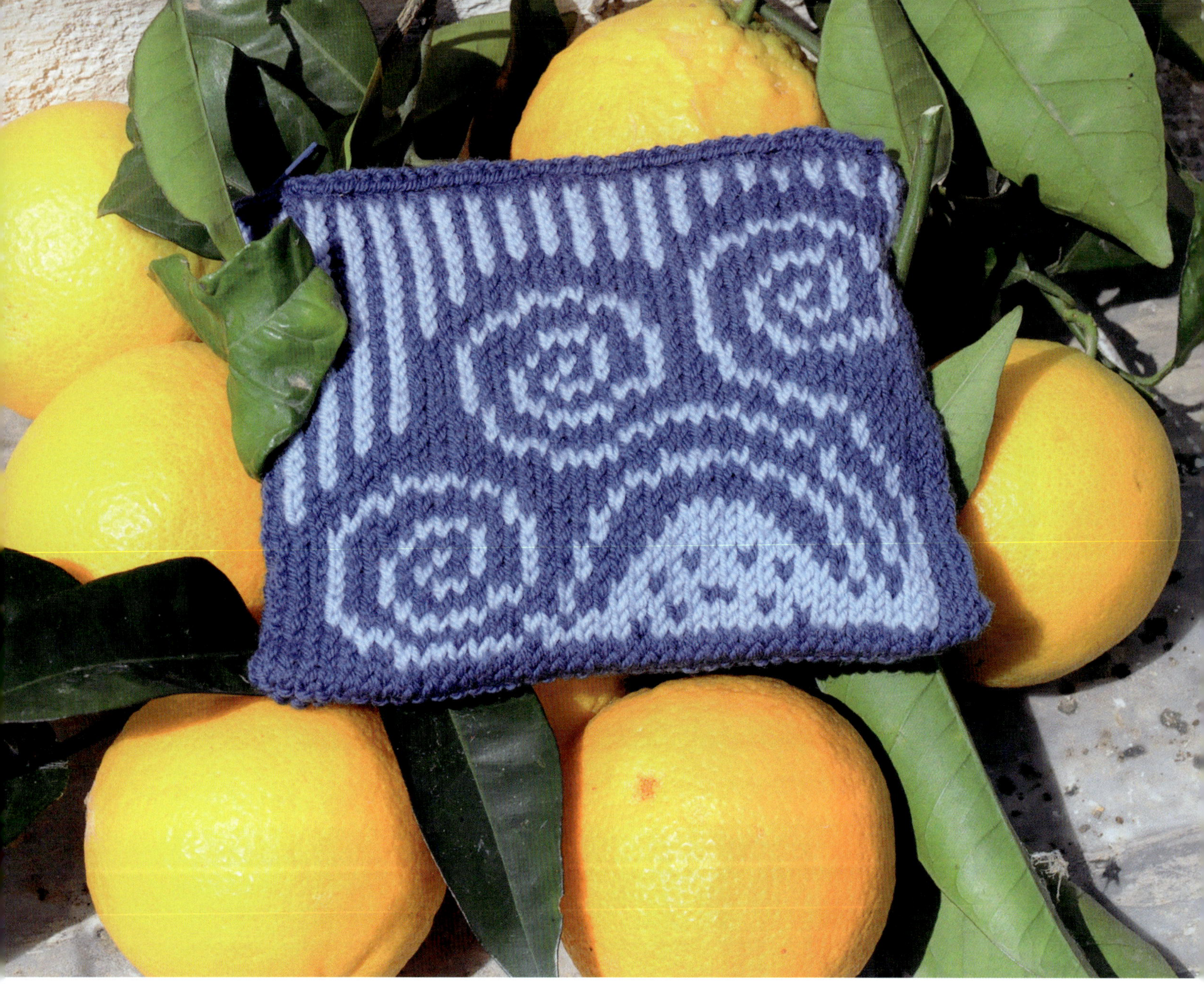

Für Takis in lieber und dankbarer Erinnerung.

TÄSCHLEIN »TAKIS«

GRÖSSE

ca. 11 cm hoch und 14 cm breit

MATERIAL

Wolle Rödel »Siena« (LL 135 m/50 g, 100 % Schurwolle), 25 g in Denim und 25 g in Hellblau. Nadelspiel Nr. 2,5; Häkelnadel Nr. 2,5; Reißverschluss, 14 cm lang.

MASCHENPROBE

28 M und 32 R im Jacquardmuster = 10 × 10 cm

MUSTER

GLATT RECHTS IN RUNDEN: Alle M rechts stricken.
JACQUARD IN RUNDEN: Nach Zählmuster glatt re in J-Technik str.

AUSFÜHRUNG

Das Täschlein wird in Rd von unten nach oben gestr. 80 M in Denimblau anschl und 2 Rd re M str. In Rd 3 Beginn des J-Mu mit Musterfb Hellblau, dabei den Rapport laut Z-Mu 2 × str. In Rd 34 das J-Mu beenden, Fortsetzung in Denim. In Rd 36 abk.

FERTIGSTELLUNG

Die Arbeit wenden (Innenseite nach außen) und die Anschlagkanten mit KM zusammenhäkeln oder von re zusammennähen. Unterhalb der Abk-Kanten den Reißverschluss einnähen.

Der Rapport gilt jeweils für Vorder- und Rückseite
Rapport: 40 M, 2 × stricken

☐ = Grundfarbe Denimblau
☒ = Musterfarbe Hellblau

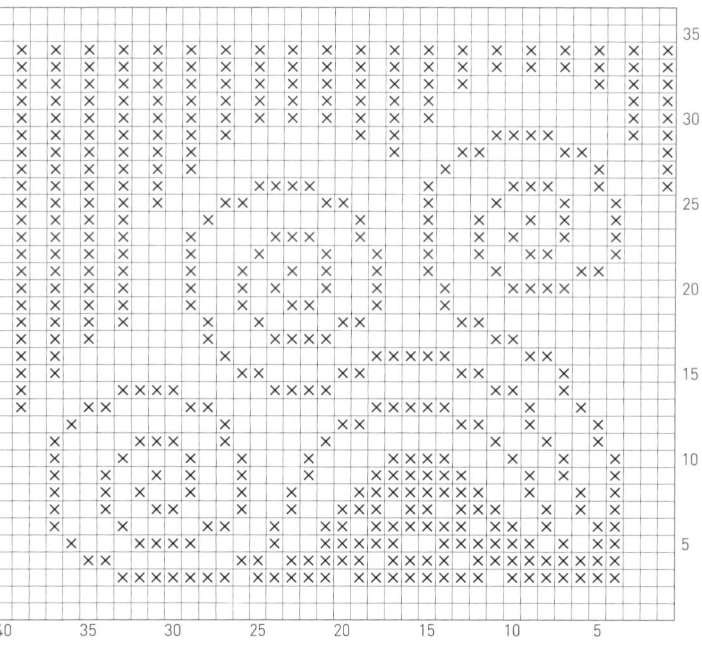

SCHMETTERLINGE

Sinnbild von Anmut, Verspieltheit, Leichtigkeit, Zartheit, Farbenfreude, Sommerzeit. Die kleinen Sonnenschein-Wesen stehen aber auch für Verwandlung. Schließlich kommen sie nicht schon als Schmetterlinge zur Welt. Erst müssen Ei-, Raupen- und Puppenerfahrungen gemacht werden.

Für das kleine Täschlein orientierte ich mich an einem Schmetterlingsmotiv in einer Ausgrabungsstätte Ostkretas. Beide Taschenseiten unterscheiden sich geringfügig beim Flügelmuster voneinander und reizen zum Hin- und Herdrehen.

Eine alt eingesessene Athener Firma für griechische Baumwollgarne in leuchtenden Farben gab sich den Namen »Bétalouda« (gr. Schmetterling). Die Kissenhüllen auf Seite 30 und Seite 97 strickte ich aus dieser sehr weichen Baumwolle.

Juni 2017 im Pilion: Mich berührt die immense Freude meines sechsmonatigen Enkelchens, als er die Schmetterlinge im Olivenhain vor der Haustür entdeckt, wie sie miteinander spielen und eine Blume nach der anderen besuchen. Noch am selben Tag beginne ich das Täschlein zu stricken – während der Kleine schläft.

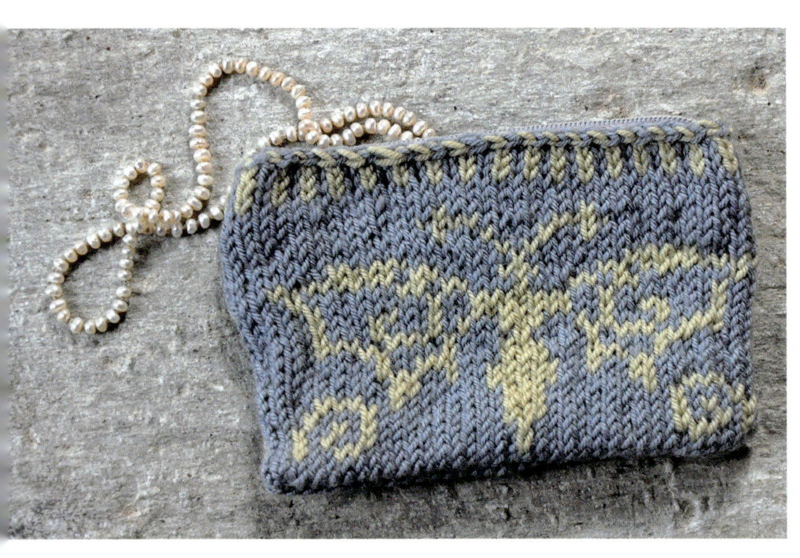

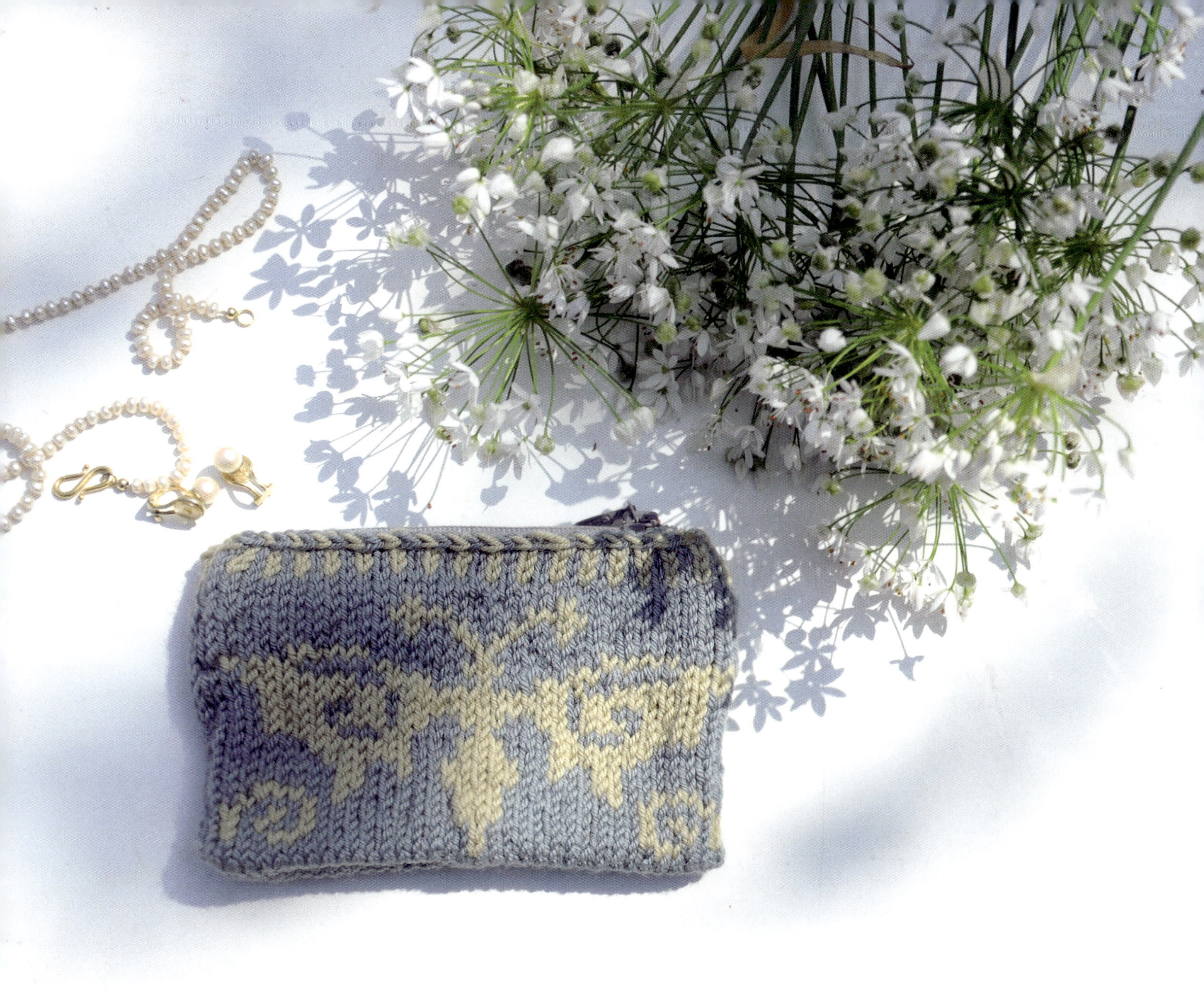

TÄSCHLEIN »SCHMETTERLING«

GRÖSSE

ca. 8,5 cm hoch und 12,5 cm breit

MATERIAL

Wolle Rödel »Siena« (LL 135 m/50 g, 100 % Schurwolle), 20 g Patina und 20 g Schilf. Nadelspiel Nr. 2,5; Häkelnadel Nr. 2,5; Reißverschluss, 12 cm lang.

MASCHENPROBE

28 M und 32 R im Jacquardmuster = 10 × 10 cm

Anschlag: 70 M, in Runden stricken:
1x Rapport Vorderseite und 1x Rapport Rückseite
☐ = Grundfarbe Patina
☒ = Musterfarbe Schilf

MUSTER

GLATT RECHTS IN RUNDEN: Alle M rechts stricken.
JACQUARD IN RUNDEN: Nach Z-Mu glatt re in J-Technik str.

AUSFÜHRUNG

Das Täschlein wird in Rd von unten nach oben gestr. 70 M in Grundfb Patina anschl und 2 Rd re M str. In Rd 3 Beginn des J-Mu mit Musterfb Schilf, dabei nach Z-Mu Rapport Vorderseite (ersten 35 M) und Rapport Rückseite (nächsten 35 M) str. In Rd 28 abk.
Die Arbeit wenden (Innenseite nach außen) und die Anschlag-Kanten mit KM zushäkeln oder von re zusnähen. Unterhalb der Abk-Kante den Reißverschluss einnähen.

RÜCKSEITE

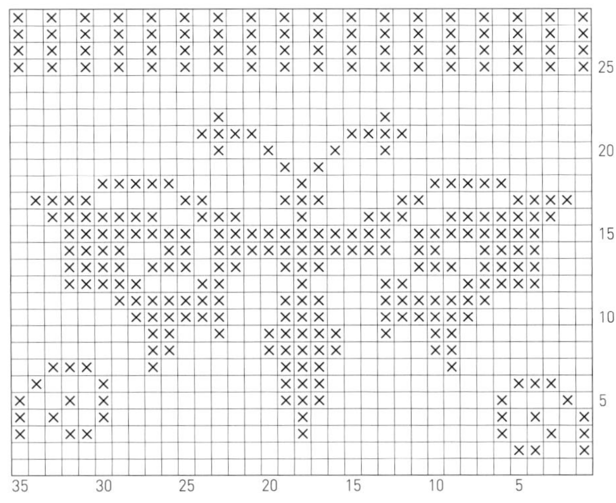

VORDERSEITE

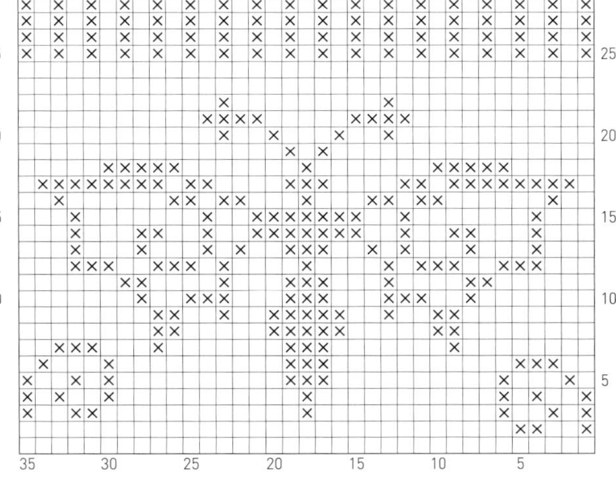

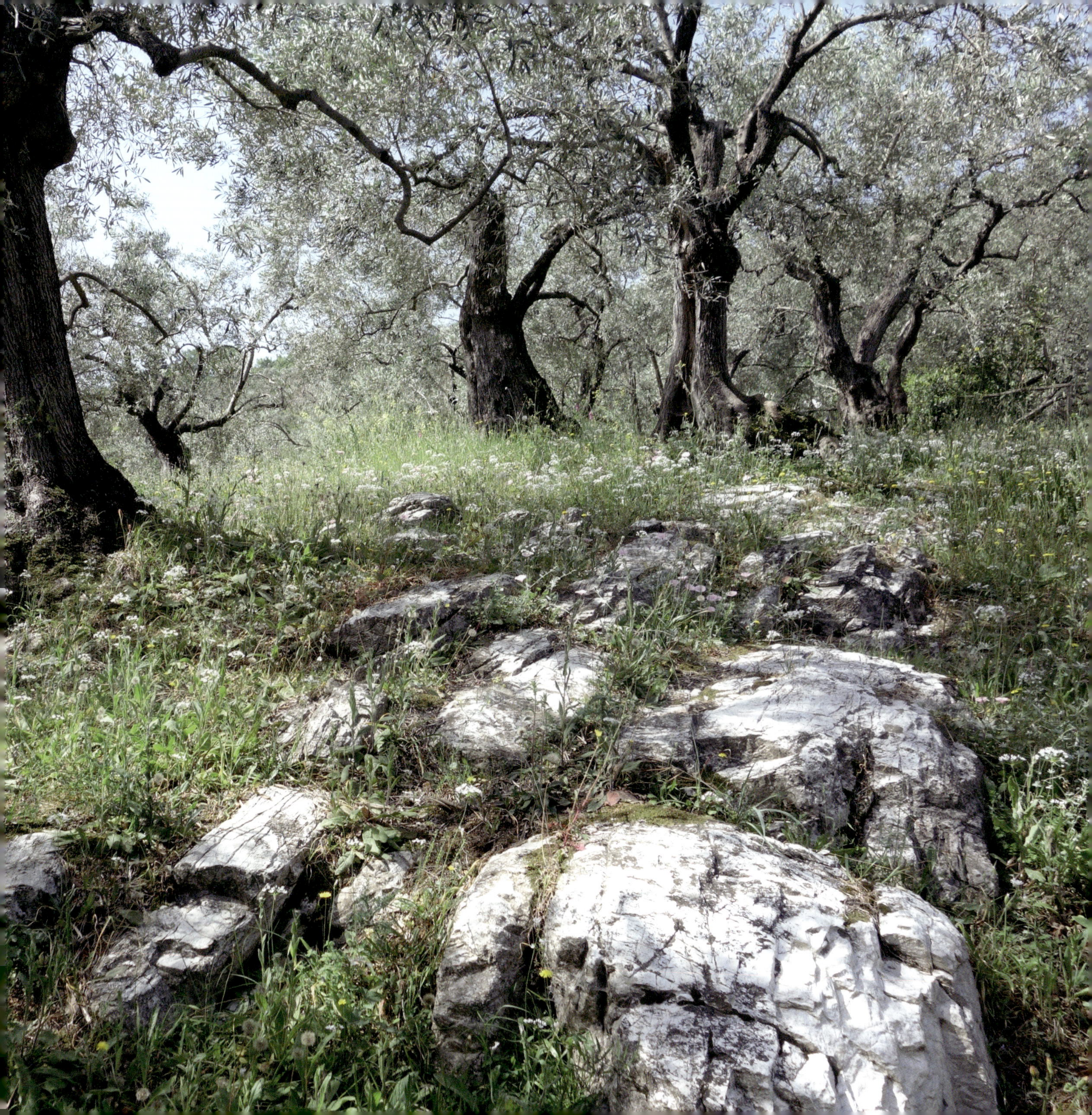

MÄPPCHEN »LIMNIÓNAS«

Meine Interpretation eines Strandes mit Wellen, Felsen, Sandstrand und Bäumen.

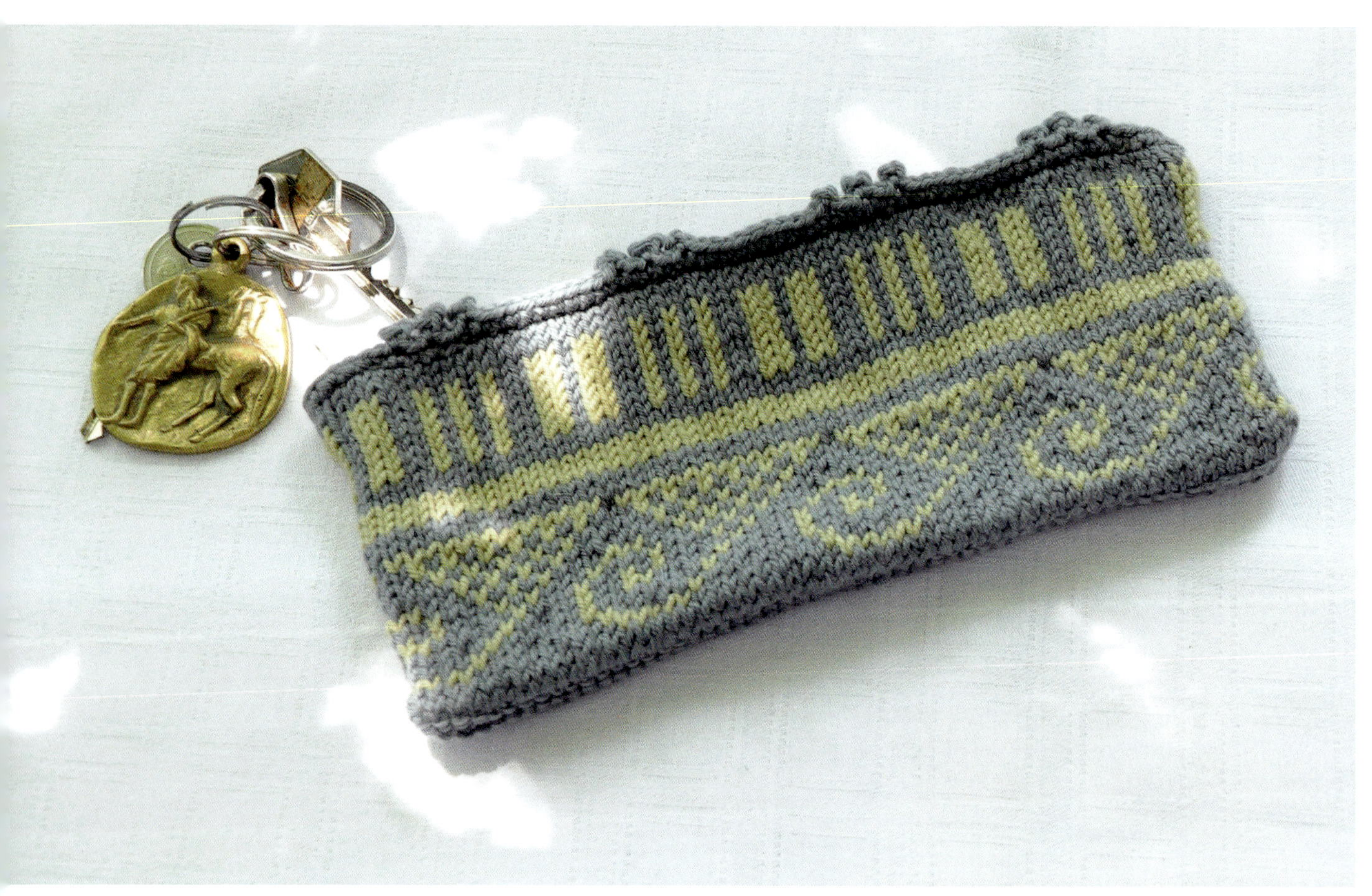

GRÖSSE

ca. 9 cm hoch und 28 cm breit

MATERIAL

Wolle Rödel »Siena« (LL 135/50g, 100 % Schurwolle) 20 g in Patina und 10 g in Schilf. Rundnadel Nr. 2,5, 40 cm lang; Häkelnadel Nr. 2,5; Reißverschluss, 20 cm.

MASCHENPROBE

28 M und 33 Rd im Jacquardmuster = 10 × 10 cm

MUSTER

GLATT RECHTS IN RUNDEN: Alle M re. **JACQUARD IN RUNDEN:** Nach Z-Mu glatt re in J-Technik str. **PIKOT:** 1 feste Masche, 3 LM, 1 KM in dieselbe feste Masche. Je 1 feste Masche zwischen den 3 Pikots.

AUSFÜHRUNG

Das Mäppchen wird in Rd von unten nach oben gestr. In Grundfb Patina 112 M anschl und 2 Rd re str. In Rd 3 Beginn des J-Mu mit Musterfb Schilf, dabei den Rapport von 14 M in jeder Rd 8 × laut Z-Mu str (= Vorder- und Rückseite). In Rd 27 das J-Mu beenden, fortf in Grundfb Patina. In Rd 29 abk.

FERTIGSTELLUNG

Die Arbeit wenden (Innenseite nach außen) und die Anschlag-Kanten mit KM zushäkeln oder von re zusnähen. In die Abk-Kante 1 R Pikots und feste Maschen häkeln, jeweils eine Dreiergruppe Pikots (analog zu den drei kleinen Säulen) und 9 feste Maschen (siehe Z-Mu). Den Reißverschluss unterhalb der Abk-Kante einnähen.

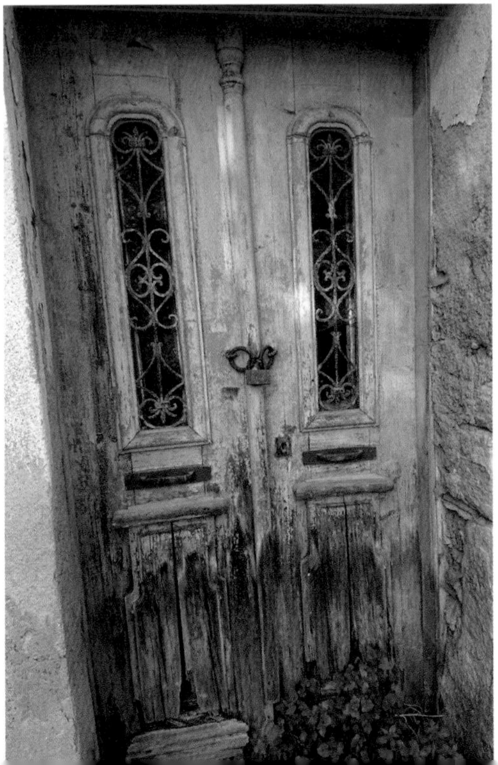

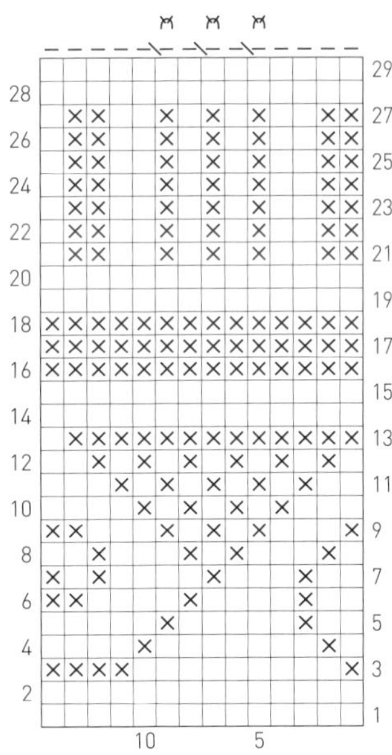

Rapport: 14 M, 8 × stricken

- ☐ = Grundfarbe Patina
- ☒ = Musterfarbe Schilf
- ⊟ = 1 feste Masche
- ⧅ = 1 Kettmasche
- ⊠ = 3 Luftmaschen

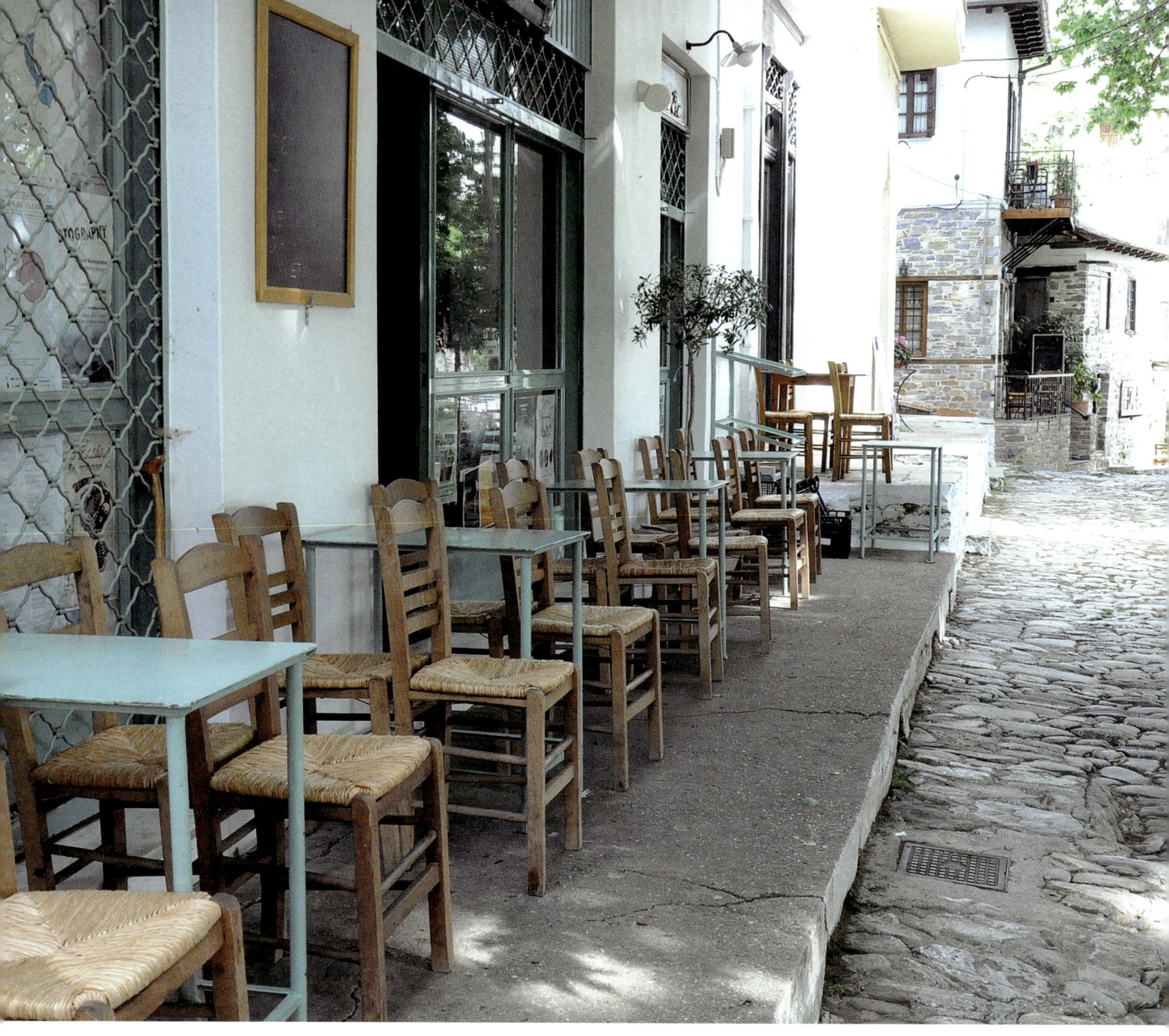

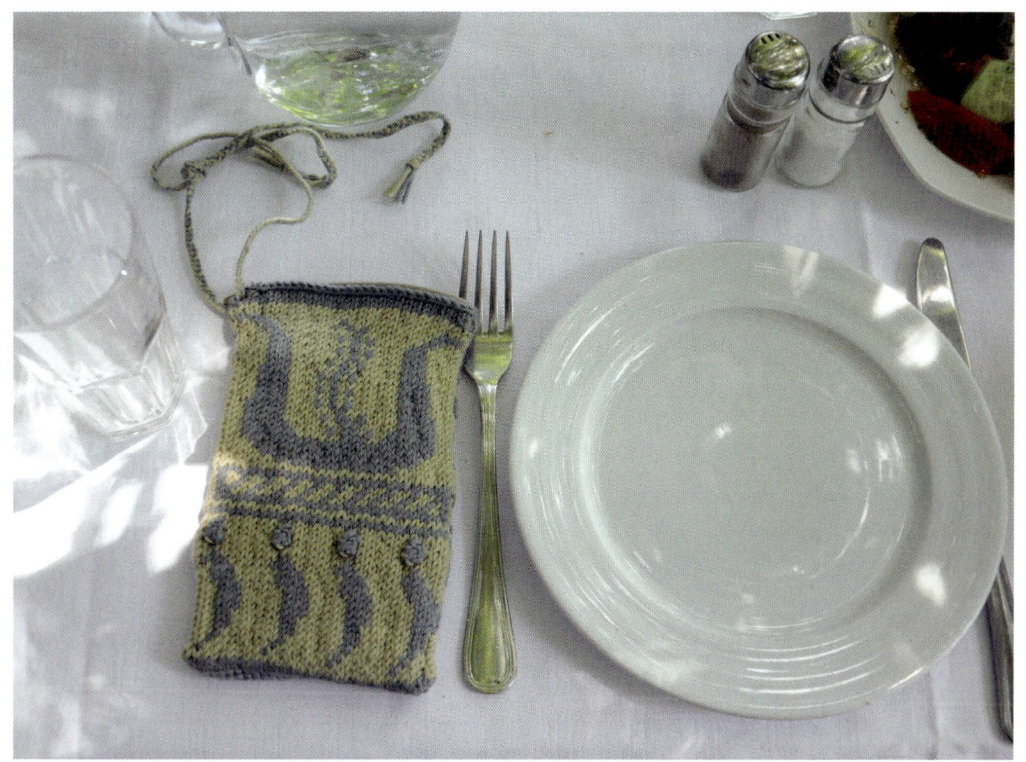

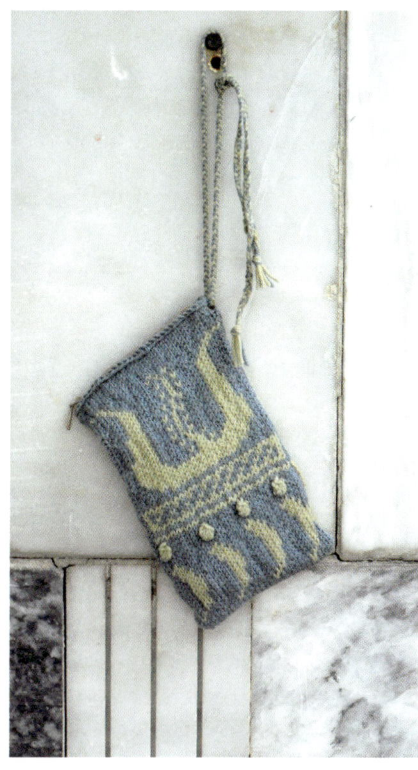

ETUI »NONDAS«

Dieses uralte Motiv, das in einer minoischen Ausgrabungsstätte entdeckt wurde, hat für mich eine sehr persönliche Bedeutung. Ich strickte es erstmals am elften Todestag meines Mannes.

Vorder- und Rückseite des Beutelchens zeigen das gleiche Symbol; ich vertauschte lediglich die Farben.

Immer dann, wenn im malerischen Pilionort Aghios Lavréntios das alljährliche Musikfestival stattfindet und das Dorf ein Vielfaches seiner Bewohner beherbergt, ist der Marmorbrunnen ein beliebter Ort. Oben rechts zeigt sich der Marmor als Hintergrund im Detail; auf der nächsten Seite sind die drei Schöpfstellen zu sehen.

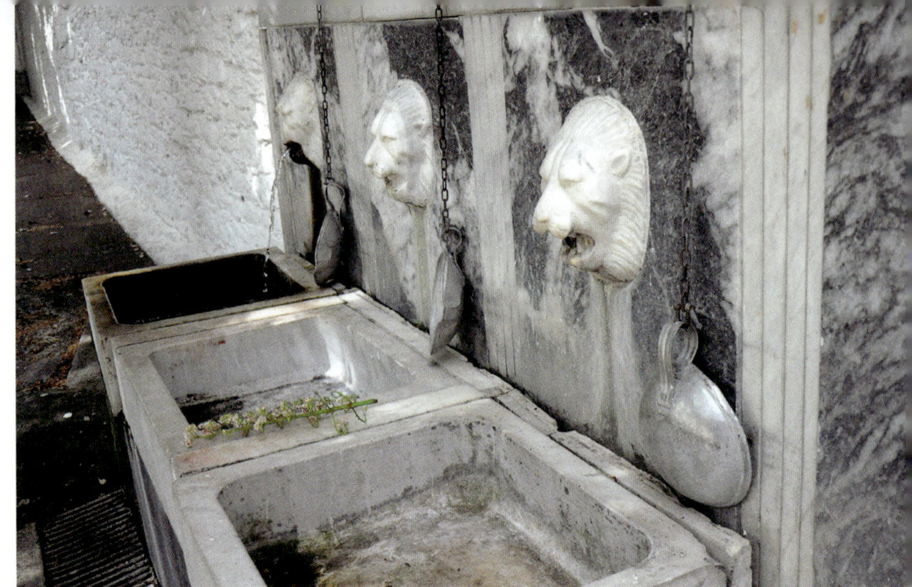

ETUI »NONDAS«

GRÖSSE

ca. 17,5 cm hoch und 11 cm breit

MATERIAL

Wolle Rödel »Siena« (LL 135 m/50 g, 100 % Schurwolle), 27 g in Patina und 27 g in Schilf. Nadelspiel Nr. 2,5; Häkelnadel Nr. 2,5; Reißverschluss, 12 cm lang.

MASCHENPROBE

28 M und 33 Rd im Jacquardmuster = 10 × 10 cm

MUSTER

GLATT RECHTS IN RUNDEN: Alle M rechts stricken. **JACQUARD IN RUNDEN:** Nach Z-Mu glatt re in J-Technik str. **NOPPE:** Aus 1 M 3 M herausstr, dabei dieselbe M abwechselnd 1 × re, 1 × re verschr und 1 × re str. Wenden. 3 M li str. Wenden. 3 M re str. Wenden. 3 M li str. Wenden. 3 M re str. Nacheinander die 2. und 1. M über die 3. M ziehen. **LOCH** (für den Kordeldurchzug): 1 U, 2 re zusstr.

AUSFÜHRUNG

Das Etui wird in Rd von unten nach oben gestr. In Fb Patina 62 M anschl und 2 Rd re str. In Rd 3 Beginn des J-Mu **VORDERSEITE** und des J-Mu **RÜCKSEITE**. In Rd 20 die N (Z-Mu) str: im Rapport Vorderseite in Schilf und im Rapport Rückseite in Patina . In Rd 52 das J-Mu beenden. Rd 53 und 54: jeweils 31 M in Patina und 31 M in Schilf str. Ab Rd 55: Alle M in Patina str. In Rd 56 optional 4 Löcher für eine Trägerkordel oder einen Flechtzopf str wie folgt: Am Rdbeginn 1 M re, 1 U, 2 M re zusstr, 25 M re, 1 U, 2 M re zusstr, 2 M re, 1 U, 2 M re zusstr, 25 M re, 1 U, 2 M re zusstr, 1 M re. In Rd 57 abk. Die Arbeit wenden (Innenseite nach außen) und die Anschlag-Kanten mit KM zushäkeln oder von re zusnähen. Geflochtenes Zöpfchen oder Kordel durch die Löcher schlingen (z. B. durch Loch 1 und 4 oder durch Loch 3 und 4) und zu einer beliebig langen Schlaufe verknoten. Unterhalb der Abk-Kante den Reißverschluss einnähen. Dabei darauf achten, dass die 4 Löcher frei bleiben.

Rapport jeweils 31 M

☐ = Farbe Patina

☒ = Farbe Schilf

N = Noppe (Vorderseite: Fb Schilf, Rückseite: Fb Patina)

○ = Loch

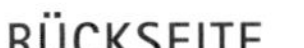

RÜCKSEITE

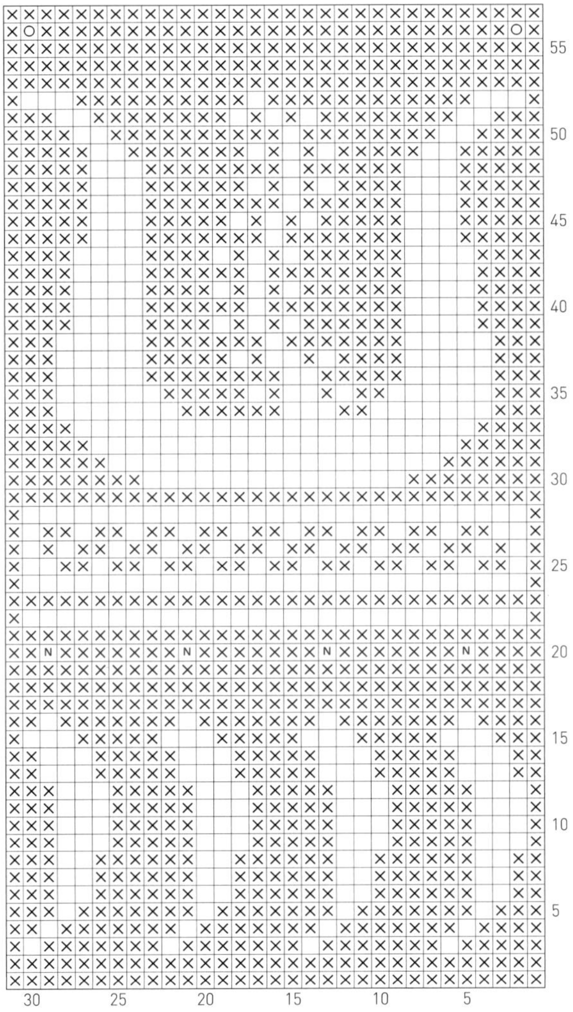

VORDERSEITE

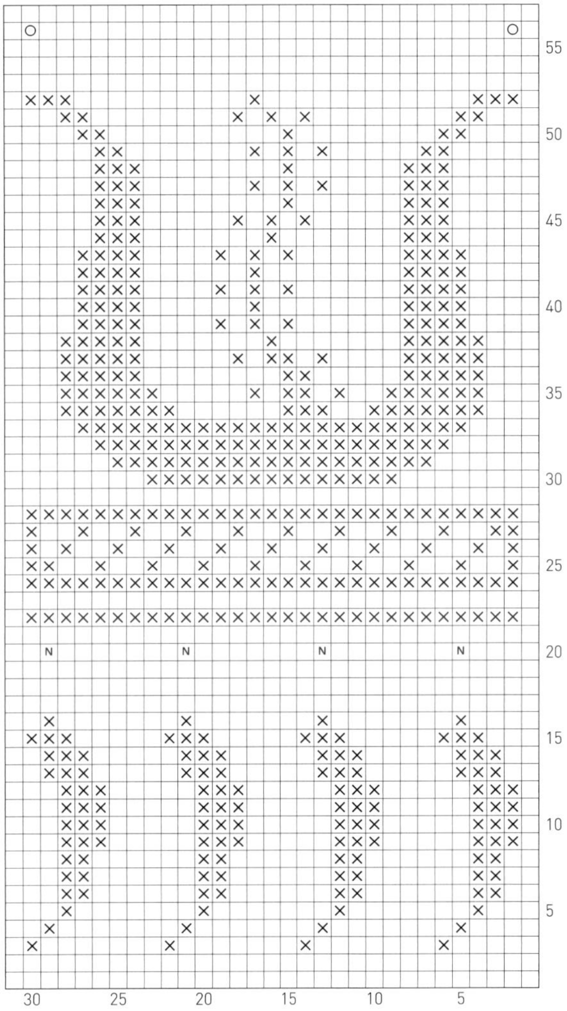

PASUMÁKIA »KOUKOUVÁIA«

SLIPPER MIT EULENMOTIV

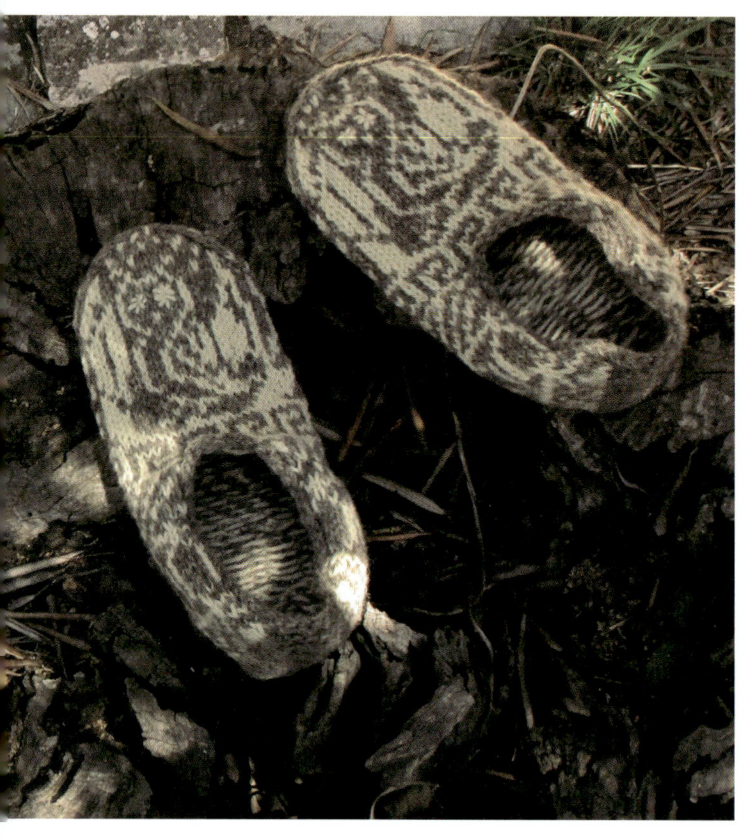

In Athen kommt man an Darstellungen von Eulen kaum vorbei. Bei uns im Pilion trifft man sie leibhaftig und möglicherweise allnächtlich. Erst vor Kurzem trieb sich eine junge Eule am helllichten Vormittag in unserem Wohnzimmer herum. Ich flunkere nicht! Zu dieser Tageszeit hatte sie jedoch ihre »allwissenden« Eulenaugen nicht weit aufgerissen.

Für meinen Bruder, der sich in unserer Pilion-Wildnis so wohl fühlt und dem ich mehr Auszeiten wünsche, entwarf ich gemütliche Eulen-Pasumákia, die ich aus ungefärbter Merinowolle in Grau und Wollweiß strickte. Die Eulen sind umgeben von Blättern, über ihnen prangt der Sternenhimmel – spiegelverkehrt angeordnet für rechten und linken Fuß. Dazu kombinierte ich Motive aus der geometrischen Epoche Griechenlands. Die dominierenden Eulenaugen stickte ich, von einem Punkt ausgehend, sternförmig, da sie mich auf der kleinen Fläche in gestrickter Form nicht überzeugten.

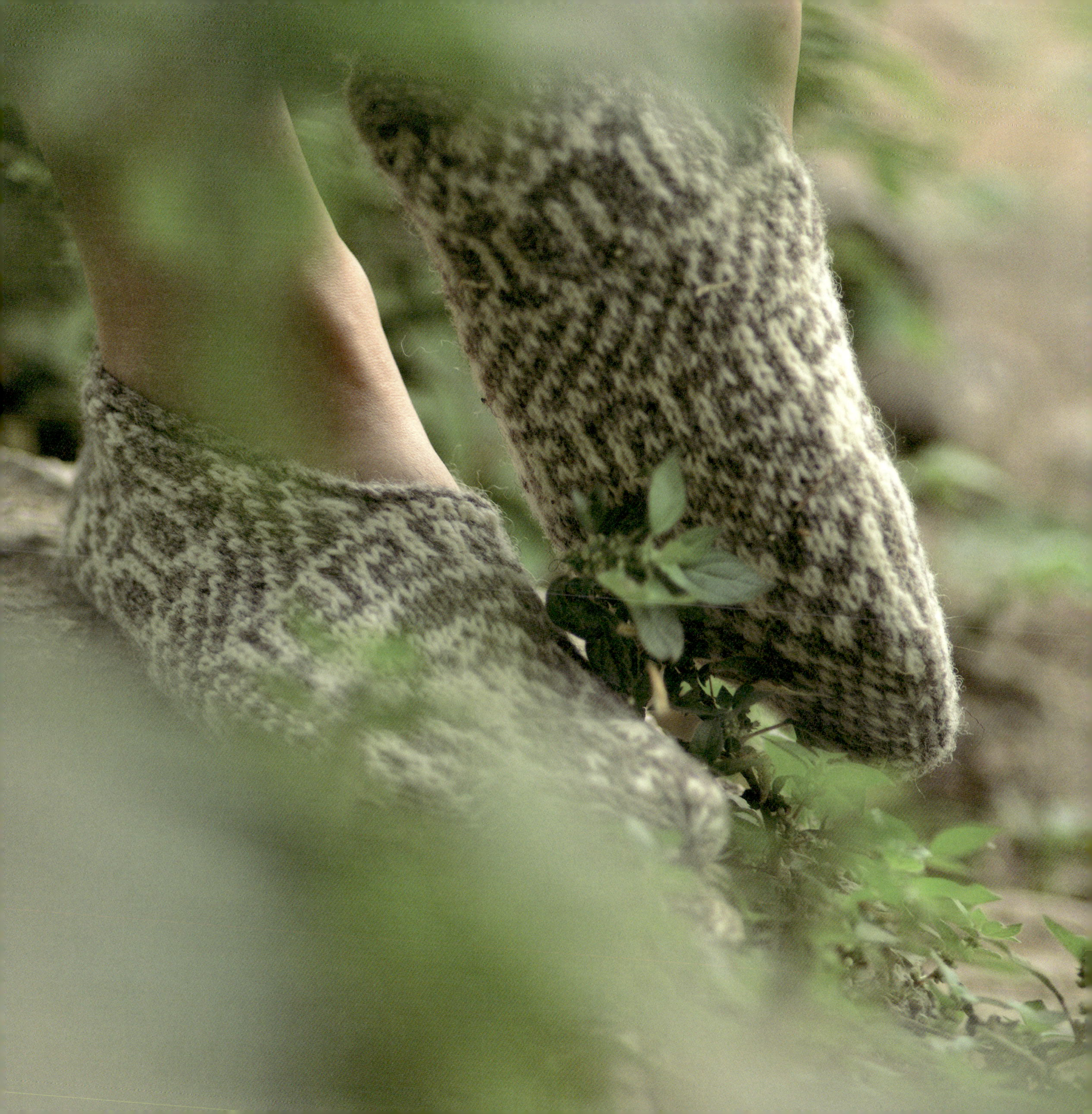

PASUMÁKIA »KOUKOUVÁIA« – EULENSLIPPER

GRÖSSEN 39 – 41

MATERIAL

Finkhof Sockenwolle (LL 250 m/100g, 100 % Schafschurwolle kbT), 28 g in Grau und 28 g in Naturweiß. Nadelspiel Nr. 2,5; Rundnadel Nr. 2,5, mind. 40 cm lang; Häkelnadel; Wollnadel.

MASCHENPROBE

26 M und 28 R im Jacquardmuster = 10 x 10 cm

MUSTER

KRAUS RE IN REIHEN: In Hin- und Rückr re M str. **JACQUARD IN REIHEN:** Nach Z-Mu A in Hinr re und in Rückr li in J-Technik str. **JACQUARD IN RUNDEN:** Nach Z-Mu B/D und C glatt re str.

AUSFÜHRUNG

8 M mit 2 Nd aus dem Ndspiel anschl und 38 R kraus re zwischen RM str. In der 39. R (= Hinr) 1 RM und 7 M re str (Fersenwand ist beendet). Mit einer weiteren Nd an der li Werkstückkante 20 RM (vorderes Glied) aufnehmen und 19 M re str, 1 RM. Wenden. R 2 (= Rückr): 1 RM, 27 M li; mit weiterer Nd die 20 RM (hinteres Glied) der re Werkstückkante aufnehmen, 19 M li, 1 RM. Es sind nun 48 M (20 – 8 – 20) auf 3 Nd verteilt, hufeisenförmig um die Fersenwand angeordnet. In Hin- und Rückr weitere 24 R (mit RM) im J-Mu laut Z-Mu A und Musterfb Naturweiß str, dabei kann des leichteren Strickens wegen in R 14 zur Rundnd gewechselt werden. Nach R 25 (ca. 9,5 cm) alle 48 M (ohne RM) in Naturweiß re str, 6 M dazu anschl, auf 4 Nd verteilen und zur Rd schließen (= Rd 1). Den Rd-Beginn von der vorderen Mitte an die re Seite verlegen. Dazu den Faden abschneiden, mit neuem Faden die Rd 2 an der re Seite des Vorfußes beginnen und laut Z-Mu B und C in 34 Rd bis zum Ende str. Ab Rd 26 erfolgen die Abnahmen für die Fußspitze laut Z-Mu. Hierfür jeweils am Beginn der 1. und 3. Nd die 2 ersten M re überzogen zusstr (1 M abh, 1 M re str und die abgehobene M überziehen) und jeweils am Ende der 2. und 4. Nd die 2 letzten M re zusstr. Es verbleiben 8 M in Rd 35. Den Faden abschneiden und das Fadenende mittels Wollnd 2x durch die Rest-M führen, festziehen und innen vernähen. Den 2. (linken) Slipper gegengleich arb, d. h., für den Vorfuß das Z-Mu D anstelle B verwenden. Die Kanten mit 1 R fester Maschen und 1 R Krebs-M (= feste M von li nach re) umhäkeln. Mit naturweißem Garn sternförmige Eulenaugen aufsticken.

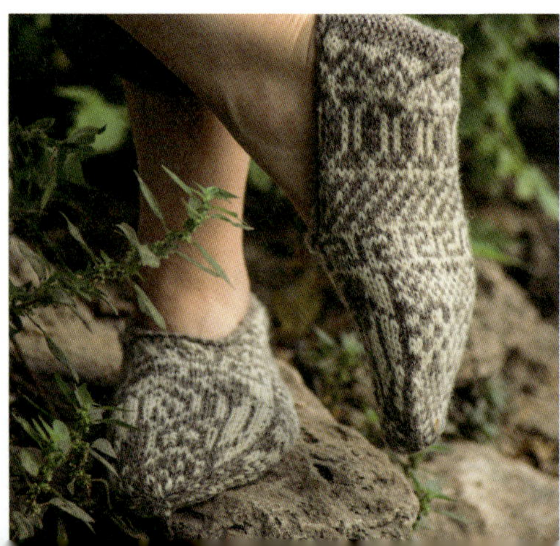

ZÄHLMUSTER A

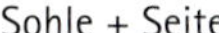

Sohle + Seite

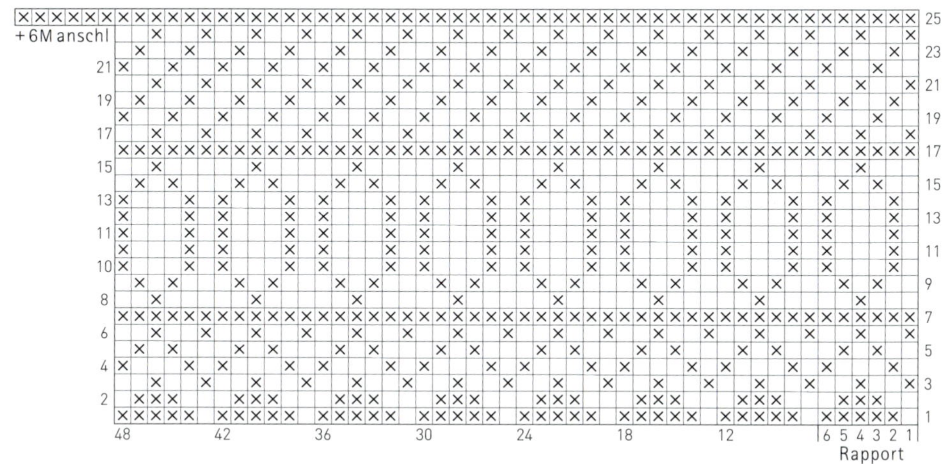

☐ = Grundfarbe Grau

☒ = Musterfarbe Naturweiß

ZÄHLMUSTER D

linker Vorfuß

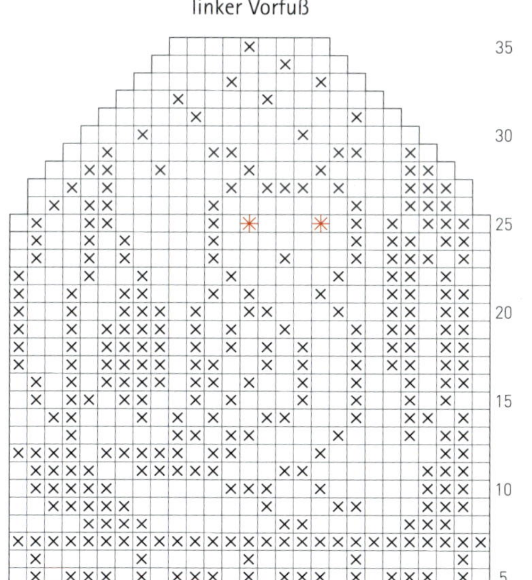

ZÄHLMUSTER C

Sohle / Vorfuß

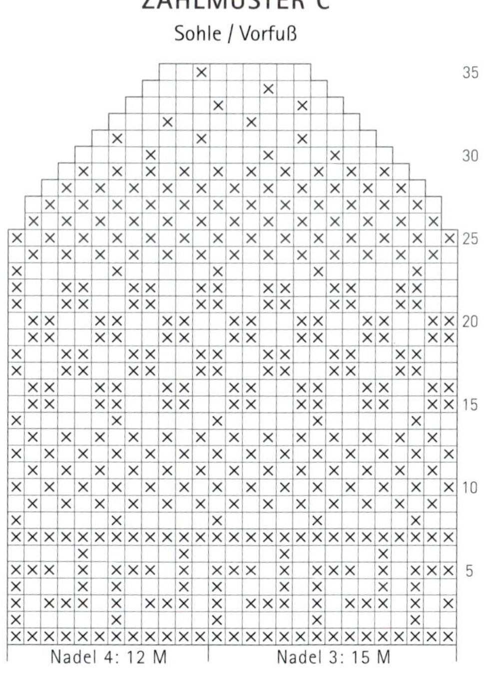

ZÄHLMUSTER B

rechter Vorfuß

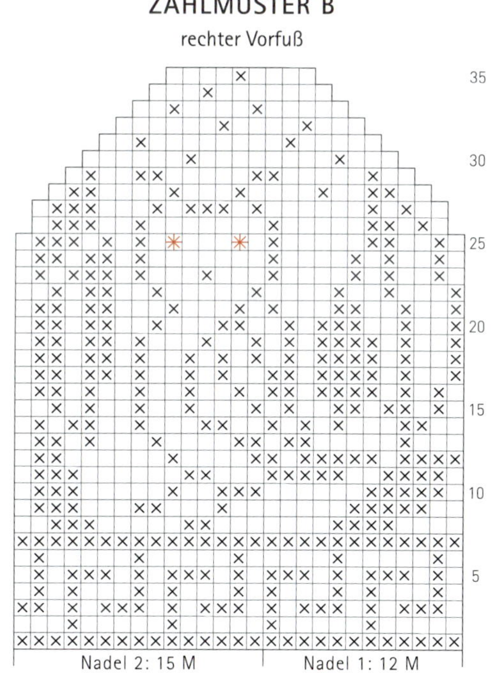

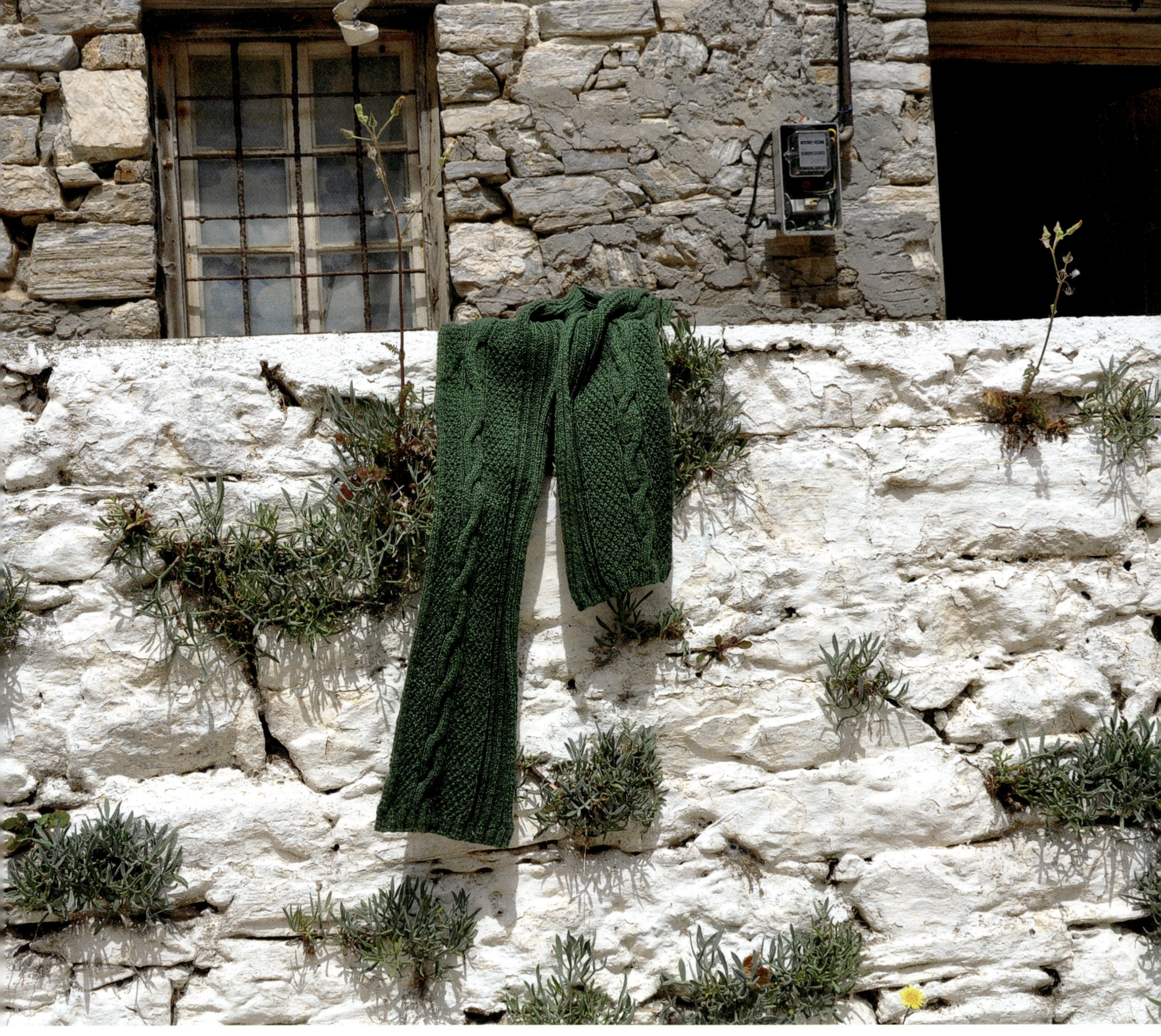

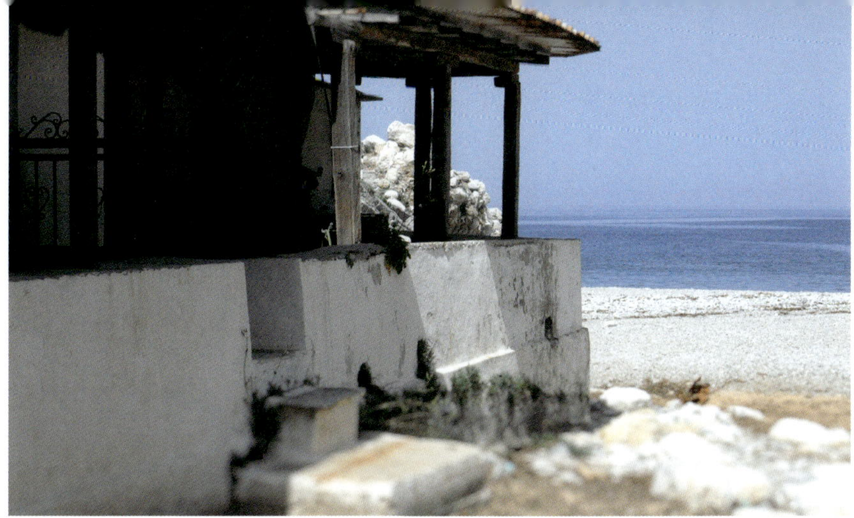

HERRENSCHAL »GEORGIOS«

Mindestens einmal im Jahr führt mich mein Weg durch das für griechische Verhältnisse außergewöhnlich flache Thessalien mit seinen oft schnurgeraden Äckern, Straßen, Dörfern, Baumreihen und Bachläufen. Von alters her galt Thessalien als fruchtbares und großflächiges Bauernland, als die Kornkammer Griechenlands schlechthin. Heute werden zudem Baumwolle, Tabak, Reis, Gemüse und Mais angebaut. Außerdem werden Kühe gehalten, für die im sonstigen Griechenland meist die natürlichen Voraussetzungen fehlen.

Die unübliche Geradlinigkeit dieser griechischen Landschaft »diktierte« mir nahezu das Muster für den grünen Herrenschal, dessen Reiz in der asymmetrischen Anordnung der Musterfolge liegt. Das heißt, ich entschied mich für unterschiedlich breite »Mustersäulen«, um trotz der rigiden Streifenanordnung auch etwas natürliche Lebendigkeit einzufangen.

Wann wir dieses Modell fotografierten, wird jeder Grieche anhand der Motorradfotos auf der nächsten Seite leicht entschlüsseln. Er wird die Bilder auf einen 1. Mai datieren, wenn überall im Land Wildblumen gesammelt und daraus Kränze gewunden werden, vorwiegend für Haustüren und Balkone, zuweilen auch als Kopfschmuck und vielem mehr.

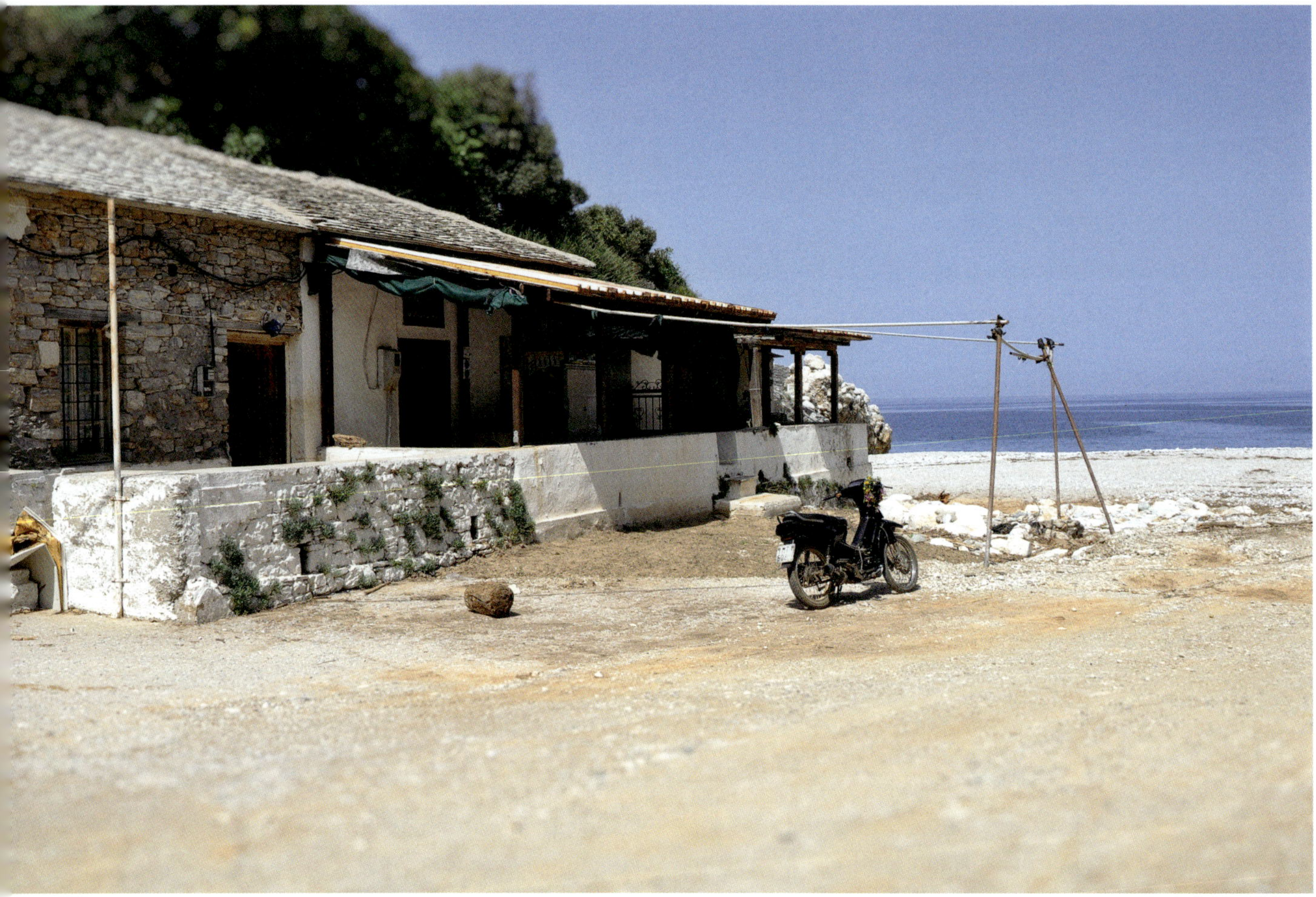

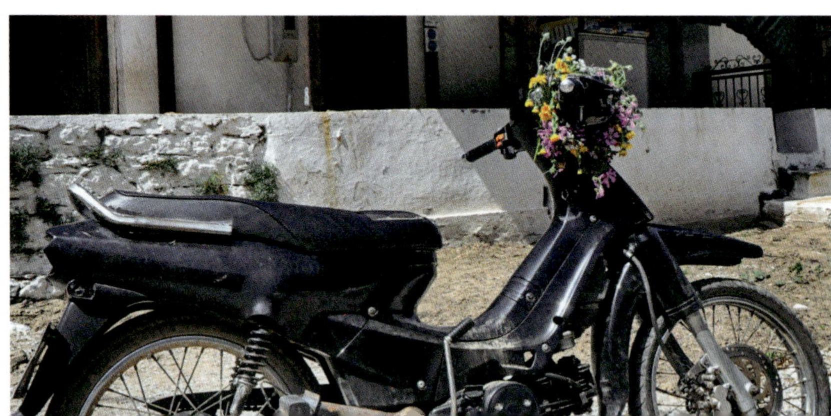

HERRENSCHAL »GEORGIOS«

GRÖSSE

ca. 24,5 × 140,5 cm

MATERIAL

Finkhof Merinowolle dünn (LL 300 m/100 g, 100 % Merinowolle kbT), 135 g Dunkelgrün. 2 lange Stricknadeln oder 1 Rundnadel Nr. 2,5; Zopfnadel.

MASCHENPROBE

22 M und 32 R im Mustermix = 10 × 10 cm

MUSTER

ROLLRAND AN DEN LÄNGSKANTEN: Die ersten 4 und die letzten 4 M der Hinr re, in der Rückr die ersten 4 und die letzten 4 M li str. **BÜNDCHENMUSTER:** Hinr: 2 M re, 2 M li im Wechsel. Rückr: Alle M str, wie sie erscheinen. **GROSSES PERLMUSTER** (gerade M-Zahl): 1. R (Hinr): 1 M re, 1 M li im Wechsel. 2. R (Rückr): Alle M str, wie sie erscheinen. 3. R: 1 M li, 1 M re im Wechsel. 4. R: Alle M str, wie sie erscheinen. R 1–4 stets wdh. **ZOPFMUSTER** über 8 M: 12 R ab Bündchen glatt re stricken, in der 13. R ab Bündchen erstmals zopfkreuzen nach li: 4 M auf die Zopfnd vor die Arbeit legen, 4 M re str, dann die M der Zopfnd re str. Fortl je 17 R glatt re str und in jeder 18. R zopfkreuzen, bis 23 × gezopft wurde. Danach nochmal 12 R glatt re str. **RIPPENMUSTER:** Hinr: 1 M re, 3 M li im Wechsel. Rückr: Alle M str, wie sie erscheinen.

MUSTEREINTEILUNG

4 M re (Rollrand), 6 M Perlmu, 1 M re, 2 M li, 8 M Zopfmu, 2 M li, 1 M re, 10 M Perlmu, 16 M Rippenmu, 4 M re (Rollrand).

AUSFÜHRUNG

54 M anschl und 6 R im Bündchenmu str, dabei in der Hinr mit 2 M re enden. In der oben angegebenen Mustereinteilung fortf und dabei alle Rückr str, wie sie erscheinen. Nach 444 R ab Anschlag noch 6 R im Bündchenmu anschließen und abk (= 450 R gesamt).

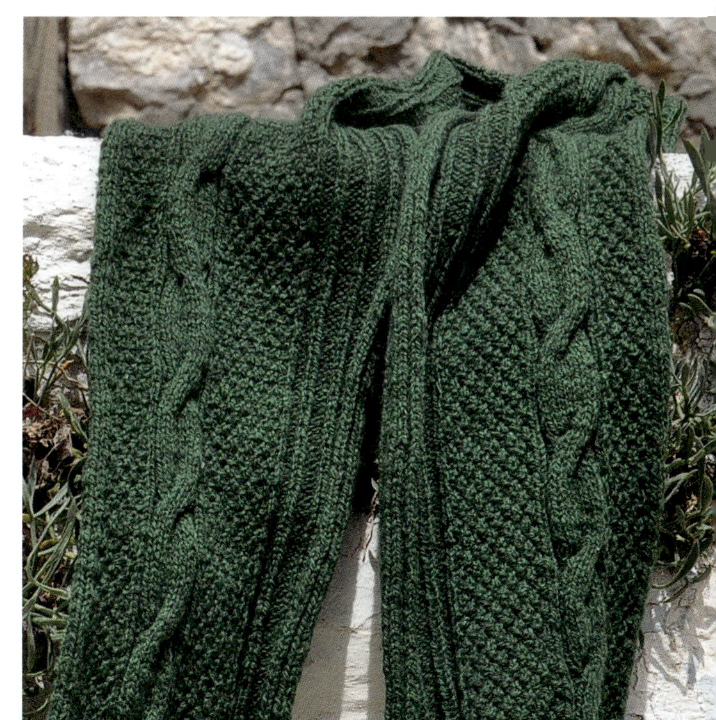

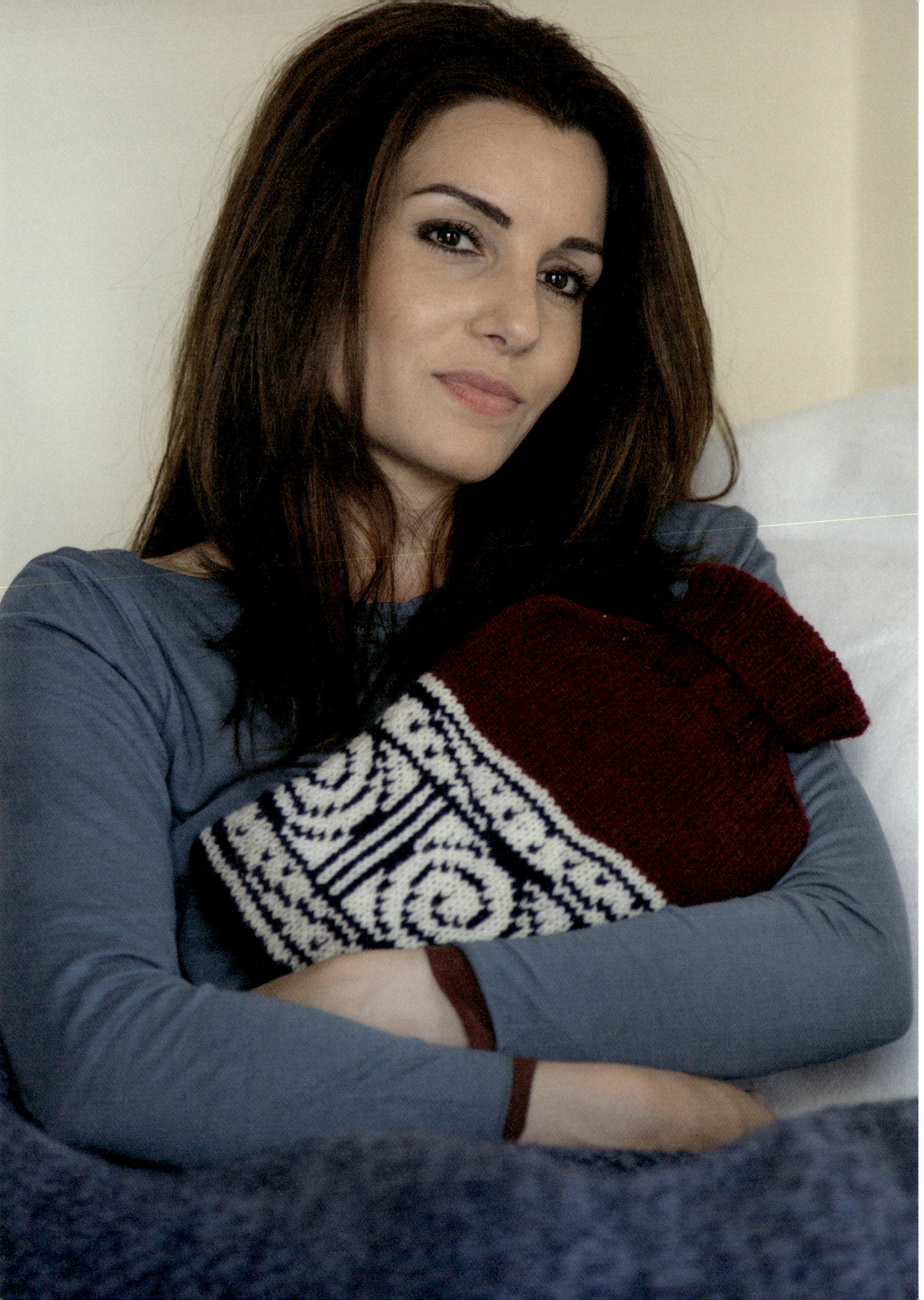

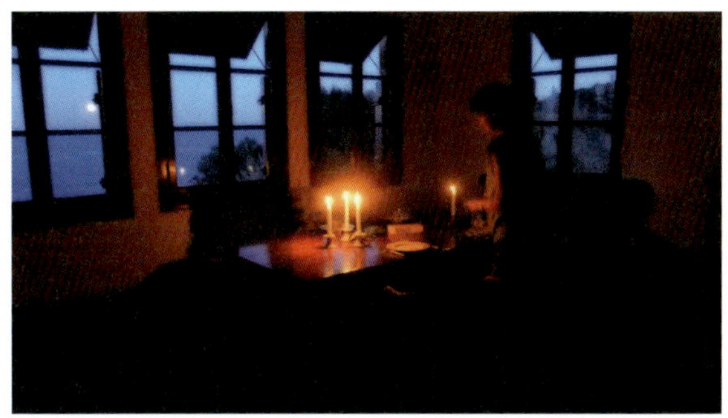
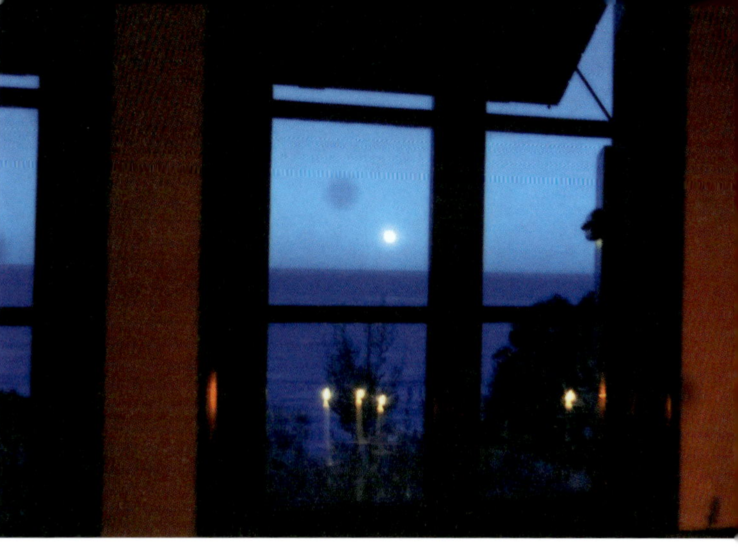

WÄRMFLASCHENHÜLLE »ATHINA«

Die Wärmflaschenhülle ist nichts weiter als eines meiner neugierigen Probestücke. An diesem hier wollte ich sehen, wie sich meine Musterbordüre ausnimmt, zu der mich Athener Vordächer anregten. Die Hülle strickt sich schnell und der kleine Rollkragen ist wirklich breit genug, um die Wärmflasche hinaus- und hineinzuschieben – auch wenn es nicht so scheint.

Nun zählen gestrickte Wärmflaschenhüllen in Griechenland nicht gerade zu den unverzichtbaren Dingen des Lebens. Deshalb möchte ich gerne alle Leser südlich des vierzigsten Breitengrades wissen lassen, dass viele Nordlichter – etwa ab der Alpenkette – die unwirtlich düsteren und feuchtkalten Zeiten oft nur mittels wollig ummantelter Wärmflaschen durchstehen, seelisch und körperlich. Zur Anwendung: Man füllt die Flasche mit heißem Wasser und legt sie auf schmerzende Stellen, auf Brust oder Bauch oder überall dahin, wo Wärme not tut. Vielleicht könnte solch ein Teil zuweilen selbst in Griechenland hilfreich sein?

Das große Modell zum Probestück, die Damenjacke »Athina«, sehen Sie auf Seite 116.

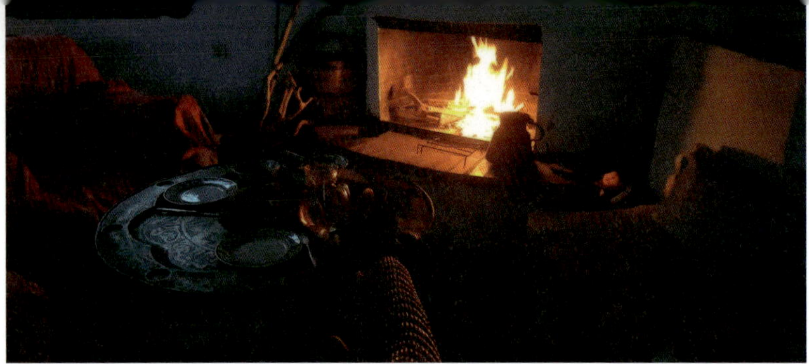

WÄRMFLASCHENHÜLLE »ATHINA«

GRÖSSE

28 cm hoch (plus Rollkragen) und 22 cm breit; passend für eine Wärmflasche von 27 × 19 cm

MATERIAL

Finkhof Wolle dünn (LL 300 m/100 g, 100 % Merinowolle kbT), 28 g in Bordeaux, 22 g Naturweiß, 8 g Marine. Je 1 Rundnadel Nr. 2,5 und 3, 40 cm lang; Nadelspiel Nr. 2,5; Häkelnadel Nr. 2,5; 2 Maschenmarkierer.

MASCHENPROBE

Glatt rechts:

20 M und 28 Rd mit Nd Nr. 2,5 = 10 × 10 cm

Jacquardmuster:

20 M und 26 Rd mit Nd Nr. 3 = 10 × 10 cm

MUSTER

GLATT RECHTS IN RUNDEN: Alle M rechts stricken.
JACQUARD IN RUNDEN: Nach Z-Mu glatt re in J-Technik str. **RIPPENMUSTER IN RUNDEN:** 2 M re und 2 M li fortl.

AUSFÜHRUNG

Die Hülle wird in Rd von unten nach oben gestr. – In Fb Marine 88 M mit Rundnd Nr. 2,5 anschl, zur Rd schließen und 5 Rd re str, danach 2 Rd in Naturweiß. In Rd 8 Wechsel zu Rundnd Nr. 3 und Beginn des J-Mu, dabei den Rapport von 44 M laut Z-Mu je 1 × für Vorder- und Rückseite arb. In Rd 40 das J-Mu beenden. In Rd 41 Wechsel zu Rundnd 2,5 und 2 Rd in Naturweiß anschließen. 21 Rd in Bordeaux forts. Ab Rd 64 folgen die Abnahmen (in 10 Rd) für die »Schultern«: MM am Rd-Beginn und nach 44 M (= Ende der Vorderseite) setzen. Am Rd-Beginn 2 M re überzogen zusstr (= 1 M re abh, 1 M re str und die abgehobene M überziehen), re str bis 2 M vor MM. 2 M re zusstr (= M 43 und 44), M 45 und 46 (nach dem MM = Rückseite) re überzogen zus str, re str bis 2 M vor Rd-Ende und M 87 und 88 re zusstr. Diese 4 Abnahmen pro Rd 9 × wdh. Es sind 44 M auf der Nd. In Rd 74 die M auf 4 Nd verteilen und für den Rollkragen am »Hals« 38 Rd im Rippenmu str und in Rd 111 locker abk.

Die Arbeit wenden (Innenseite nach außen) und die Anschlag-Kanten mit KM zushäkeln oder von re zusnähen. Die Wärmflasche stets vor dem Befüllen mit Wasser in die Hülle schieben.

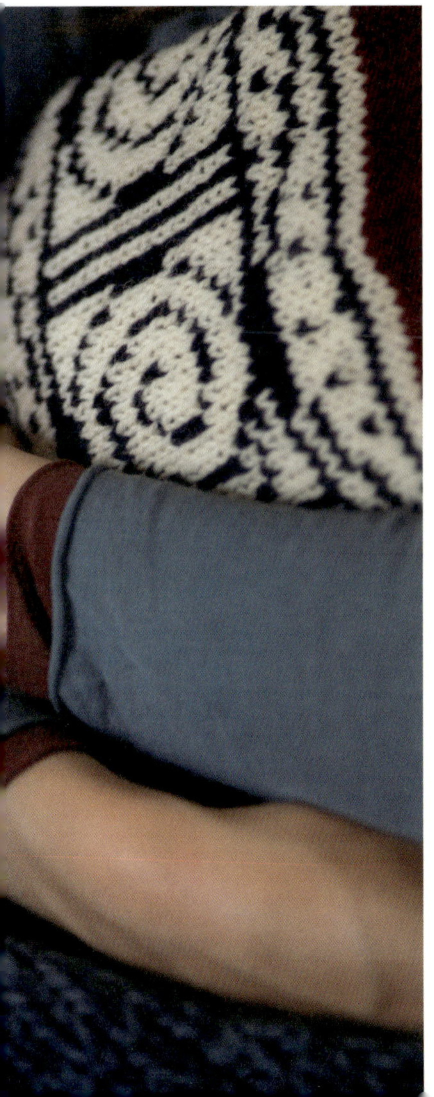

Rapport: 44 M, 2 × stricken (je 1 × für Vorder- und Rückseite)

☐ = Naturweiß

☒ = Marine

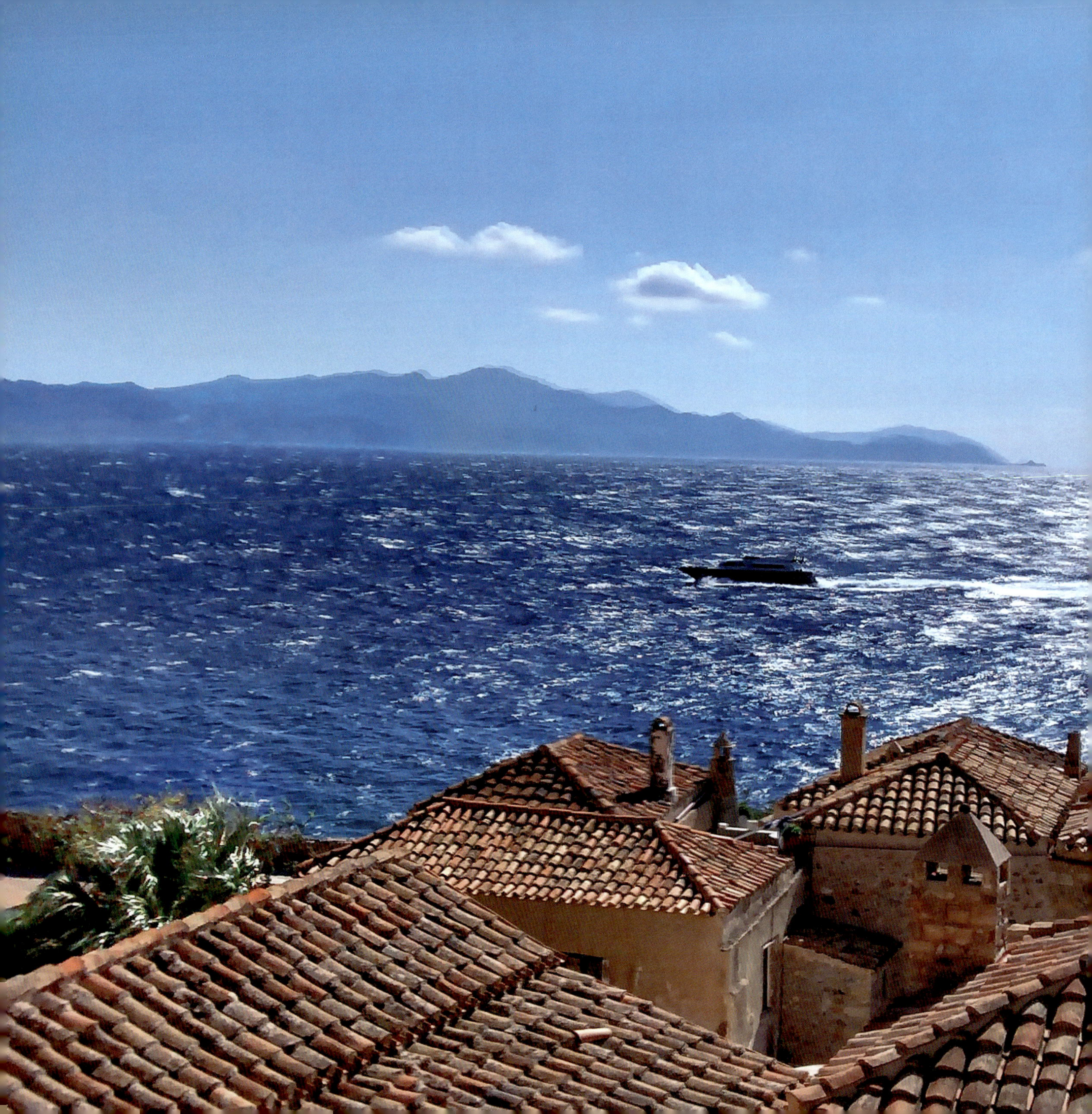

DAS MEER

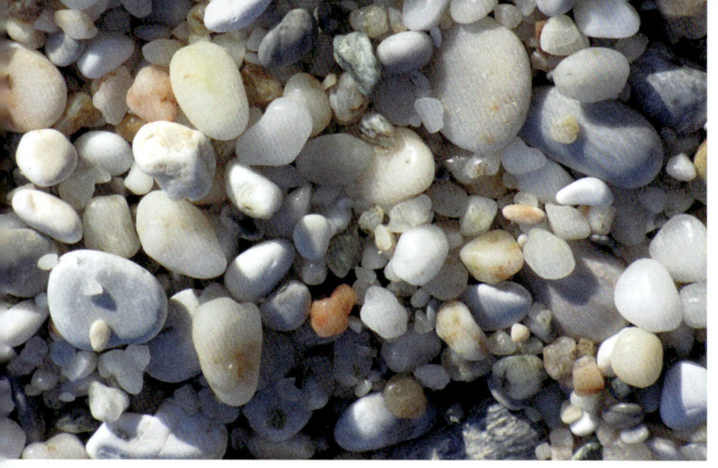

Durch die reiche Gliederung des Landes plus unzähliger Inseln und Inselchen bringt es das heutige Griechenland auf staunenswerte 13 700 Kilometer Küstenlinie. Meer umspültes Bergland allerorten. Aber nicht der schier unendliche Ozean schafft trennende Tatsachen; vielmehr lockt oft in Sichtweite, in Reichweite bereits die nächste Insel. Fast überall an griechischen Küsten tun sich Horizonte, Perspektiven auf.

Ist es da ein Wunder, dass die Griechen bereits im Altertum seetaugliche Schiffe zu bauen verstanden und zum seefahrenden Volk wurden?

Ist es ein Wunder, dass das Meer die Hauptrolle im Leben vieler Griechen spielt? Und so viele Bilder, Lieder, Balladen, Märchen, Vasenmalereien, Sagen und Bräuche vom Meer, seinen Lebewesen und Herausforderungen handeln? Zum Beispiel stand früher in griechischen Wohnzimmern kein Christbaum, sondern ein lichtergeschmücktes Weihnachtsschiff – das auch heute noch auf öffentlichen Plätzen, in Schaufenstern und manchen Privathäusern während der Weihnachtszeit anzutreffen ist.

Über Jahrtausende hinweg brachten die Griechen ihrem Meer sowohl klugen Respekt als auch Wertschätzung entgegen, entwickelten etwa Thalasso-Therapien für bestimmte Krankheitsbilder.

Ich wünschte, Sie könnten auch einmal im griechischen »Lebenselixier« baden, das die Natur des Landes in verschwenderischer Fülle und Schönheit für uns bereit hält: So unendlich viel Wasser, so viel erfrischendes Ur-Element in lockenden Blautönen, das uns beim Eintauchen umfängt und trägt, uns Schwere nimmt und glückliche Augenblicke von Freiheit und Zeitlosigkeit gewährt, kurz gesagt, uns rundum belebt.

Gestrickte Motive und Farben aus Unter- und Überwasserwelten werden Sie an verschiedenen Stellen des Buches entdecken, nicht nur in diesem Kapitel.

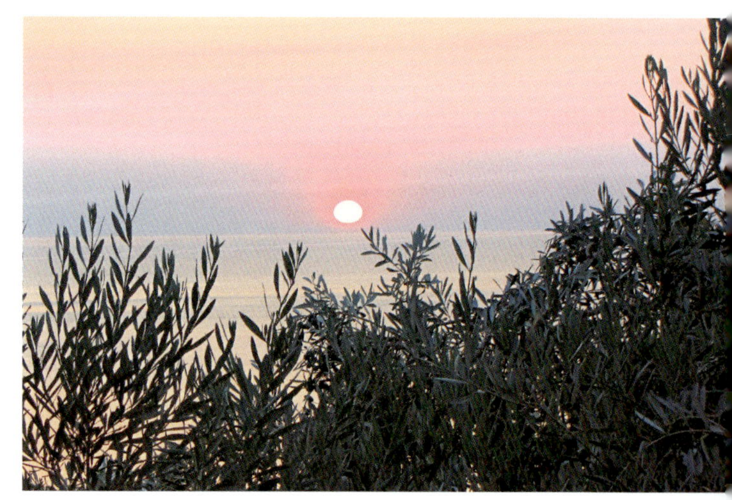

KISSEN »HÜLLE UND FÜLLE«

Weiche, griechische Baumwolle in den Farben des Landes vereinen sich mit den Gesten angefüllter Amphoren zu einem heiteren kleinen Kissen für unterwegs oder zu Hause.

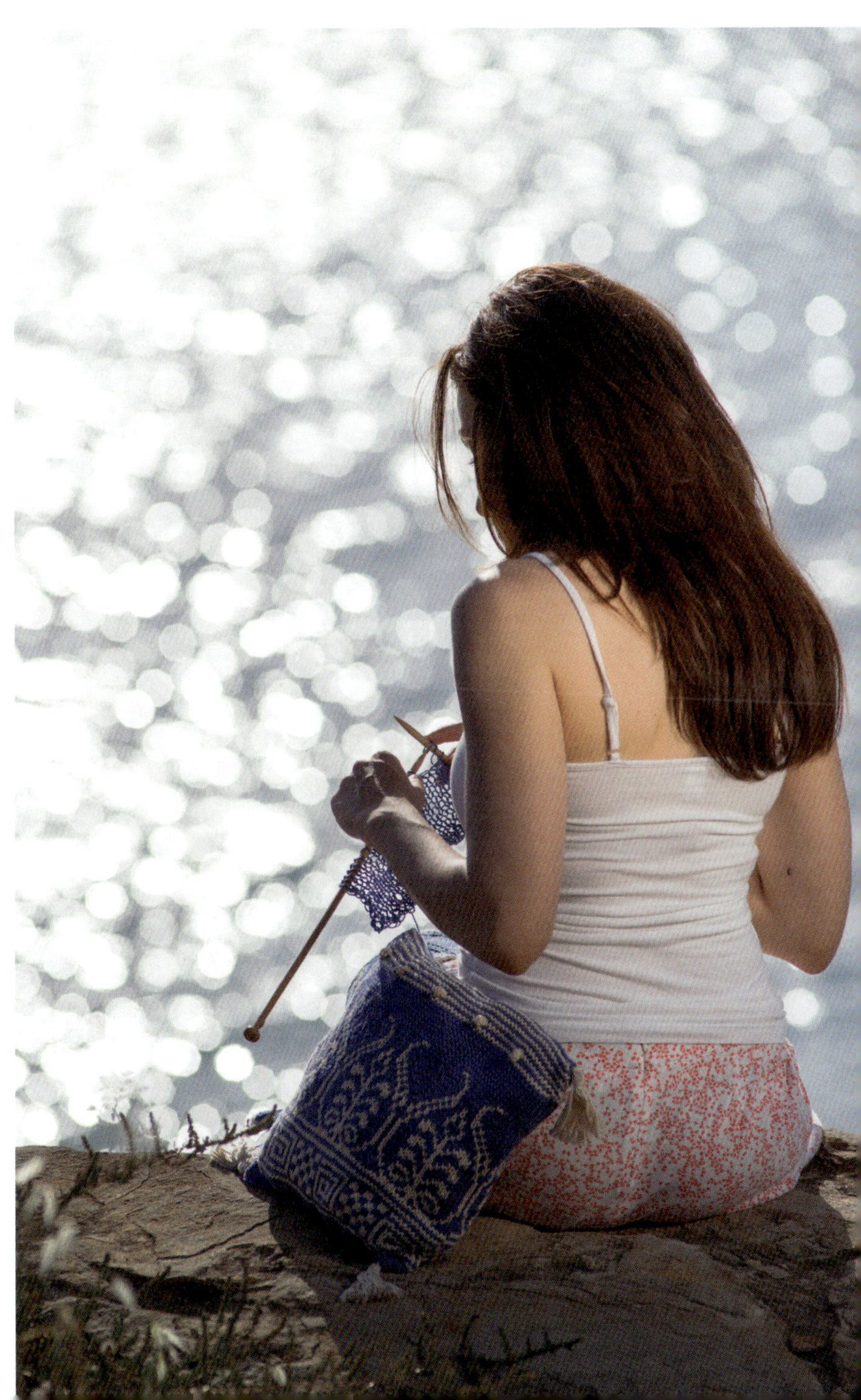

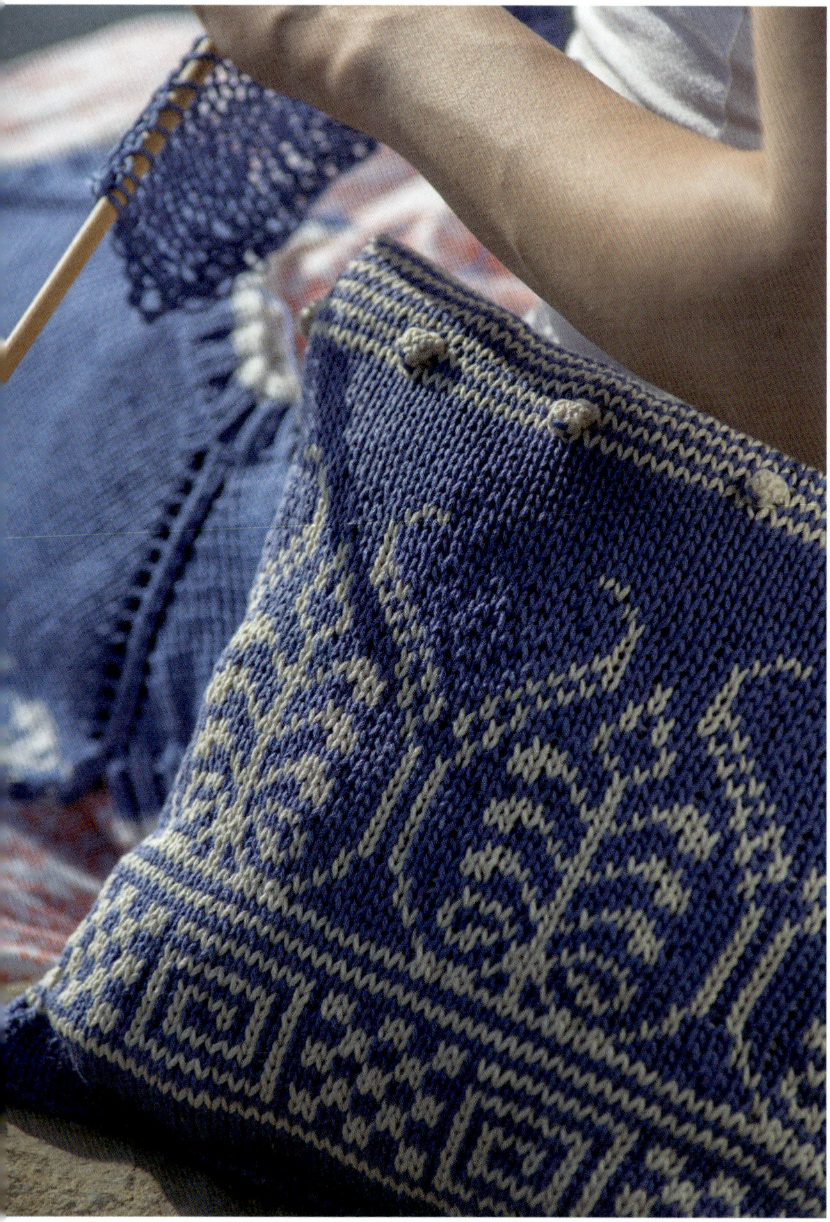

Rapport: 22 M, 6 × stricken

☐ = Grundfarbe Blau

☒ = Musterfarbe Ecru

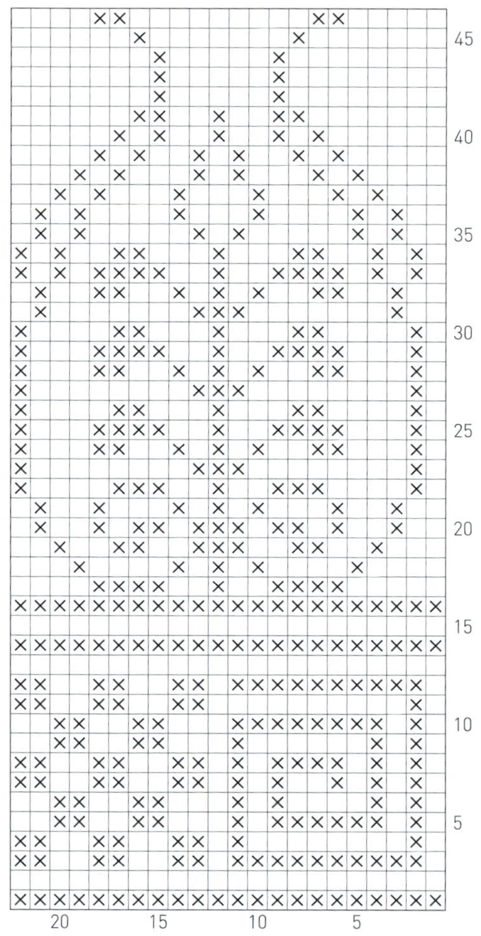

KISSEN »HÜLLE UND FÜLLE«

GRÖSSE

ca. 30 × 30 cm

MATERIAL

Butterfly / El. D. Mouzakis »Super 10« (LL 230 m/125 g, 100 % mercerized Cotton), 95 g in Fb 3923 (Blau) und 55 g in Fb Ecru. Je 1 Rundnadel Nr. 2,5 und Nr. 3, 60 cm lang, Stricknadel Nr. 2,5; Maschenmarkierer; Wollnadel; 3 Druckknöpfe; Kisseninlett ca. 30 × 30 cm.

MASCHENPROBE

Glatt rechts: 21 M und 27 Rd mit Nd Nr. 2,5 = 10 × 10 cm
Jacquardmuster:
21 M und 25 Rd mit Nd Nr. 3 = 10 × 10 cm

MUSTER

GLATT RECHTS IN RUNDEN: Alle M rechts stricken. **JACQUARD IN RUNDEN:** Nach Z-Mu glatt re in J-Technik str. **RIPPENMUSTER:** In Rd stets 2 M re, 2 M li str; in R in Rückr die M str, wie sie erscheinen. **NOPPE:** Aus 1 M 3 M herausstr, dabei dieselbe M abwechselnd 1x re, 1 × re verschr und 1 × re str. Wenden. 3 M li str. Wenden. 3 M re str. Wenden. 3 M li str. Wenden. 3 M re str. Nacheinander die 2. und 1. M über die 3. M ziehen.

AUSFÜHRUNG

Das Kissen wird in Rd von unten nach oben gestr, dabei wird im Rippenmu in R (für den Untertritt) begonnen. 66 M in Grundfb Blau mit Nd Nr. 2,5 anschl und ohne RM 12 R im Rippenmu str. R 13: Alle M li str (= Faltkante), 66 M (für die Rückseite) dazu anschl (= 132 M gesamt) und zur Rd schließen. Dabei gelten die ersten 66 M ab Rd-Beginn der Vorderseite und die zweiten 66 M der Rückseite. Rd 1–8: 66 M re und 66 M Rippenmu (= Übertritt) str. In Rd 9 Wechsel zu Nd Nr. 3 und Beginn des J-Mu mit Musterfb Ecru, dabei den Rapport von 22 M laut Z-Mu je 3 × für Vorder- und Rückseite arb. In Rd 54 das J-Mu beenden, fortf in Fb blau, MM am Rd-Beginn setzen und Wechsel zu Nd Nr. 2,5. 8 Rd in Blau str. In Rd 63 noch 12 Rd Ringelstreifen (je 1 Rd Ecru und 1 Rd Blau) anschließen, dabei in der 3. Ringelrunde (Fb Ecru) in jeder 11. M eine N str. In Rd 74 (Fb Blau) die Arbeit beenden.

FERTIGSTELLUNG

Die Arbeit wenden (Innenseiten nach außen) und mittels einer weiteren Strickcnd Vorder- und Rückseite am oberen Kissenrand (= 74. Rd) zusstr und gleichzeitig abk. Alternativ kann (von re) auf herkömmliche Weise abgekettet und zusgenäht werden oder von li mit KM zusgehäkelt werden. Auf Unter- und Übertritt die Druckknöpfe annähen. Optional 4 Quasten (Anleitung siehe Seite 41) in Fb Ecru anfertigen und an die 4 Ecken des Kissens nähen.

TAUFE IN PIRÄUS

ODER: RAGLAN VON OBEN

Meine Athener Nachbarin lud mich zur Taufe ihres Enkelchens ein und zwar in eine uralte, kleine Seefahrerkirche in Piräus-Kástro – ganz nah am Meer gelegen. Ein bisschen erinnerte mich der idyllische Ort an die phantastische Unterwasserstadt in Michael Endes »Jim Knopf und die wilde 13«. Und schon tauchte die Seepferdchen-Parade der Meeresprinzessin aus dem gleichnamigen Buch vor meinem inneren Auge auf. – Ja, eine Reihe weißer Seepferdchen auf schimmerndem, blauen Grund würden passen, umgesetzt an einem Halbarm-Babypulli. Den würde ich als Geschenk zur Taufe mitbringen. Ich zeichnete die Seepferdchen, erstellte das Zählmuster und ging ins Stadtzentrum, um Garn zu kaufen.

Mehrere Straßen Athens sind den Stoffen, Garnen, Schneidern, Kurzwaren und Modisten vorbehalten. Will man vergleichen, sind die Wege kurz. Ich betrete eines der Wollgeschäfte, finde passende Baumwolle für den Babypulli und grüße sieben Damen, die gut gelaunt um einen Tisch sitzen und stricken, diskutieren und viel zu lachen haben. Sofort werde ich eingeladen, mich zu ihnen zu gesellen. Jeder, der Garn im Geschäft erwirbt, kann sich mit seinem Strick- oder Häkelprojekt in die Obhut von Soulla begeben. Kostenlos und täglich von zehn bis fünfzehn Uhr.

Es trifft sich gut: Soulla, die Strickleiterin, offeriert immer wieder ihr Lieblingsthema, Raglan von oben. Alle Damen am Tisch sind leider nicht daran interessiert, verfolgen ihre eigenen Projekte, lassen sich darin gleichwohl von Soulla beraten. Ich aber strickte bisher noch nie Raglan von oben, warum also nicht jetzt? Ich muss mich sofort neben Soulla setzen. Sie sprüht vor Eifer, trägt mittels einer Grafik die Daten für den Raglanteil in meinen Notizblock ein und weil es ja sein könnte, dass ich auch für mich einen Pulli stricken wolle, gleich eine weitere Grafik für mich. Alle paar Runden inspiziert sie fürsorglich meine Arbeit und schärft mir ein, dass die Raglanmaschen stets an der richtigen Stelle gestrickt werden müssen, da sonst die Raglanschrägung einen falschen Verlauf nehme. Oft denke ich nun an Soullas mahnende Worte, wenn ich Raglan stricke. – Bei den lebhaften Gesprächen am Strickerinnen-Tisch unterlaufen mir dennoch Fehler, die ich wieder beheben muss und ich nehme mir vor, die Seepferdchen-Bordüre lieber konzentriert zu Hause zu stricken.

Ich frage die Anwesenden, warum sie stricken und für wen. Einmütig kommt die Antwort, dass der Prozess der kreativen Arbeit sie tief befriedige. »Und dabei immer begleitet von dem Kitzel, ob das Resultat auch so wird, wie ich es mir vorstelle«, meint eine der Damen. »Ich weiß nicht, wie es zugeht, aber Stricken lässt mich oft so friedfertig werden, wenn ich vorher zornig oder aufgewühlt war«, wundert sich eine andere. Eine Teilnehmerin hat es explizit auf das weiche Material abgesehen. Als Schmuckdesignerin arbeite sie ausschließlich mit harten Materialien, sagt sie. Nun wolle sie strickend weiches Material kennenlernen und Gestaltungsmöglichkeiten ausloten. Gestrickt wird in dieser Runde für sich selbst und für Enkelkinder. Eine Studentin, die mir später zum Abschied ein geknüpftes Freundschaftsbändchen schenkt, arbeitet an einem schwarzen Bikini; Sommerpullis und ein Tuch sind in Arbeit und en vogue scheinen modische Handtaschen mit gekauften Bügeln zu sein.

Es ist Anfang Juni und die Ladentür weit geöffnet. Mal kommt ein Bettler ins Geschäft, erhält eine Kleinigkeit, männliche und weibliche Kunden treten ein und dann kommt eine junge Dame in Herrenbegleitung und fragt nach einer »Blusa«, einem gestrickten Top. Ja, natürlich, sie könne jederzeit kommen und sich eine Blusa unter Anleitung stricken. – Nein, sie frage, ob sie das Top stricken lassen könne. Entrüstetes »Nein!« folgt – nicht nur von Soulla. Hier wird nur selbst gestrickt, lautet das Credo.

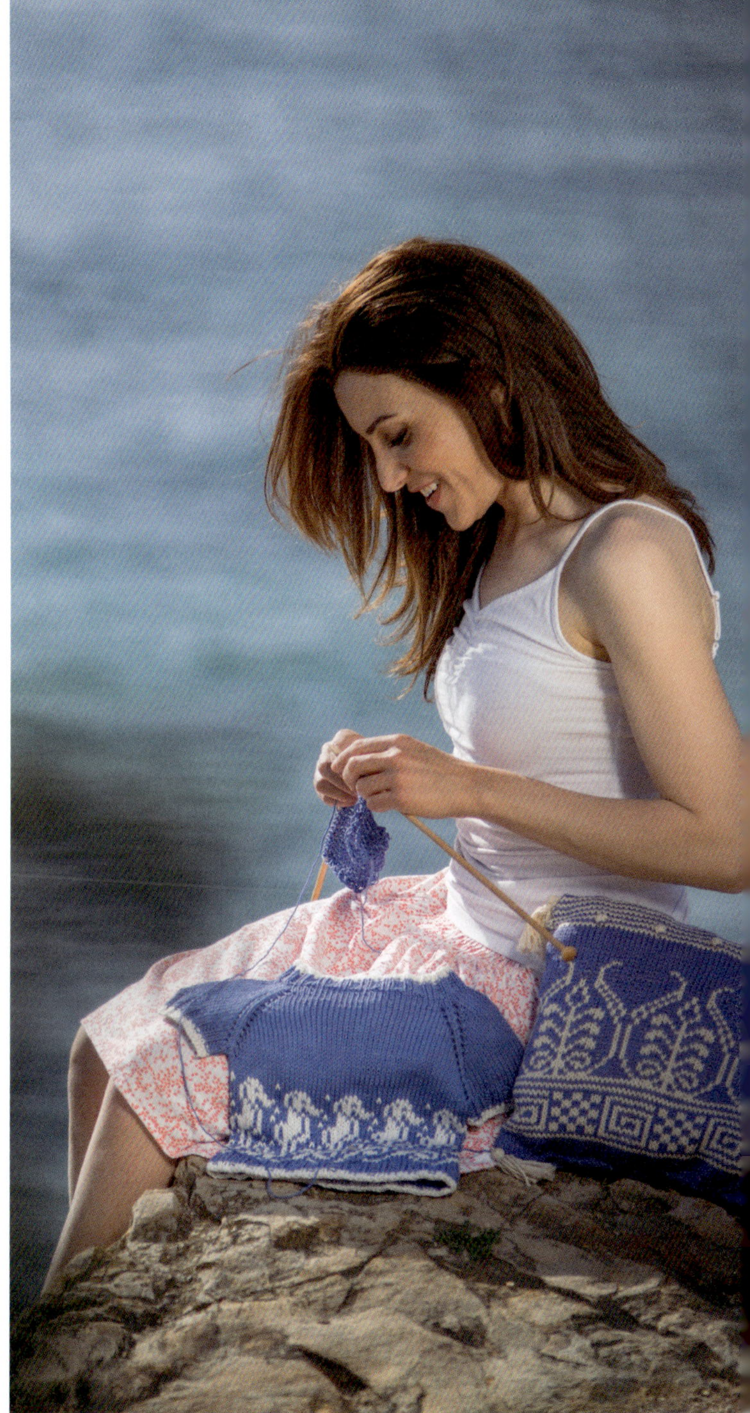

BABYPULLI »SEEPFERDCHEN«

GRÖSSE

68

MATERIAL

Silke »Cablé 4« (LL 205 m/100 g, 100 % Baumwolle), 78 g Bleu, 26 g Weiß. 2 Rundnadeln Nr. 3, 40 oder 50 cm lang; 1 Nadelspiel Nr. 3; Maschenraffer; 8 Maschenmarkierer.

MASCHENPROBE

Glatt rechts: 22 M und 30 Rd = 10 × 10 cm
Jacquardmuster: 24 M und 28 Rd = 10 × 10 cm

MUSTER

BÜNDCHENMUSTER IN RUNDEN: stets 2 M re und 2 M li fortl str. **GLATT RECHTS IN RUNDEN** (= Grundmu): Alle M re str. **JACQUARD IN RUNDEN:** Nach Z-Mu glatt re in J-Technik str. **RAGLANMUSTER (=LOCH PLUS ZUNAHME):** 1 U, 2 M re verschr, 1 U.

AUSFÜHRUNG

Der Pulli wird in Rd von oben (Hals) nach unten gestr. (Deswegen steht das Jacquard-Muster, also die Seepferdchen auch auf dem Kopf.) Für das **HALSBÜNDCHEN** mit der Rundnd 88 M in Weiß anschl, zur Rd schließen und im Bündchenmu 2 Rd in Weiß und 7 Rd in Bleu str. Fortf in Grundfb Bleu, dabei 3 Rd im Grundmu str.

RAGLANZUNAHMEN

Dafür die M ab Rd-Beginn während der 1. Raglan-Rd folgendermaßen einteilen und markieren: 4 M Raglanmuster, 13 M re (= re Ärmel); 4 M Raglanmuster, 27 M re (= Vorderteil); 4 M Raglanmuster, 13 M re (= li Ärmel); 4 M Raglanmuster, 27 M re (= Rückenteil). Es sind 96 M auf der Nd. In Rd 2 werden stets alle M re (bzw. re verschränkt) gestr. Die Raglan-Rd 1 (mit 8 Zunahmen pro Rd) und die Rd 2 (ohne Zunahmen) 12 × wdh, bis 192 M auf der Nd sind (ist nach 26 Gesamt-Rd für die Raglan-Schräge erreicht).

VORDER- UND RÜCKENTEIL

Nun erfolgt die Teilung der Arbeit und zwar so, dass die 4 Raglanmuster-M jeweils zur Hälfte auf Ärmel und Vorderteil bzw. Rückenteil aufgeteilt werden, dabei an den imaginären Seitennähten MM setzen. Rd 1 (ab Mitte Raglan): 41 M für den re Ärmel stilllegen, 55 M re str (= Vorderteil), 41 M für den li Ärmel stilllegen, 55 M re str (= Rückenteil). Mit diesen 110 M auf der Nd noch 2 Rd glatt re str. Danach folgt die J-Bordüre über 28 Rd (und 5 Seepferdchen pro Seite) mit Musterfb Weiß laut Z-Mu. Mit 2 Rd in Bleu fortf, dabei in der 2. Rd an den »Seitennähten« je 1 M abn (2 M re zusstr). Mit 108 M auf der Nd und 7 Rd im Bündchenmuster – in der Fb-Folge 5 Rd Bleu und 2 Rd Weiß – das Vorder- und Rückenteil beenden. Abketten.

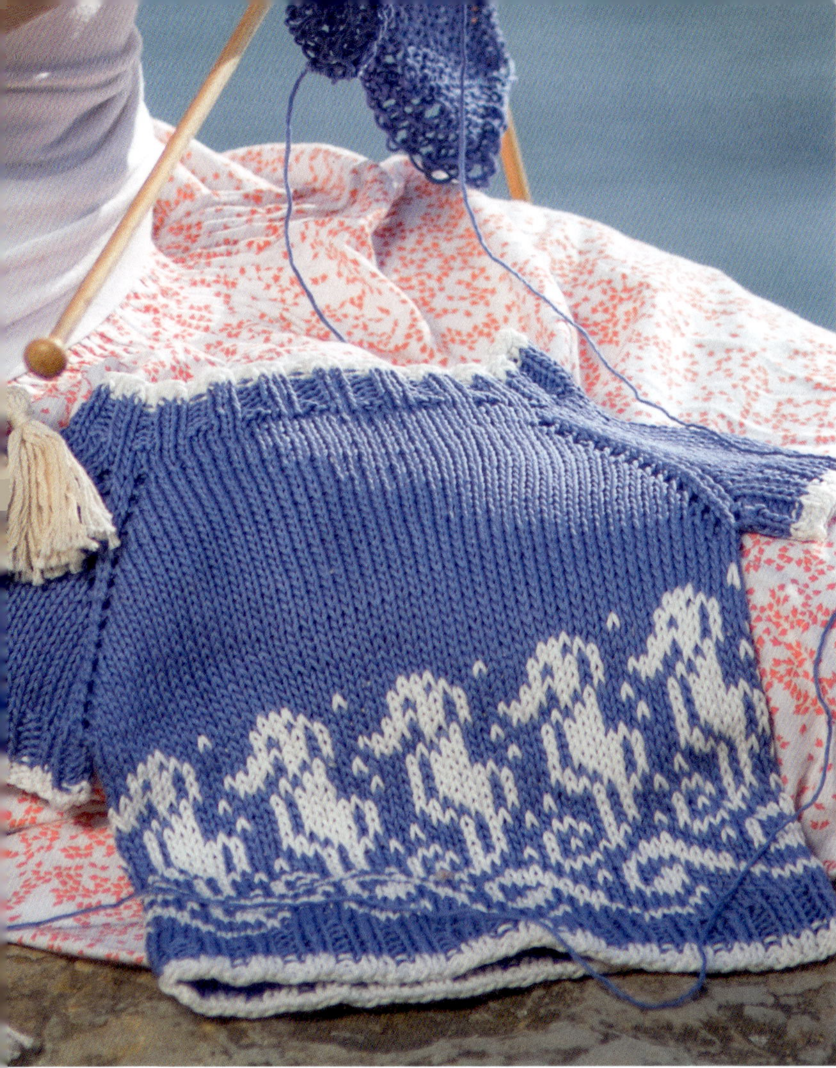

Rapport: 11 M, 10 × stricken
entspricht 5 Seepferdchen je Seite

☐ = Grundfarbe Bleu

☒ = Musterfarbe Weiß

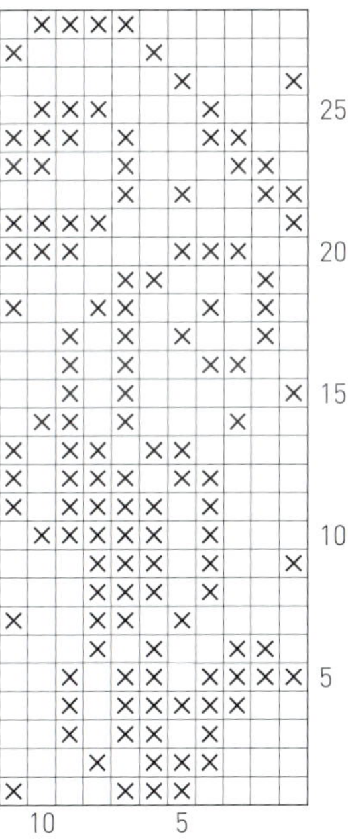

ÄRMEL

Die 41 stillgelegten M des 1. Ärmels auf 4 Nd verteilen und in Bleu 1 Rd glatt re str, dabei gleichmäßig verteilt 3 M zun (herausstr). Noch 7 Rd im Bündchenmu in der Fb-Folge 5 Rd Bleu und 2 Rd Weiß anschließen und abk. Den 2. Ärmel identisch arbeiten.

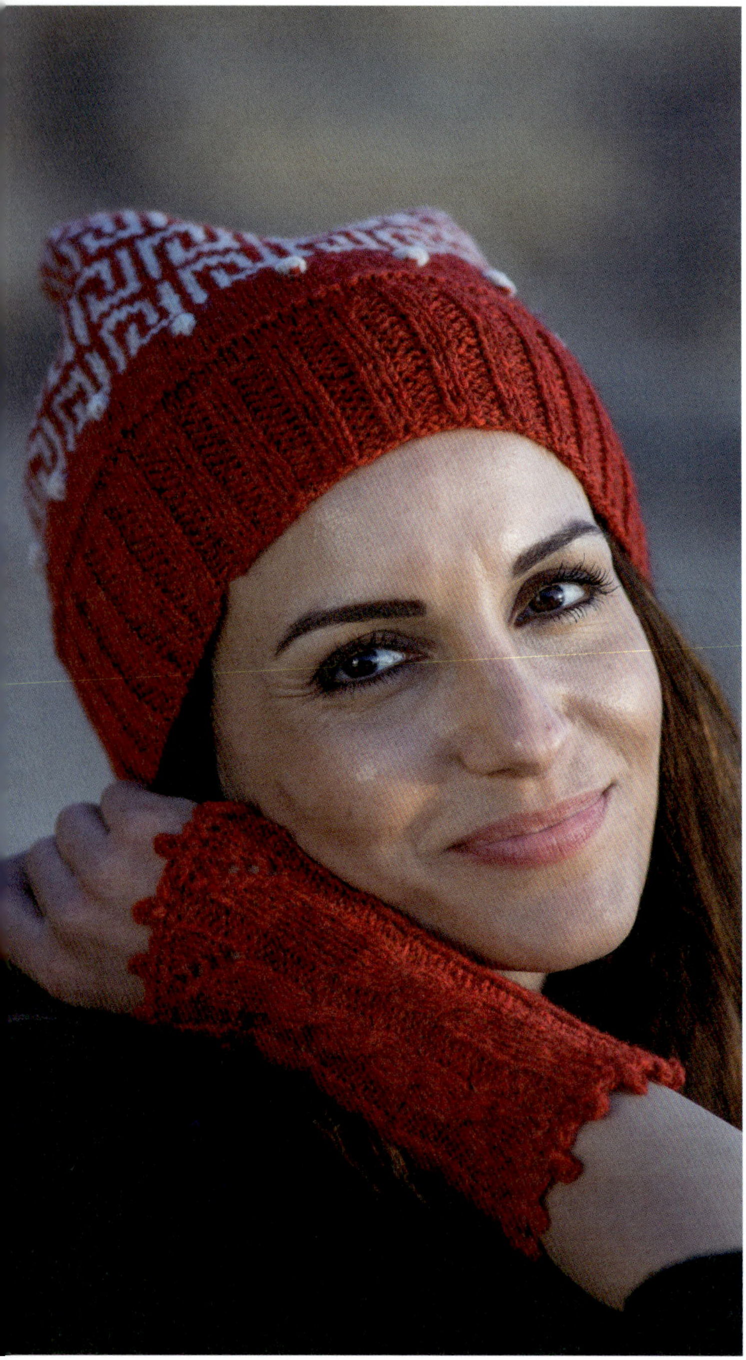

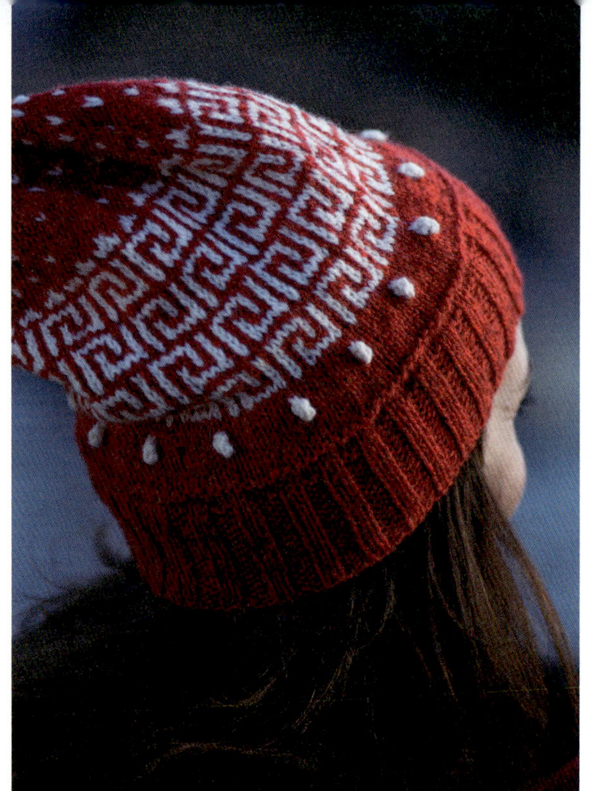

Erinnern Sie sich, wie ich schrieb, dass mich selbst ein Kanaldeckel inspirieren kann? Nun, die rechtwinkligen weißen Haken auf der roten Mütze findet man nicht nur in der Antike, sondern auch auf vielen neuzeitlichen, griechischen Kanaldeckeln – was immer das auch bedeuten mag im Zusammenhang mit einem Kanalsystem. Denn: Die Abfolge der Haken ergeben ein Labyrinth. Zwar ein sehr einfaches, aber doch einen Irrgarten. Je nach Anordnung symbolisieren Labyrinthe aber auch Lebenswege und Reisen zu einem inneren Mittelpunkt.

Durch seine Kleinteiligkeit ist das Motiv als Strickmuster vielfältig einsetzbar und durch seinen strengen Rhythmus auch leicht zu stricken.

MÜTZE »LABYRINTH«

GRÖSSE

für einen Kopfumfang von ca. 48 bis 52 cm

MATERIAL

Finkhof Wolle dünn (LL 300 m/100 g, 100 % Merinowolle kbT), 44 g in Fb Rotmeliert und 14 g in Naturweiß. Je 1 Rundnadel Nr. 2,5 und 3, 40 cm lang, Nadelspiel Nr. 2,5; Wollnadel.

MASCHENPROBE

Jacquardmuster:

21 M und 25 Rd mit Nd Nr. 3 = 10 × 10 cm

MUSTER

GLATT RECHTS IN RUNDEN: Alle M rechts stricken. **JACQUARD IN RUNDEN:** Nach Z-Mu A und B glatt re in J-Technik str. **NOPPE:** Aus 1 M 2 M herausstr, dabei dieselbe M abwechselnd 1 × re und 1 × re verschr str. Wenden. 2 M li str. Wenden. 2 M re str. Wenden. 2 M li str. Wenden. 2 M re str und die 1. M über die 2. M ziehen. **BÜNDCHENMUSTER IN RUNDEN:** 2 M re und 2 M li im Wechsel str.

AUSFÜHRUNG

104 M mit Rundnd Nr. 2,5 in Fb Rotmeliert anschl, zur Rd schließen und 12 Rd im Bündchenmu str. Es folgen 2 Rd re M, 1 Rd li M und 3 Rd re M. Ab Rd 19 (= N-Reihe mit Musterfb Naturweiß) nach Zählmu A arb, dabei zu Rundnd Nr. 3 wechseln und den Rapport von 8 M und 29 Rd 12 × str. Rd 47: Glatt re in der Grundfb str, die M auf 4 Nd verteilen und in der folg Rd mit den Abnahmen für die Mützenspitze laut Zählmu B beginnen (= 24 Rd). Sind nur noch insgesamt 8 M auf den Nd, den Faden abschneiden, das Fadenende mit der Wollnd 2 × durch die M ziehen und auf der Innenseite vernähen.

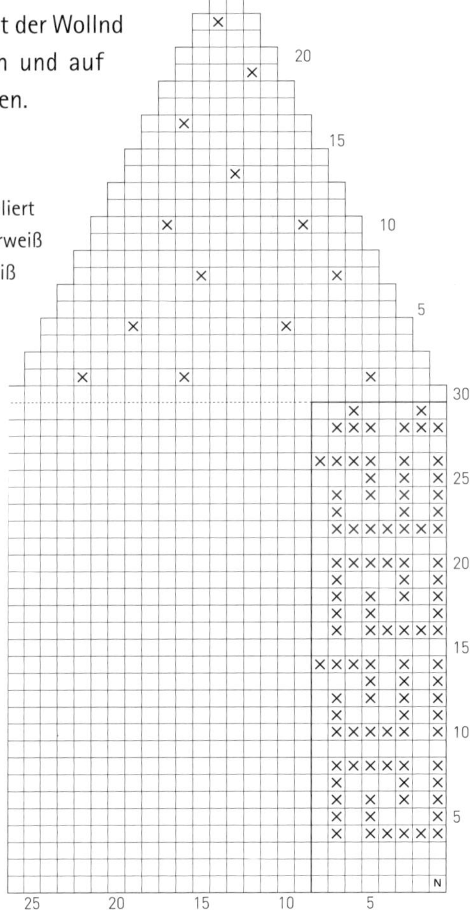

☐ = Grundfarbe Rotmeliert

☒ = Musterfarbe Naturweiß

N = Noppe in Naturweiß

ZÄHLMUSTER A

Rapport: 8 M,
12 × stricken

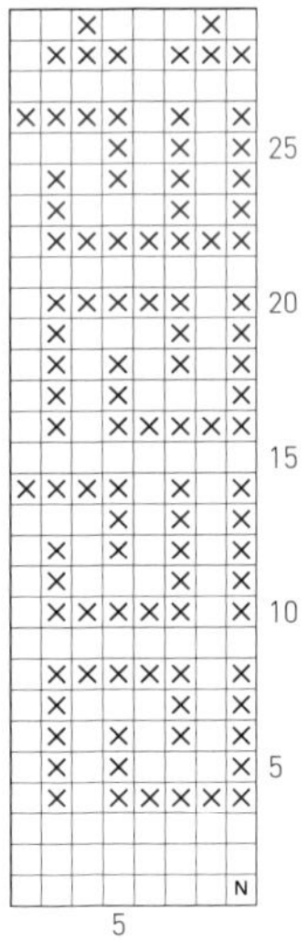

ZÄHLMUSTER B

SOCKEN »HIMMEL UND ERDE«

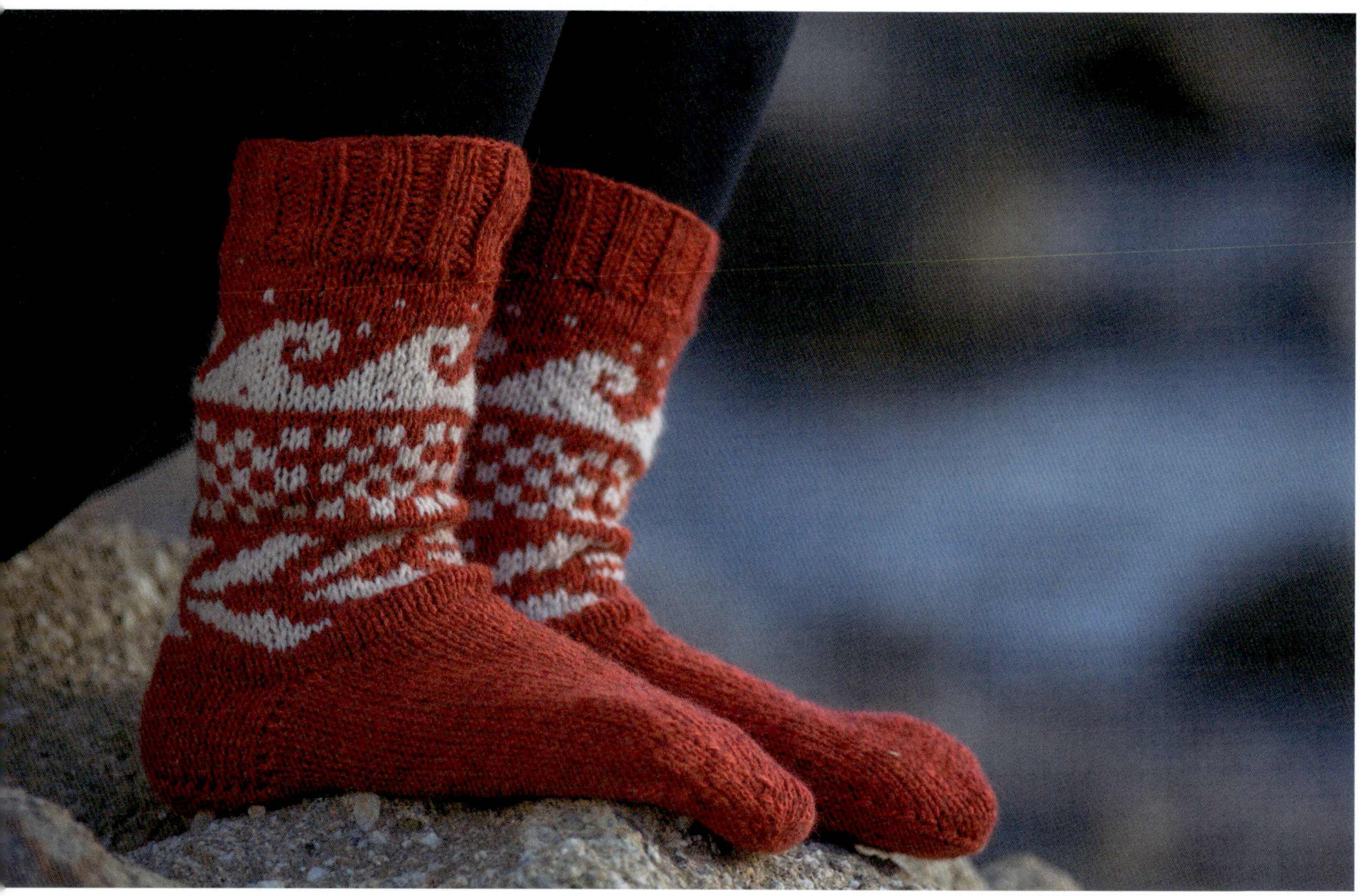

Nicht zu übersehen sind die Socken »Himmel und Erde«, die angezogen, etwa an einem trüben Wintermorgen, Fröhlichkeit verbreiten.

GRÖSSE 37/38

MATERIAL

Finkhof Sockenwolle (LL 250 m/100g, 100% Schafschurwolle kbT), 68 g Rotmeliert, 18 g Naturweiß. Nadelspiel Nr. 2,5; rotes Beilaufgarn (Ferse und Spitze); Wollnadel.

MASCHENPROBE

Glatt rechts: 22 M und 32 Rd = 10 × 10 cm
Jacquardmuster: 24 M und 26 Rd = 10 × 10 cm

MUSTER

BÜNDCHEN IN RUNDEN: 2 M re und 2 M li fortl. **GLATT RECHTS IN RUNDEN:** Alle M re. **GLATT RECHTS IN REIHEN:** Hinr re, Rückr li. **JACQUARD IN RUNDEN:** Nach Z-Mu glatt re in J-Technik str.

AUSFÜHRUNG

Schaft: 56 M in Grundfb anschl, zur Rd schließen und 15 Rd im Bündchenmu str, wobei am Ende der letzten Bündchen-Rd (durch 2 M re zusstr) 1 M abgenommen wird (= 55 M). Es folgen 41 Rd im J-Mu (+ Musterfb) laut Z-Mu, dabei wird der Rapport (= 11 M) 5 × gestr. Rd-Beginn = hintere Mitte. Rd 57 – 61: Glatt re in Grundfb Rotmeliert str, dabei in Rd 57 gleichmäßig verteilt 5 M abn durch 2 M re zusstr (= 50 M).

FERSE (MIT BEILAUFGARN)

Die Arbeit in zwei Hälften teilen (25 M = vordere Hälfte und 25 M = rückwärtige Hälfte). Die rückwärtige Hälfte in Hin- und Rückr glatt re zwischen den RM str. Nach 17 R mit dem Fersenkäppchen beginnen: Die 25 M dritteln (8 – 9 – 8) und * die letzte M des 2. Drittels und die 1. M des 3. Drittels re zusstr. Wenden, zusgestrickte M abheben. Ab * wdh, bis nur noch die M des mittleren Drittels übrig sind. Beilaufgarn abschneiden. Aus den seitlichen Fersenrändern (RM) je 10 M aufnehmen und durch Zusammenstr so viele M abn, bis die ursprüngliche M-Zahl (= 50 M) erreicht ist.

FUSS

34 Rd glatt re in der Grundfb str. Bandspitze über 20 Rd (mit Beilaufgarn): In jeder 2. Rd je 4 M abn, bis 10 M übrig bleiben und zwar: In der 1. und 3. Nd jeweils die zweit- und drittletzte M re zusstr und in der 2. und 4. Nd jeweils die 2. und 3. M re verschr zusstr. Faden abschneiden und Fadenende mittels Wollnd 2 × durch die Rest-M führen, festziehen und innen vernähen. Die zweite Socke identisch arb.

Rapport: 11 M, 5x stricken
☐ = Grundfarbe Rotmeliert
☒ = Musterfarbe Naturweiß
N = Noppe in Naturweiß

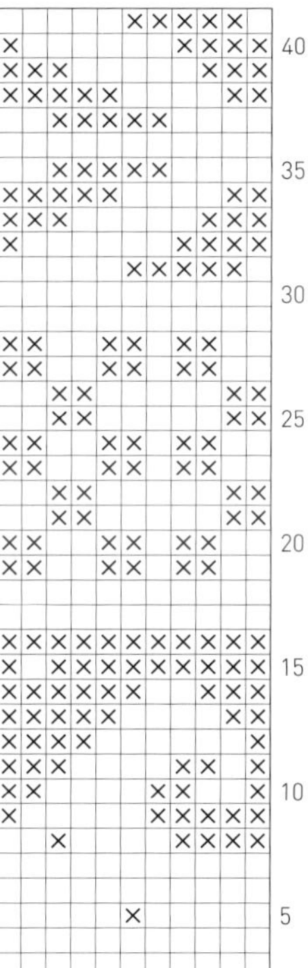

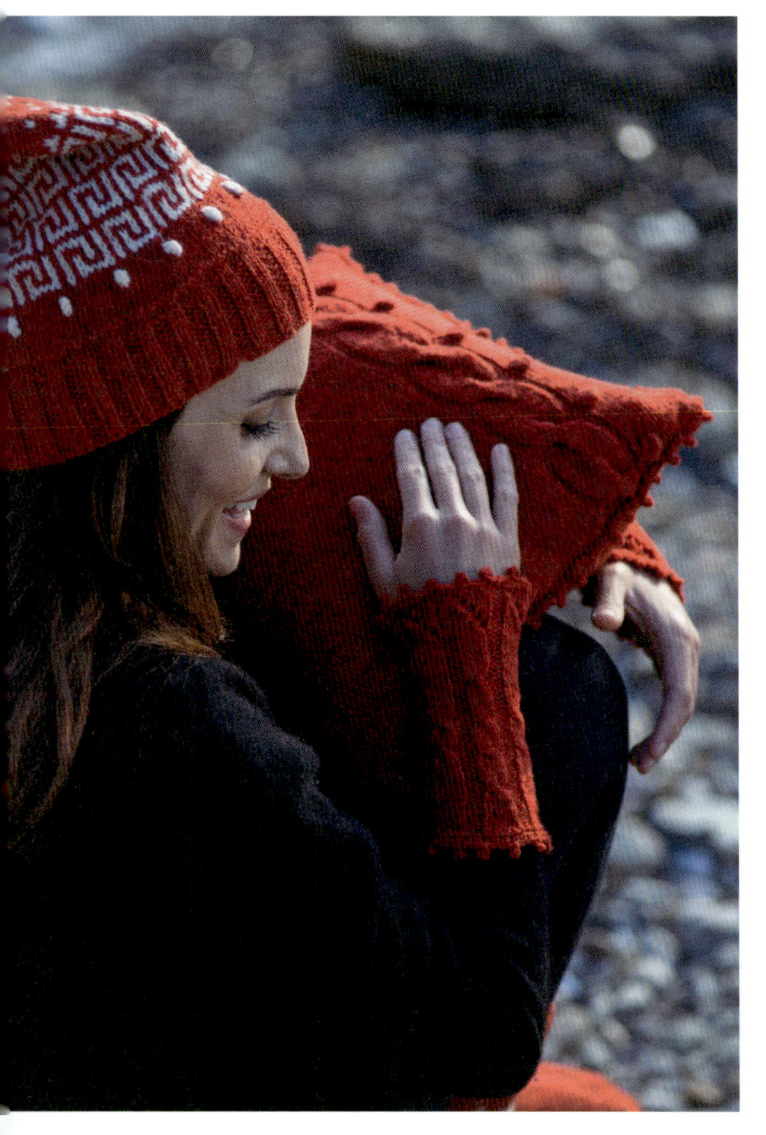

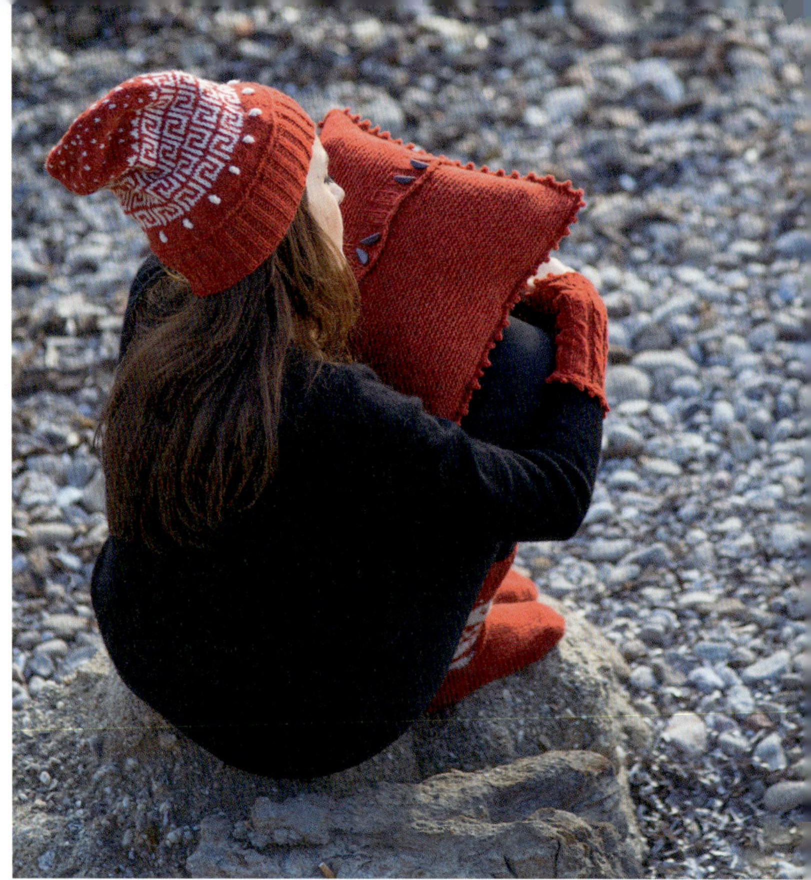

PULSWÄRMER »RIPPENSPITZE«

Diese Pulswärmer sind von identischer Machart wie das Modell von Seite 15; der Unterschied liegt lediglich in der Farbe und Wollqualität.

KISSEN »AIKATERÍNI«

Ein einfacher Zopf, begleitet von lustigen Noppen auf der Außenseite und asymmetrisch auf der glatt rechts gestrickten Fläche angeordnet: So präsentiert sich die Vorderseite des Kissens oder die Vorderseite der Medaille. Auf der Rückseite geht es noch einfacher, nämlich kraus rechts gestrickt zu – wer will, kann an Krauswellen denken. Und da die Empfängerin des Kissens am Messinischen Golf aufgewachsen ist, wählte ich Knöpfe, die an kleine Boote erinnern. Vorder- und Rückseite verbindet ein irischer Pikotrand.

Mittlerweile fand eine Motte die Biowolle des Kissens auch ganz brauchbar und zwar just auf der Vorderseite. Entdecken Sie die kleine Ausbesserung?

Apropos Motten: Einmal fragte ich einen Schafzüchter, wie er seine Wollstücke vor Motten schütze. Er antwortete mir mit nicht mehr als fünf Worten: »Wenig haben und viel tragen«.

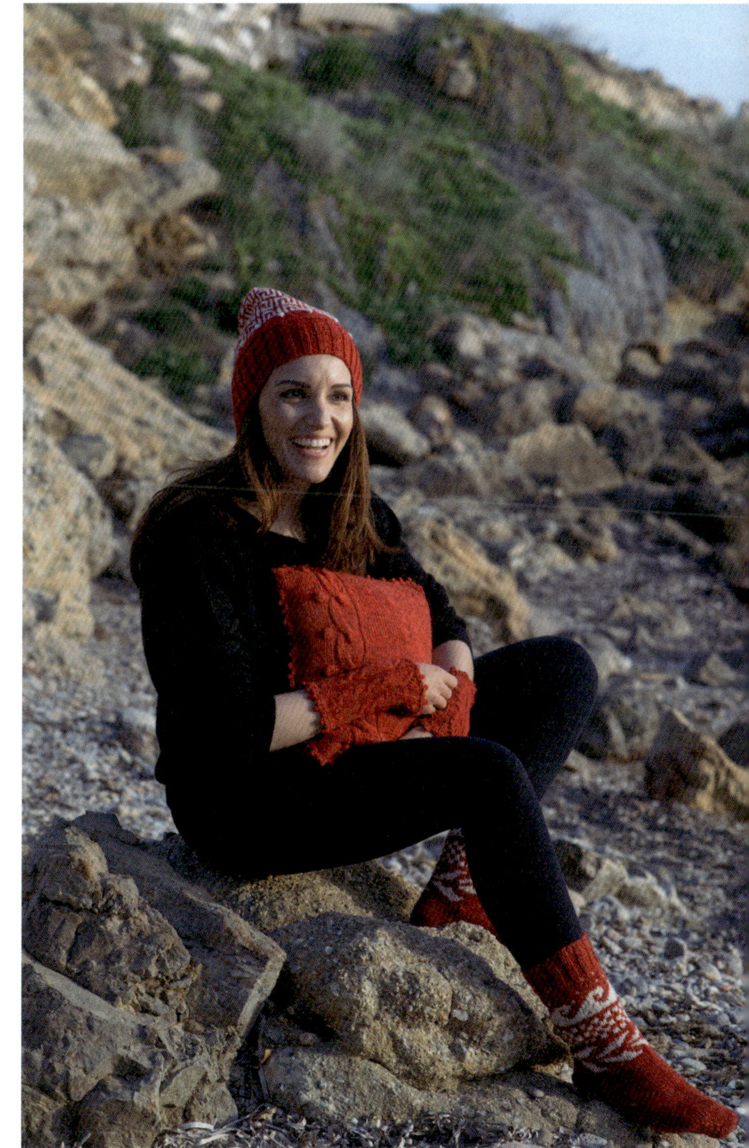

KISSEN »AIKATERÍNI«

GRÖSSE

ca. 38 × 38 cm

MATERIAL

Finkhof Wolle dünn (LL 300 m/100g, 100 % Merinowolle kbT), 109 g in Rotmeliert. Rundnadel Nr. 2,5; Häkelnadel Nr. 2,5; Wollnadel; 6 Knöpfe; Kisseninlett ca. 40 × 40 cm.

MASCHENPROBE

19 M und 32 R in glatt re = 10 × 10 cm

MUSTER

GLATT RECHTS: Hinr re M, Rückr li M. **KRAUS RECHTS:** In Hin- und Rückr re M str. **RIPPENMUSTER:** 3 M re, 2 M li im Wechsel. In Rückr 3 M li, 2 M re. **ZOPF** über 10 M nach li verkr: 5 M auf die Zopfnd vor die Arbeit legen, 5 M re str, dann die M der Zopfnd re str. **NOPPEN:** Je 1 N in Hinr parallel zu jedem Zopfkreuzen str: Aus 1 M 5 M herausstr, dabei dieselbe M abwechselnd re und re verschr str, bis 5 M auf der Nd sind. Wenden. Die 5 M li str. Wenden. 5 M re str. Wenden. 5 M li str. Wenden. 5 M re str. Nacheinander die 4., 3., 2. und 1. M über die 5. M ziehen.

MUSTEREINTEILUNG A:

1 RM, 10 M re, 2 M li, 10 M re, 2 M li, 48 M re, 1 RM. In Rückr alle M str, wie sie erscheinen.

MUSTEREINTEILUNG B:

1 RM, 8 M re, 1 N, 1 M re, 2 M li, 10 M Zopfmu, 2 M li, 48 M re, 1 RM. In Rückr alle M str, wie sie erscheinen.

AUSFÜHRUNG

Nach dem Stricken der Vorderseite werden die beiden Hälften der Rückseite (mit Ober- und Untertritt) an die Vorderseite angestrickt. – Für die Vorderseite 74 M anschl und 4 R in der Mustereinteilung A str. In R 5 mit N und Zopfkreuzen in der Mustereinteilung B str und diese Einteilung noch 6 × in jeder 18. R wdh (letztes Zopfkreuzen in R 113). Fortf in Mu-Einteilung A. In R 117 abk. – Für die Rückseite 74 M aus den hinteren M-Gliedern der Abk-Kante auffassen und zwischen den RM 64 R kraus re str. 13 R im Rippenmu (für die Knopfleiste/Untertritt) anschließen und in R 77 abk. Für die 2. Hälfte der Rückseite 74 M aus der Anschlag-Kante auffassen und 64 R kraus re str. 13 R im Rippenmu (Knopfleiste/Übertritt) str, dabei in der 6. Rippenr (= R 70) paarweise verteilt 6 Knopflöcher arb und zwar in M 15, 20, 35, 40, 55 und 60 (für ein Knopfloch 2 M abk und in der folg R wieder anschl). In R 77 abk. Übertritt und Untertritt der Rückseiten-Hälften exakt aufeinanderlegen und die Seitennähte schließen. Sechs Knöpfe annähen. Um alle 4 Kanten der Kissenhülle 1 R irischer Pikots häkeln: * 3 feste Maschen, 4 LM, Häkelnd aus der Arbeitsschlinge ziehen in die 1. der 4 LM, danach in die Arbeitsschlinge einstechen und die Schlinge durch die LM ziehen. Von * bis * fortl wdh.

DECKE »CHORÓ«

UND TANZ IN GRIECHENLAND

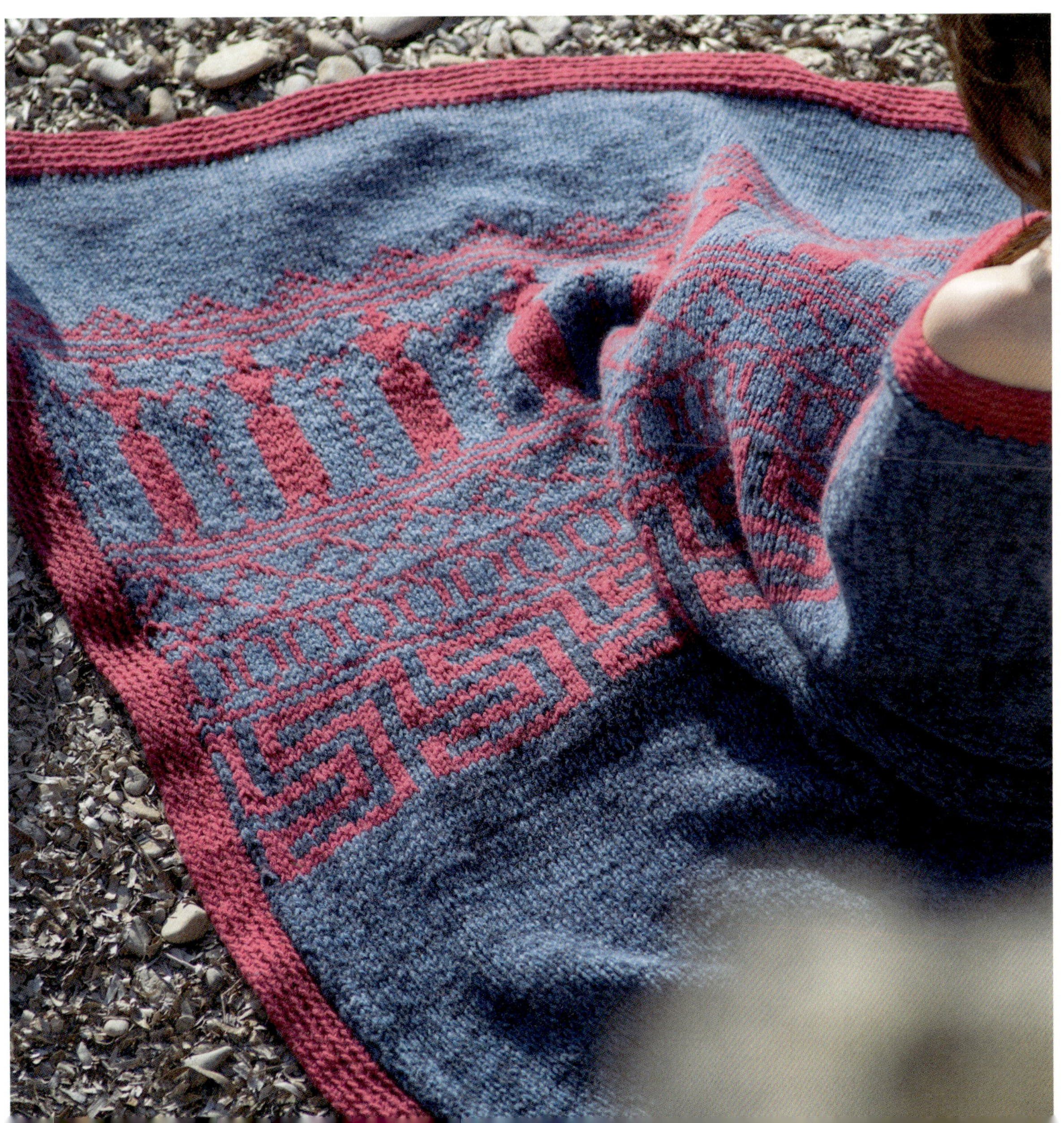

Wieder stand eine Hochzeit von einem meiner Kinder an und wieder wollte ich das Brautpaar mit einer Decke erfreuen.

Am Anfang des Entwurfs stand der Teller von Papoú Pate, dem griechischen Großvater meiner Kinder. (Ich erzähle von unserem Treffen und dem Tellergeschenk ab S. 17) Der Teller ist die Replik eines attischen Tellers um 800 v. Chr. aus der geometrischen Epoche Griechenlands, bemalt mit verschiedenen Mäanderformen, Linien, Rhomben, Ellipsen und Dreieck-Pyramiden. Außerdem ist im Zentrum eine menschliche Szene des Abschiednehmens festgehalten. Schwarz auf rötlichem Grund.

Auf Vasenmalereien derselben Epoche tauchen neben strengen, geometrischen Formen und Glückssymbolen immer wieder sich bewegende Menschen und Tiere, oftmals Pferde, auf. Ich griff die Motive des Tellers auf und übertrug sie einzeln als Zählmuster auf Karopapier. Außerdem brachte ich Pferde, Tänzerinnen und andere Themen auf separaten Blättern zu Papier.

Aus den Motiven sollte eine sehr breit angelegte Jacquard-Bordüre im oberen Bereich der Decke entstehen. Die Decke war wiederum kein Überraschungsgeschenk, das Brautpaar konnte auswählen und mitgestalten. So entschieden sich die beiden nach dem Betrachten ganz unterschiedlicher Entwürfe für die eher strengen Motive des Tellers von Papoú. Außerdem wünschten sie sich die Tänzerinnen und nach Möglichkeit die Pferde. Ich brachte Strickproben und Fäden der anvisierten Wolle für die Decke. Wir berieten und das Brautpaar fuhr wieder nach Hause.

Ich probierte auf dem Papier hin und her, aber Tänzerinnen und Pferde waren einfach zuviel. Daher entschied ich mich für das Thema »bewegter Mensch«, dargestellt durch die Tänzerinnen, und »Lebenswege«, symbolisiert durch die Mäanderform. Diese beiden Themen dominieren. Dazwischen platzierte ich zarte Formen wie Dreiecke, Rauten und Ellipsen neben Linien.

Die Wolle für die Decke stammt von Tiroler Schafen aus einem Familienbetrieb in Reutte. Und so vermischen sich nun der Teller von Papoú, rustikale Schafwolle in zweierlei Jeansblau und Fuchsia sowie antike, griechische Tänzerinnen zu einer Decke.

Die gesamte Fläche strickte ich doppelfädig. Sie bringt exakt zwei Kilogramm auf die Waage und wärmt wohlig.

Wenn ich daran denke, dass ich mich für die Tänzerinnen auf der Decke von einer antiken Figurine anregen ließ und dass heute – gut zweieinhalb Jahrtausende später – noch genauso, bis in die Handhaltung hinein, getanzt wird, muss ich unbedingt zum Phänomen »Tanz in Griechenland« ein paar Sätze anfügen. Mir scheint dieser ungebrochen lebendige Tanz idenditätsstiftendes Ausdrucksmittel und weisheitsvolles Regulativ des Volkes beziehungsweise der Gesellschaft im Umgang mit den Herausforderungen des Lebens zu sein. Griechische Tänze spenden Lebensenergie, kanalisieren überschüssige Kräfte und lassen wirklich jeden

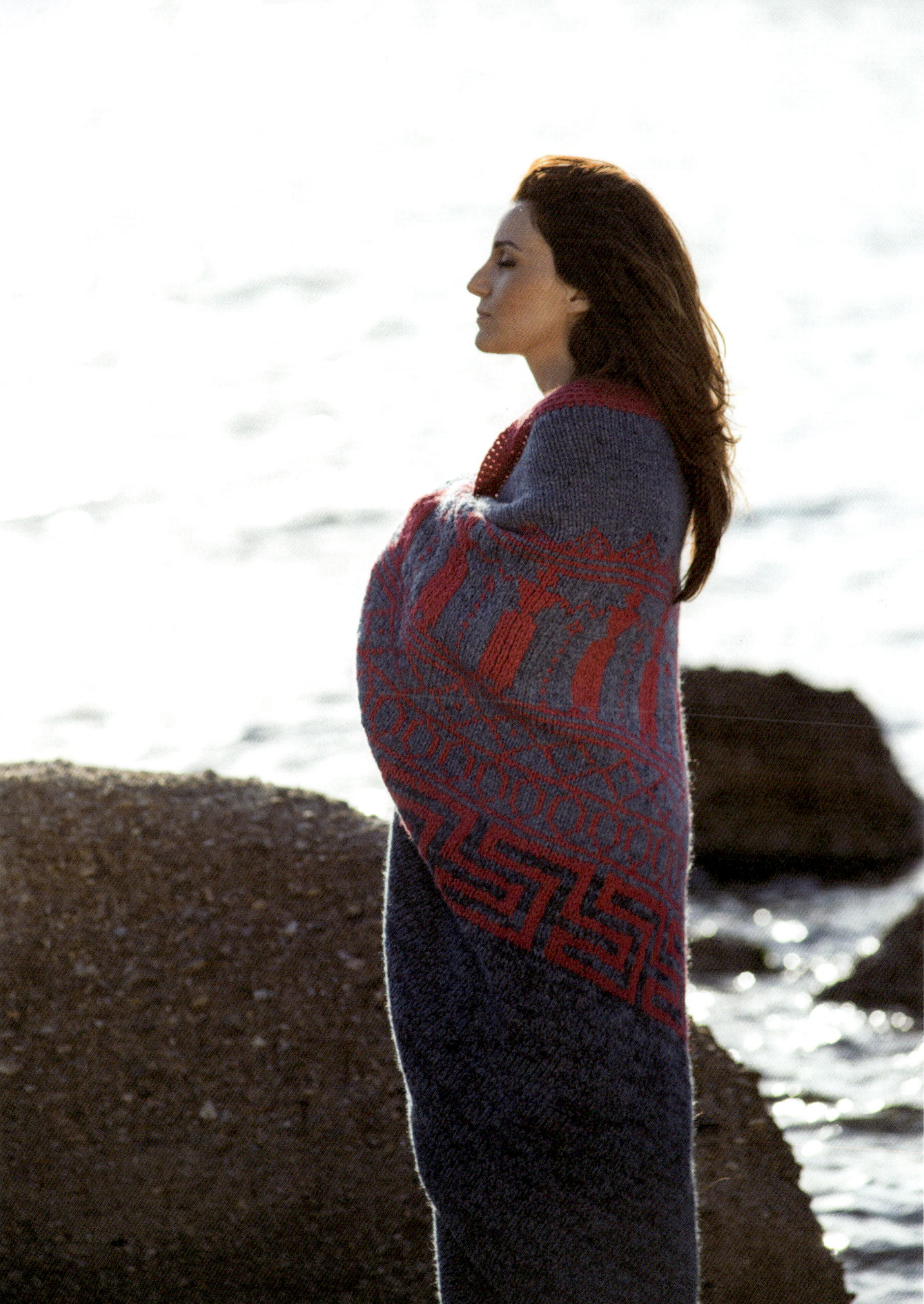

teilhaben. Es gibt keinerlei Ausschlusskriterien, kein zu jung oder zu alt, zu dünn oder zu dick, arm oder reich, gebildet oder ungebildet, geübt oder ungeübt, Inländer oder Ausländer. Im griechischen Tanz sind alle gleich und reichen sich die Hände. Und ernten Lebensfreude. Das Kritisieren oder gar Auslachen Ungeübter ist tabu.

Die Art der griechischen Tänze, über Jahrtausende hinweg kultiviert und fester Bestandteil des öffentlichen und privaten Lebens helfen den Menschen bis ins hohe Alter hinein äußerlich und in Folge auch innerlich geschmeidig und regsam zu bleiben. Es war nichts Außergewöhnliches, dass selbst der dreiundneunzigjährige Großvater meiner griechischen Schwiegertochter mit Würde und Anmut einen der regionalen Tänze auf ihrer Hochzeit anführte.

Tanz ist das Gegenteil von Stagnation und Isolation. Der Tanz der Griechen hilft den Menschen im Land und anderswo in Beziehung zu treten, sich auseinanderzusetzen mit sich und dem Kosmos.

DECKE »CHORÓ«

GRÖSSE ca. 198 cm hoch und 141 cm breit

MATERIAL

Wagner Wolle / Original Tiroler Schafwolle (LL 170 m/ 100 g, 100 % Schurwolle), 900 g Hellblau mit schwarzer Flamme, 500 g Jean, 600 g Fuchsia. Je 1 Rundnd Nr. 4,5 und 5, 120 cm lang; Häkelnd Nr. 4,5; Wollnd.

MASCHENPROBE

Glatt rechts (doppelfädig):
11 M und 15 Rd mit Nadel Nr. 4,5 = 10 × 10 cm
Jacquardmuster (doppelfädig):
11 M und 13 Rd mit Nadel Nr. 5 = 10 × 10 cm

MUSTER

GLATT RECHTS IN RUNDEN: Alle M re. **JACQUARD IN RUNDEN:** Nach Z-Mu glatt re in J-Technik str.

AUSFÜHRUNG

Doppelfädig! Die Decke wird in Rd mit Steek (Nahtzugabe) von oben nach unten gestr und danach aufgeschnitten. Mit 2 Fäden in Hellblau (= Grundfb 1) 152 M mit Nd Nr. 4,5 anschl, zur Rd schließen und 25 Rd in folg Einteilung str: 1 M re, 1 M li, 1 M re, 1 M li (= 1. Steekhälfte), 144 M re (= Hauptteil), 1 M li, 1 M re, 1 M li, 1 M re (= 2. Steekhälfte). Wechsel zu Nd Nr. 5. Es folgen 79 Rd J-Mu mit Musterfb Fuchsia (2-fädig) laut Z-Mu, dabei werden für den Steek am Anfang jeder Rd 1 M Grundfb, 1 M Fuchsia, 1 M Grundfb, 1 M Fuchsia und am Ende jeder Rd 1 M Fuchsia, 1 M Grundfb, 1 M Fuchsia und 1 M Grundfb gestr. Der Reihe nach werden gearb: Z-Mu A über 10 Rd: Der Rapport über 18 M wird 8 × gestr. Z-Mu B über 25 Rd und 17 M: Die 1. Tänzerin wird 1 × gestr nach 4 M Steek am Rd-Beginn. Z-Mu C über 25 Rd: Der Rapport (mittlere Tänzerin) über 14 M wird 8 × gestr. Z-Mu D von 15 M über 25 Rd: Die letzte Tänzerin wird 1x gestr plus 4 M Steek am Rd-Ende, (d. h., die Z-Mu B, C und D – von der 1. bis zur letzten Tänzerin – werden wechselweise und gleichzeitig gearb). Z-Mu E über 44 Rd: Der Rapport über 18 M wird 8 × gestr. Ab Rd 62 des J-Mu wird zu Grundfb 2 gewechselt (= je 1 Faden Hellblau und Jean). Nach 79 Rd J-Mu und Wechsel zu Nd Nr. 4,5 folgen noch 160 Rd in glatt re und Grundfb 2. Der Steek wird, wie zu Beginn, durch re und li M gebildet. In der 160. Rd locker abk. Nun mit der Nähmaschine (optional per Hand) auf den beiden Fuchsia-M-Säulen beidseits des Rd-Beginns (bzw. auf den Linke-M-Säulen) dichte Nähte setzen, exakt am Rd-Beginn aufschneiden und die Kanten durch Umstechen der Schnittkanten mit doppeltem Faden versäubern.

RANDEINFASSUNG:

Sämtliche Kanten mit 5 Rd fester Maschen in Fb Fuchsia (doppelfädig) umhäkeln, dabei jeweils in das hintere Glied der festen Maschen einstechen und an den 4 Ecken jeweils 3 M in eine häkeln.

☐ = Grundfarbe Hellblau (bei Zählmuster E ab Rd 27 Hellblau / Jean)

☒ = Musterfarbe Fuchsia

ZÄHLMUSTER A

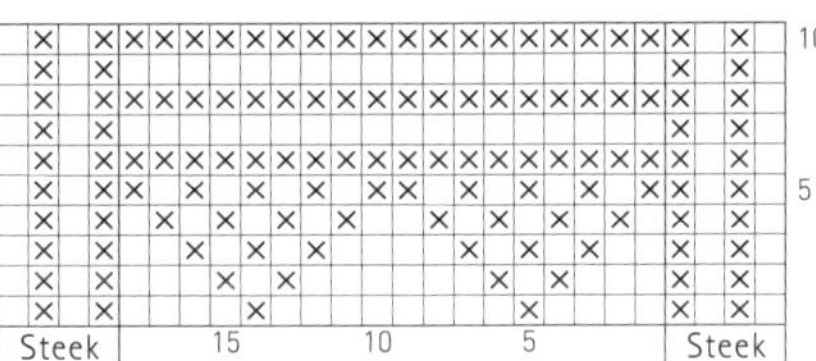

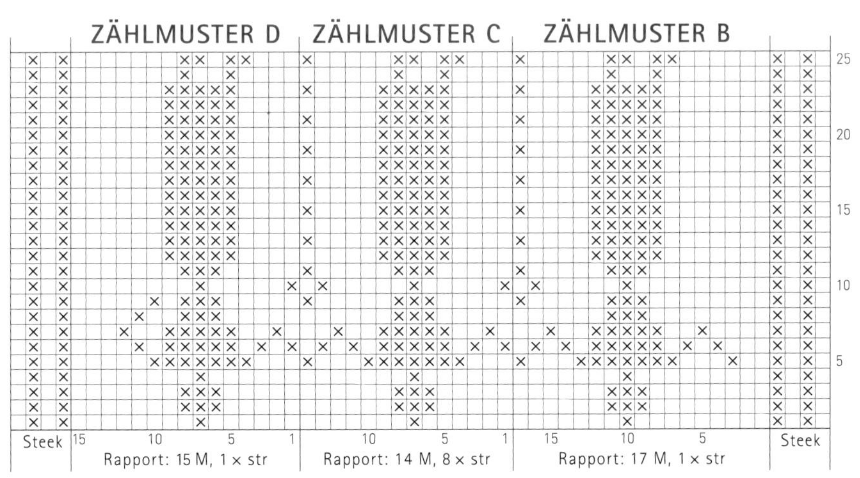

ZÄHLMUSTER E

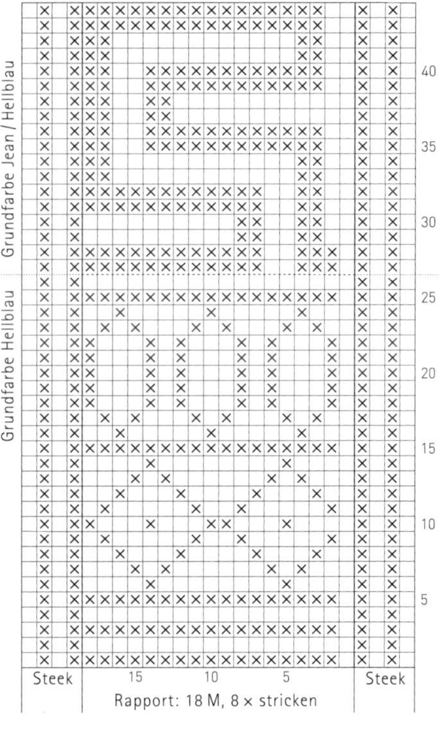

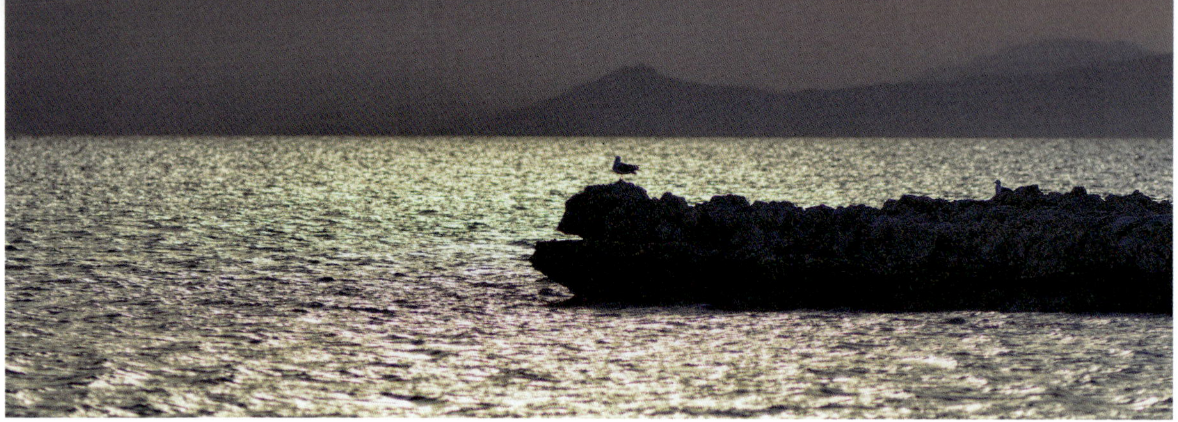

DAMENJACKE »ATHINA«

Wellen, Spiralen, vertikale und horizontale Linien begegnen mir an Vordächern oder Balkongeländern immer wieder auf meinen Streifzügen durch Athen. Bevor ich diese elegante Damenjacke umsetzte, als Raglan-von-oben-Modell ohne Nähte, probierte ich den Entwurf der Bordüre an einem kleinen Projekt aus, an der Wärmflaschenhülle von Seite 91.

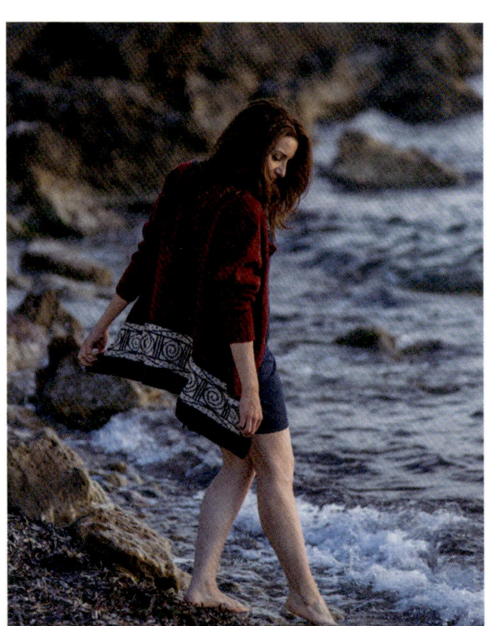

GRÖSSE 38/40: Brustumfang 100 cm, Länge 68 cm, Ärmellänge innen 47 cm

MATERIAL

Finkhof Wolle dünn (LL 300 m/100 g, 100 % Merinowolle kbT), 317 g in Bordeaux, 54 g Marine, 22 g Naturweiß. Je 1 Rundnadel Nr. 2,5 und 3, mindestens 80 cm lang und 1 Rundnd Nr. 2,5, 40 cm lang; MM; Maschenraffer; Wollnadel; 8 Knöpfe.

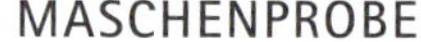

MASCHENPROBE

Glatt rechts: 20 M und 28 Rd mit Nd Nr. 2,5 = 10 × 10 cm

Jacquardmuster:

20 M und 26 Rd mit Nd Nr. 3 = 10 × 10 cm

MUSTER

GLATT RE IN RUNDEN (Grundmu): Alle M re str. **JACQUARD IN RUNDEN:** Nach Z-Mu glatt re in J-Technik str. **RIPPENMUSTER IN RUNDEN:** 2 M re und 2 M li fortl str. **RAGLANMUSTER (=LOCH + ZUNAHME):** 1 U, 2 M re verschränkt, 1 U.

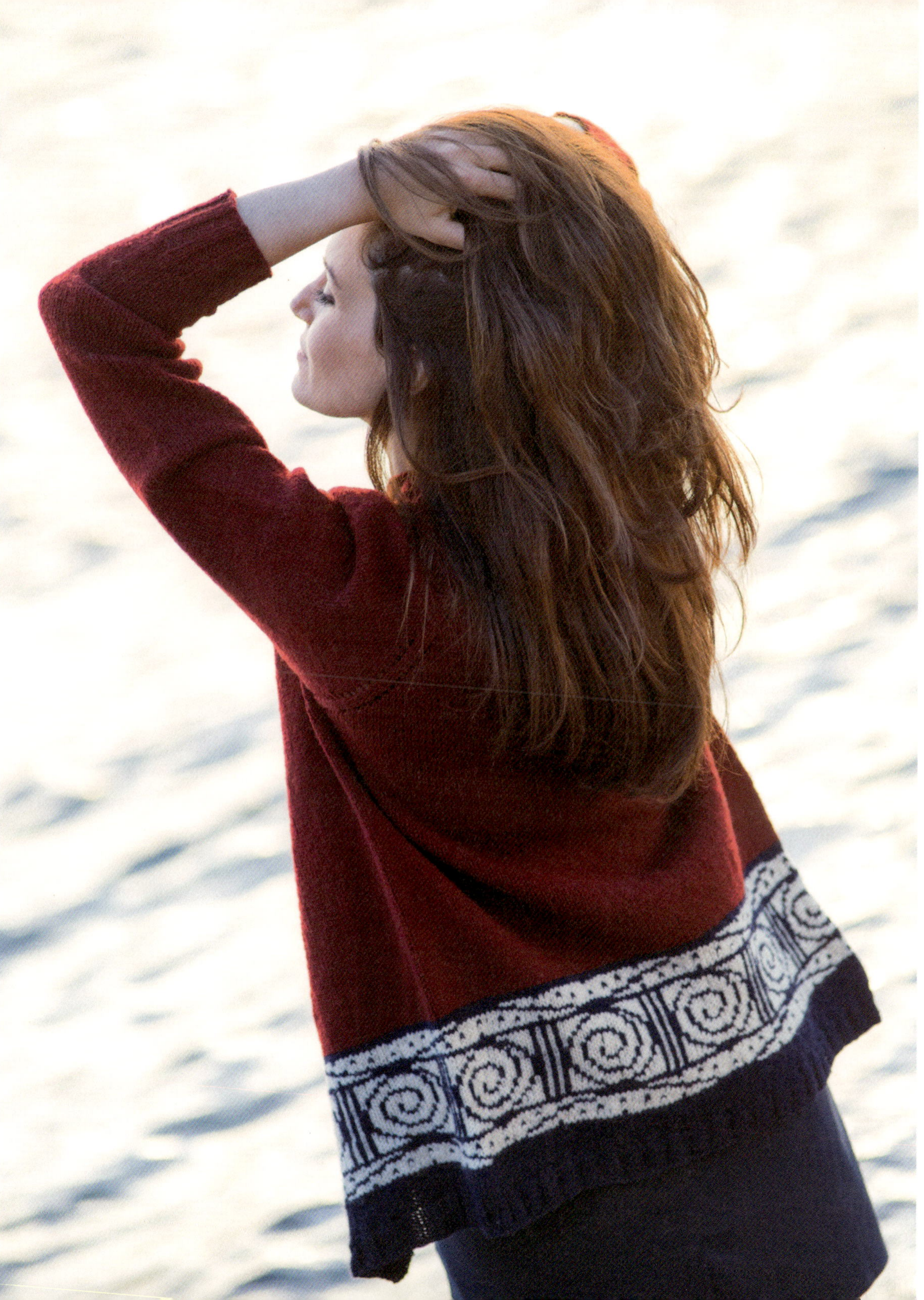

AUSFÜHRUNG

Die Jacke wird in Rd – mit Nahtzugabe (Steek) – von oben (Hals) nach unten gestr und zum Schluss in der vorderen Mitte aufgeschnitten und verblendet. Für das **HALSBÜNDCHEN** mit Nd Nr. 2,5 in Bordeaux 104 M (= 100 M plus 4 M für den Steek) anschl, zur Rd schließen und im Rippenmu 18 Rd str. Wechsel zu Grundmu.

RAGLAN-ZUNAHMEN

Dafür die M ab Rd-Beginn während der 1. Raglan-Rd folgendermaßen str und markieren: 14 M re (li Vorderteil), 4 M Raglan, 18 M re (li Ärmel), 4 M Raglan, 28 M re (Rückenteil), 4 M Raglan, 18 M re (re Ärmel), 4 M Raglan, 14 M re (re Vorderteil), 1 M li, 2 M re, 1 M li (Steek). Es sind 112 M auf der Nd. In Rd 2 werden stets alle M re (bzw. re verschränkt) gestr. Die Raglan-Rd 1 (mit 8 Zunahmen pro Rd) und die Rd 2 (ohne Zunahmen) 30 × wdh, bis 352 M auf der Nd sind (nach 62 Rd gesamt für die Raglanschräge).

VORDER- UND RÜCKENTEIL

Nun erfolgt die Teilung der Arbeit und zwar so, dass die 4 Raglan-M der beiden Ärmel dem Vorder-und Rückenteil zugerechnet werden, dabei an den imaginären Seitennähten MM setzen. Rd 1: 47 M re str, 80 M stilllegen (li Ärmel), 94 M re str, 80 M stilllegen (re Ärmel), 47 M re str; 1 M li, 2 M re, 1 M li (Steek). Mit diesen 192 M auf der Nd noch 64 Rd str. Es folgen 2 Rd in Fb Marine, dabei in der 1. Rd die ersten 2 M zusstr. Wechsel zu Nd Nr. 3 und Beginn des J-Mu über 31 Rd mit Grundfb Naturweiß und Musterfb Marine laut Z-Mu A (1×), B (3×) und C (1×). Für den Steek dabei am Ende jeder Rd 1 M in Marine, 2 M Naturweiß und 1 M Marine str. Am Ende der J-Bordüre Wechsel zu Nd Nr. 2,5 und 10 Rd in Marine im Grundmu anfügen, dabei den Steek in re und li M fortführen. Wechsel zum Rippenmu. Dafür am Rd-Beginn 1 M herausstr. Nach 8 Rd im Rippenmu abk.

ÄRMEL

Mit der kurzen Rundnd in Bordeaux die 80 stillgelegten M eines Ärmels aufnehmen und in 106 Rd im Grundmu die M-Zahl auf 40 M reduzieren, dafür abwechselnd nach jeweils 6 und 4 Rd je 1 M beidseits der imaginären Naht (MM setzen!) abn durch 2 M re zusstr. 20 Rd im Rippen-Mu fortf und abk. Den 2. Ärmel identisch arb.

TEILUNG DES VORDERTEILS

Mit der Nähmaschine oder per Hand mit Rückstichen auf den beiden Li-M-Säulen des Steeks (bzw. auf den Marine-M-Säulen des J-Teils) jeweils 2 dichte Nähte setzen und exakt in der Mitte des Steeks die Jacke von unten nach oben aufschneiden. Die Kanten durch Umstechen mit doppeltem Wollfaden versäubern.

BLENDEN

Entlang der Schnittkante des re Vorderteils mit Rundnd Nr. 2,5 140 M aufnehmen (jeweils 2 M aufnehmen, 1 M übergehen) und glatt re 11 R str, dabei im unteren Teil der Jacke (bis einschließlich des J-Teils) Fb Marine und im oberen Teil Fb Bordeaux verwenden, ca. 39 M Marine und 101 M Bordeaux. An den Farbübergängen zur Vermeidung von Löchern die Fäden verkreuzen, wie bei Gobelintechnik üblich. R 12 (Rückreihe) re M str (= Umbruchkante). Weiter glatt re str und in R 25 abk. –

Für die Blende des li Vorderteils 5 R glatt re str, in R 6 (Rückr) 8 Knopflöcher arb wie folgt: 5 M li, dann 3 M abk und 15 M li im Wechsel. Mit 6 M li enden. R 7: 5 M re, dann 3 M anschl und 15 M re im Wechsel. Mit 5 M re enden. R 8 – 11 glatt re str. R 12 (Umbruchkante) re str. R 13 – 16 glatt re str. R 17 (Knopfloch-R): 5 M re, dann 3 M abk und 15 M re im Wechsel. R 18: 6 M li, dann 3 M anschl und 15 M li im Wechsel. R 19 – 25 glatt re arb und abk. Die beiden Blenden an der Bruchkante nach innen umklappen und annähen. Knöpfe annähen.

ZÄHLMUSTER A

Rapport: 27 M, 1 × stricken

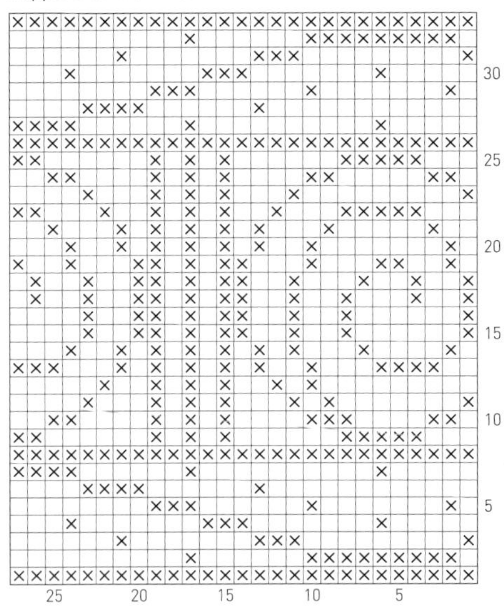

☐ = Grundfarbe Naturweiß

☒ = Musterfarbe Marine

ZÄHLMUSTER C

Rapport: 28 M + 4 M Steek, 1 × stricken

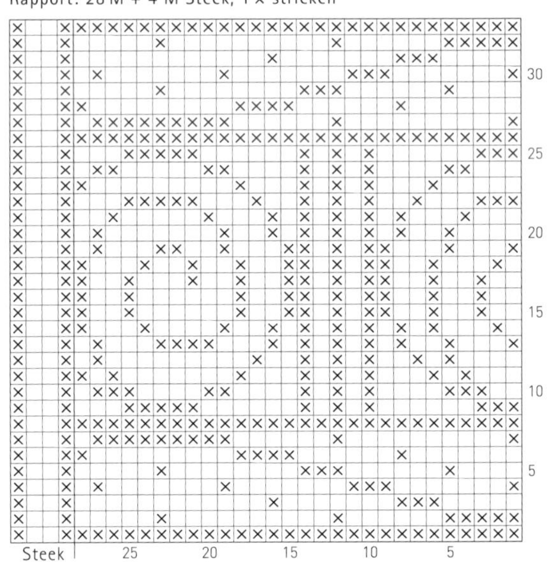

ZÄHLMUSTER B

Rapport: 44 M, 3 × stricken

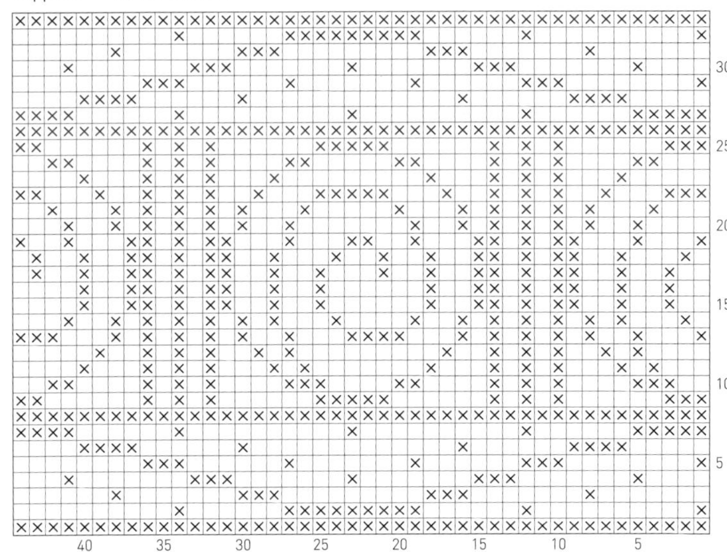

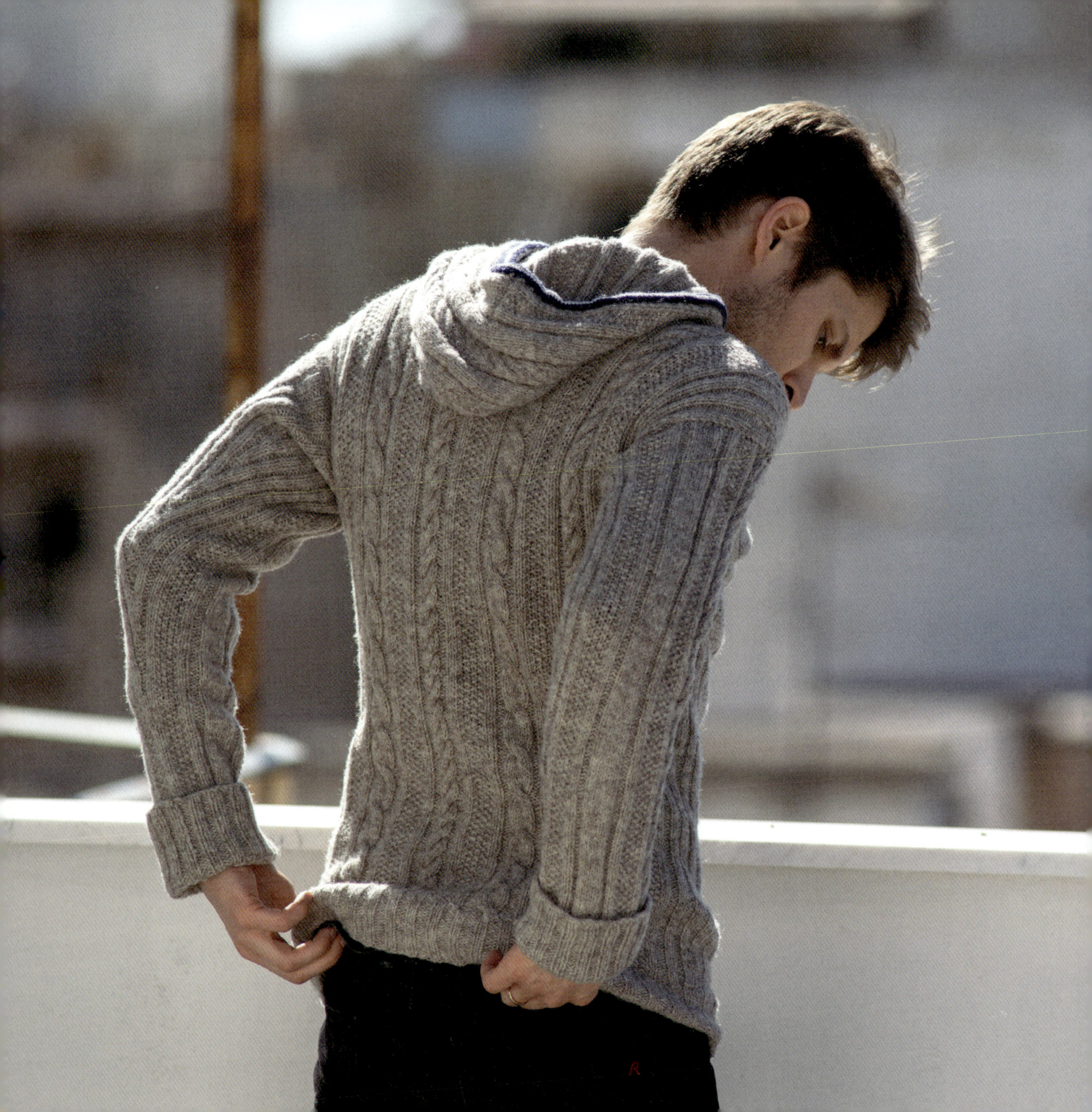

HOODIE »LEANDROS«

ODER: HERRENPULLOVER, DER AUCH DAMEN STEHT

Als Geschenk passgenau auf den Leib gestrickt wurde dieser Hoodie, der zum ständigen Begleiter von Leandros avancierte. Die Entstehungsgeschichte ist schnell erzählt: Leandros wünschte sich einen Hoodie, also einen Pullover mit Kapuze. Natürlich sollte es ein Lieblingsstück werden und so klopfte ich ihn vor meiner Planung nach Wünschen ab. Wir inspizierten meine Wollvorräte. Ja, die ungefärbte, naturgraue Merinowolle, die dem Farbton unserer Meeres-Klippen gleichkommt, würde ihm gefallen. Wir verglichen verschiedene Strickarbeiten. Nein, der Hoodie müsste nicht glatt rechts gestrickt sein wie die Jacke des Bruders, ihm würden auch Strukturmuster gefallen, zum Beispiel Zöpfe und Perlmuster. Die Form betreffend wollte er es körpernah, auch die Kapuze sollte gut anliegend sein. Unter den Armen wünschte er sich aber Luft und gute Bewegungsfreiheit.

Mit diesen Eckdaten strickte ich in Athen verschiedene Musterquadrate – ca. 28 Maschen mal 46 Reihen – aus der grauen Wunschwolle. Ich kombinierte dabei sportliche Rippen und unterschiedliche Zöpfe mit Perlmuster. Diese Quadrate sollten zugleich Bausteine für ein späteres grauweißes Plaid werden (siehe Seite 165). Alle Form gebenden Partien würde ich im elastischen Rippenmuster ausführen – am Hinterkopf der Kapuze, an den Pulloverseiten und an den Ärmeln. Die Zunahmen oder Abnahmen würden also ausschließlich an den Rippenteilen erfolgen.

Mein Glück war, dass ich kurz danach mit Leandros im Pilion zusammentraf. Er wählte die Zöpfe aus, die ihm am Besten gefielen. Ich nutzte die Gunst der Stunde beziehungsweise die Anwesenheit des Modells und begann sofort mit dem Stricken und Anprobieren.

Körper und Ärmel des Hoodies sind rund gestrickt, die Ärmel wurden nahtlos an den Körper gestrickt. Damit bei der Anprobe keine Maschen von der Nadel gleiten, verteile ich die Maschen für diesen Zweck auf zwei lange Rundnadeln.

Zum Schluss strickte ich an die Innenseite der Kapuze einen Belag in Marinestreifen aus sehr feiner, nicht kratzender Wolle. Dieser Belag dient optional als Tunnel für eine Kordel.

Ich fragte Leandros. Er hat nichts dagegen, wenn Sie seinen Hoodie nachstricken. Sie brauchen nur die Rippenteile an Körperseiten, Ärmeln und Kapuze an Ihre Maße anpassen, außerdem die Ärmel- und Pulloverlänge.

HOODIE »LEANDROS«

GRÖSSE 44/46
Brustumfang 90 cm, Länge 60 cm, Ärmellänge innen 50 cm

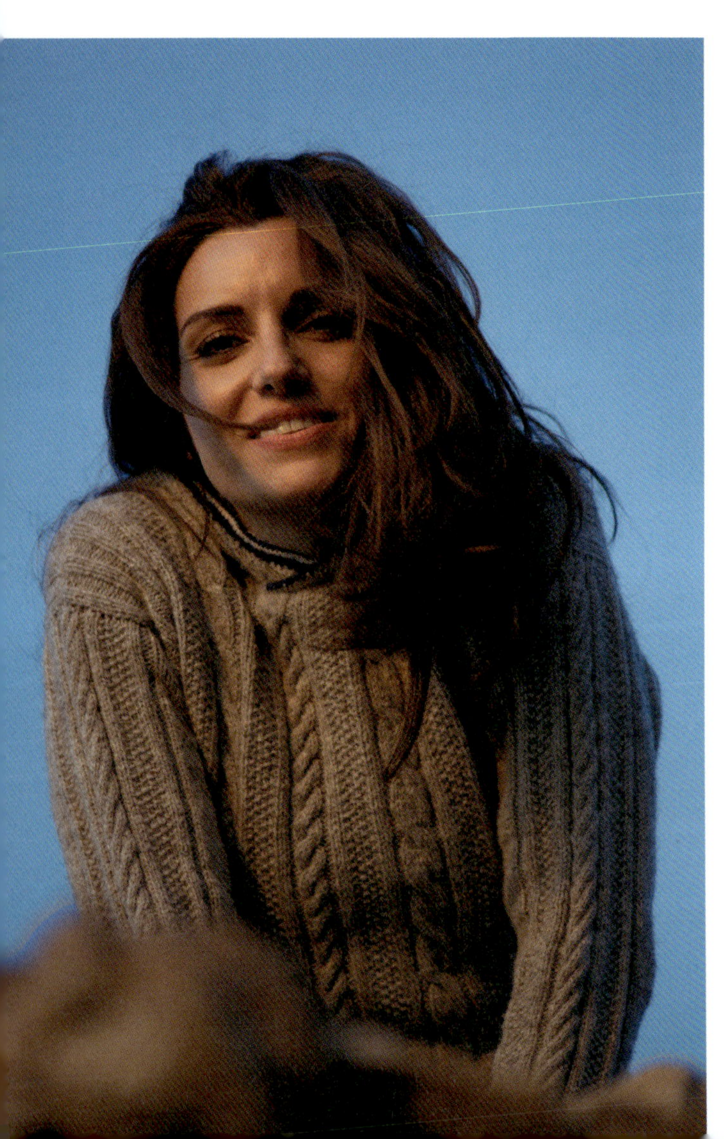

MATERIAL
Finkhof Wolle dünn (LL 300 m/100 g, 100 % Merinowolle kbT), 480 g Hellgrau, Online, Linie 347 »Bristol« (LL 230 m/50 g, 100 % Schurwolle, Merino extrafein), 25 g Dunkelblau, 25 g Wollweiß. Je 1 Rundnd Nr. 2,5 mindestens 80 cm lang und 40 cm lang; Häkelnd Nr. 2,5; MM; Maschenraffer; Wollnd; 1 Zopfnd.

MASCHENPROBE
Im Mustermix:
24 M und 36 R (leicht gedehnt) = 10 × 10 cm

MUSTER
IN RUNDEN: MUSTER A über 10 M **(EINFACHER ZOPF):** 2 M li, Zopf über 6 M nach li verkr (3 M auf die Zopfnd vor die Arbeit legen, 3 M re str, dann die M der Zopfnd re str), 2 M li. In jeder 12. Rd zopfkreuzen. **MUSTER B** über 10 M **(KABELZOPF):** 2 M li, Zopf über 6 M nach re verkr (3 M auf die Zopfnd hinter die Arbeit legen, 3 M re str, dann die M der Zopfnd str), 2 M li. In jeder 6. Rd zopfkreuzen. **MUSTER C** über 11 M und 6 Rd **(SPIRALZOPF):** 1. Rd: 2 M li, 2 M re, 1 M auf die Zopfnd hinter die Arbeit legen, die 2 folg M re str, dann die M der Zopfnd, 2 M re, 2 M li. 2. Rd: 2 M li, 7 M re, 2 M li. 3. Rd: 2 M li, 1 M re, 1 M auf die Zopfnd hinter die Arbeit legen, die 2 folg M re str, dann die M der Zopfnd, 1 M auf die Zopfnd hinter die Arbeit legen, die 2 folg M re str, dann die M der Zopfnd, 2 M li. 4. Rd: 2 M li, 7 M re, 2 M li. 5. Rd: 2 M li, 1 M auf die

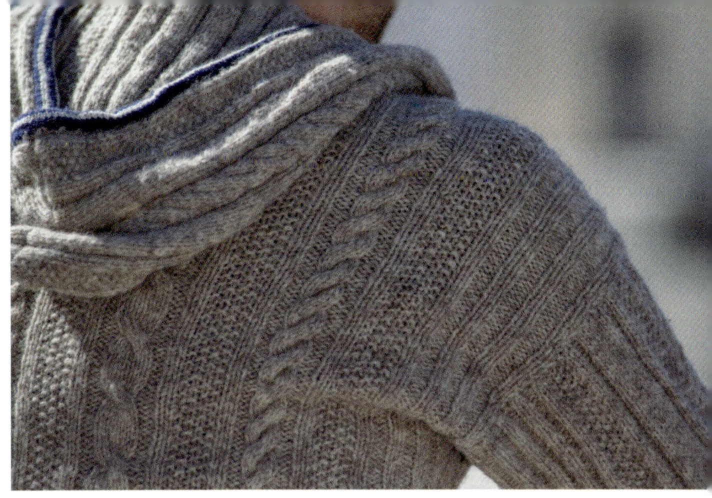

Zopfnd hinter die Arbeit legen, die 2 folg M re str, dann die M der Zopfnd, 1 M auf die Zopfnd hinter die Arbeit legen, die 2 folg M re str, dann die M der Zopfnd, 1 M re, 2 M li. 6. Rd: 2 M li, 7 M re, 2 M li. **MUSTER D** über 8 M **(PERLMUSTER):** 1. Rd: 2 M re, 1 M li, 1 M re, 1 M li, 3 M re. 2. Rd: 3 M re, 1 M li, 1 M re, 1 M li, 2 M re. **MUSTER E** über 4 M **(RIPPENMUSTER):** Stets 2 M li, 2 M re im Wechsel. **MUSTER F** über 10 M **(FLACHRIPPE):** 2 M li, 6 M re, 2 M li. **ACHTUNG:** Werden die Mu in **REIHEN** gearb, dann die M in der Rückr str, wie sie erscheinen – bis auf die 4 **PERLMU-M** in Mu D: Hier muss in jeder R versetzt gestr werden.

AUSFÜHRUNG

Der Hoodie wird bis zum Armausschnitt in Rd von unten nach oben gestr, danach werden Vorder- und Rückenteil separat in R gearb; Ärmel und Kapuze werden angestr. – Mit der langen Rundnd 184 M in Hellgrau anschl, zur Rd schließen und 22 Rd im Mu E str. An den imaginären Seitennähten (am Rd-Beginn und nach 92 M) MM setzen und 120 Rd im Mustermix str. Dafür in Rd 1 für das Vorderteil folg Einteilung vornehmen: 2 M li, 2 M re, 2 M li (Mu E); 1 × Mu D; 2 M li, 6 M re, 2 M li (Mu B); 1 × Mu D; 2 M li, 6 M re, 2 M li (Mu A); 1 × Mu D; 2 M li, 6 M re, 2 M li (Mu B); 1 × Mu D; 2 M li, 6 M re, 2 M li (Mu A); 1 × Mu D; 2 M li, 2 M re, 2 M li (Mu E). Die folg 92 M für das Rückenteil identisch str. In Rd 4 Beginn des Zopfkreuzens von Mu A und B. In den Rd 16, 34, 52, 70, 88 und 100 jeweils vor und nach den »Seitennähten« je 1 M im Rippenmu E zun durch Herausstr (pro Rd 4 M, Gesamt-M-Zahl in Rd 100: 208 M).

RÜCKENTEIL

Nach 120 Rd die ersten 104 M für das Vorderteil str, stilllegen und das Rückenteil in Hin- und Rückr weiterarb, dabei den Mustermix beibehalten. Am Anfang und Ende von R 1 (Hinr) je 1 RM herausstr (= 106 M). Nach 81 R die Schulterschrägung in 3 R arb, beginnend mit der re Schulter: 1. R (Hinr): 13 M abk, 12 M im Mu str, 1 RM, wenden. 2. R: 1 RM, 11 M im Mu str, letzte M nicht str, wenden. 3. R: 1 M von der li Nd abh, nicht abgestr M der re Nd darüberheben, 13 M abk, restliche R zu Ende str und in der Rückr mit dem Abk der li Schulter beginnen: 13 M abk, 12 M im Mu str, 1 RM, wenden. Hinr: 1 RM, 11 M im Mu str, letzte M nicht str, wenden. Rückr: 1 M von der li Nd abh, nicht abgestr M der re Nd darüberheben, 13 M abk, die restliche R (54 M) zu Ende str und stilllegen.

VORDERTEIL

Die 106 M wieder auf die Nd nehmen und am Anfang und Ende der R 1 (= Rückr) je 1 RM herausstr. Nach 65 R in Mustereinteilung in 19 R den Halsausschnitt/Schulterschrägung der li Vorderteilhälfte arb. In R 1 (Hinr) 36 M im Mu str, 1 RM, wenden, die restlichen 69 M stilllegen. Weiter im Mu str, dabei am Beginn von R 2, 4, 6 und 8 je 2 M abk, desgleichen am Beginn von R 10, 12 und 14 je 1 M abn. In R 17 (Hinr) mit der Schulterschrägung beginnen: 13 M abk, 12 M im Mu str ... (siehe Rückenteil). Die 69 stillgelegten M wieder aufnehmen, 32 M abk und den Ausschnitt/Schulterschrägung der re Vorderteilhälfte gegengleich arb. Die Schulternähte schließen.

ÄRMEL

Aus den Ärmelkanten mit der kurzen Rundnd 115 M auffassen (beginnend am unteren Armausschnitt an der imaginären Seitennaht) und Rd 1 in folg Mustereinteilung str: 26 M in Mu E (2 M li, 2 M re ...); 1 × Mu D; 1 × Mu F; 1 × Mu D; 1 × Mu C; 1 × Mu D; 1 × Mu F; 1 × Mu D; 26 M in Mu E (2 M li, 2 M re ...). Am Rd-Beginn MM setzen (= imaginäre Naht). Weitere 159 Rd in der beschriebenen Mustereinteilung str, dabei in der 4. Rd je 1 M beidseits der »Naht« abn (durch 2 M zusstr) und in Folge 26 × in jeder 6. Rd je 2 M abn. Es verbleiben 61 M. Fortf mit dem Bündchen (Mu E). Dafür noch 1 M abn und 24 Rd str. Abk. Den 2. Ärmel identisch arb.

KAPUZE

Re und li Kapuzenhälfte überlappen sich am Halsausschnitt in der vorderen Mitte um 24 M; d. h., mit dem Aufnehmen der M wird 12 M re der vorderen Mitte begonnen (dabei hinteres M-Glied über 24 M aufnehmen = Untertritt). Bei 162 Gesamt-M werden zuerst 54 M, dann die 54 stillgelegten M am Rücken und nochmal 54 M aus dem Halsausschnitt aufgenommen (davon die letzten 12 M überlappend links der vorderen Mitte (Übertritt). Zwischen den RM werden in R 1 (Hinr) nur re M gestr (mit 2. Rundnd), in R 2 (Rückr) nur li M. In R 2 beginnen die Abnahmen beidseitig der Kapuzenöffnung. Abgekettet/abgenommen werden (jeweils am Beginn der R) je 4 M in der 2. und 3. R, je 3 M in der 4. bis 9. R, je 2 M in der 10. bis 15. R, je 1 M in der 16. bis 23. R. In R 3 wird mit folg Mustereinteilung begonnen: 1 RM, 1 M li, 2 M re, 22 M im Mu E; 8 M im Mu D; 10 M im Mu F; 7 M Spiralzopf (siehe Mu C); 10 M im Mu F; 2 M re, 5 M Perlmu, 2 M re (siehe auch Mu D); 22 M im Mu E; 2 M re, 5 M Perlmu, 2 M re (siehe auch Mu D); 10 M im Mu F; 7 M Spiralzopf (siehe Mu C); 10 M im Mu F; 8 M im Mu D; 21 M im Mu E und 1 RM. Die hintere Mitte der Kapuze markieren. Nach der letzten Abnahme (Kapuzenöffnung) sind in R 23 noch 116 M auf der Nd. Zunahmen am Hinterkopf: In R 25 re und li der mittleren Rippe (hintere Mitte) je 1 M zun (= 118 M). Außerdem in R 27, 29, 33 und 37 je 2 M zun entsprechend dem Rippenmu (=126 M). Nach 24 cm Kapuzenhöhe in R 83 die 2 mittleren Rippen-M zusstr (hintere Mitte), in R 85 diese Mittel-M abk und beide Kapuzenhälften getrennt beenden. An beiden Seiten an der Hinterkopfkante in jeder 2. R 8 × 1 M abk, danach 6 × 2 M in jeder 2. R abk. Schließlich die verbleibenden M abk (an beiden Teilen). Die beiden Kapuzenteile von li mit KM zushäkeln.

BLENDE

Aus dem Kapuzenrand in Dunkelblau ca. 204 M auffassen und in der Blauweiß-Streifenfolge (2 R Blau, 2 R Weiß) zwischen den RM 8 R in glatt re str, dabei an den beiden überlappenden Kanten (vordere Mitte) verkürzte R arb. Abk und die Blende an der Innenkante annähen.

SCHAL »LEBENSSPIRALEN«

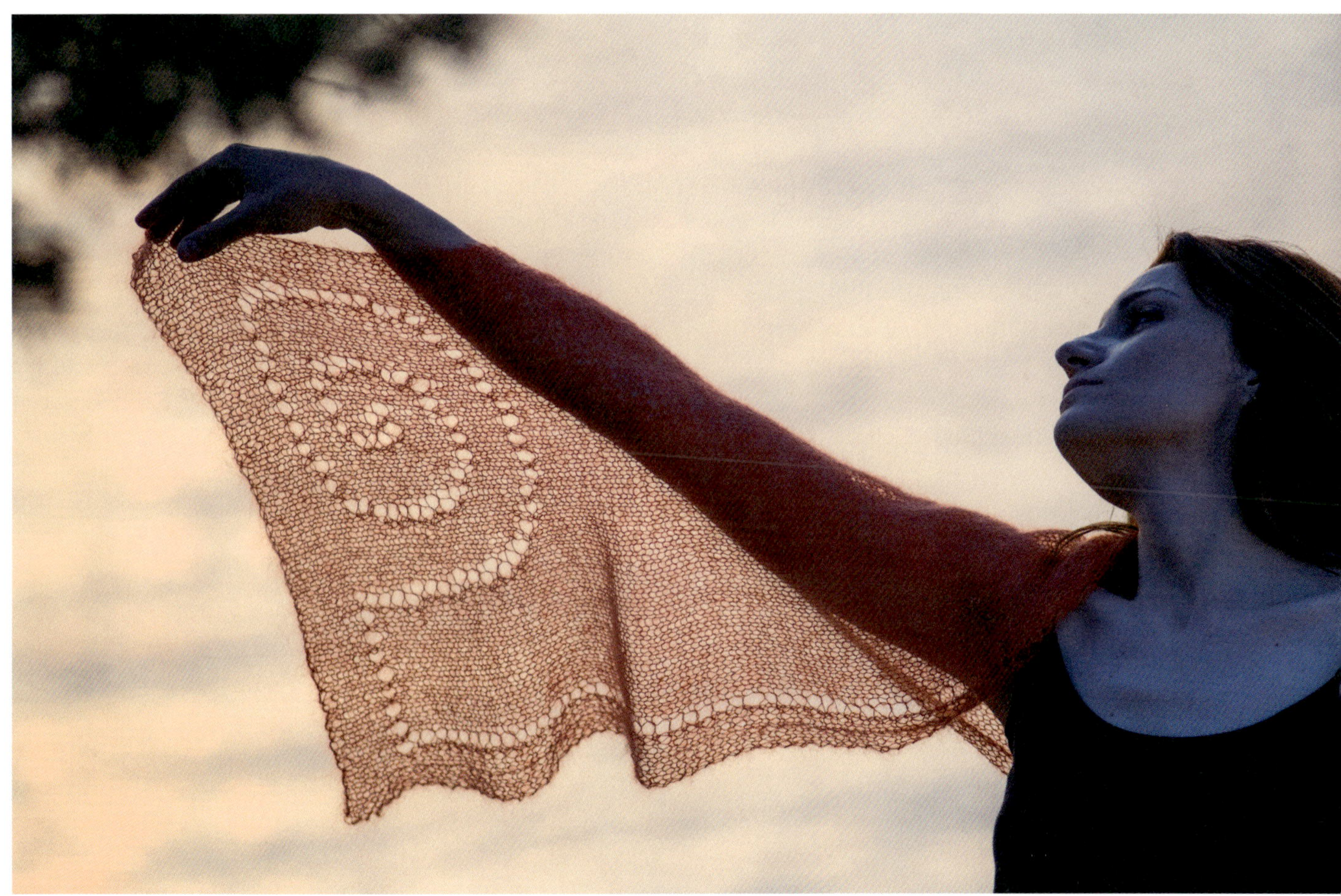

Der Hauch von einem Schal in der Farbe »Kürbis« ist die schmalere Ausgabe der nachfolgenden blauen Stola und ebenso einfach zu stricken.

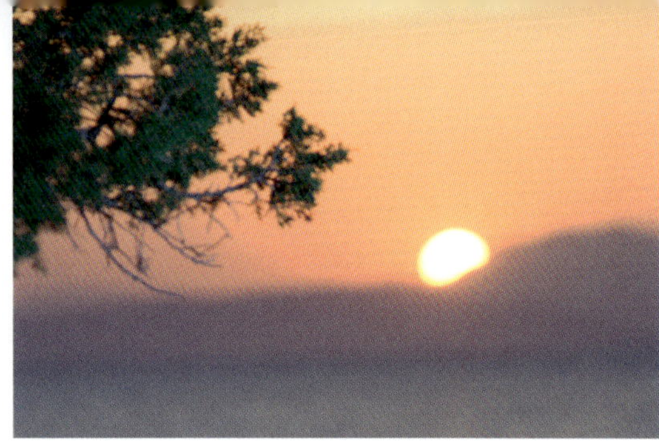

SCHAL »LEBENSSPIRALEN«

GRÖSSE
ca. 44 × 188 cm

MATERIAL
Austermann »Kid Silk« (LL 225 m/25 g, 75 % Mohair, 25 % Seide), 60 g Fb Kürbis. Rundnadel Nr. 4; Wollnadel.

MASCHENPROBE
15 M und 20 R in glatt re = 10 × 10 cm

MUSTER
GLATT RECHTS IN REIHEN (Hauptteil): In Hinr re und in Rückr li str. **KLEINES PERLMUSTER:** (Ränder): 1 M re, 1 M li im Wechsel str. Das Mu in jeder R versetzen. **LOCH:** 1 U und 2 M re zusstr.

AUSFÜHRUNG
64 M locker anschl (ggf. eine halbe Nadelstärke größer, 1 Rundnd Nr. 4,5 verwenden) und für den unteren Rand 8 R im kleinen Perlmu str. R 9 – 12 glatt re str zwischen dem re und li Rand von je 4 M im kleinen Perlmu. Es folgen 37 R für die 1. Spirale (laut Strickschrift A) und weitere 277 R in glatt re zwischen den beiden Rändern im Perlmu. Die Lochsäule am li Rand wird dabei stets weitergeführt. Laut Strickschrift B die 2. Spirale über 37 R arb, 4 R glatt re mit Perlmu-Rändern anschließen und mit 8 R im Perlmu (für den oberen Rand) die Arbeit beenden. Locker abk (ggf. wieder mit stärkerer Nadel: 1 Rundnd Nr. 4,5 verwenden). Den Schal spannen, anfeuchten und trocknen lassen.

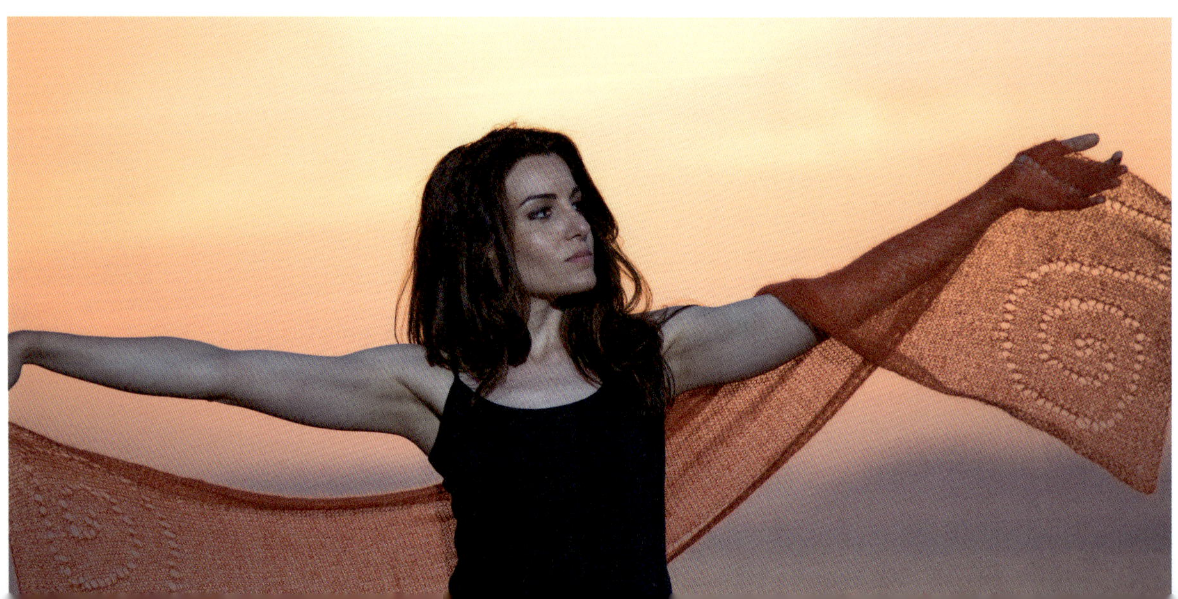

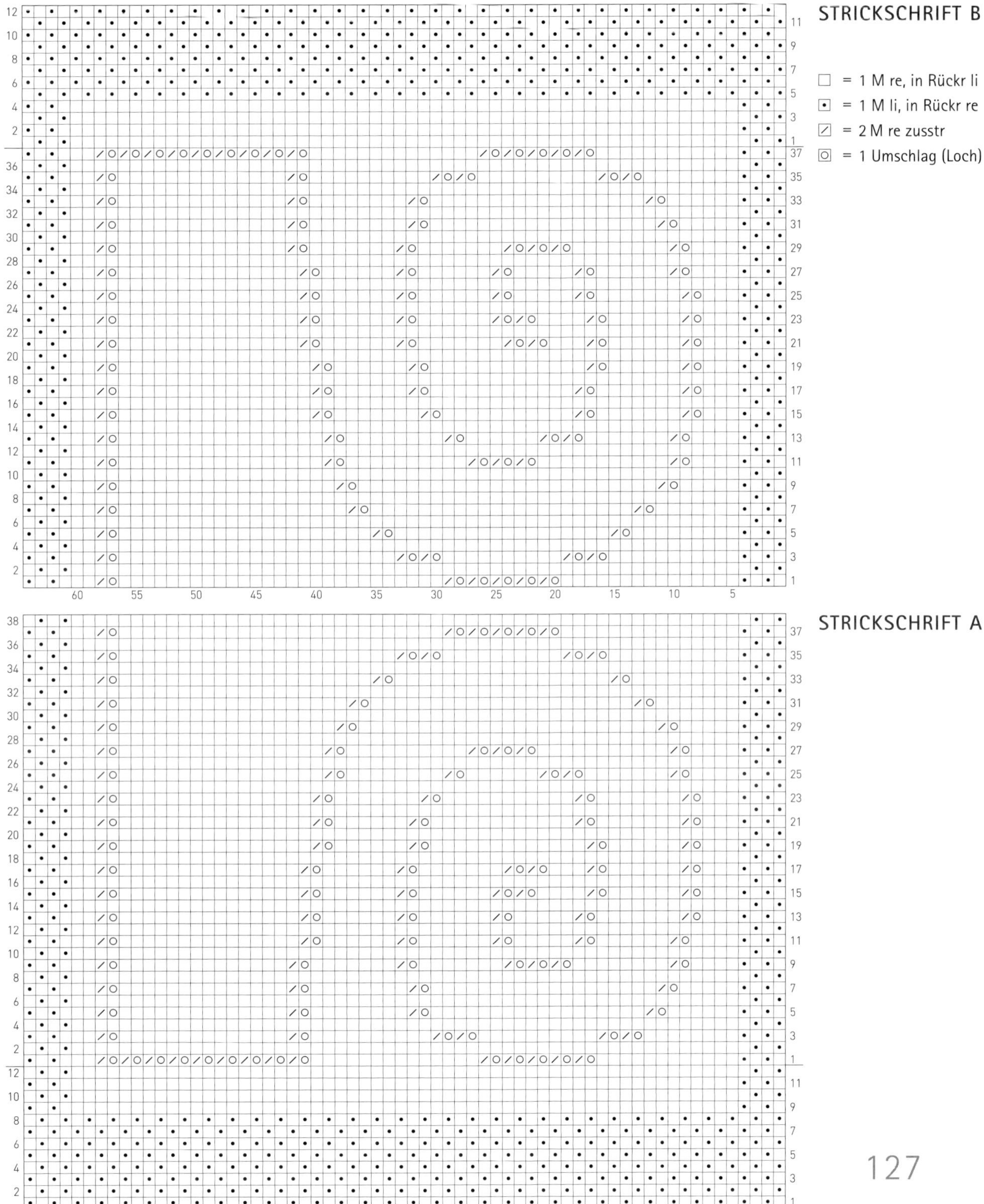

STRICKSCHRIFT B

- ☐ = 1 M re, in Rückr li
- ⊡ = 1 M li, in Rückr re
- ⧄ = 2 M re zusstr
- ◎ = 1 Umschlag (Loch)

STRICKSCHRIFT A

STOLA »LEBENS-SPIRALEN«

Zu einem festlichen, ärmellosen Kleid war eine Stola als Ergänzung gefragt. Dunkelblau, federleicht, schlicht und apart stellte ich sie mir vor. Die Linie und die Spiralen, die ich auf dem Skizzenblock mit Bleistift zeichnete, sollten am Strickstück durch aufeinander folgende Löcher gebildet, das heißt gestrickt werden. »Lebensspiralen« nannte ich das Muster und ich garantiere für ein vielfältig einsetzbares Tuch.

Im gesamten Verlauf des Stola-Strickens werden die Löcher folgendermaßen in der Hinreihe gebildet: ein Umschlag und zwei Maschen rechts zusammenstricken. Das schafft auch jeder ungeübte Stricker.

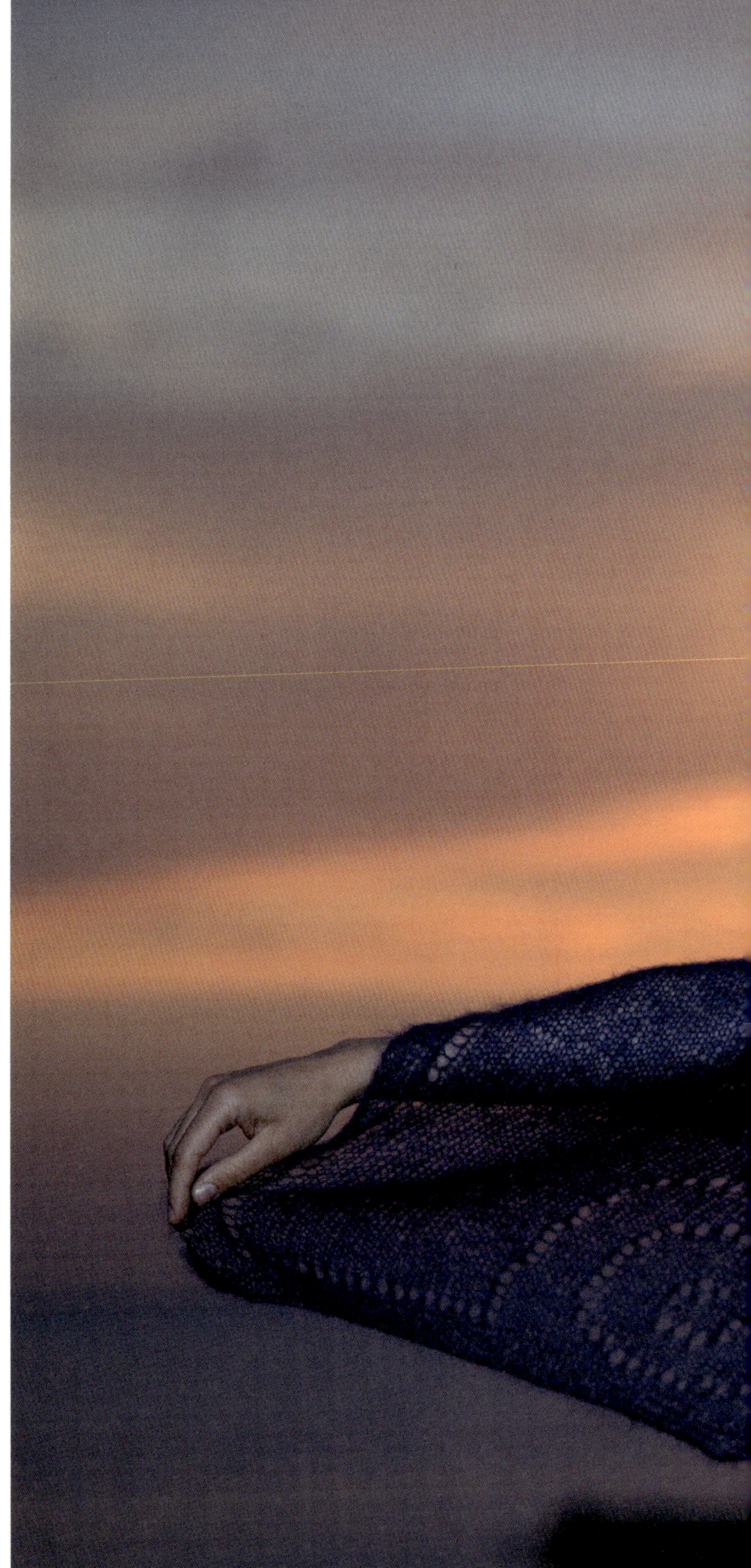

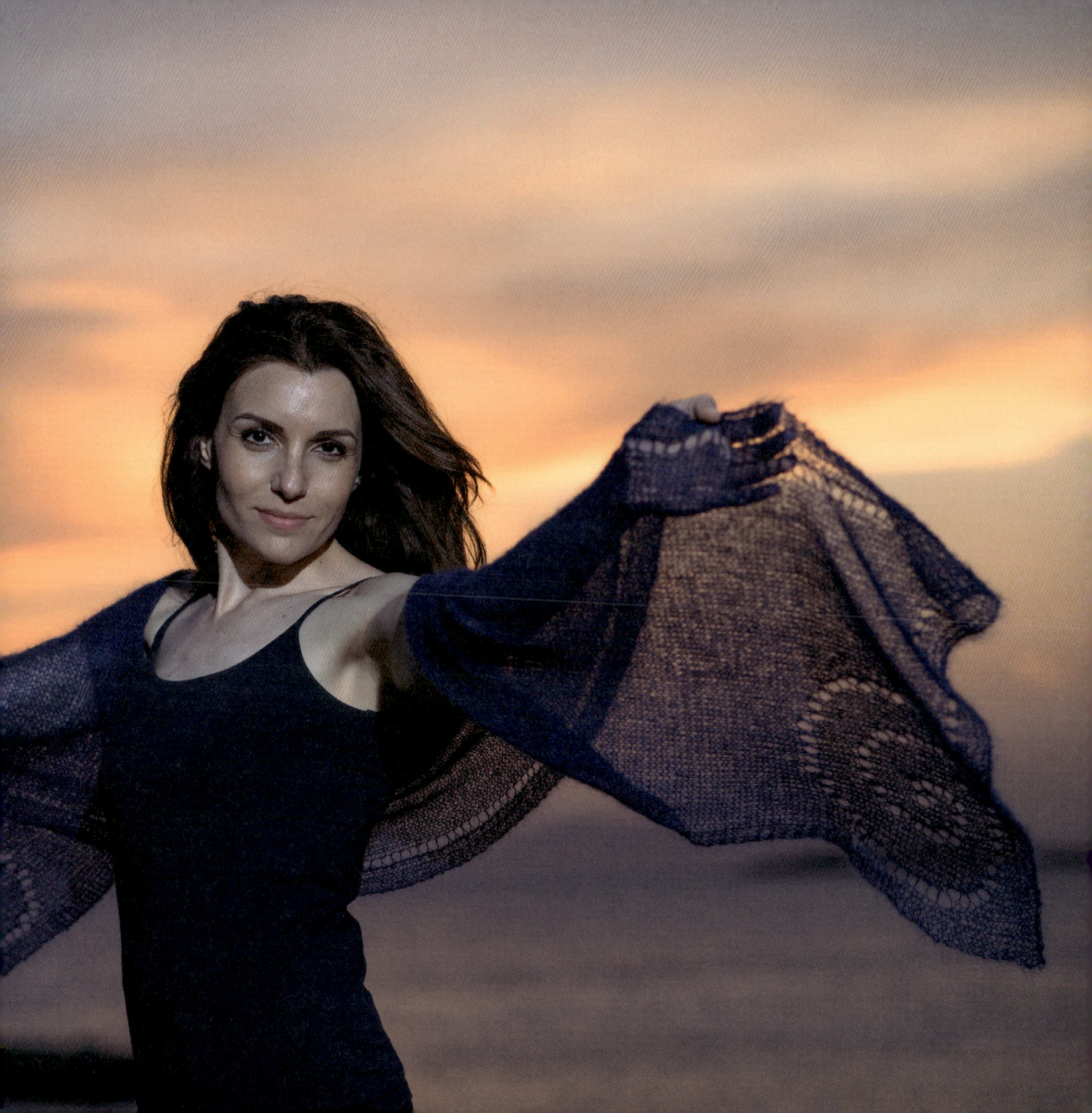

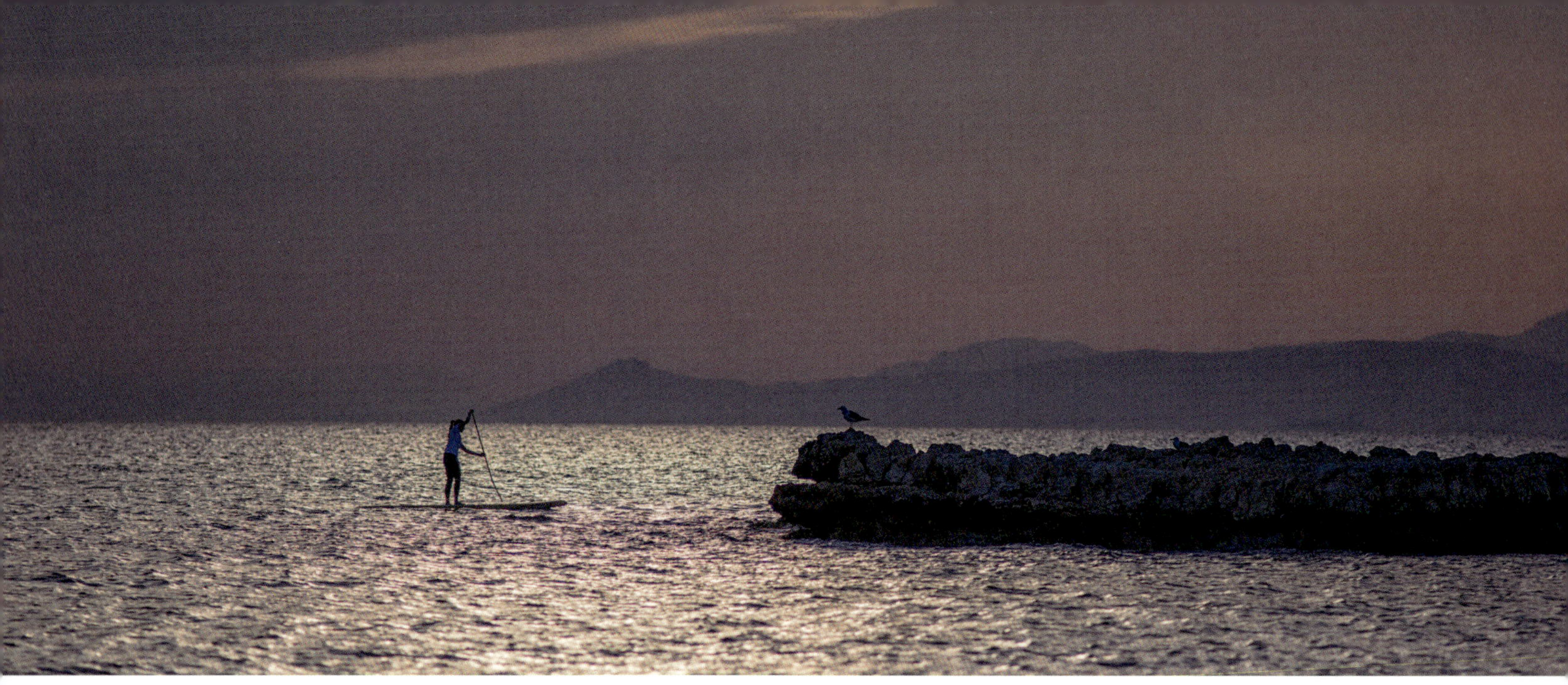

STOLA »LEBENSSPIRALEN«

GRÖSSE
ca. 52 × 188 cm

MATERIAL
Austermann »Kid Silk« (LL 225 m/25 g, 75 % Mohair, 25 % Seide), 67 g Dunkelblau. Rundnd Nr. 4; Wollnadel.

MASCHENPROBE
15 M und 20 R in glatt re = 10 × 10 cm

MUSTER
GLATT RECHTS IN REIHEN (Hauptteil): In Hinr re und in Rückr li str. **KRAUS RECHTS IN REIHEN** (Ränder): Alle M re str. **LOCH:** 1 U und 2 M re zusstr.

AUSFÜHRUNG
77 M locker anschl (ggf. eine halbe Nadelstärke größer, 1 Rundnd Nr. 4,5 verwenden) und für den unteren Rand 6 R kraus re str. R 7–10 glatt re str zwischen dem re und li Rand von je 4 M kraus re. Es folgen 37 R für die 1. Spirale (laut Strickschrift A) und weitere 281 R in glatt re zwischen den beiden Rändern in kraus re. Die Lochsäule am li Rand wird dabei stets weitergeführt. Laut Strickschrift B die 2. Spirale über 37 R arb, 5 R glatt re mit Kraus-re-Rändern anschließen und mit 6 R in kraus re (für den oberen Rand) die Arbeit beenden. Locker abk (ggf. wieder mit stärkerer Nadel: 1 Rundnd Nr. 4,5 verwenden). Die Stola spannen, anfeuchten und trocknen lassen.

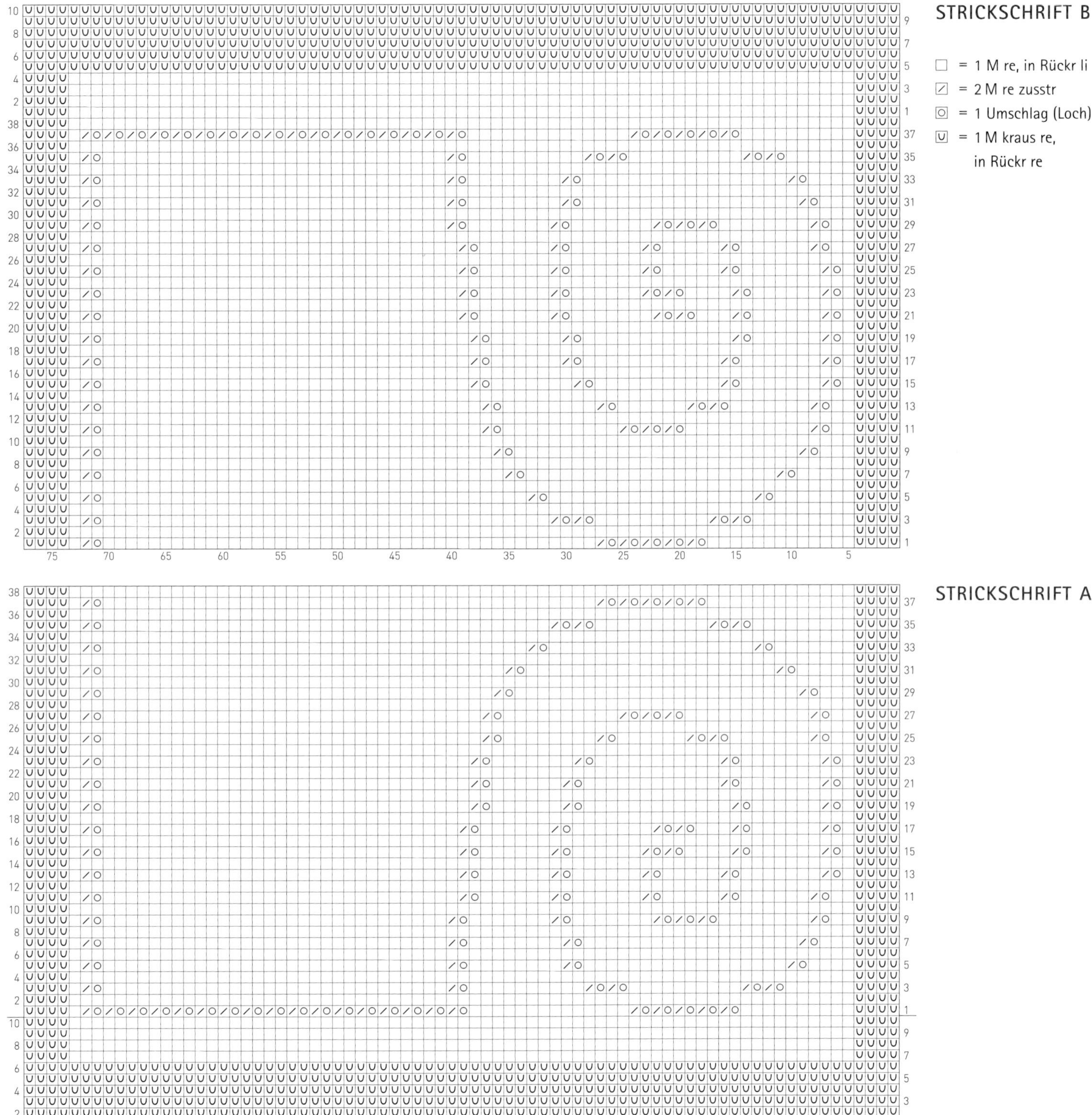
STRICKSCHRIFT B
= 1 M re, in Rückr li
= 2 M re zusstr
= 1 Umschlag (Loch)
= 1 M kraus re, in Rückr re
STRICKSCHRIFT A

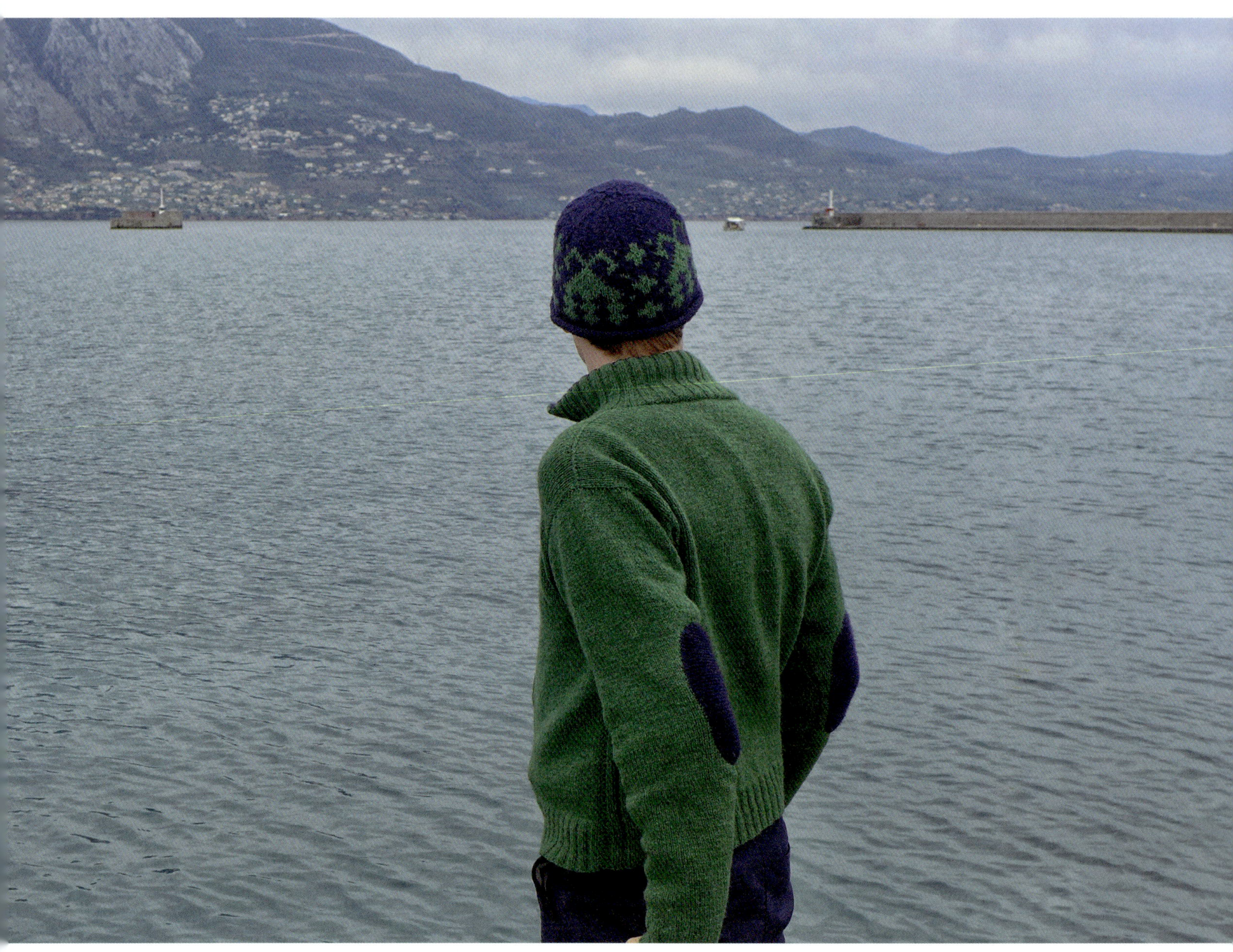

MÜTZE »MONEMVASIÁ«

Aus dem Vitrinenschrank schaut mich das bunt bestickte Kinderkäppchen an, das mein Mann vor vielen Jahren bei einem Antiquitätenhändler in Monemvasiá erstand und ich verbinde damit sonnige Erinnerungen an Ferientage mit der Familie auf der bizarren Felseninsel- und Festung auf dem Peloponnes. Nebenbei bemerkt, ein lohnendes Ausflugsziel – falls Sie einmal die Gegend bereisen. Vom Festland führt ein schmaler Straßendamm zur Insel hinüber, woher sich der Name der Insel Monem Vasiá, also »einziger Zugang« leitet.

Zurück zum Käppchen. Es ist flächendeckend bestickt mit winzigen Kreuzstichen und diese reizen naturgemäß zum Übertragen in Jacquard-Zählmuster, denn es werden hier wie dort jeweils ein Kreuzstich oder eine Masche auf einem Karokästchen notiert. Beide haben eine Grundfläche und keinen Pinselstrich als Basis. Wenn Sie beim Selbstentwickeln von Mustern Ihr Strickwerk aber nicht verkomplizieren wollen, dann achten Sie bitte darauf, dass Sie pro Strickreihe bzw. Kästchenreihe nur zwei verschiedene Farben verwenden – also jeweils eine Hintergrundfarbe und eine Vordergrundfarbe.

Unzählige, winzige Motive in großer Farbenfülle reihen sich auf dem byzantinischen Kinderkäppchen aneinander. Diese Üppigkeit gilt es für meine anvisierte Herrenmütze mit Rollrand zu reduzieren. So lenke ich die Aufmerksamkeit auf ein Hauptmotiv und ein Begleitmotiv und beschränke mich auf zwei Farben. Es entstand eine ausdrucksstarke Mütze, die unkompliziert zu stricken ist.

MÜTZE »MONEMVASIÁ«

GRÖSSE

für einen Kopfumfang von 54 bis 58 cm

MATERIAL

Finkhof Wolle dünn (LL 300 m/100 g, 100 % Merinowolle kbT), 29 g in Fb Marine und 10 g in Dunkelgrün. Rundnadel Nr. 2,5, 40 cm lang, Nadelspiel Nr. 2,5; MM; Wollnadel.

MASCHENPROBE

20 M und 25 Rd im Jacquardmuster = 10 × 10 cm

MUSTER

GLATT RECHTS IN RUNDEN: Alle M rechts stricken.

JACQUARD IN RUNDEN: Nach Z-Mu glatt re in J-Technik str.

AUSFÜHRUNG

Für den Rollrand 108 M in Grundfb Marine anschl und 12 Rd in glatt re str. In Rd 13 Beginn des J-Mu mit Musterfb Dunkelgrün, dabei den Rapport von 27 M laut Z-Mu 4 × str. In Rd 36 das J-Mu beenden und in Rd 37 mit den Abnahmen (in Grundfb Marine) beginnen. Zum Ndspiel wechseln und MM setzen. Die Abnahmen erfolgen laut Strickschrift jeweils am Anfang von Teil A bzw. Teil B (durch 2 M re zusstr = Neigung nach re) und am Ende von Teil A bzw. Teil B (durch 2 M re verschränkt zusstr = Neigung nach li). Wenn nach 23 Abnahme-Rd (= 59 Gesamt-Rd) noch 12 M auf den Nd sind, die Arbeit beenden. Den Faden abschneiden, mittels Wollnd durch die verbliebenen 12 M fädeln, Faden nach innen ziehen und vernähen.

Rapport: 27 M, 4 × stricken

☐ = Grundfarbe Marine

☒ = Musterfarbe Dunkelgrün

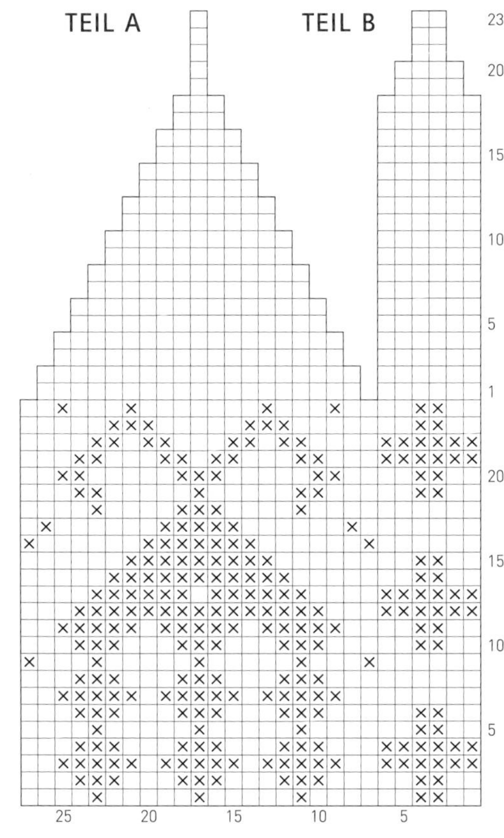

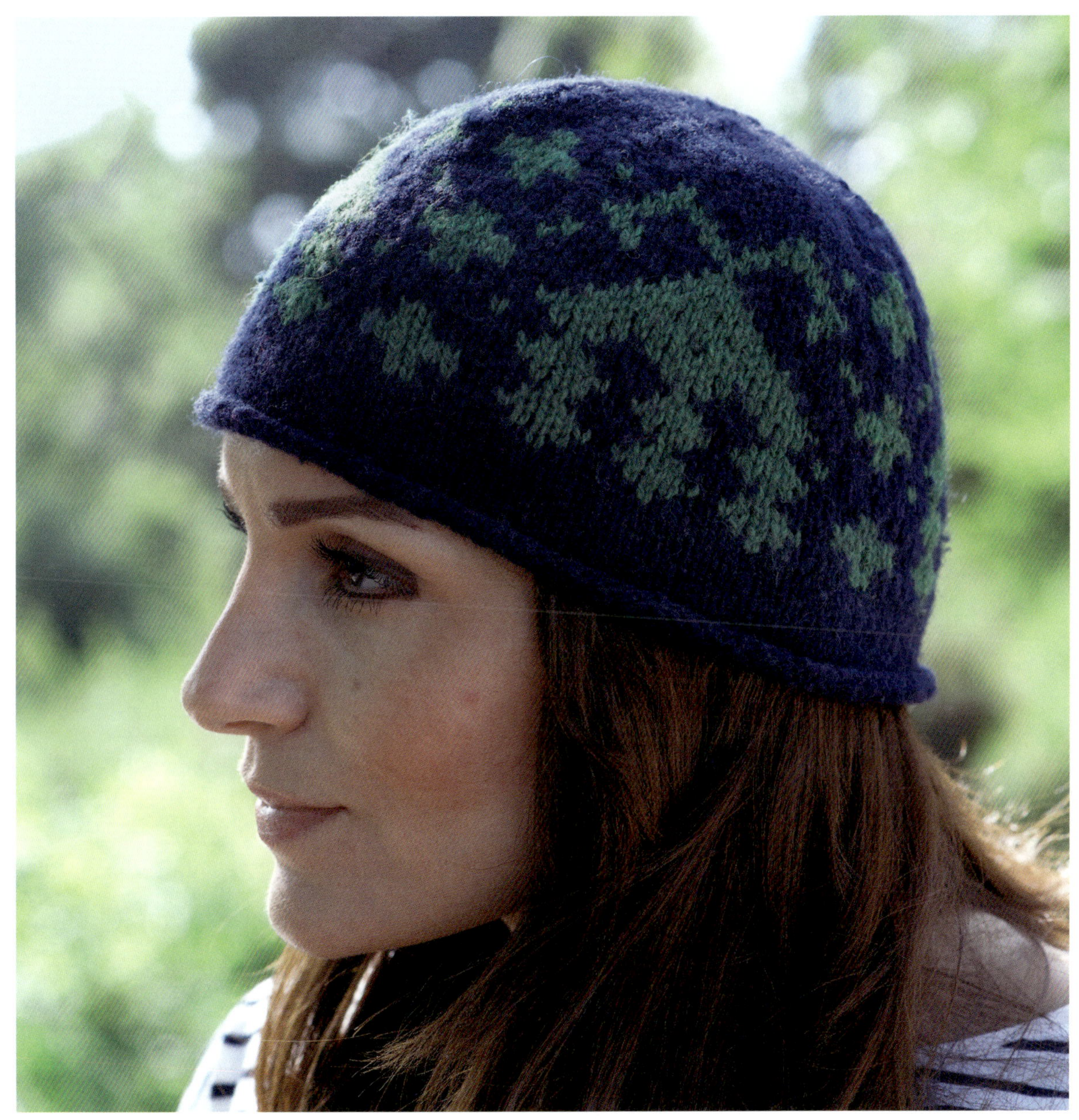

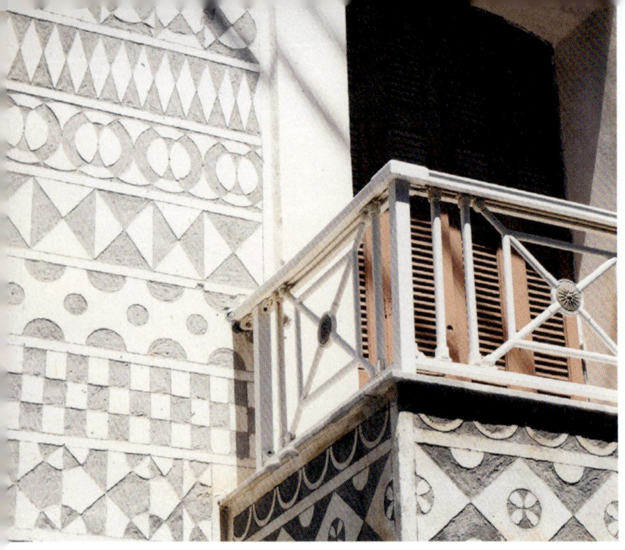

MUSTERHÄUSER AUF CHIOS

Die Reeder-Insel Chios wurde durch ihre einzigartige Mastixproduktion berühmt. Der mittelalterliche Inselort Pyrgi kann aber noch mit einer weiteren Besonderheit aufwarten: sämtliche Fassaden der alten Häuser wurden – und jetzt wird es interessant für uns Stricker! – plakativ mit geometrischen Mustern versehen. Angeblich ist diese Fassadengestaltung weltweit einzigartig. Es finden nur zwei Farben Verwendung. Für Liebhaber strenger Geometrie ein Eldorado.

Die Technik ist Folgende: Alle Haus- und Kirchenfassaden wurden oder werden zunächst weiß getüncht. Sodann kratzen die Maler mustergemäß die weiße Oberfäche ab und der graue oder beige Untergrund tritt zutage. Bordüre reiht sich an Bordüre und zeigt kleine und größere Flächen, die wir aus der Geometrie kennen: Dreiecke, Rauten, Parallelogramme, Kreise, Halbkreise usw. Diese Fassadengestaltungen heißen auf griechisch »Xysta« , was »Kratzereien« bedeutet.

Ich fand die Idee des »Tünche Abkratzens« oder des »in der Tiefe Schürfens« bemerkenswert und machte mich an die gestrickte Umsetzung für ein kleines Täschlein, eine Tablethülle und eine Kuverttasche. Als Vordergrundfarbe wählte ich weiß, wie auf Chios. Man kann bei einer Hintergrundfarbe bleiben. Denkbar ist aber auch, ein Tieferschürfen durch verschiedene Hintergrundfarben von hell nach dunkel darzustellen.

Bei der Kuverttasche »Chios« reihte ich verschiedene Motivreihen aneinander. Nicht so beim Täschlein »Xysta« und der Tablethülle »Timon«, wo ich nur ein Motiv aus Dreiecken verwendete. Dabei stellte ich mir auf der Rückseite vor, dass ein Fassadenkratzer auf Chios etwas impulsiv vorging und dadurch das eine oder andere Dreieck zuviel wegkratzte. Auf der Vorderseite des kleinen Täschleins ging der Fassadenkratzer dann wieder ganz geduldig und genau zu Werke. Aber ehrlich gesagt, gefällt mir die Rückseite besser. Auf der Rückseite der Tablethülle ließ ich noch mehr wegfallen, siehe Zählmuster auf Seite 143.

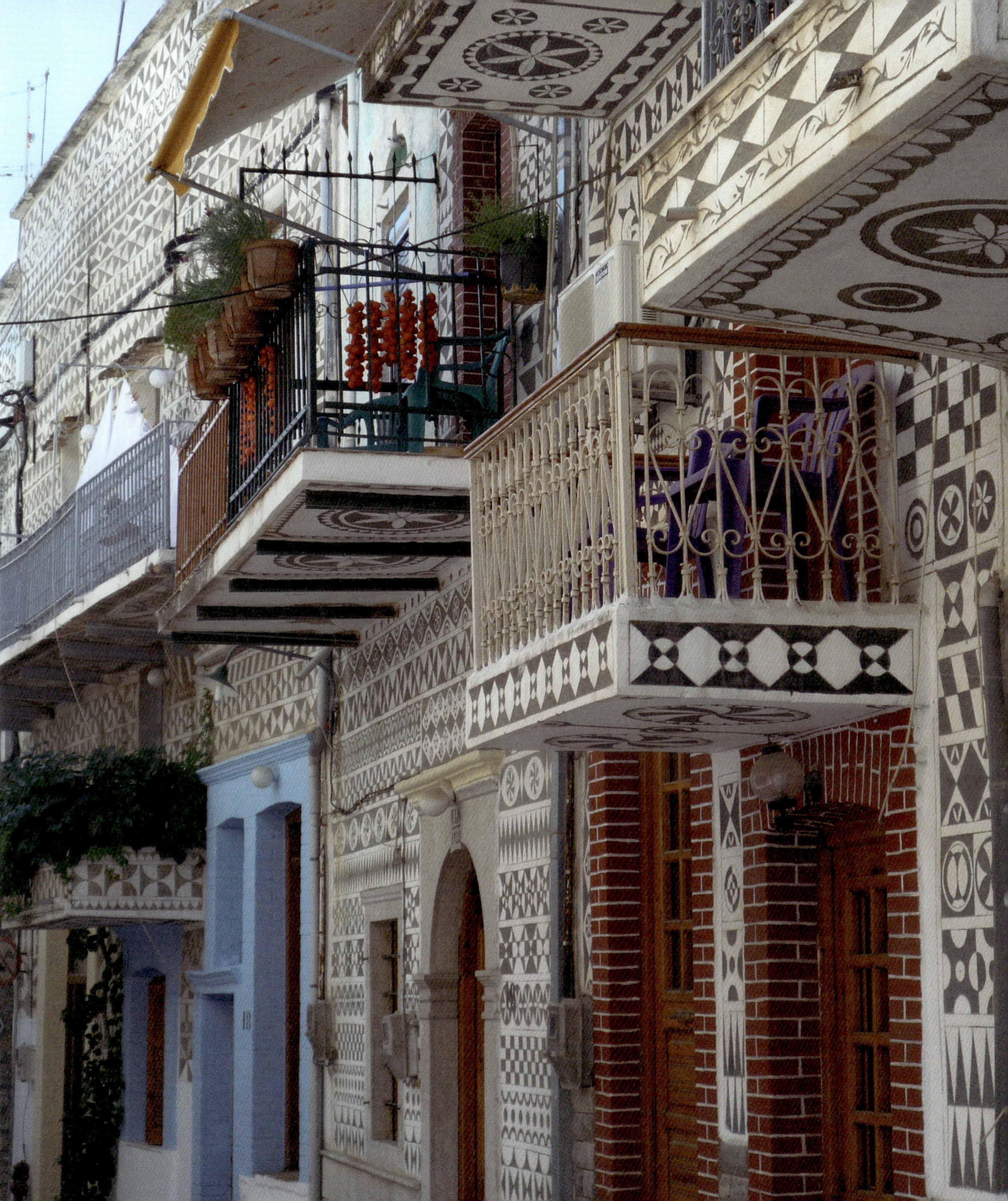

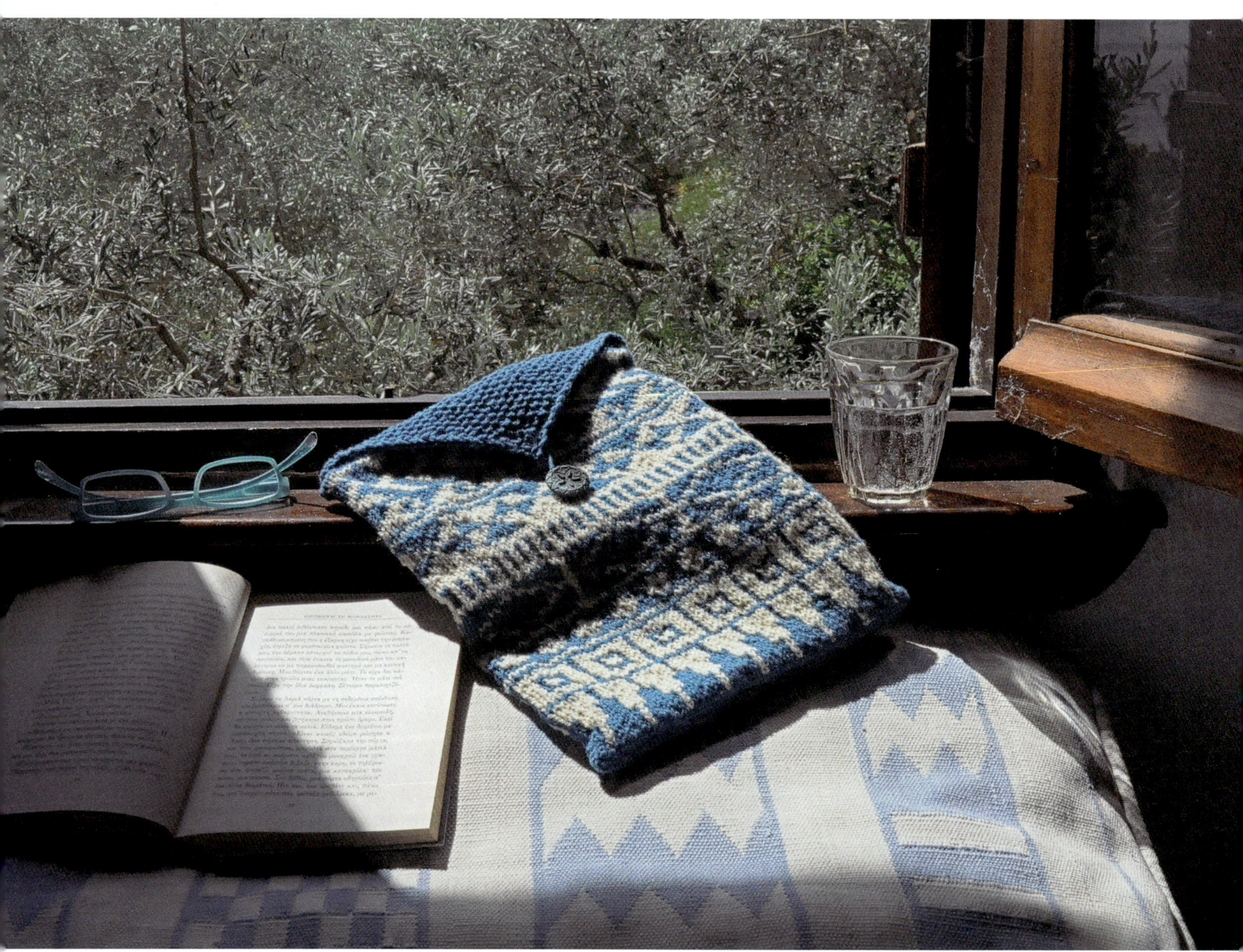

KUVERTTASCHE »CHIOS«

GRÖSSE

ca. 32,5 cm hoch und 22,5 cm breit

MATERIAL

Finkhof Wolle dünn (LL 300 m/100 g, 100 % Merinowolle kbT), 45 g in Petrol und 26 g Naturweiß. Rundnadel Nr. 2,5, 40 cm lang; Häkelnadel Nr. 2,5; Wollnadel; Knopf.

MASCHENPROBE

Jacquardmuster:
24 M und 25 Rd = 10 × 10 cm

MUSTER

GLATT RECHTS IN RUNDEN: Alle M re str. **JACQUARD IN RUNDEN:** Nach Z-Mu glatt re in J-Technik str. **KLEINES PERLMUSTER:** 1 M re, 1 M li im Wechsel str, das Mu in jeder Rd/R versetzen.

AUSFÜHRUNG

108 M in Petrol (= Grundfb) anschl, zur Rd schließen und 81 Rd glatt re laut Z-Mu str (6×: 3× je Seite), dabei in Rd 3 mit der Musterfb Naturweiß beginnen. In Rd 82 Wechsel zu kleinem Perlmu. In Rd 85 die 54 M der Vorderseite str und die folg 54 M der Rückseite abk. Für die **TASCHENKLAPPE** im kleinen Perlmu (stets ohne RM) 2 R str, danach 26× in jeder R beidseits je 1 M abn (durch 2 M re zusstr). Schließlich die restlichen 2 M abk.

FERTIGSTELLUNG

Den Perlmu-Rand der Vorderseite nach innen umlegen und annähen. Die Arbeit wenden und die Anschlag-Kanten mit KM zushäkeln. Ein Zopfbändchen an die Spitze der Klappe flechten. Die Klappe nach vorne umlegen und unterhalb der Spitze einen Knopf annähen (auf der Vorderseite der Tasche).

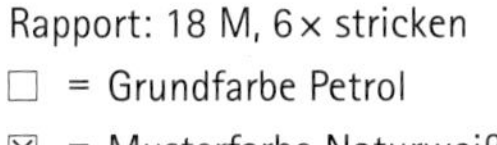

Rapport: 18 M, 6× stricken
☐ = Grundfarbe Petrol
☒ = Musterfarbe Naturweiß

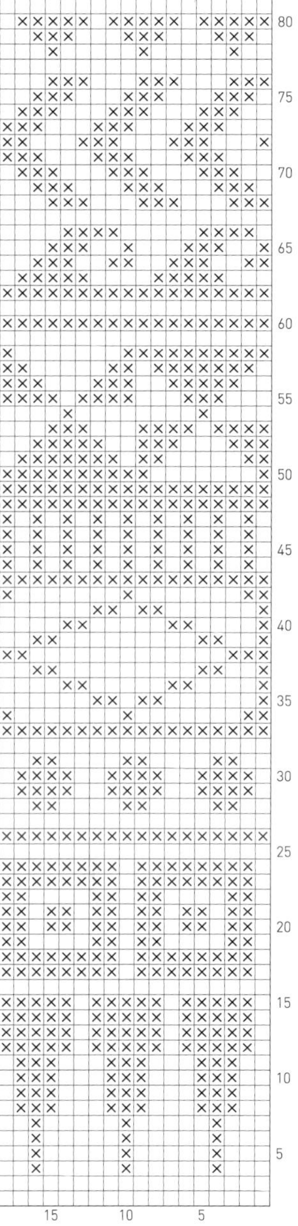

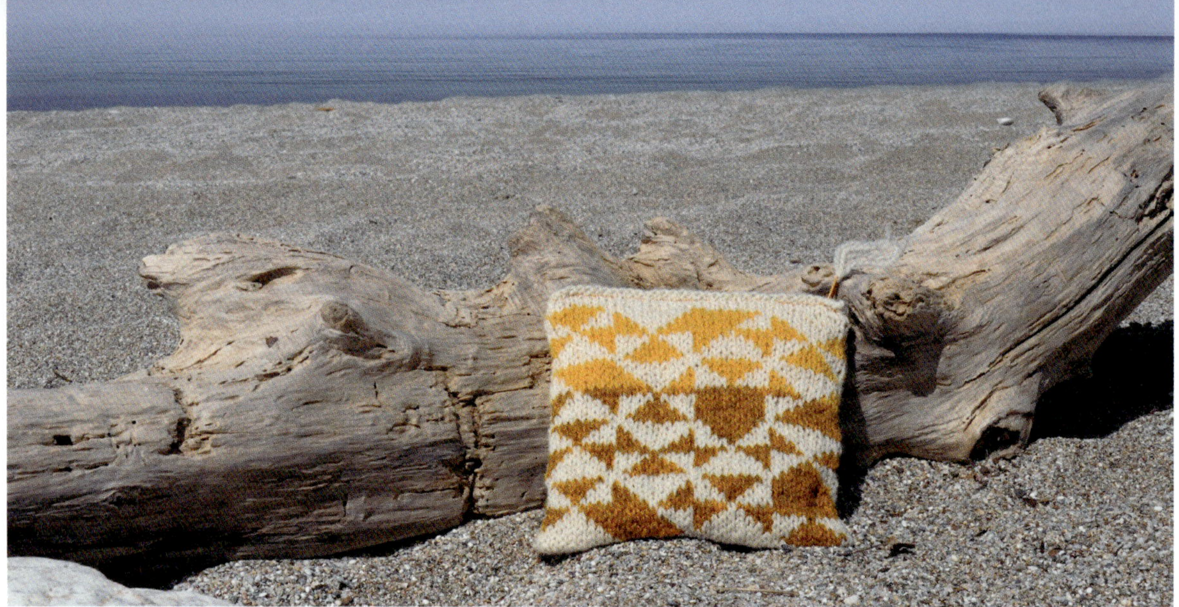

TÄSCHLEIN »XYSTA«

GRÖSSE

ca. 15,5 cm hoch und 15 cm breit

MATERIAL

Finkhof Wolle dünn (LL 300 m/100 g, 100% Merinowolle kbT), 14 g in Naturweiß, 6 g Gelbmeliert, 4 g Gelb. Nadelspiel Nr. 2,5; Häkelnadel Nr. 2,5; Reißverschluss, 16 cm lang.

MASCHENPROBE

24 M und 25 Rd im Jacquardmuster = 10 × 10 cm

MUSTER

GLATT RECHTS IN RUNDEN: Alle M rechts stricken.
JACQUARD IN RUNDEN: Nach Z-Mu A und B glatt re in J-Technik str.

AUSFÜHRUNG

Das Täschlein wird in Rd von unten nach oben gestr. In Naturweiß 72 M anschl und 2 Rd re str. In Rd 3 Beginn des J-Mu A für die Vorderseite (36 M) mit Gelbmeliert und des J-Mu B für die Rückseite (36 M) mit derselben Fb. In Rd 16 Wechsel von Fb Gelbmeliert zu Fb Gelb. In Rd 38 das Jacquard beenden; fortf in Naturweiß. In Rd 40 abk.

Die Arbeit wenden (Innenseite nach außen) und die Anschlag-Kanten mit KM zushäkeln oder von re zusnähen. Unterhalb der Abk-Kante den Reißverschluss einnähen.

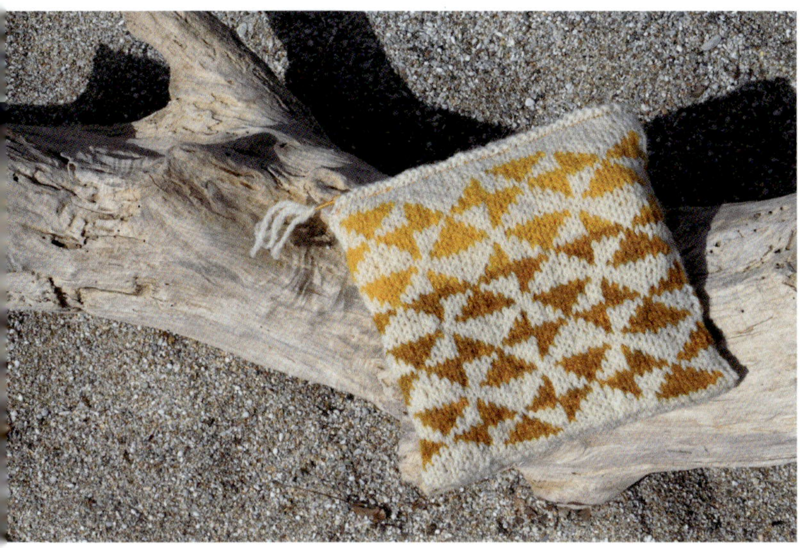

A – VORDERSEITE

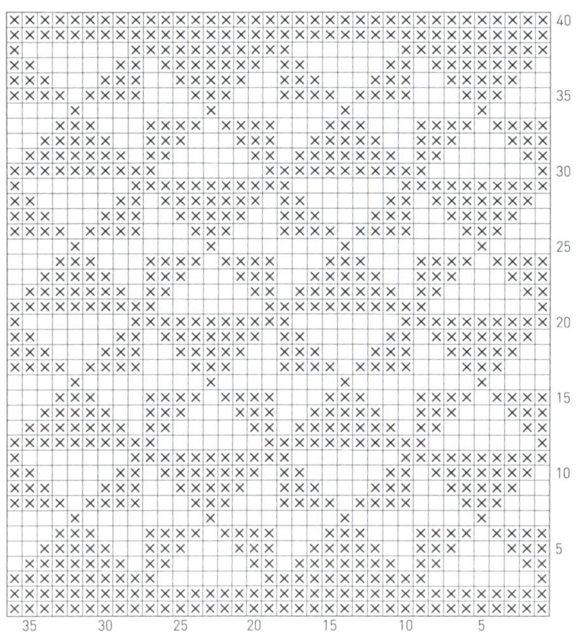

☒ = Naturweiß

☐ = Gelbmeliert, ab Rd 16: Gelb

B – RÜCKSEITE

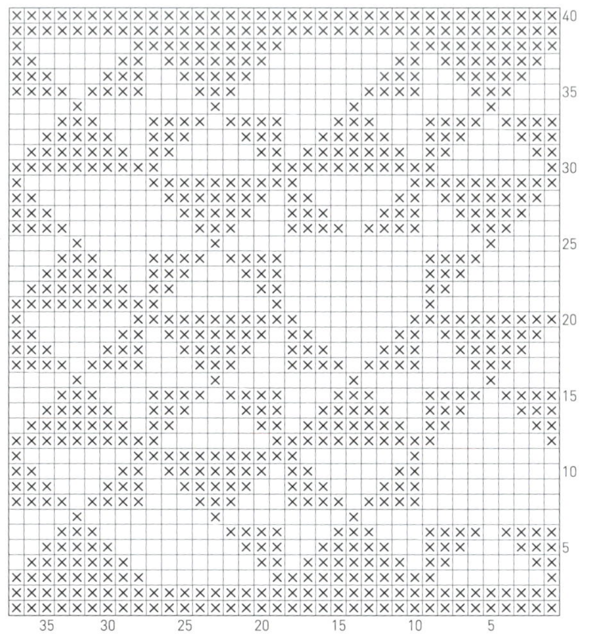

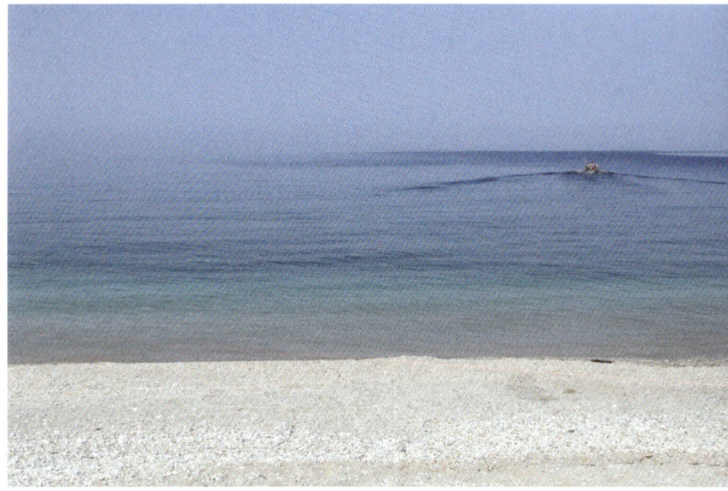

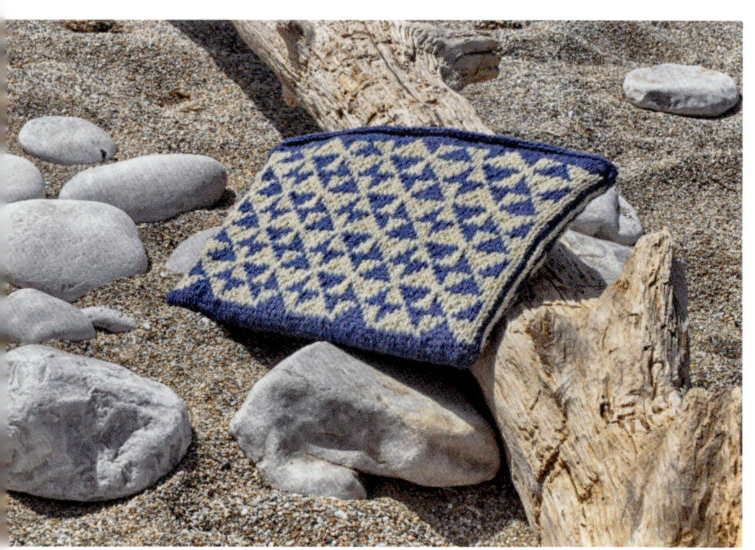

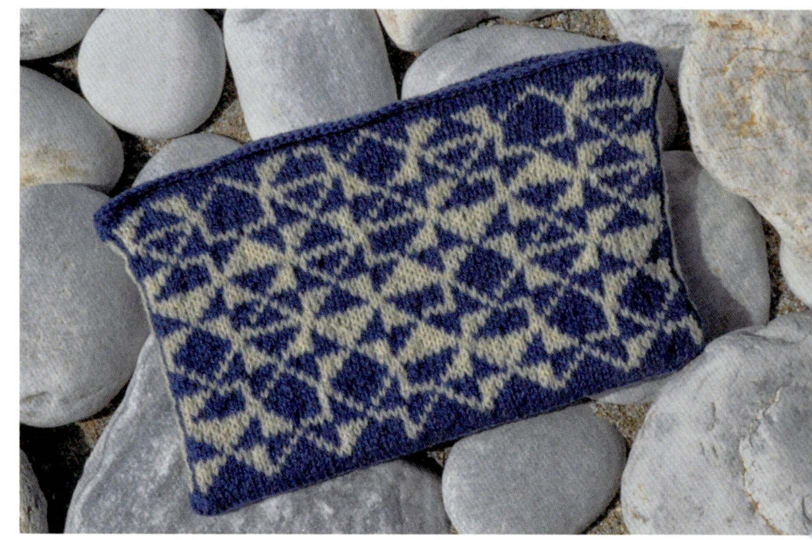

TABLETHÜLLE »TIMON«

GRÖSSE

ca. 18 cm hoch und 26,5 cm breit

MATERIAL

Finkhof Wolle dünn (LL 300 m/100 g, 100 % Merinowolle kbT), 48 g in Stahlblau und 27 g Naturweiß. Rundnadel Nr. 2,5, 60 cm lang; Häkelnadel Nr. 2,5; Reißverschluss, 28 cm lang; Wollnadel.

MASCHENPROBE

24 M und 25 Rd im Jacquardmuster = 10 × 10 cm

MUSTER

GLATT RECHTS IN RUNDEN: Alle M rechts stricken.

JACQUARD IN RUNDEN: Nach Z-Mu glatt re in J-Technik str.

AUSFÜHRUNG

134 M in Stahlblau anschl, zur Rd schließen und 2 Rd glatt re str. Danach die Musterfb hinzunehmen und laut Z-Mu A (= Vorderseite) und Z-Mu B (= Rückseite) arb. Nach Beendigung des J-Teils noch 4 Rd in Stahlblau str und abk. Die Arbeit wenden und die Anschlag-Kanten mit KM zushäkeln. Unterhalb der Abk-Kante den Reißverschluss einnähen.

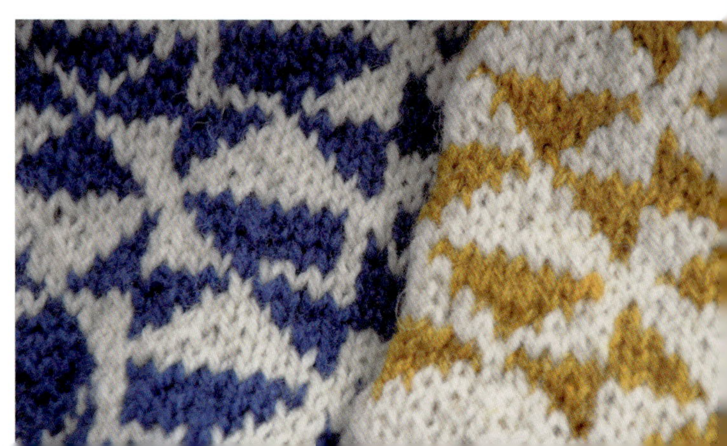

A – VORDERSEITE

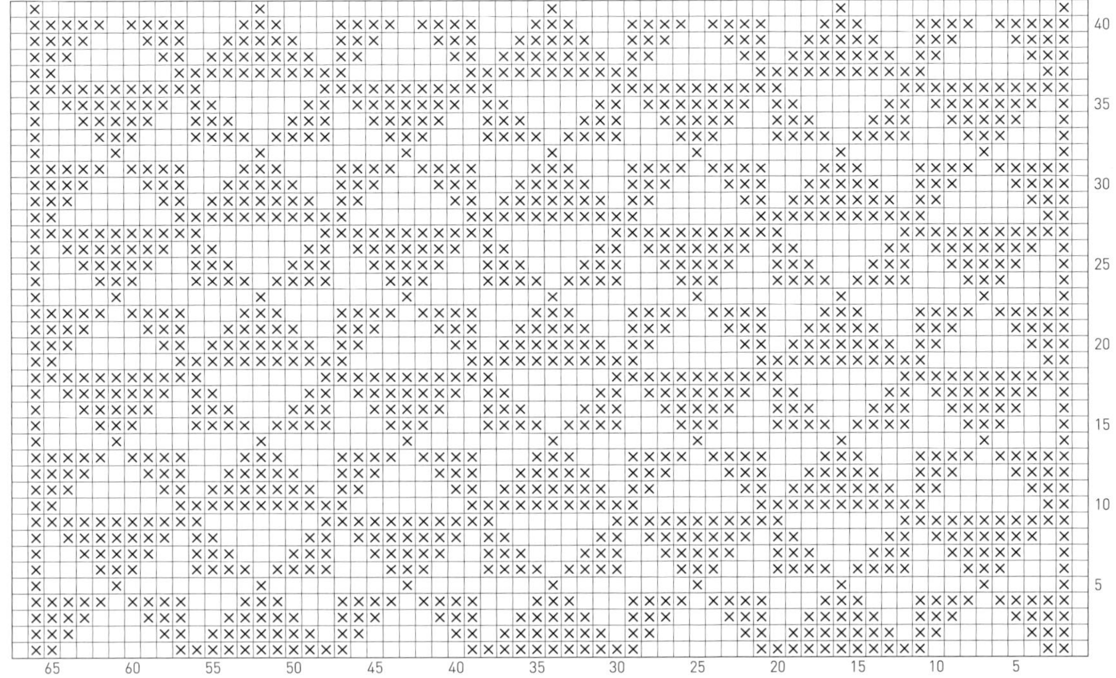

☐ = Grundfarbe Stahlblau

☒ = Musterfarbe Naturweiß

B – RÜCKSEITE

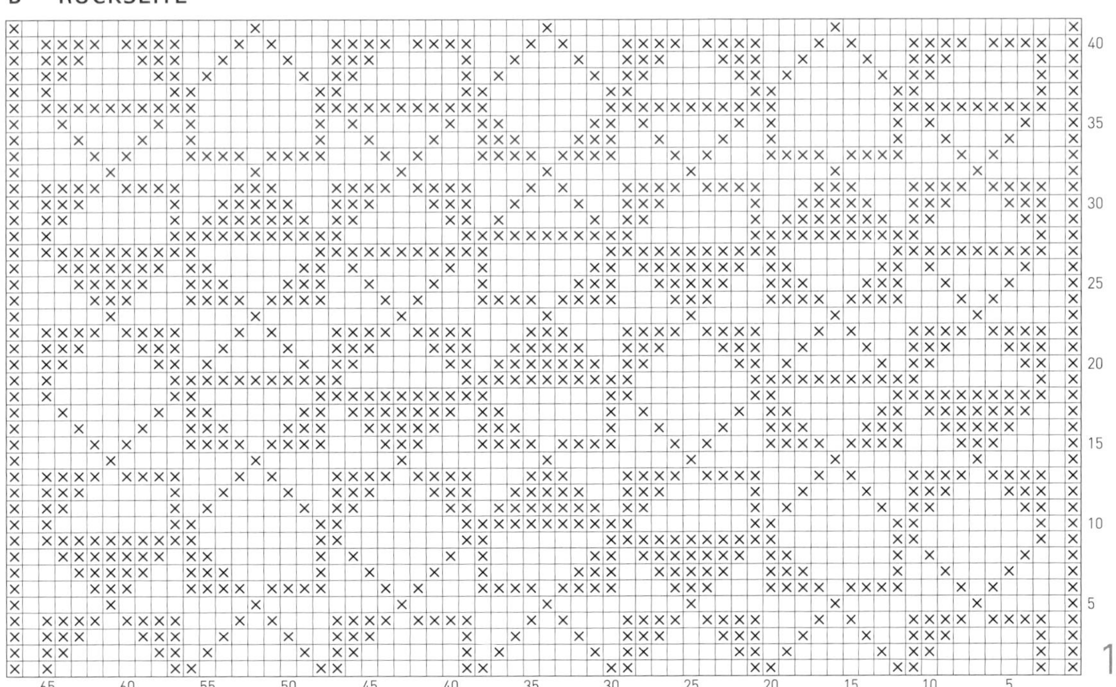

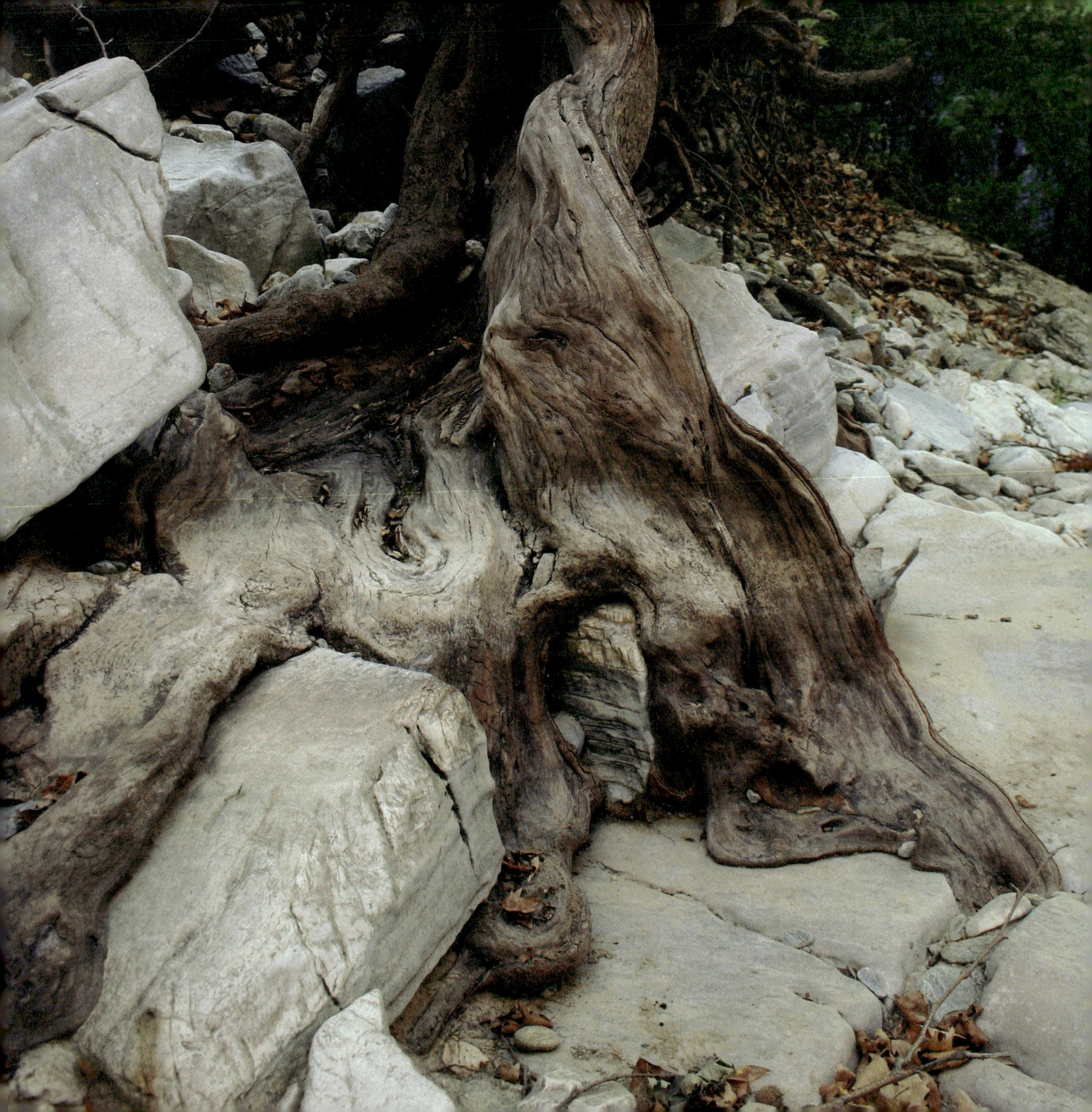

DAS GEBIRGE

DER PINDOS

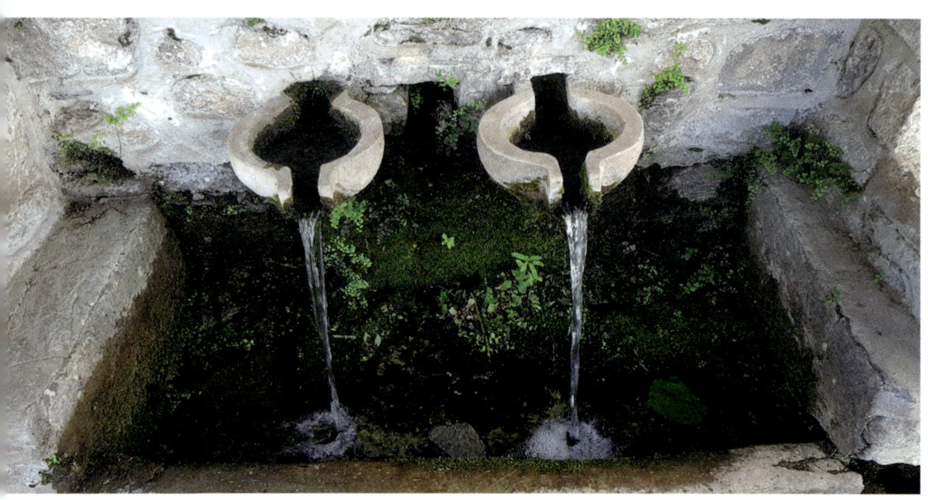

In einem an sich schon von Gebirgen dominierten Land wie Griechenland steht das Pindosgebirge im Nordwesten für *das* Gebirge des Landes schlechthin.

Von hier stammt meine Familie, in die ich hinein heiratete; von hier wanderten sie in den Zwanzigerjahren des letzten Jahrhunderts aus nach Kairo und Alexandria in Ägypten – wie viele andere auch. Ein Teil studierte und lebte später in Deutschland und in Athen. Hier, im Gebirgsdorf, steht noch das alte, verlassene Haus hoch oben über dem Ort. Hier, im Dorf, sind die meisten der Familie begraben, auch mein Mann. Hier wimmelt es von Schafen, mit deren Wolle keiner mehr etwas anfängt. Hier ist die Luft so würzig und rein, dass auch der Geigerzähler unseres ältesten Sohnes nur Bestnoten anzuzeigen weiß. Hier ist das Wasser im nahe gelegenen Voithomáti-Fluss so klar und selbst im August so eiskalt, wie man sich das im warmen Griechenland kaum vorstellen kann. Wildwasserfahrer, Rafter und Wanderer schätzen das Terrain. Hier, im Dorf, leben ganzjährig nur noch etwa siebzig Menschen. Aber das ändert sich jeweils im Frühling und insbesondere im Sommer: Viele ältere Athener, die aus dem Dorf stammen, verbringen hier die warmen Monate, sammeln mitunter aromatischen Bergtee, Beeren und Kräuter und bereiten Trachaná als Wintervorrat zu, eine Art Riebelesuppe mit Feta. Und egal, wie weit oder steil der Weg zu ihren teils abgelegenen Häusern auch sein möge; am Abend kommen die meisten zum Dorfplatz, um sich auszutauschen und der Einsamkeit vorzubeugen. Während der drei Dorffesttage im August füllt sich das Dorf mit Jungen und Alten aus der Region, aus Athen und aus Übersee. Die Tänze währen die ganze Nacht hindurch und ich liebe es, von der Orchester-Klarinette, die zu mir hinauftönt, in den Schlaf »gesungen« zu werden.

Meist komme ich gegen Ende August für ein Weilchen ins Dorf. Dann besuche ich stets Tante Mairi und Sophia. Sophia, die souverän sowohl einen städtischen wie ländlichen Haushalt meistert, eine exzellente Gärtnerin, auch Kräutersammlerin in der Bergwelt rundum ist und die einfach aus »nichts« etwas zu machen versteht. Und selbstverständlich strickt sie auch!

Ich frage sie nach griechischen Stricktraditionen, vielleicht gar aus der Region. Bisher war ich nicht fündig geworden. Aber ja, natürlich gäbe es die und zwar just aus der hiesigen Region Ipiros (Nordwest-Griechenland). Sophia verschwindet kurz und kehrt mit einem Paar ihrer selbst gestrickten Pasumákia zurück. Sie werden hier als Füßlinge, Slipper, Puschen bzw. Hüttenschuhe verwendet. Später finde ich heraus, dass die gleichen Pasumákia auch in Süd-Albanien, das früher zu Griechenland gehörte, getragen werden. Auch wenn jede Strickerin ihre eigenen Muster und Farben verwendet, so ist die Vorgehensweise immer die gleiche. Sophias Pasumákia, die wie ein gut sitzender Handschuh meinen Fuß umschmiegen, gefallen mir sehr. Und Sophia kann es nicht lassen, mir zum Abschied noch ein zweites Paar dazu zu schenken.

Zuhause mache ich mich unverzüglich ans Ausprobieren und seitdem reißt meine Pasumákia-Strickerei nicht mehr ab. Zum Yoga, auf Reisen, zu Besuch bei Freunden und natürlich daheim: die Slipper sind mir unverzichtbar geworden; nie verreise ich ohne sie.

Sie sind einfach und nahtlos zu stricken und jeder kann variieren, ob er eine mehr ausgeschnittene Ballerina-Form oder eine hochgezogene Hüttenschuh-Form wünscht, so wie ich sie für mein neugeborenes Enkelkind strickte, zu sehen auf Seite 152.

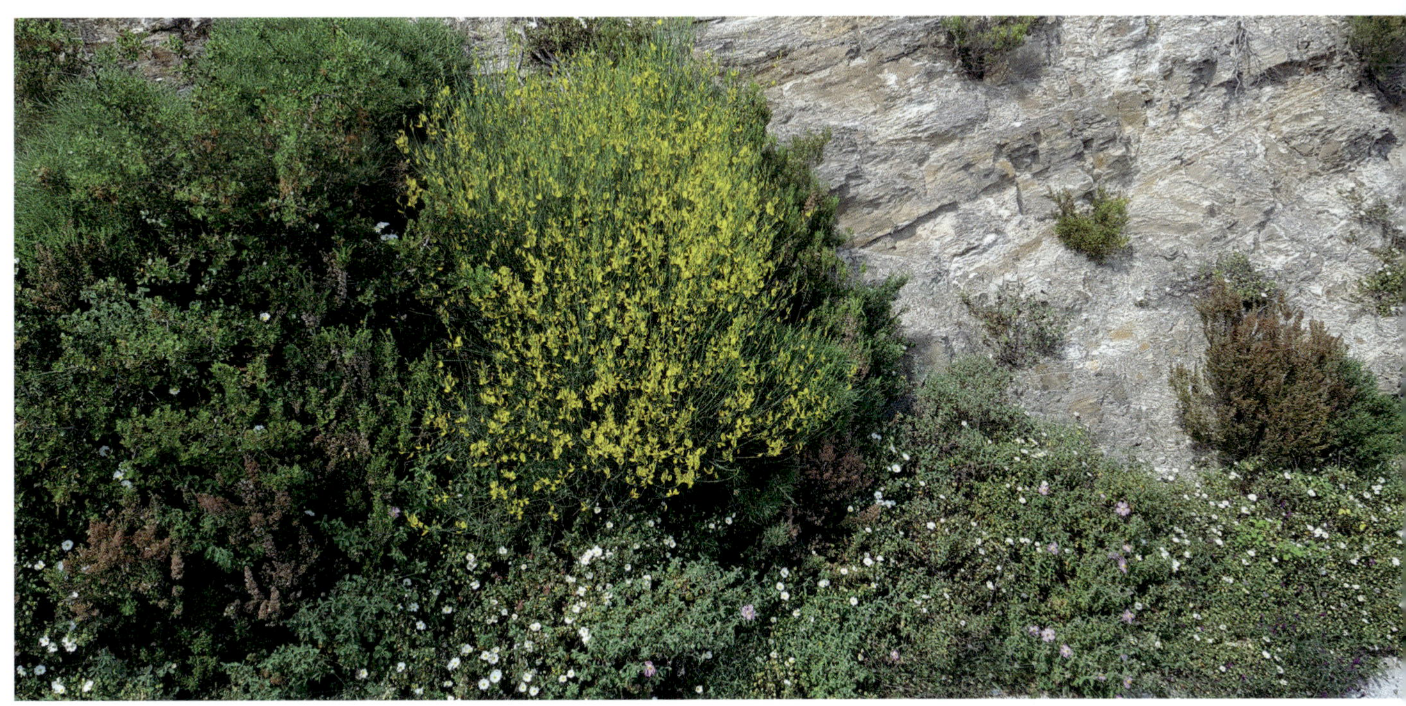

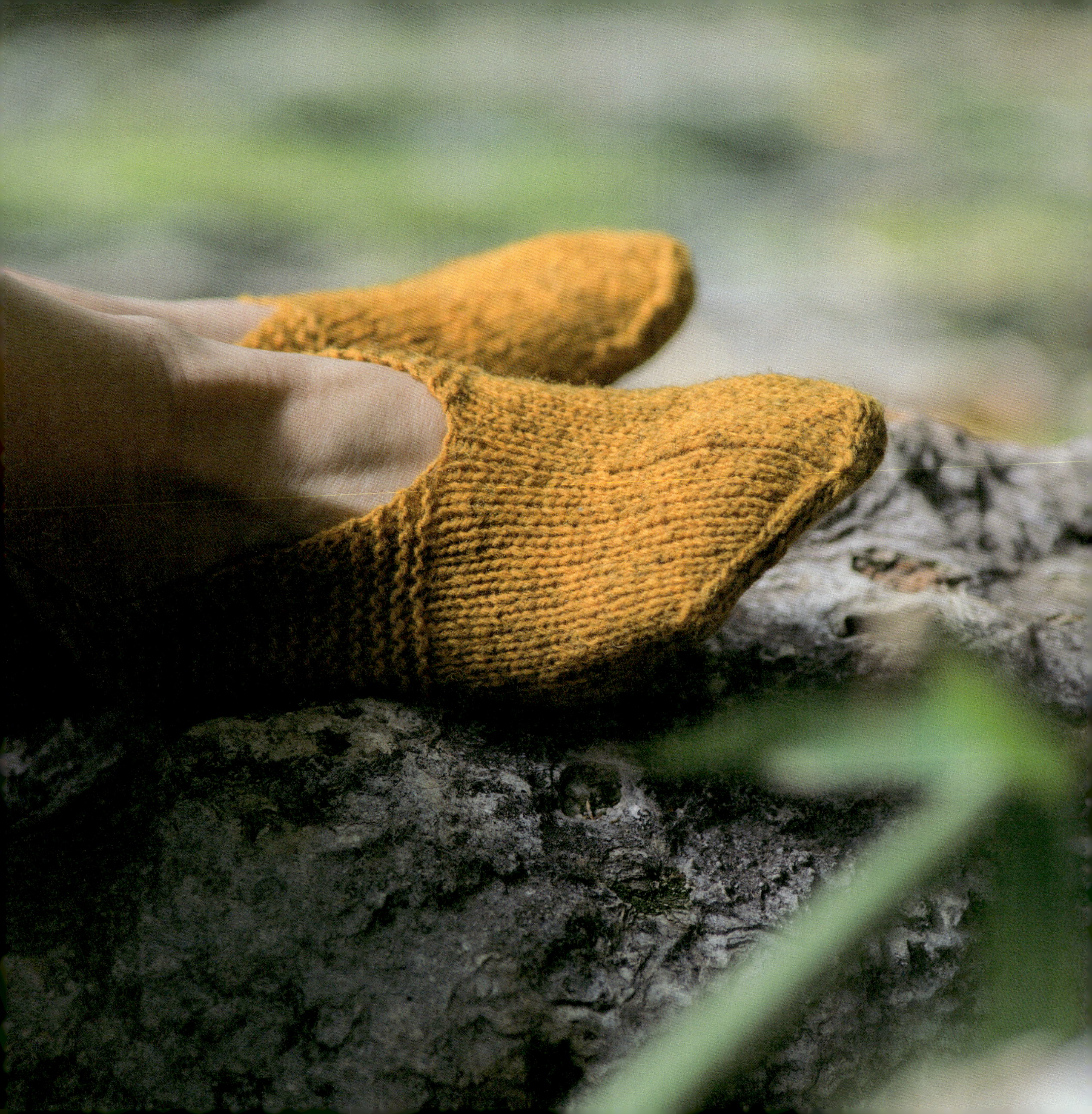

UNVERZICHTBARE PASUMÁKIA – SLIPPER

BASIS- UND ZOPFMODELL UND BABYGARNITUR

Das Grundmodell der »Pasumákia« – das sind Slipper, Füßlinge, Puschen –, an das sich auch Beginner wagen können, ist etwas für Liebhaber des Rechte-Maschen-Strickens. Außerdem gibt es auch nichts zusammenzunähen. Es werden nur rechte Maschen gestrickt, anfangs in Reihen und später – am Vorfuß – in Runden. Dadurch ergibt sich das unterschiedliche Erscheinungsbild von kraus rechts und glatt rechts.

Ein klein wenig anspruchsvoller sind die Pasumákia mit Zöpfchen und noch etwas mehr Zeit braucht man für die Eulenslipper auf Seite 82. Den Baby-Pasumákia mit Rippenbündchen und Bindebändchen stellte ich Handschuhe und Häubchen an die Seite. Dabei verstrickte ich die bewährte Finkhof Merinowolle zusammen mit edlem Mohair-Seiden-Garn.

Das Prinzip ist stets das Gleiche: An der Ferse strickt man mit zwei Nadeln einen knöchelhohen Streifen, fasst nacheinander die Randmaschen längsseits des Streifens auf und strickt mit drei Nadeln hufeisenförmig in Hin- und Herreihen um den Streifen herum. Am Vorfuß verteilt man dann die Maschen auf vier Nadeln und strickt in Runden weiter, bis zur Spitze hin beidseits abgenommen wird, wie bei Socken üblich.

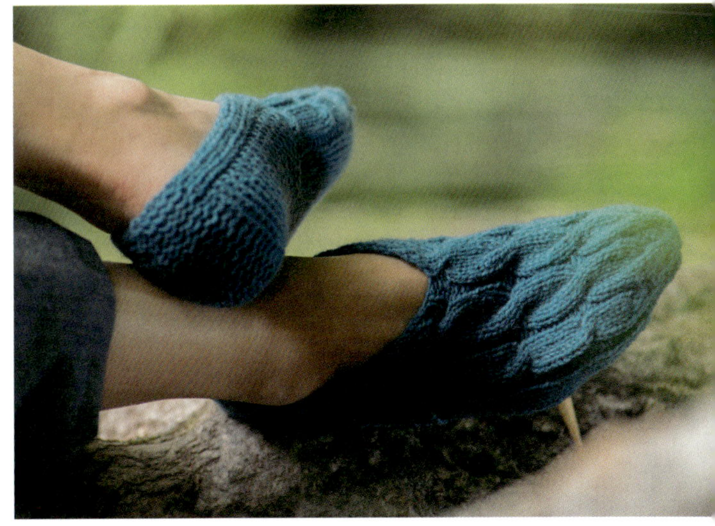

PASUMÁKIA (SLIPPER) »BASISMODELL«

GRÖSSEN 37 bis 39

MATERIAL
Finkhof Wolle dünn (LL 300 m/100 g, 100 % Merinowolle kbT), 37 g in Fb Gelbmeliert. Nadelspiel Nr. 2,5, Rundnadel Nr. 2,5, 40 cm lang; Wollnadel.

MASCHENPROBE
Kraus rechts: 22 M und 44 R = 10 × 10 cm
Glatt rechts: 21 M und 32 Rd = 10 × 10 cm

MUSTER
KRAUS RECHTS IN REIHEN: In Hin- und Rückr re M str. **GLATT RECHTS IN RUNDEN:** Alle M re str.

AUSFÜHRUNG
8 M mit 2 Nd aus dem Ndspiel anschl und (für die Fersenwand) 34 R kraus re zwischen den RM str. 35. R (= Hinr): 1 RM, 7 M re str (ohne RM). Die Fersenwand ist beendet. Mit einer weiteren Nd an der li Werkstückkante 18 RM aus dem vorderen M-Glied aufnehmen und mit der 3. Nd 17 M re str, mit einer RM enden (= 1. Hinr für Sohle und Seiten). R 2 (Rückr): 1 RM, die 17 M dieser 1. Nd und die 8 M der 2. Nd re str, mit weiterer Nd die 18 RM (hinteres M-Glied) der re Werkstückkante aufnehmen und 18 M re str. Es sind nun 44 M (18 – 8 – 18) auf 3 Nd verteilt, hufeisenförmig um die Fersenwand angeordnet. In Hin- und Rückr weitere 36 R ohne RM kraus re str (dabei kann des leichteren Strickens wegen in R 14 zur Rundnd gewechselt werden). Es sind 8,5 cm erreicht. Für den Vorfuß die M auf 4 Nd zu je 11 M verteilen, zur Rd schließen (Rd-Beginn = vordere Mitte) und 23 Rd in glatt re str. Es folgen die Abnahmen für die Fußspitze. Dafür in den Rd 24, 26, 28, 30, 32, 34, 35, 36 und 37 je 4 M abn und zwar: Am Ende der 1. und 3. Nd die 2 letzten M re zusstr und am Beginn der 2. und 4. Nd die 2 ersten M re überzogen zusstr (1 M re abh, 1 M re str und die abgehobene M überziehen). Es verbleiben 8 M. Den Faden abschneiden und das Fadenende mittels Wollnd 2 × durch die Rest-M führen, festziehen und innen vernähen. Den 2. Slipper identisch arbeiten. Wer mag, kann an der Fersenwand ein bunt geflochtenes Zöpfchen als Aufhänger annähen (siehe Foto).

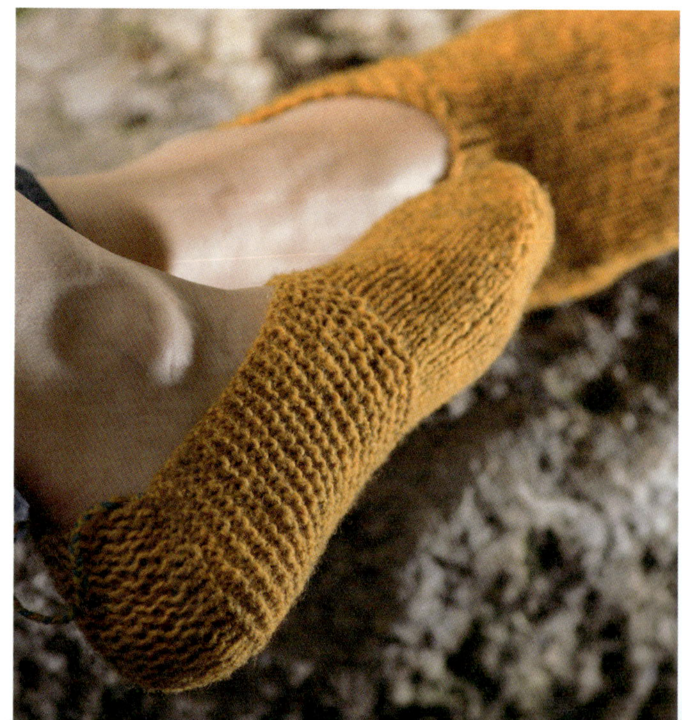

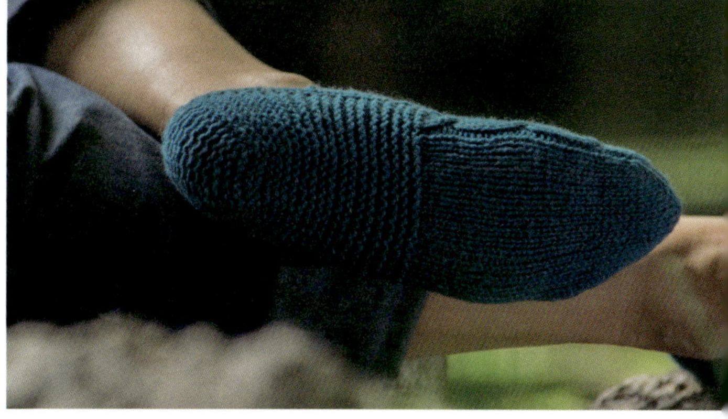

PASUMÁKIA (SLIPPER) »ZÖPFE«

GRÖSSEN 39 bis 41

MATERIAL

Finkhof Wolle dünn (LL300 m/100 g, 100 % Merinowolle kbT) 38 g in Petrol. Nadelspiel Nr. 2,5, Rundnadel Nr. 2,5; Zopfnadel; Wollnadel.

MASCHENPROBE

Kraus rechts: 22 M und 44 R = 10 × 10 cm
Glatt rechts: 21 M und 32 Rd = 10 × 10 cm

MUSTER

KRAUS RECHTS IN REIHEN: In Hin- und Rückr re M str. **GLATT RECHTS IN RUNDEN:** Alle M re str. **ZOPFMUSTER:** Zopf über 6 M nach li verkr: 3 M auf die Zopfnd vor die Arbeit legen, 3 M re str, dann die M der Zopfnd re str. **ZOPF** über 4 M nach li verkreuzen: 2 M auf der Zopfnd vor die Arbeit legen, 2 M re str, dann die M der Zopfnd re str. **RAND:** 1 M re, 1 M li im Wechsel über 6 M, in Rückr die M str, wie sie erscheinen.

AUSFÜHRUNG

8 M mit 2 Nd aus dem Ndspiel anschl und (für die Fersenwand) 34 R kraus re zwischen den RM str. In der 35. R (= Hinr) 1 RM und 7 M re str (die Fersenwand ist beendet). Mit einer weiteren Nd an der li Werkstückkante 18 RM (vorderes Glied) aufnehmen und mit der 3. Nd 12 M re und (für den Rand) 1 M li, 1 re, 1 li, 1 re, 1 li, 1 re str. Wenden. R 2 (= Rückr): 1 M li, 1 re, 1 li, 1 re, 1 li, 21 M re, mit weiterer Nd die 18 RM (hinteres Glied) der re Werkstückkante aufnehmen, 13 M re str, mit 1 li, 1 re, 1 li, 1 re, 1 li (für den Rand) enden. Es sind nun 44 M (18 – 8 – 18) auf 3 Nd verteilt, hufeisenförmig um die Fersenwand angeordnet. In Hin- und Rückr weitere 36 R kraus re mit beidseitigem Rand str (dabei kann des leichteren Strickens wegen in R 14 zur Rundnd gewechselt werden). Nach 8,5 cm Kraus-re-Strick die 44 M auf 4 Nd verteilen (12 – 10 – 10 – 11), zur Rd schließen. Rd-Beginn ist in der vorderen Mitte. In Rd 1 in folg Einteilung str: 6 M re (Zopf 1), 1 li, 4 re (Zopf 2), 1 li, 20 re, 1 li, 4 re (Zopf 3), 1 li, 6 re (Zopf 4), dabei aus der letzten M 1 M herausstr und künftig als li M str. In dieser Einteilung weiterarb, dabei in Rd 5 zum 1. Mal zopfkreuzen und noch 3 × in jeder 10. Rd wdh. Nach 26 Rd folgen die Abnahmen für die Fußspitze. Dafür in den Rd 27, 29, 31, 33, 35, 37, 39, 40 und 41 je 4 M abn und zwar: Jeweils am Ende der 1. und 3. Nd die 2 letzten M re zusstr und am Beginn der 2. und 4. Nd die 2 ersten M re überzogen zusstr (1 M re abh, 1 M re str und die abgehobene M überziehen). Es verbleiben 9 M in Rd 41. Den Faden abschneiden und das Fadenende mittels Wollnd 2 × durch die Rest-M führen, festziehen und innen vernähen. Den 2. Slipper identisch arb.

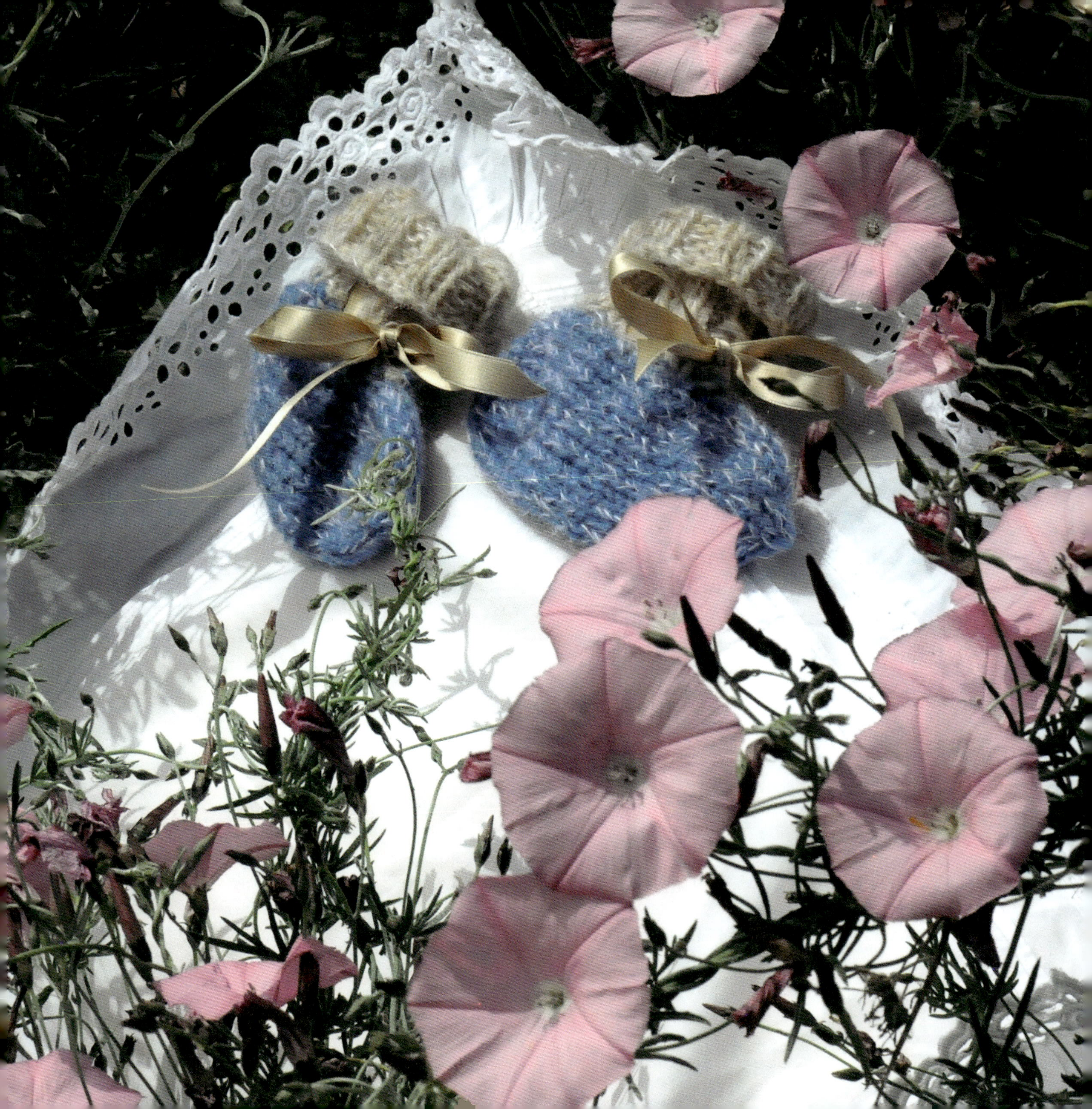

BABYKOLLEKTION

PASUMÁKIA – SCHÜHCHEN

GRÖSSE

Sohlenlänge 10,5 cm

MATERIAL

Finkhof Wolle dünn (LL 300 m/100 g, 100 % Merinowolle bzw. 100 % Fuchsschafwolle kbT), 9 g Merinowolle Hellblau, 8 g Fuchsschafwolle Beige; Schulana »Kid-Seta« (LL 210 m/25 g, 70 % Mohair, 30 % Seide), 6 g Naturweiß. 1 Nadelspiel Nr. 3,5; 80 cm Satinband in Beige, 1 cm breit; Wollnadel.

MASCHENPROBE

Doppelfädig (1 Faden Finkhof Wolle, 1 Faden Kid-Seta): 18 M und 22 R in glatt re = 10 × 10 cm

MUSTER

KRAUS RECHTS IN REIHEN: In Hin- und Rückr re str. **GLATT RECHTS IN REIHEN:** In Hinr re und in Rückr li str. **GLATT RECHTS IN RUNDEN:** Alle M re str. **BÜNDCHENMUSTER:** Stets 2 M re und 2 M li im Wechsel str.

AUSFÜHRUNG

Mit 1 Faden Hellblau und 1 Faden Kid-Seta 6 M anschl und (für die Fersenwand) 12 R kraus re zwischen den RM str. 13. R (= Hinr): 1 RM, 5 M re str (ohne RM). Die Fersenwand ist beendet. Mit einer weiteren Nd an der li Werkstückkante 7 RM aus dem vorderen M-Glied aufnehmen und mit der 3. Nd 6 M re str, mit einer RM enden (= 1. Hinr für Sohle und Seiten). R 2 (Rückr): 1 RM, die 6 M dieser 1. Nd und die 6 M der 2. Nd li str, mit einer weiteren Nd die 7 RM (hinteres Glied) der re Werkstückkante aufnehmen, 6 M li str und mit einer RM enden. Es sind nun 20 M (7 – 6 – 7) auf 3 Nd verteilt, hufeisenförmig um die Fersenwand angeordnet. In Hin- und Rückr weitere 16 R glatt re zwischen den RM str. Nun die Arbeit auf 4 Nd zu je 5 M verteilen und in Rd (glatt re) weiterarb. Rd-Beginn ist in der vorderen Mitte. Nach 8 Rd folgen die Abnahmen für die Fußspitze. Dafür 4 × in jeder Rd je 4 M abn und zwar: Jeweils am Ende der 1. und 3. Nd die 2 letzten M re zusstr und am Beginn der 2. und 4. Nd die 2 ersten M re verschränkt zusstr. Es verbleiben 4 M. Den Faden abschneiden und das Fadenende mittels Wollnd durch die Rest-M führen, festziehen und innen vernähen. Für das Bündchen 22 RM auf 4 Nd auffassen (Rd-Beginn ist die hintere Mitte) und mit 1 Faden Fuchsschafwolle und 1 Faden Kid-Seta 18 Rd im Bündchenmu str, dabei in der 1. Rd gleichmäßig verteilt 6 M zun (= 28 M; 6 – 8 – 6 – 8 M) und in der 3. Rd die Löcher für das Satinband str wie folgt: 2 M re, 1 U, 2 M li zusstr. Fortl bis zum Rd-Ende wdh. Nach 18 Rd Bündchen locker abk. Das 2. Schühchen identisch arb. Das Satinband halbieren und durch die Löcher fädeln.

BABY-HÄUBCHEN

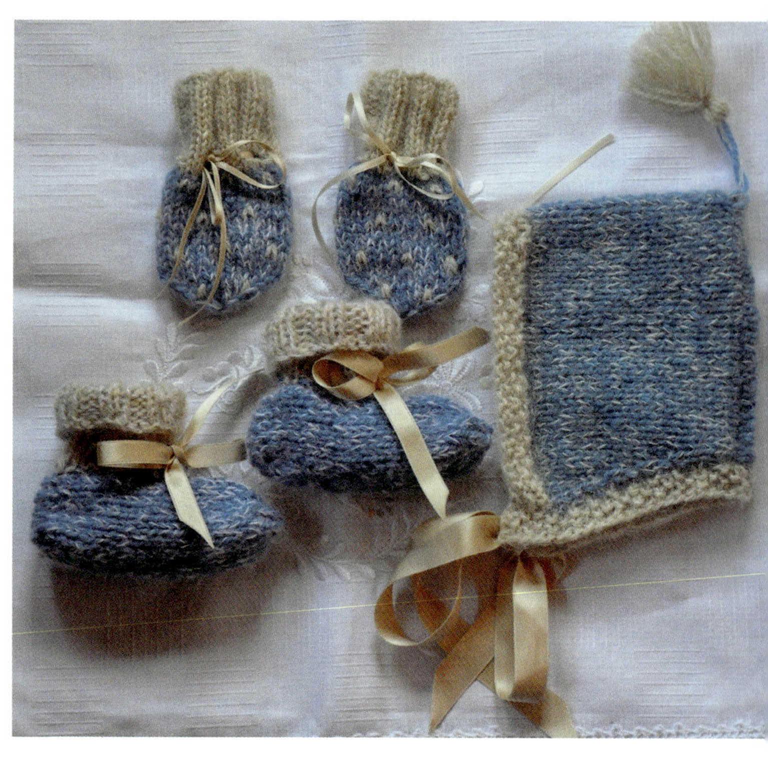

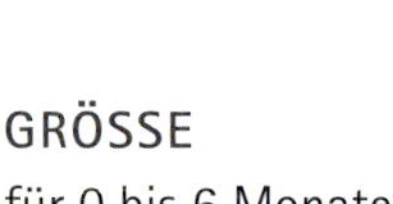

GRÖSSE

für 0 bis 6 Monate

MATERIAL

Finkhof Wolle dünn (LL300 m/100 g, 100 % Merinowolle bzw. 100 % Fuchsschafwolle kbT), 9 g Merinowolle Hellblau, 3 g Fuchsschafwolle Beige; Schulana »Kid-Seta« (LL 210 m/25 g, 70 % Mohair, 30 % Seide), 7 g Naturweiß. 2 lange Stricknadeln und eine zusätzliche Nd Nr. 3; 2 × 40 cm Satinband in Beige, 1,5 cm breit; Wollnadel.

MASCHENPROBE

Doppelfädig (1 Faden Finkhof Wolle, 1 Faden Kid-Seta): 18 M und 24 R in glatt re = 10 × 10 cm

MUSTER

GLATT RECHTS IN REIHEN: In Hinr re und in Rückr li str. **KLEINES PERLMUSTER:** 1 M re, 1 M li im Wechsel str; das Mu in jeder R versetzen.

AUSFÜHRUNG

52 M (= 30 cm) mit Fuchsschafwolle/Kid-Seta anschl und zwischen den RM 4 R im kleinen Perlmu str. Fortf mit Hellblau/Kid-Seta und 10 R in glatt re str (= 4,5 cm ab Beginn). Fortf in glatt re. Für die folg Abnahmen in R 15, 19, 23 und 27 jeweils am Anfang und Ende der R 2 M re zusstr. Nach R 34 (= 13 cm ab Beginn) die M auf 2 Nd verteilen, die Arbeit rechts auf rechts legen und mittels einer 3. Nd beide Teile zusstr und zugleich abk. Aus der unteren Kante des Häubchens ca. 48 M auffassen und mit Fuchsschafwolle/Kid-Seta 4 R im kleinen Perlmu str. Abk. Die Satinbänder annähen. Mit Fuchsschafwolle/Kid-Seta eine etwa 6 cm lange Quaste arb (Anleitung S. 41) und mit zwei Fäden Hellblau/Kid-Seta (ca. 5 cm lang) an der Häubchen-Spitze annähen.

BABY-HANDSCHUHE

GRÖSSE

ca. 6 cm breit, 12,5 cm lang (inkl. 5 cm Bündchenlänge)

MATERIAL

Finkhof Wolle dünn (LL 300 m/100 g, 100 % Merinowolle bzw. 100 % Fuchsschafwolle kbT), 6 g Fuchsschafwolle Beige, 5 g Merinowolle Hellblau; Schulana »Kid-Seta« (LL 210 m/25 g, 70 % Mohair, 30 % Seide), 3 g Naturweiß. 1 Nadelspiel Nr. 3,5; 2 × 50 cm Satinband in Beige, 0,3 cm breit; Wollnadel.

MASCHENPROBE

Doppelfädig (1 Faden Finkhof Wolle, 1 Faden Kid-Seta): 19 M und 22 Rd im Jacquardmuster = 10 × 10 cm

MUSTER

BÜNDCHENMUSTER IN RUNDEN: Stets 2 M li und 2 M re im Wechsel str. **GLATT RECHTS IN RUNDEN:** Alle M re str. **JACQUARD 1:** 2 M re in Hellblau str, danach fortl 1 M in Beige und 3 M in Hellblau str. **JACQUARD 2:** Fortl 1 M in Beige und 3 M in Hellblau str. **LOCHMUSTER-RUNDE:** Fortl wdh: 1 U, 2 M li zusstr, 2 M re.

AUSFÜHRUNG

Mit 1 Faden Fuchsschafwolle Beige und 1 Faden Kid-Seta 24 M anschl, zur Rd schließen und 10 Rd im Bündchenmu str (Rd-Beginn = hintere Mitte). In Rd 11 das Lochmu str und in Rd 12 das Bündchenmu beenden. Fortf mit 21 Rd Handschuhteil, dabei Wechsel zu Fb Hellblau und Mu glatt re. Rd 2 und Rd 12 (des Handschuhteils) im J-Mu 1 str und Rd 7 und Rd 17 im Jacquard 2 str. In Rd 17 mit den Abnahmen für die Spitze beginnen, dabei 5 × in jeder Rd je 4 M abn und zwar: Jeweils am Ende der 1. und 3. Nd die 2 letzten M re zusstr und am Beginn der 2. und 4. Nd die 2 ersten M re verschränkt zusstr. Es verbleiben 4 M. Den Faden abschneiden und das Fadenende mittels Wollnd durch die Rest-M führen, festziehen und innen vernähen. Das 2. Handschühchen identisch arb. Die Satinbänder durch die Löcher fädeln.

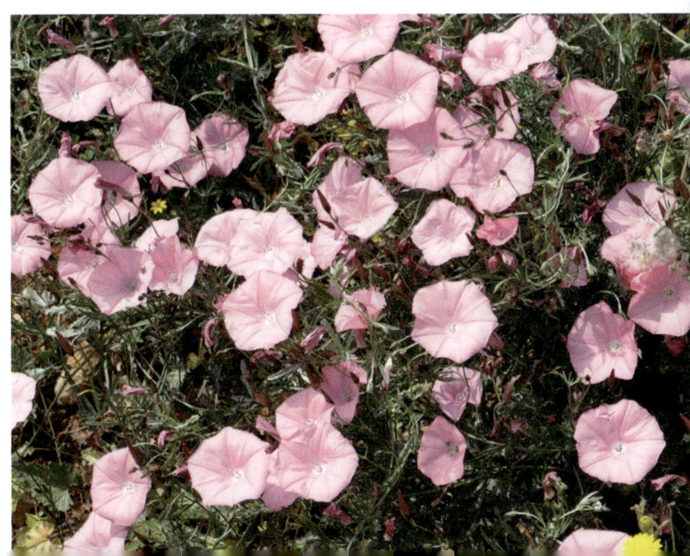

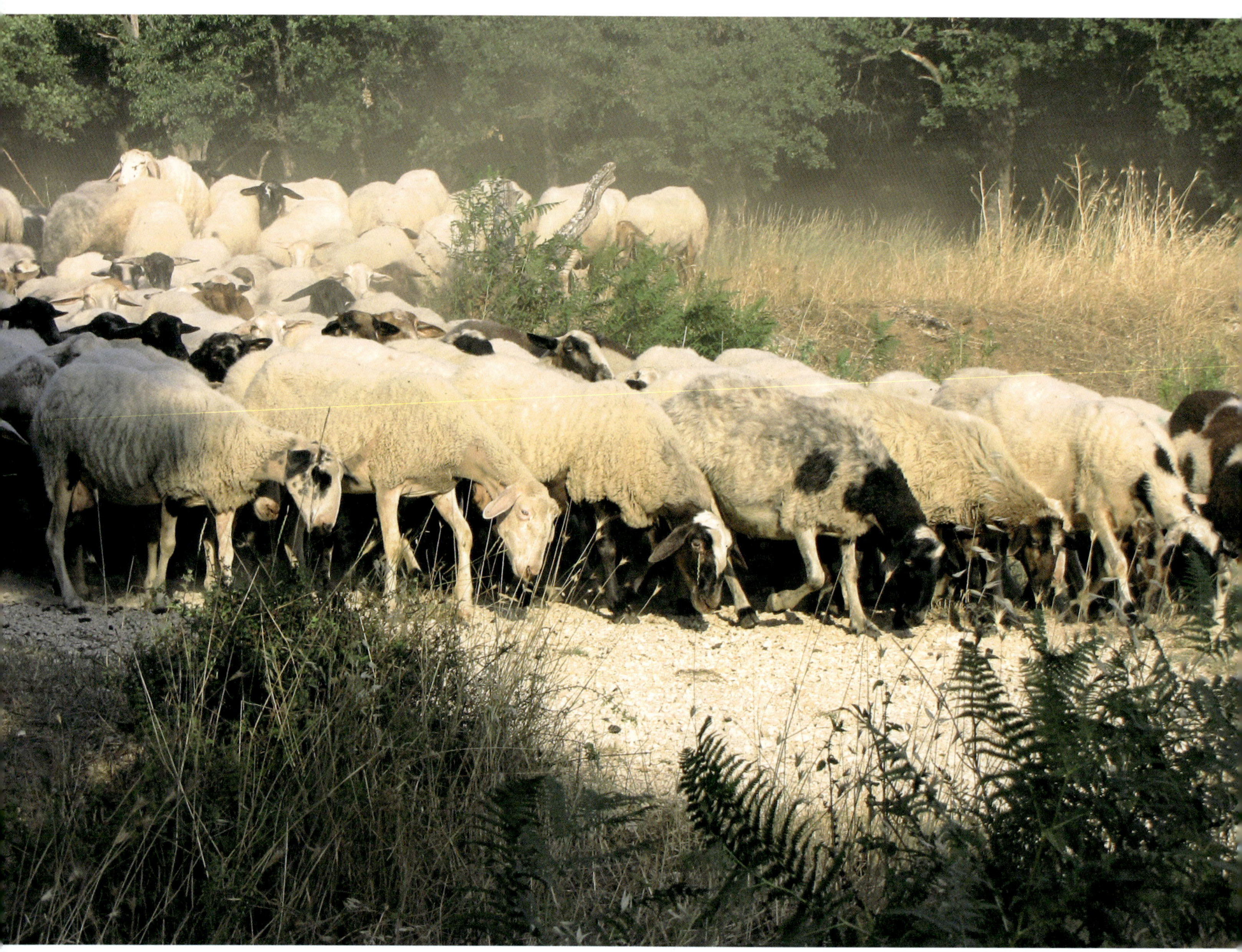

FRAU MAKRI

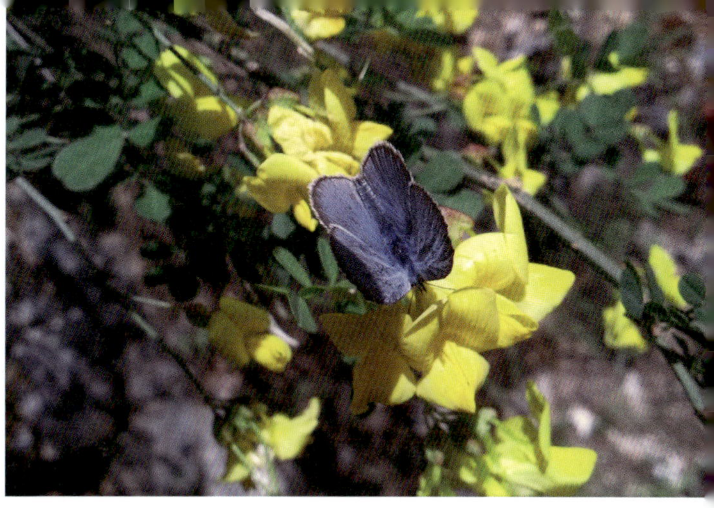

Frau Makri stammt aus dem Pindosgebirge in Ipiros und lebt in Deutschland. Wann immer ich sie in ihrem Geschäft besuche, gönnen wir uns ein kleines Schwätzchen, sofern gerade keine anderen Kunden bedient sein wollen.

Neulich kamen wir auf's Stricken zu sprechen. »In Griechenland wird ja nicht so viel gestrickt, eher gewebt«, meine ich.

»Oh, sagen Sie das nicht«, antwortet sie und fährt fort: »Meine Mutter hat alles für uns Kinder gestrickt, sogar die Unterwäsche, zwei rechts zwei links im Rippenmuster und jeweils zwei Garnituren zum Wechseln pro Kind. Sie strickte sie aus unserer heimischen Bergschafwolle und wenn ein Teil kaputt ging, zum Beispiel an den Trägern, trennte sie die Teile auf und strickte neue an. Die Unterhemden (Fanella) kratzten fürchterlich und wir mussten sie von Oktober bis März tragen. Jedes Mal im Oktober rieben wir uns erst mal mit dem Rücken an Baumstämmen oder Wänden, um dem Jucken zu entkommen. Aber ich muss auch sagen: Wir waren nie krank! Im Winter schliefen wir nicht auf kalten Leintüchern, sondern auf selbstgewebten Flokatis (Hirtenteppichen), die auch kratzten.«

»Sind Ihnen typisch griechische Strickmuster bekannt?«, frage ich.

»Nein«, meint Frau Makri, »besondere griechische Strickmuster, vergleichbar mit Traditionen aus Norwegen oder Shetland, kenne ich nicht. Aber bei Gewebtem gab und gibt es das Muster ›to klidí tis pólis‹ (der Schlüssel der Stadt). Es wird heute auch als Tatoo verwendet. Außerdem kenne ich ein typisches Web-Karomuster, das Tsámiko heißt.« Wie schön, denke ich, wenn ein Muster nach einem beliebten griechischen Tanz benannt wird.

»Früher habe ich auch viel gestrickt«, sagt Frau Makri, die Vielbeschäftigte, ein wenig sehnsüchtig und fügt lachend hinzu: »Aber jetzt passe ich in die Teile nicht mehr hinein, oder vielmehr, ich bin für die Teile zu ›groß‹ geworden.«

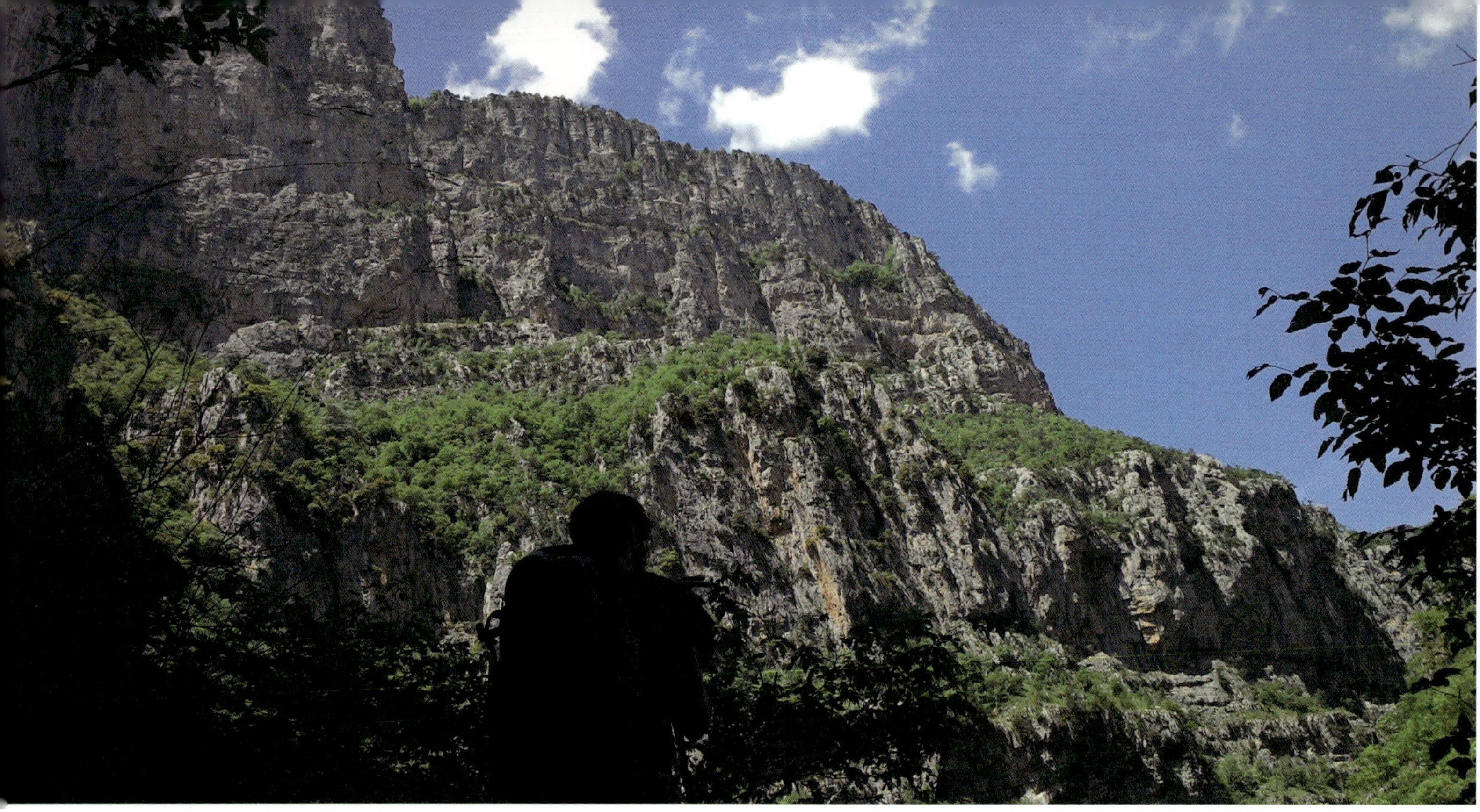

HANDYHÜLLE »ANATOLÍ«

Auf steinigen Wegen kann es ganz hilfreich sein, eine schützende Hülle für's Handy zu haben. Aber nicht nur dort. Die Hülle ist nicht größer als ein übliches Quadrat für eine Maschenprobe und rund gestrickt mit ausschließlich rechten Maschen – bis auf die Noppenreihe – ein sehr überschaubares Projektchen.

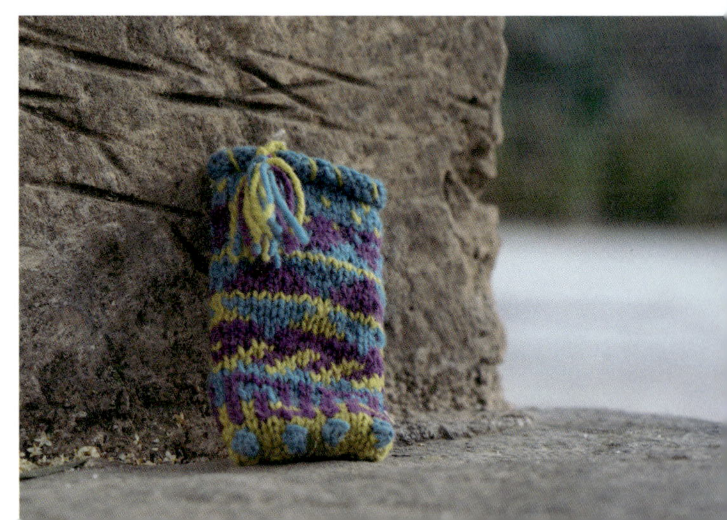

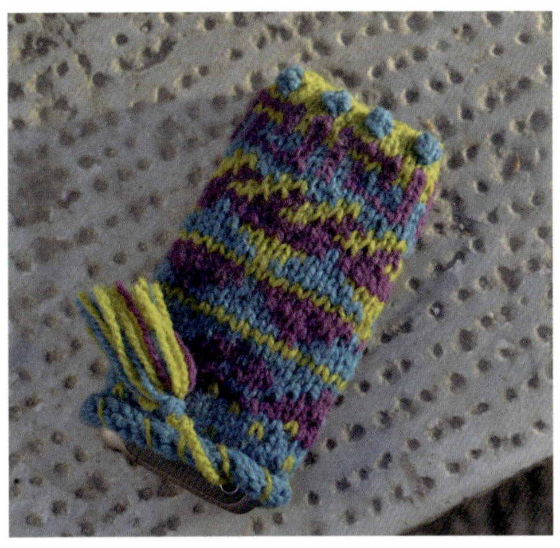

GRÖSSE

ca. 13,5 cm hoch und 7 cm breit

MATERIAL

Finkhofwolle dünn (LL 300 m/100 g, 100 % Merinowolle kbT), 4 g in Petrol, 4 g Lila, 4 g Lindgrün. 1 Nadelspiel Nr. 2,5; Wollnadel.

MASCHENPROBE

22 Maschen und 28 Rd im Jacquardmuster = 10 × 10 cm

MUSTER

GLATT RECHTS IN RUNDEN: Alle M rechts stricken. **JACQUARD IN RUNDEN:** Nach Z-Mu glatt re in J-Technik str. **NOPPE:** Aus 1 M 2 M herausstr, dabei dieselbe M abwechselnd 1 × re und 1x re verschr str. Wenden. 2 M li str. Wenden. 2 M re str. Wenden. 2 M li str. Wenden. 2 M re str und die 1. M über die 2. M überz.

AUSFÜHRUNG

Die Hülle wird in Rd von unten nach oben gestr. In Fb Lindgrün 32 M anschl und den Rapport von 8 M laut Z-Mu 4 × str. In Rd 40 das J-Mu beenden und noch 6 Rd re M in Petrol anfügen (= Rollrand). Abk.

Die Hülle an der Anschlag-Kante zusnähen. Den oberen Rand nach außen rollen und mit Schrägstichen (in Lindgrün) im Abstand von ca. 1 cm umstechen. Ich versah die Hülle mit einem Zöpfchenband samt Quaste. Das Bändchen wird an der Innenseite befestigt und als Schlaufe um das Handy mit in die Hülle geschoben. Beim Zug an der Quaste kann das Handy somit herausgeschoben werden.

☐ = Petrol

☒ = Lila

⊡ = Lindgrün

N = Noppe in Petrol (2 M aus 1 M)

Motiv									Rd	Grundfarbe
Sterne: Lindgrün							O			Grundfarbe Petrol
		O			O					
								O		
	O					O				
Wellen: Petrol	X	X	X	X	X	X	X	X	30	Grundfarbe Lila
	X	X	X	X				X		
	X	X	X			X	X			
	X	X			X	X				
	X					X	X	X		
									25	
	O	O	O	O	O	O	O	O		Lindgrün
Berge: Lila					X					Grundfarbe Petrol
				X	X	X				
			X	X	X	X	X			
		X	X	X	X	X	X	X	20	
Bergspiegelung: Petrol	O	O	O	O	O	O	O	O		Grundfarbe Lindgrün
	O									
	O	O						O		
	O	O	O				O	O		
Schrägstreifen: Lindgrün	X	X	X	X		X	X	X	15	Grundfarbe Lila
	X	X	X	X	X	X	X	X		
	O	X	X	O	O	X	X	O		
	X	X	O	O	X	X	O	O		
	X	O	O	X	X	O	O	X		
Labyrinth: Lila	O	O			O	O			10	Grundfarbe Petrol
		X	X	X	X	X		X		
		X				X		X		
		X		X		X		X		
Noppen: Petrol	O	X		X				X	5	Grundfarbe Lindgrün
	O	X		X	X	X	X	X		
	O	O	O	O	O	O	O	O		
	O	N	O	O	O	N	O	O		
	O	O	O	O	O	O	O	O		

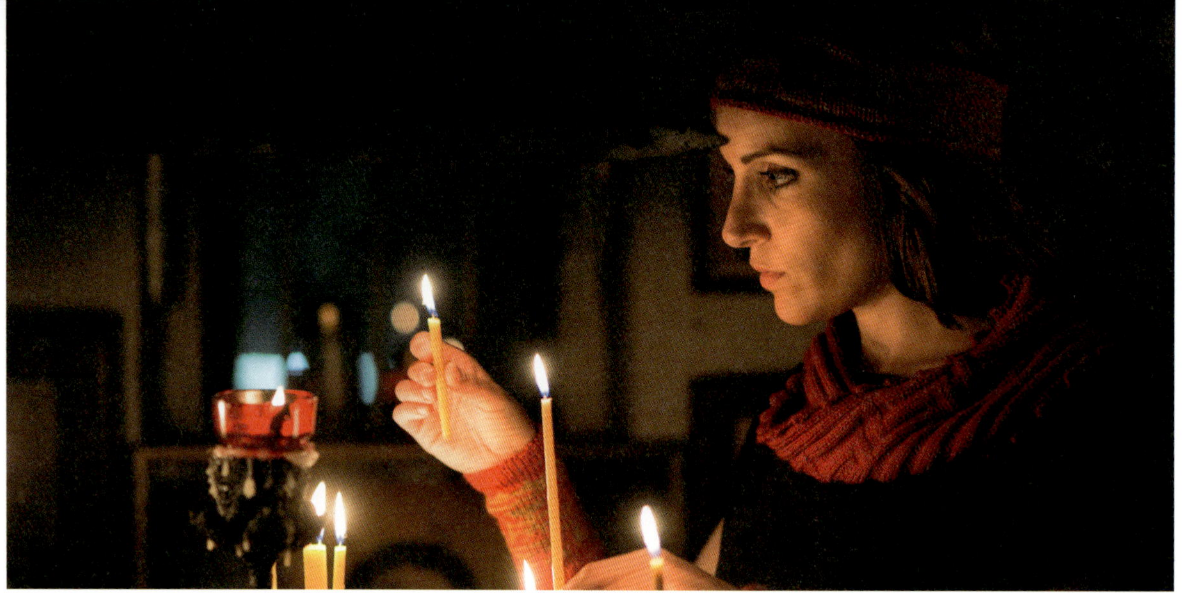

STIRNBAND UND PULSWÄRMER »ARGOS«

Wer in Griechenland eine Kirche oder Kapelle betritt, zündet stets eine Kerze an, oft für Angehörige oder im Gedenken an Verstorbene.

Vereinzelt kann man auf Kirchlein treffen, die wirklich immer geöffnet sind und zu Gebet und Meditation einladen. Nachts kann es dann ausschließlich die eigene Kerze sein, die etwas warmes Licht in den sakralen Raum bringt und das Rot und Gold der Ikonen aufstrahlen lässt.

Das feine, messingfarbige Muster »Argos« auf dem mild roten Grund von Pulswärmern und Stirnband sprach mich als Detail einer Tempelbemalung aus dem antiken Argos an.

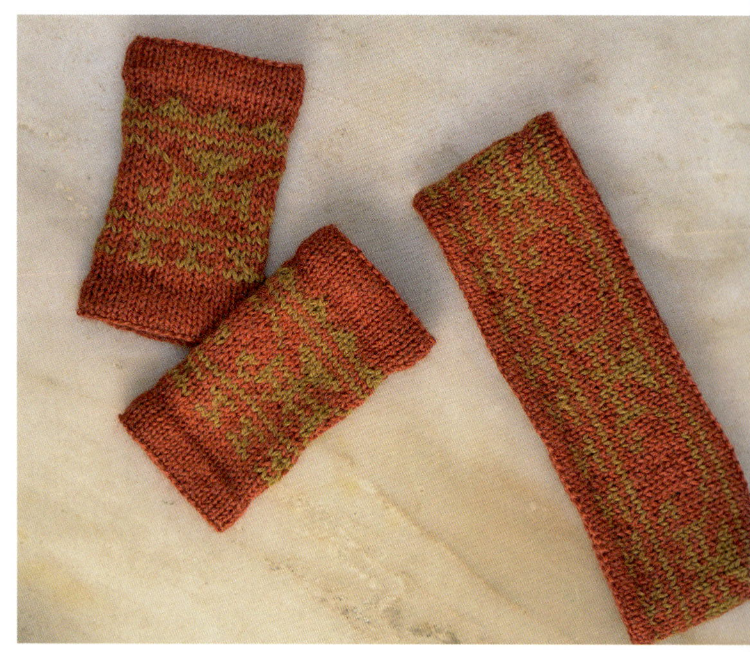

FÜR BEIDE ANLEITUNGEN:
MASCHENPROBE im Jacquardmuster
21 M und 28 Rd mit Nd Nr. 3 = 10 × 10 cm

MUSTER
GLATT RECHTS IN RUNDEN: Alle M re. **JACQUARD IN RUNDEN:** Nach Z-Mu glatt re in J-Technik str.

STIRNBAND

GRÖSSE
ca. 7,5 cm, Umfang: ca. 48 cm

MATERIAL
Wolle Rödel »Baby Alpaka« (LL 115m/50 g, 100% Alpaka), 20 g in Rot und 7 g in Senf. Je 1 Rundnadel Nr. 2,5 und Nr. 3, 40 cm lang.

AUSFÜHRUNG
100 M mit Nd Nr. 2,5 in Grundfb Rot anschl und 3 Rd re str. In Rd 4 li str (= Faltlinie des Saums). Rd 5, 6 und 7 re M str. In Rd 8 Beginn des J-Mu mit Musterfb Senf und Wechsel zu Nd Nr. 3. Dabei 5 × den Rapport von 20 M nach Z-Mu str. In Rd 26 Wechsel zu Nd Nr. 2,5 und in der Grundfb 3 Rd re str. Rd 29: li str (= Faltlinie). Rd 30 bis 32: Alle M re str und abk. – Die Säume an der Faltlinie nach innen umklappen und annähen.

Rapport: 20 M, 5 × stricken
☐ = Grundfarbe Rot
☒ = Musterfarbe Senf

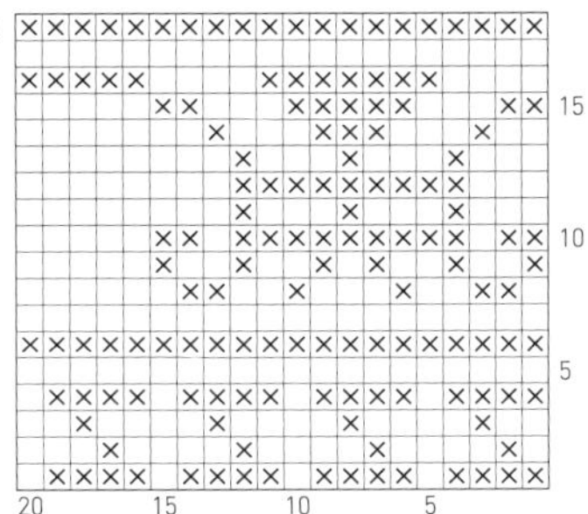

PULSWÄRMER »ARGOS«

GRÖSSE
ca. 13,5 cm, Umfang: ca. 17 cm

MATERIAL
Wolle Rödel »Baby Alpaka« (LL 115 m/50 g, 100% Alpaka), 24 g in Rot und 4 g in Senf. Je 1 Nadelspiel Nr. 2,5 und Nr. 3; Wollnadel.

AUSFÜHRUNG
35 M mit Nd Nr. 2,5 in Grundfb Rot anschl, zur Rd schließen und 4 Rd glatt re str. In Rd 5 li str (= Faltlinie des Saums). Rd 6 bis 10 re M str. In Rd 11 Beginn des J-Mu mit Musterfb Senf und Wechsel zu Nd Nr. 3. Dabei 1 × den Rapport von 35 M und 22 Rd nach Z-Mu str. In Rd 33 Wechsel zu Nd Nr. 2,5 und Fortsetzung in Grundfb Rot. Rd 38: alle M li str (= Faltlinie). Rd 39 bis 42: alle M re str und abk. Den 2. Puslwärmer identisch arb. Die Säume ab der Faltlinie nach innen umklappen und annähen.

Rapport: 35 M, 1 × stricken
☐ = Grundfarbe Rot
☒ = Musterfarbe Senf

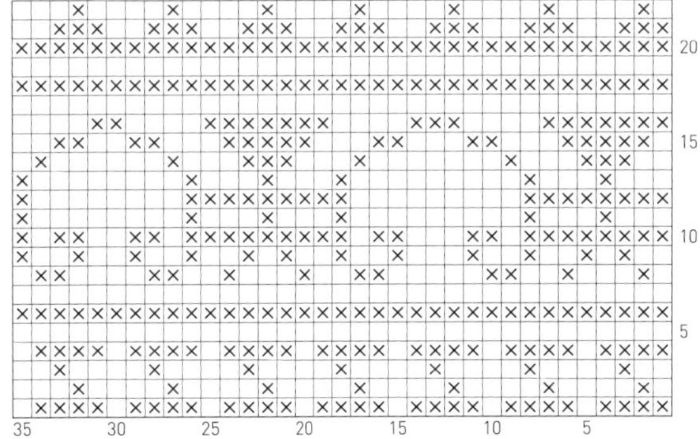

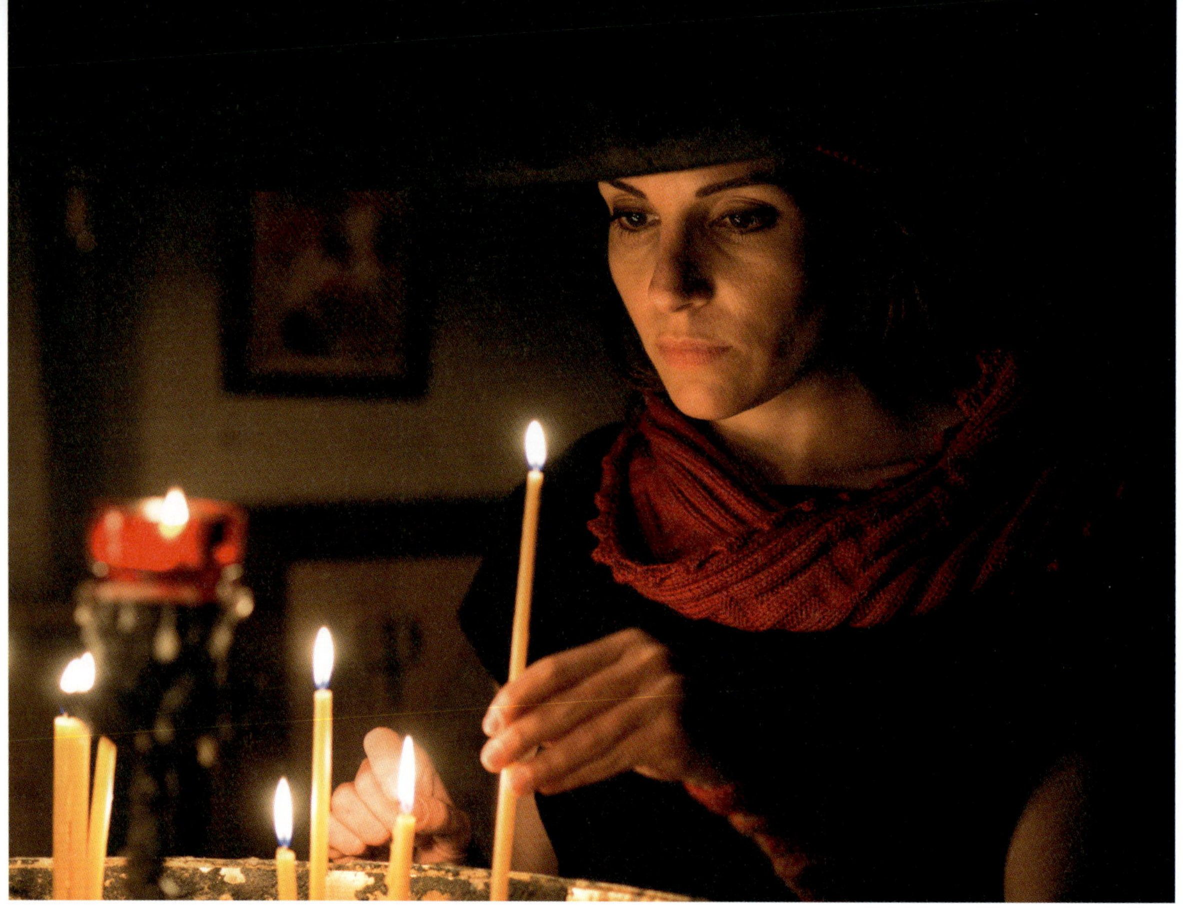

MÖBIUSSCHAL »SOPHIA«

Als Möbiusschal bezeichnet man einen elegant verdrehten Loop. Ich wollte ihn als Kurzschal stricken und dann verdreht zusammennähen. Dies bedeutet, dass Vorder- und Rückseite gleich gemustert beziehungsweise gleich attraktiv sein sollen. Ich entschied mich für Dreierrippen-Streifen. Zwei zielgerade Streifen zur Rechten und fünf zielgerade Streifen zur Linken mäandert sich nun ein Streifen langsam zum Ziel. Symmetrisch gesäumt werden die Rippen von kleinen, nautischen Wimpeln. Zum Schluss wird verdreht und zusammen genäht.

Rechts-Links-Strickmuster ziehen sich zusammen und kommen nur zur Geltung, wenn sie gut gespannt und befeuchtet werden, was bei diesem Teil vor dem Zusammennähen geschah.

GRÖSSE

ca. 35,5 cm weit und 27 cm hoch

MATERIAL

Wolle Rödel, »Baby Alpaka« (LL 115 m/50 g, 100 % Alpaka), 102 g Rot. Stricknadeln Nr. 2,5; Wollnadel.

MASCHENPROBE

24 M und 34 R im Grundmuster = 10 × 10 cm

MUSTER

GRUNDMUSTER: 3 M li und 3 M re fortl. In Rückr 3 M re und re M li fortl. **MÄANDERBORDÜRE IM RIPPENSTRICK:** laut Strickschrift str. In Rückr die M str, wie sie erscheinen. **WIMPEL** in kraus rechts (re Rand): R 1: 1 M verdoppeln (aus der re M eine weitere herausstr). R 2: 2 M re str. R 3: 1 M verdoppeln, 1 M re. R 4: 3 M re. R 5: 1 M verdoppeln, 2 M re. R 6: 4 M re. R 7: 3 M abk, 1 M re. R 8: 1 M re. R 1–8 fortl wdh. Die Wimpel am li Rand gegengleich arb.

AUSFÜHRUNG

Das Strickstück wird als Kurzschal von 71 cm Länge gestr und dann verdreht zus genäht. 65 M anschl und in folg Mustereinteilung str: 1 M re, 12 M Grundmu, 3 M li, 15 M Mäanderbordüre laut Z-Mu, 30 M Grundmu, 3 M li, 1 M re. Ein Höhenrapport umfasst 24 R und wird 10 × gestr. Dabei wird ab R 3 am re und li Rand mit den Wimpeln begonnen. Nach 240 R locker abk. Das Teil spannen, anfeuchten und trocknen lassen. Dann die Enden des Kurzschals verdreht zusnähen, sodass die Mäanderbordüre beider Schal-Enden nicht direkt, sondern versetzt aneinander stößt.

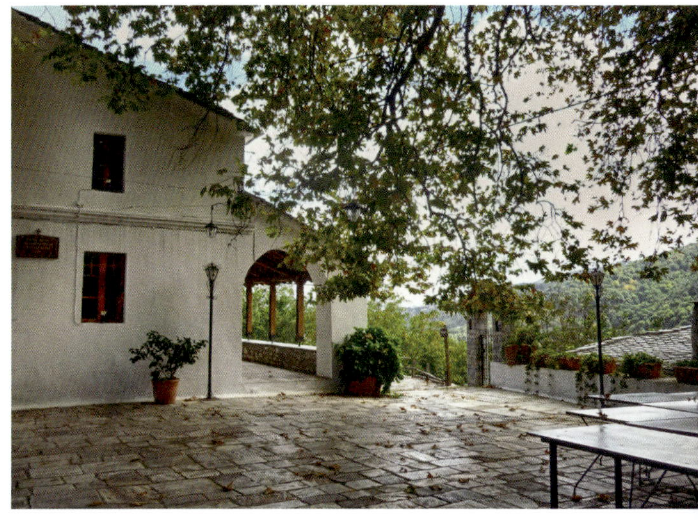

Rapport: 24 R, 10 × stricken

□ = 1 M re, in Rückr li str

⊡ = 1 M li, in Rückr re str

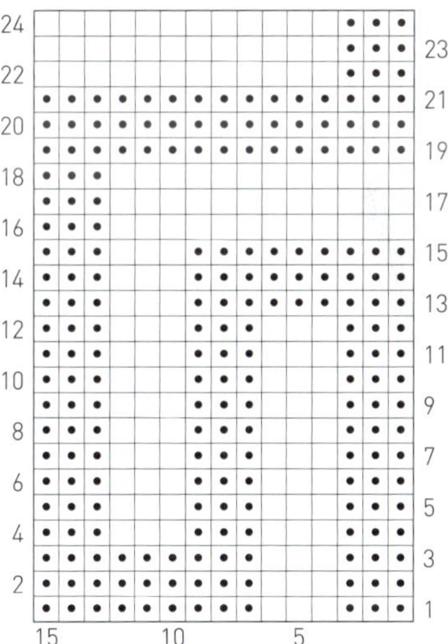

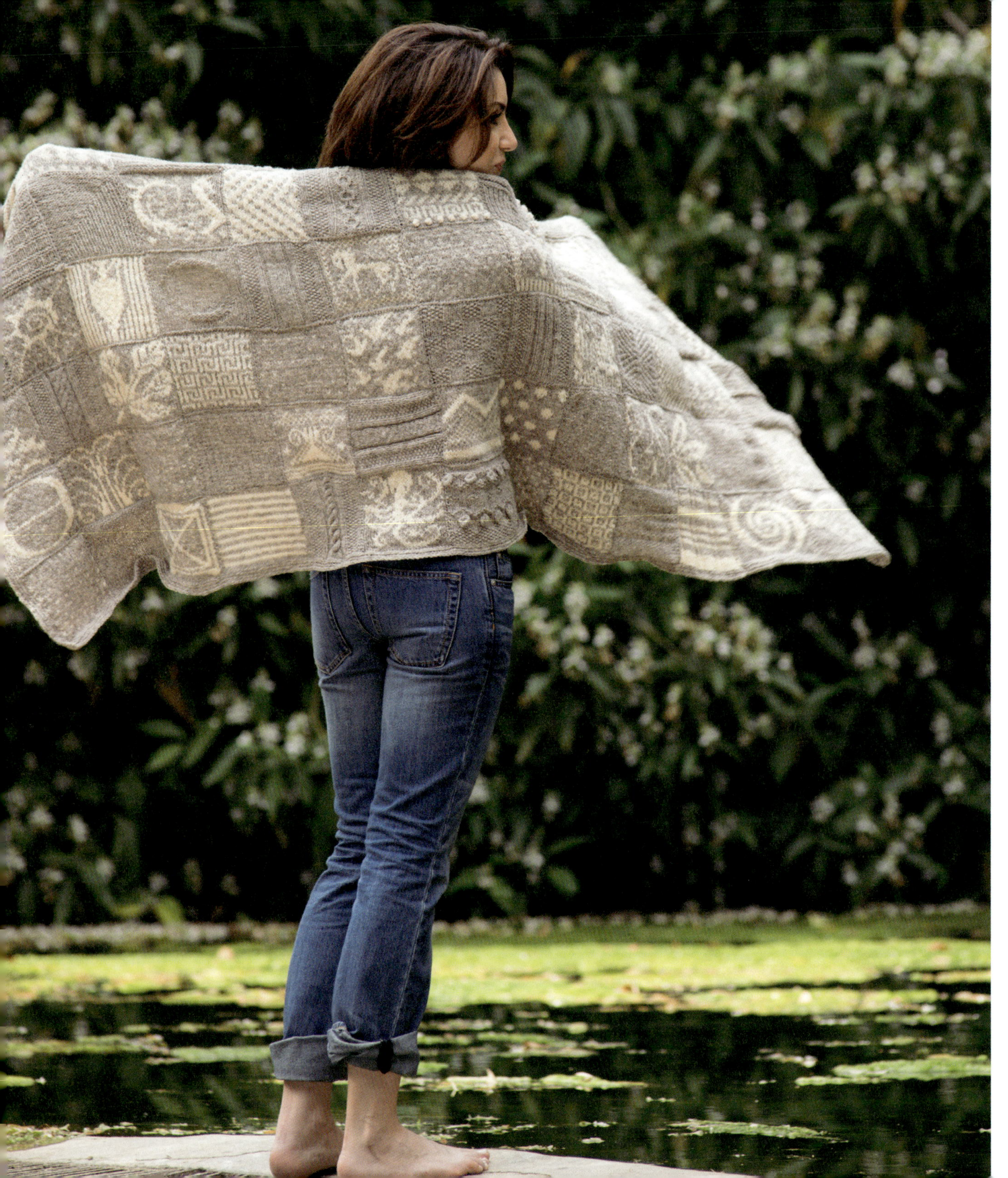

»SCHNEE IM PINDOS«

PLAID

Wie oft bin ich den alten Passweg, die Katára (gr. Fluch), bei Schneetreiben durch's Pindosgebirge gefahren. Ja, auch diese Farben gehören zu Griechenland: Felsengrau und Schneeflocken- oder Schäfchenweiß. Das Grau der Felsen im Gebirge und am Meer, grauhzNaturstein auf Pfaden, an Mauern, Hütten und Häusern. Das Grau in vielen Schattierungen treffen wir sogar sehr häufig in Griechenland an, wo es nicht gerade an Steinen mangelt.

Dass neutrales, zurückhaltendes Grau und Weiß sehr reizvoll und lebhaft wirken können, zeigt das Plaid »Schnee im Pindos«. Weiße Flocken auf grauem Stein sind als Grundmotiv zu finden. Daneben treffen ein hochbeiniges Pferdchen aus der geometrischen Epoche, Motive aus Klassik, Byzanz und der Volkskunst, auch Tiere und Pflanzen Griechenlands aufeinander. Konkrete, kleine Geschichten haben abstrakte Strukturmuster zur Nachbarschaft. Mit dem Plaid ist ein kleiner griechischer Kosmos entstanden. Und was Sie sehen, ist nur eine Momentaufnahme, denn die Decke wird weiter wachsen. Ich verschenke sie nicht, denn sie ist Teil meiner Musterbibliothek und wer weiß, was sich noch alles dazu gesellt an Struktur- und Bildfacetten.

Ich würde mich freuen, wenn das Plaid – mit dem wir unsere Strickreise durch Griechenland beenden – Sie zu Ihrer eigenen gestrickten Musterbibliothek anregen könnte.

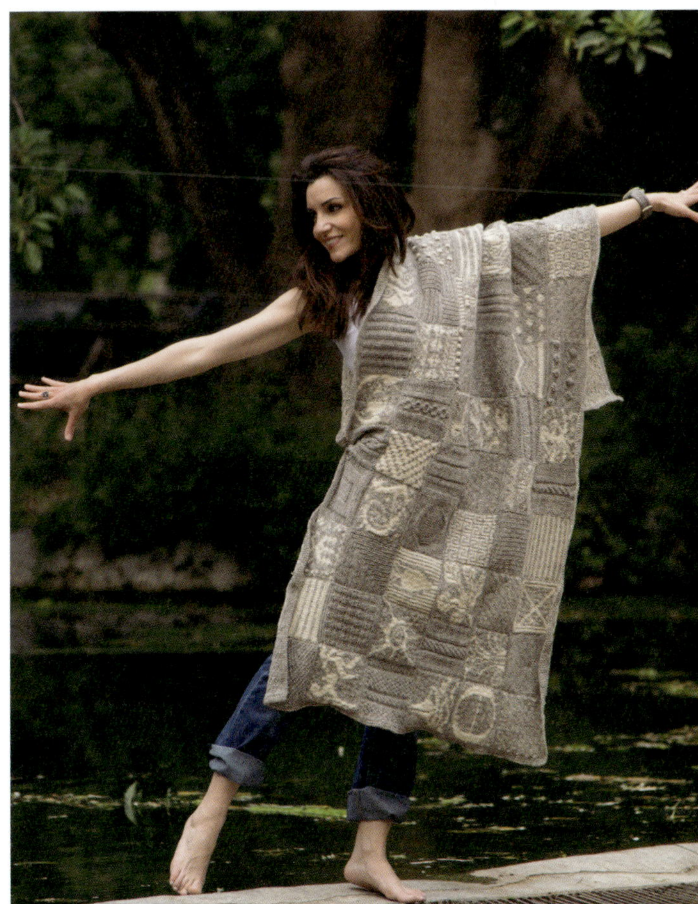

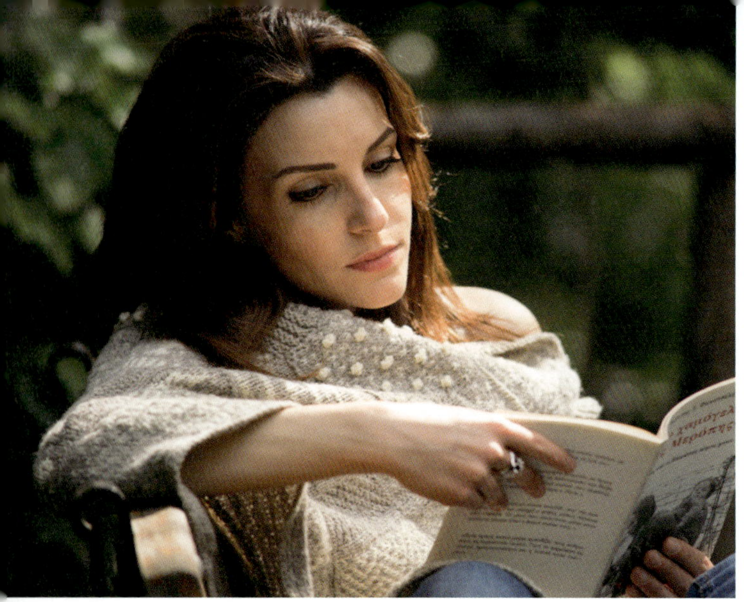

PLAID »SCHNEE IM PINDOS«

GRÖSSE

ca. 169 cm lang und 78 cm breit

MATERIAL

Finkhof Wolle dünn (LL 300 m/100g, 100 % Merinowolle kbT), ca. 460 g in Hellgrau und ca. 250 g Naturweiß. 2 kurze Stricknadeln Nr. 2,5; Zopfnadel; Häkelnadel Nr. 2,5 ; Wollnadel.

MASCHENPROBE

28 M und 38 R in glatt re = 13 × 13 cm

Wie erwähnt, ist das Plaid mit derzeit 78 Quadraten Teil meiner Musterbibliothek und noch nicht abgeschlossen. Ich hoffe, es hält Anregungen für Ihre eigenen Motive Ihrer Decke bereit. Alle Quadrate meines Paids sind unterschiedlich bis auf das Quadrat »Schnee im Pindos«, das immer wieder auftaucht. Es wechseln sich J-Mu, Streifenmu sowie einfarbige Strukturmu und einfache Grundmu ab. Ein Quadrat misst 13 × 13 cm und bietet mit 28 M und 38 R (in glatt re) eine kleine Aktionsfläche, um Mu zu erproben bzw. darzustellen. Bedenken Sie dabei den unterschiedlichen Platzbedarf der Mu: Im Vergleich zum Glatt-re-Mu braucht ein J-Mu mehr M und weniger R, kraus re und kleines Perlmu brauchen weniger M und mehr R, Rippen- und Zopfmu brauchen mehr M. In der Anordnung der Quadrate bringt Richtungswechsel bei den Mu Lebendigkeit. Also: Horizontale, runde, diagonale und vertikale Mu nebeneinander setzen. Strenge neben heitere und filigrane neben plakative Mu. Manche Plaid-Mu finden Sie auch auf anderen Modellen im Buch (siehe z. B. Hoodie »Leandros«, Decke »Neugier«), außerdem auf den Seiten 168 – 177 (Z-Mu und Strickschrift). Nachfolgend weitere Vorschläge für Musterquadrate.

MUSTERQUADRATE:

in Grau (stets mit RM):

KRAUS-RECHTS-RIPPEN: 28 M anschl und jeweils 4 R kraus rechts und 4 R im Rippenmu (2 M re, 2 M li) im Wechsel str. In der 45. R abk.

KRAUS-RECHTS-STREIFEN: 26 M anschl und in R 1 1 RM, 14 M re, 2 M re verschr (hinter der Nd einstechen), 8 M re, 1 RM str. In R 2 1 RM, 8 M re, 2 M li, 14 M re, 1 RM str. Die 1. und 2. R stets wdh und in R 50 abk.

PERLMUSTER-STREIFEN: 29 M anschl und in R 1 str: 1 RM, 3 M Perlmu (1 M re, 1 M li, 1 M re), 2 M li, 9 M Perlmu (1 M re, 1 M li ...), 2 M li, 3 M Perlmu, 2 M li, 6 M Perlmu, 1 RM. In allen Rückr die M str, wie sie erscheinen. In R 3 1 RM, 3 M Perlmu (1 M li, 1 M re ...), 2 M li, 9 M Perlmu (1 M li, 1 M re ...), 2 M li, 3 M Perlmu (1 M li ...), 2 M li, 6 M Perlmu (1 M li ...), 1 RM str. R 1–4 stets wdh. In R 38 abk.

FALSCHES PATENTMUSTER: 29 M anschl und zwischen den RM in jeder R 2 M li, 2 M re im Wechsel str, mit 1 M re enden. In R 38 abk.

REISKORN: 28 M anschl und zwischen den RM in Hinr stets 1 M li, 1 M re verschr im Wechsel str. In Rückr stets alle M re str. In R 32 abk.

RINGELSTREIFEN (in glatt re): 28 M in Grau anschl und jeweils 2 R Grau und 2 R Naturweiß im Wechsel str. In R 38 abk.

STREIFEN: wie oben, aber in der Farbfolge 4 R Grau und 2 R Naturweiß bzw. 4 R Naturweiß und 2 R Grau.

AUSFÜHRUNG

Beliebig viele Quadrate str (Anzahl der Quadrate muss eine teilbare Zahl ergeben). Alle Quadrate waschen, entsprechend der Quadratgröße 13 × 13 cm auf Handtüchern feststecken und trocknen lassen. Alle Teile nach Belieben anordnen und von re zusnähen bzw. von li mit KM zushäkeln. Das Plaid mit mehreren R fester Maschen umhäkeln, dabei jeweils in das hintere M-Glied einstechen und an den Ecken je 3 feste Maschen häkeln. Optional das Plaid mit 1 R fester Maschen und 1 R Krebs-M (= feste Masche von li nach re) umhäkeln.

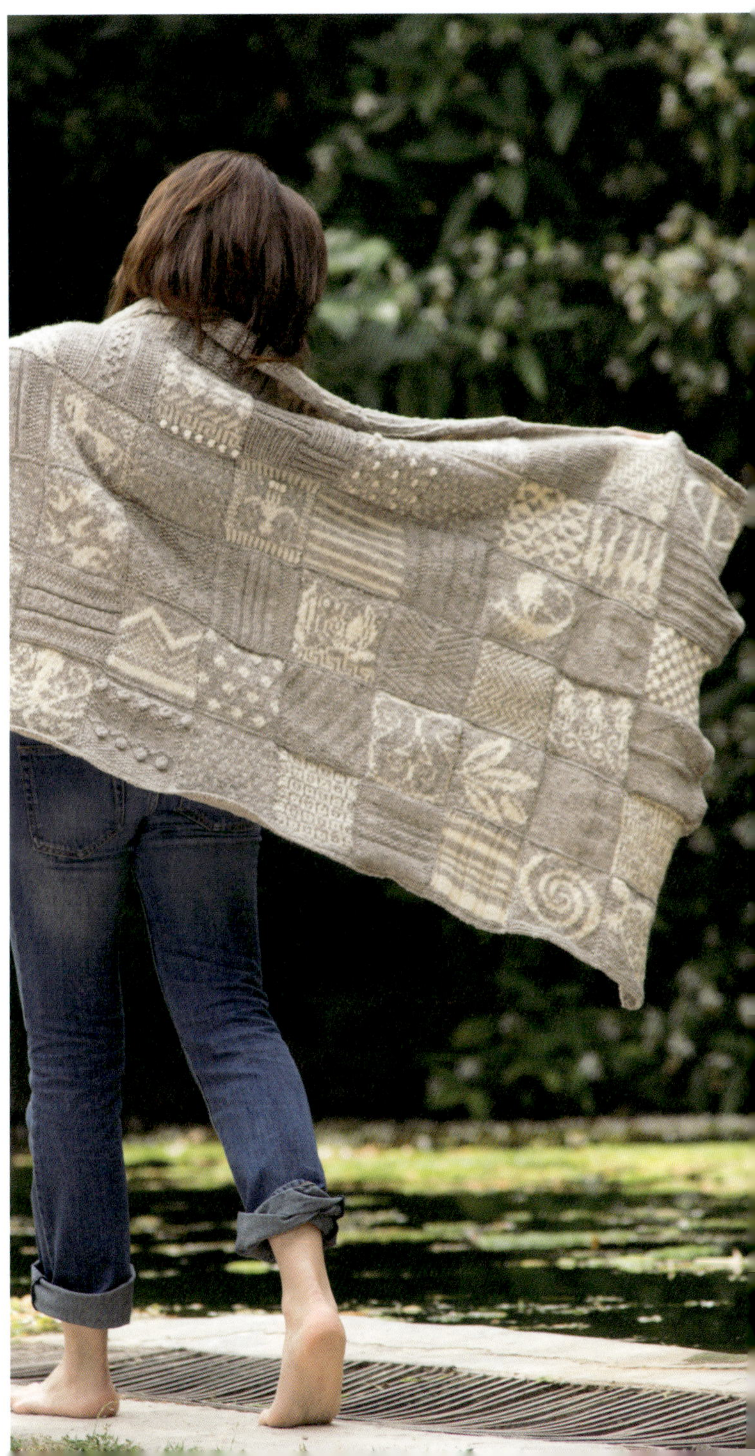

☐ = Grundfarbe Hellgrau

☒ = Musterfarbe Naturweiß

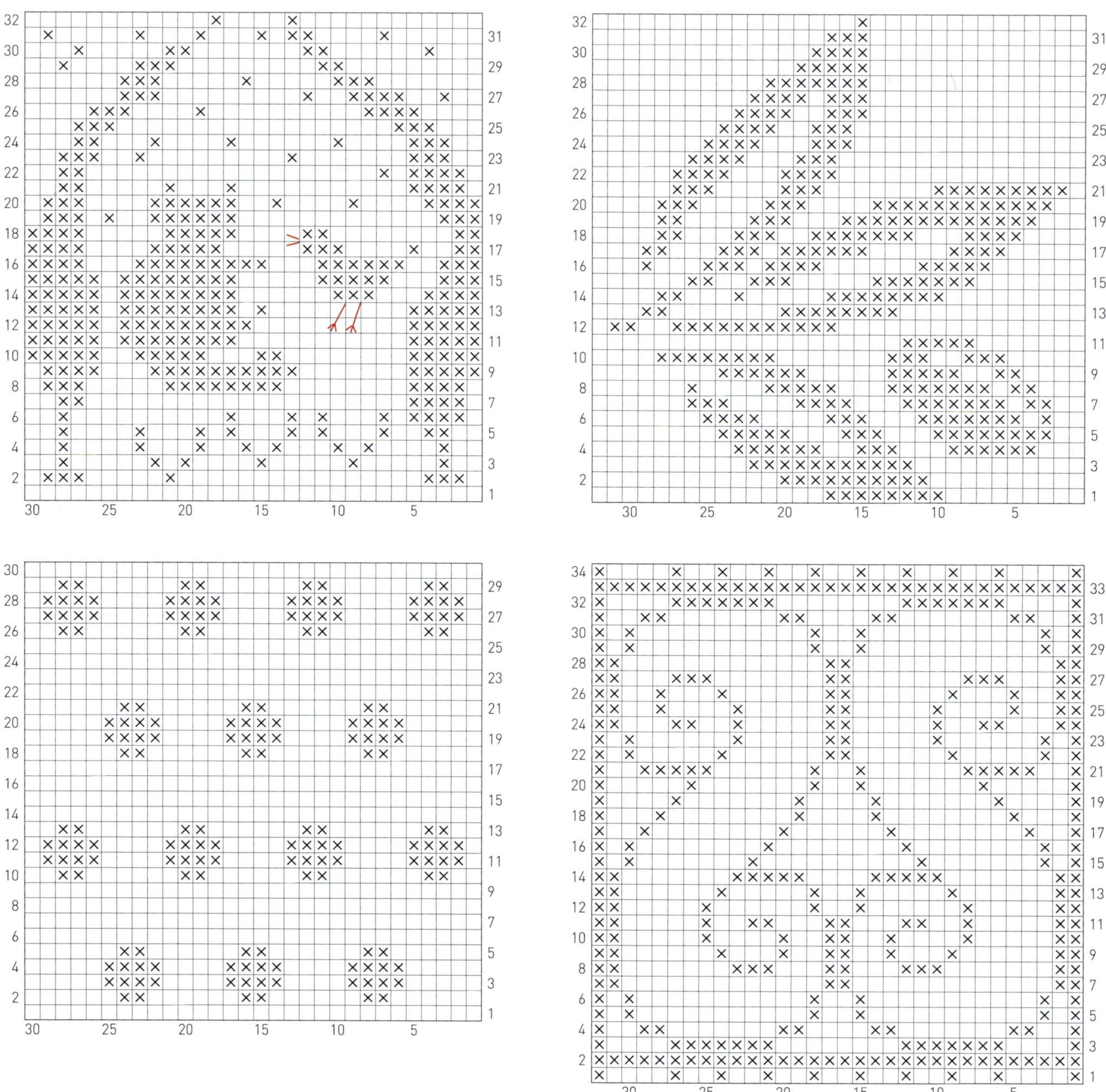

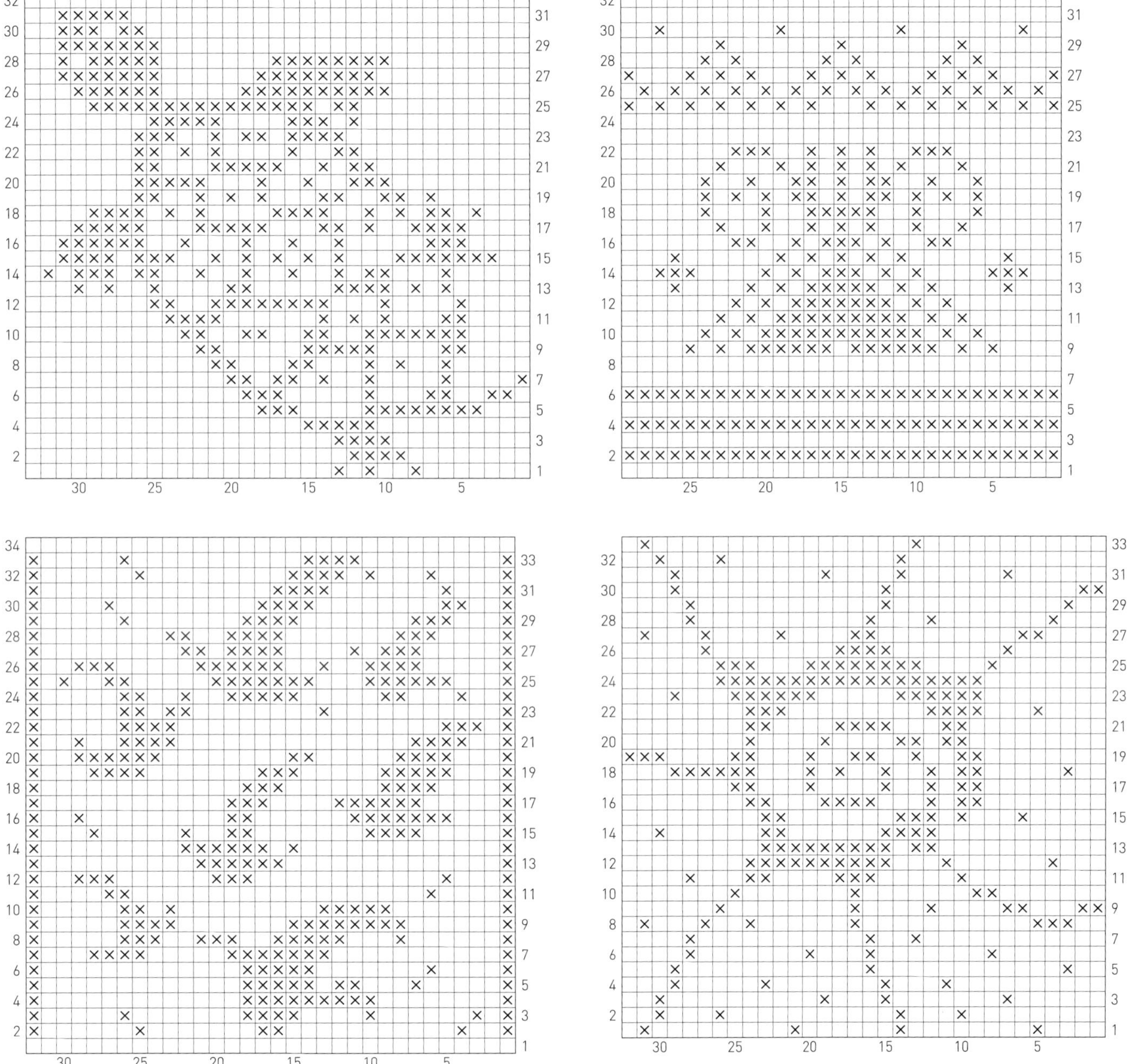

☐ = Grundfarbe Hellgrau

☒ = Musterfarbe Naturweiß

N = Noppe in der Musterfarbe

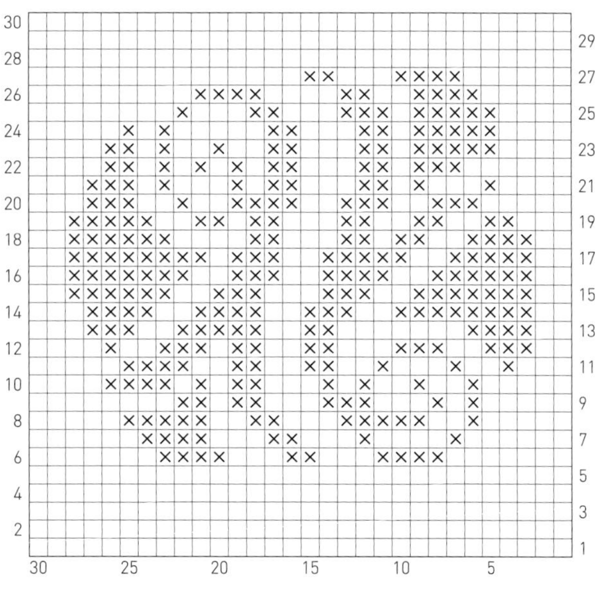

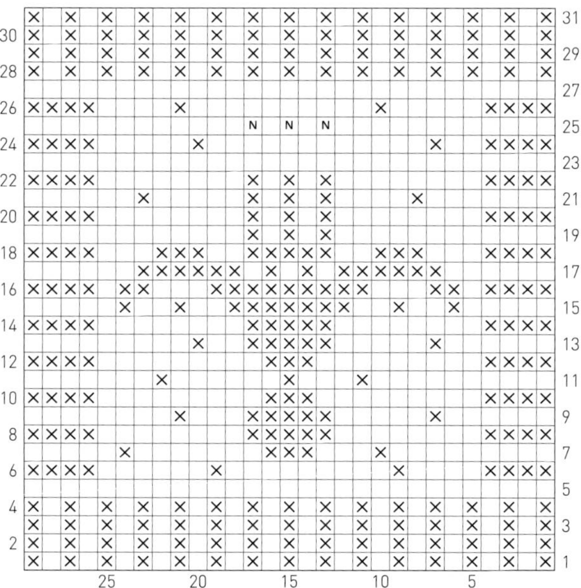

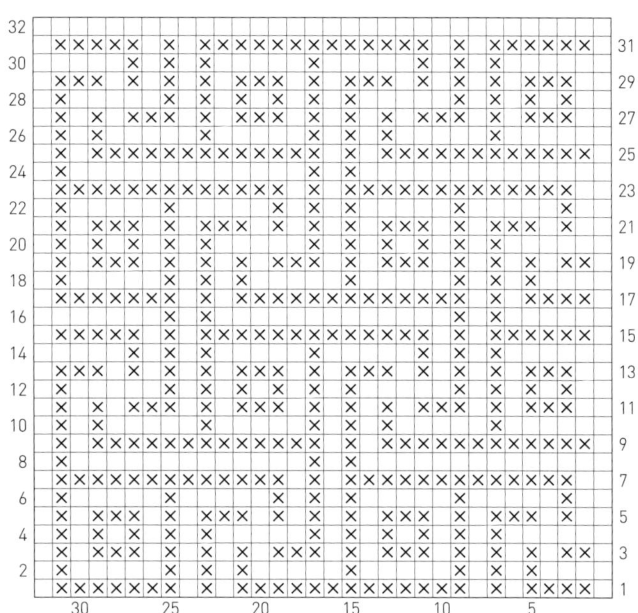

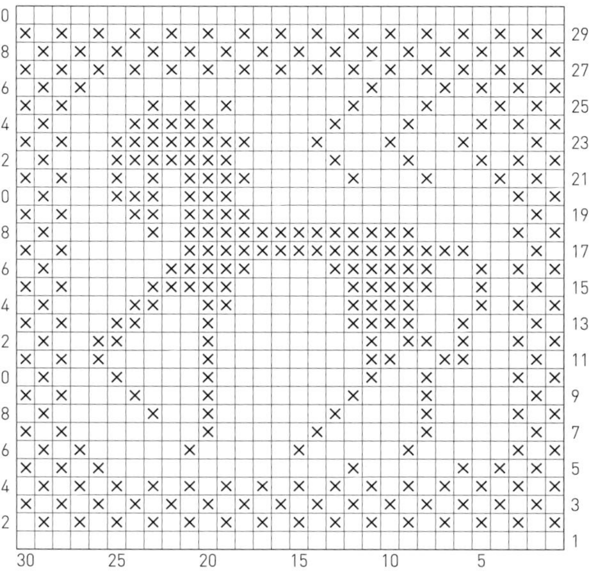

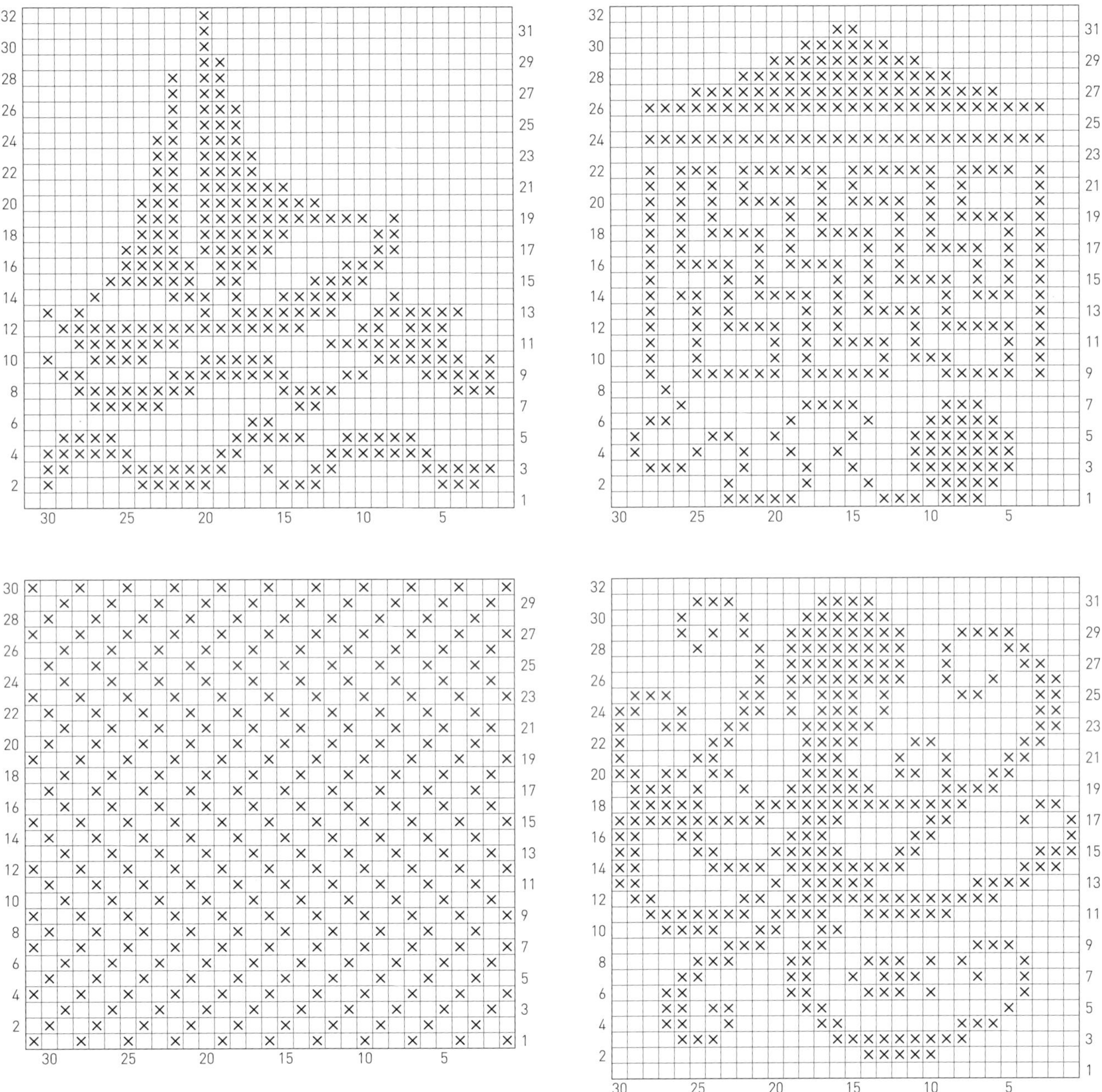

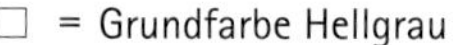

□ = Grundfarbe Hellgrau

☒ = Musterfarbe Naturweiß

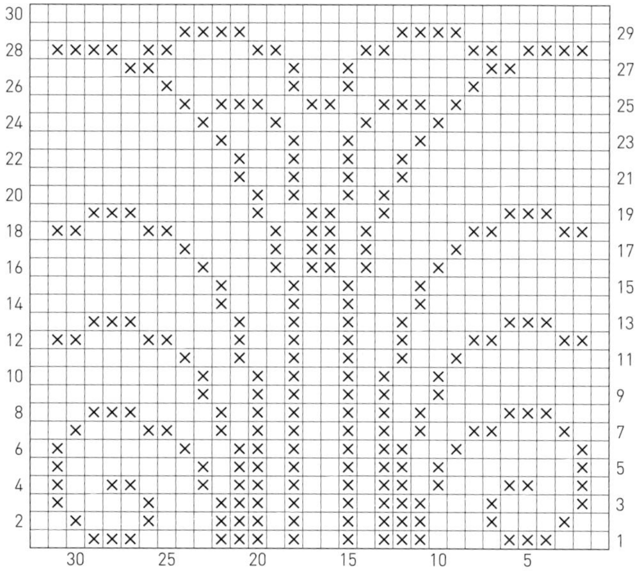

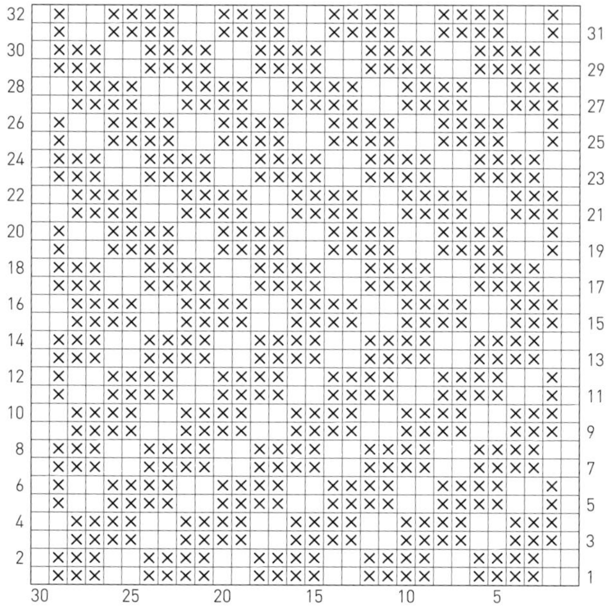

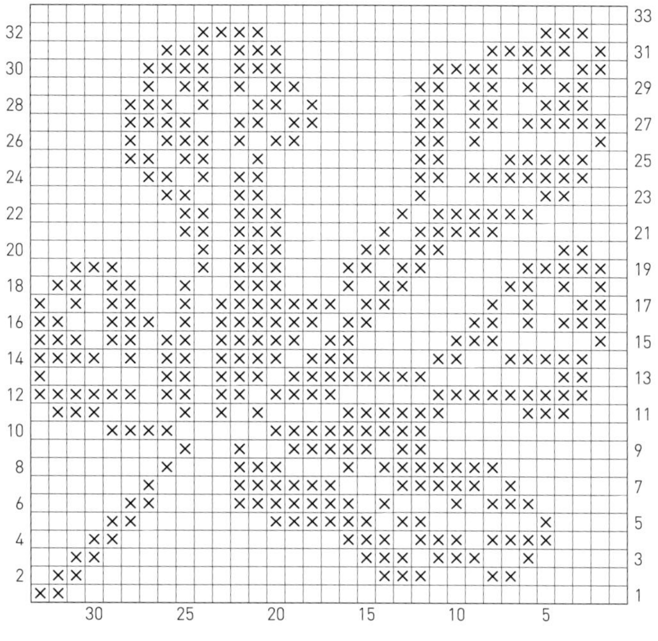

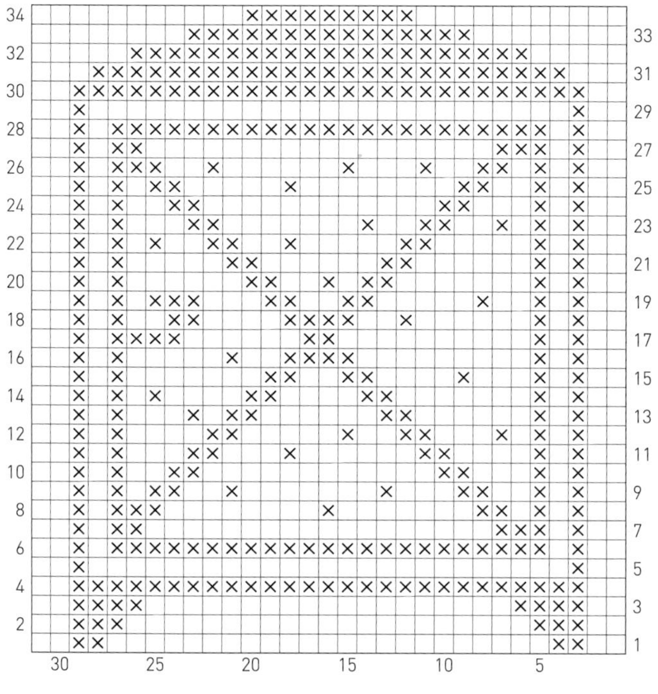

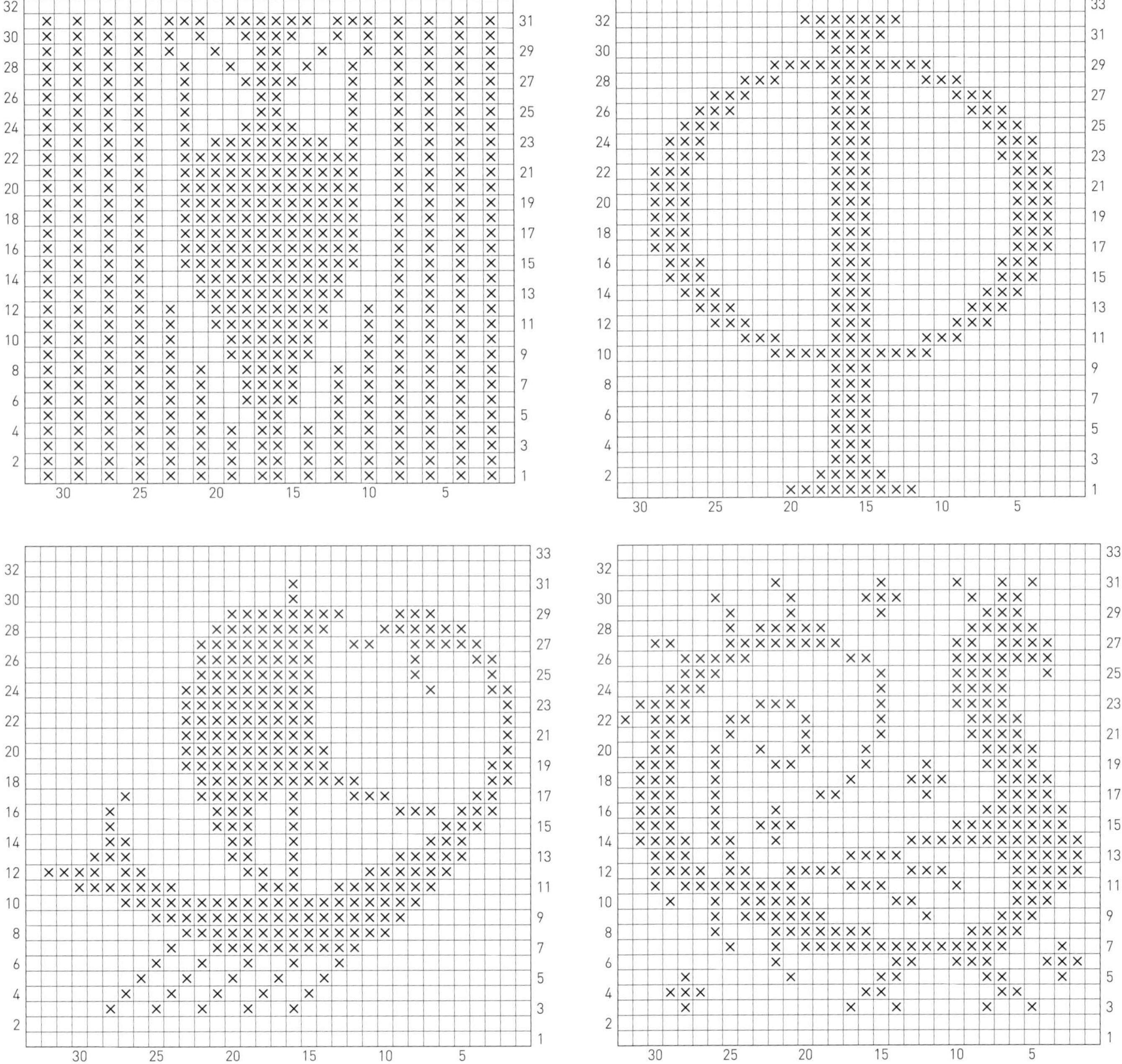

☐ = Grundfarbe Hellgrau
☒ = Musterfarbe Naturweiß
N = Noppe in der Musterfarbe

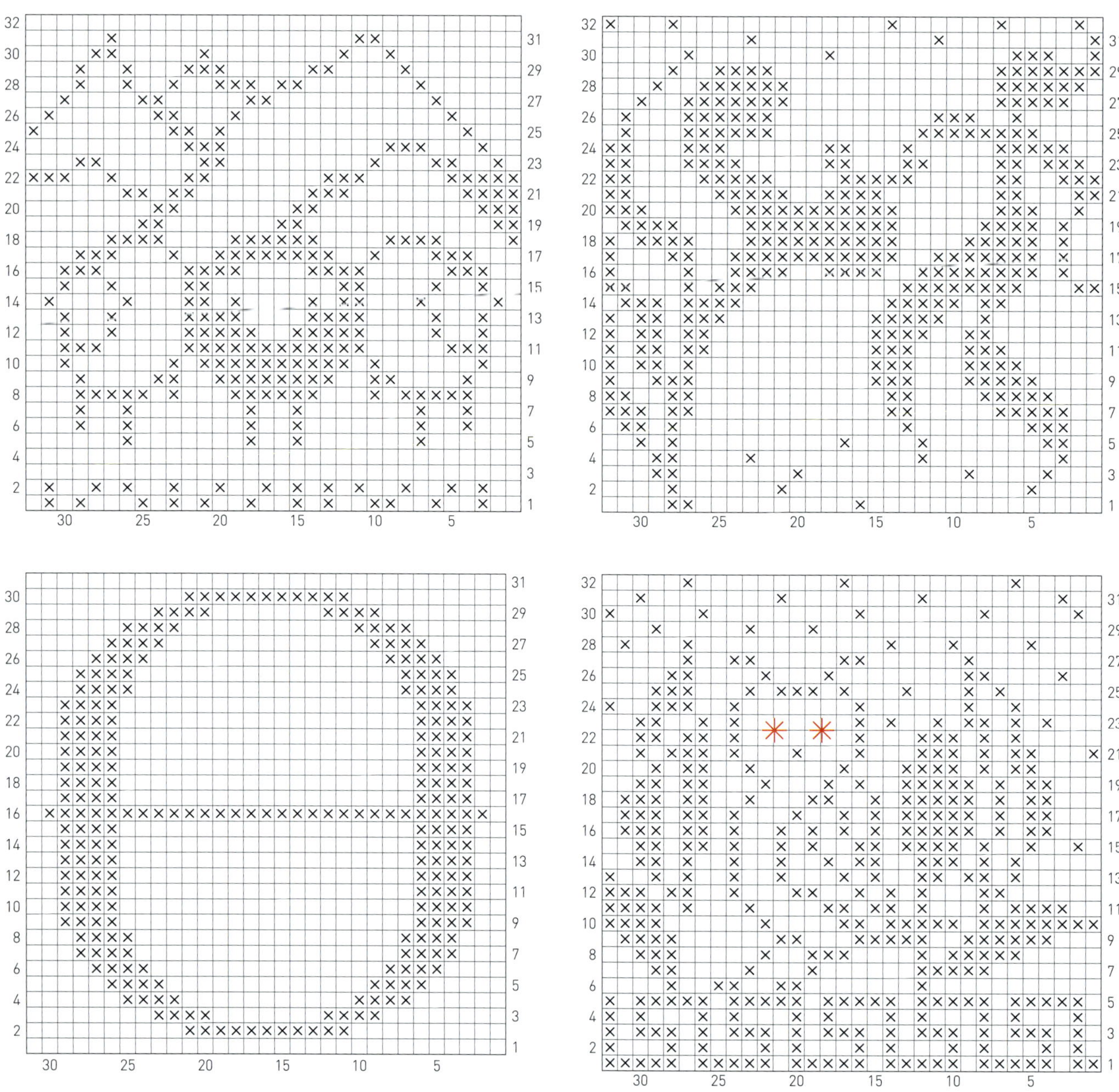

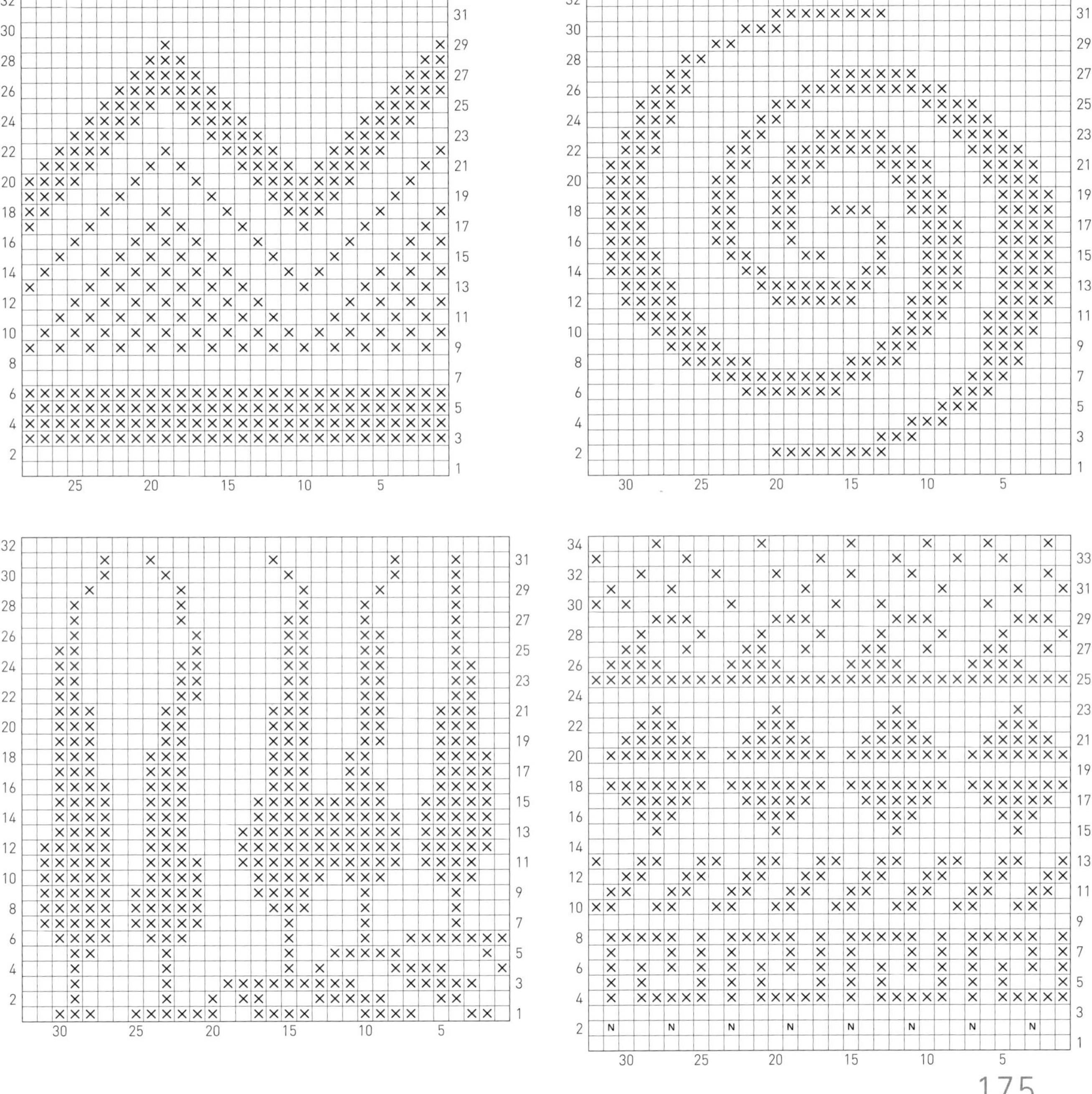

☐ = Grundfarbe Hellgrau

☒ = Musterfarbe Naturweiß

Rapport: 8 M, auf Quadrat mit 31 M beliebig anwenden

Rapport: 11 M, auf Quadrat mit 33 M Breite 3 × stricken

Rapport: 10 M, auf Quadrat mit 30 M Breite 3 × stricken

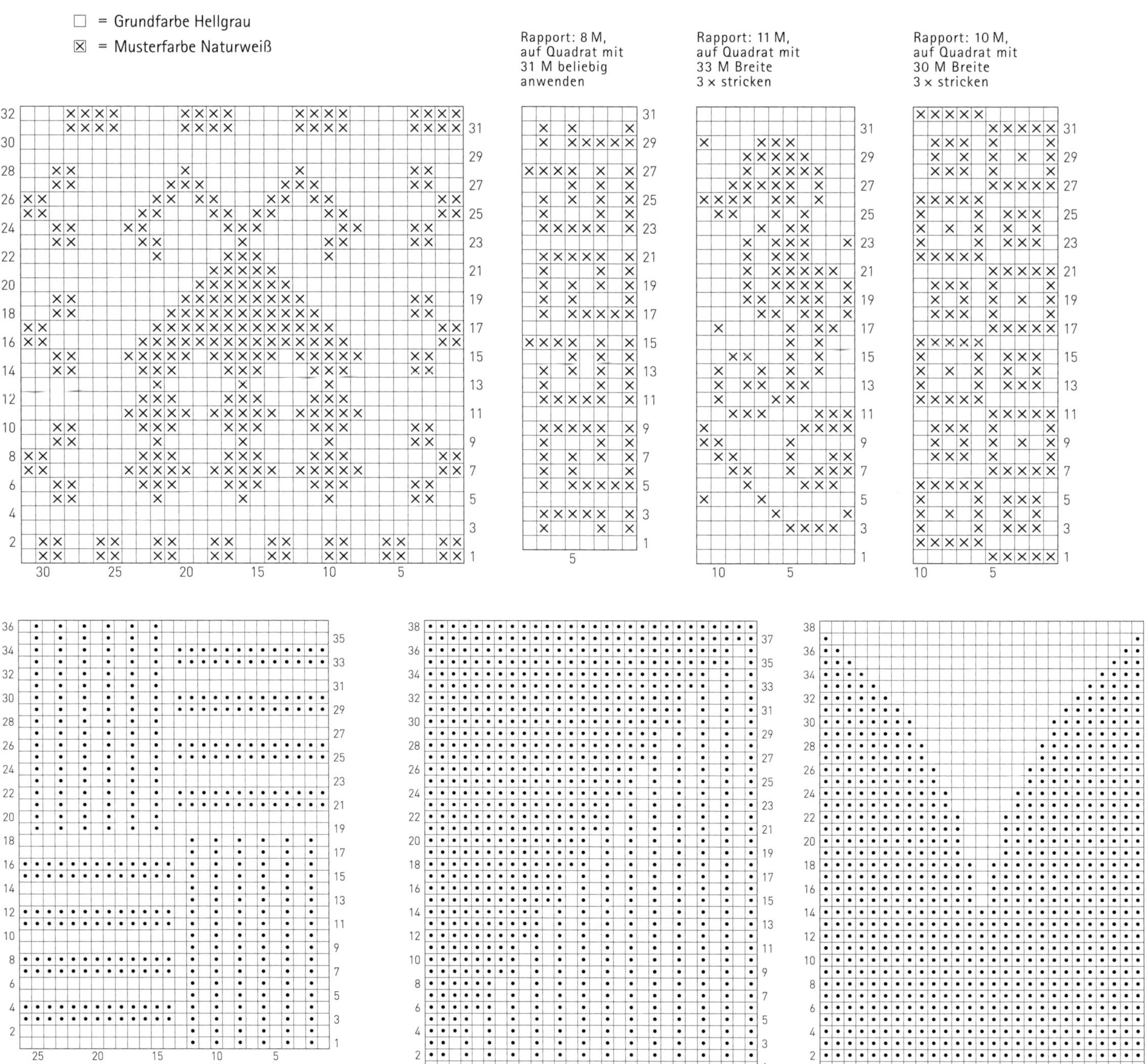

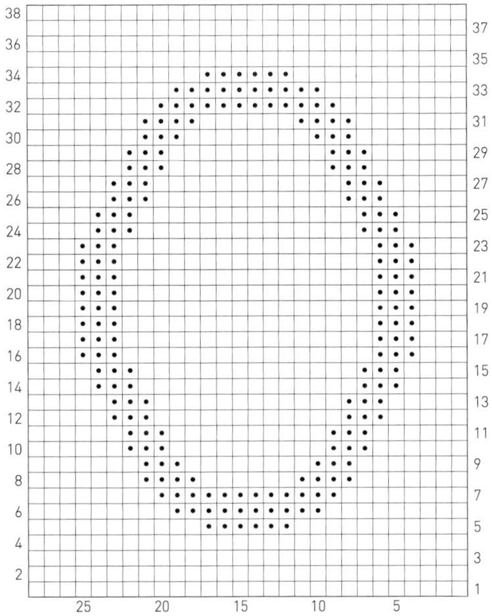

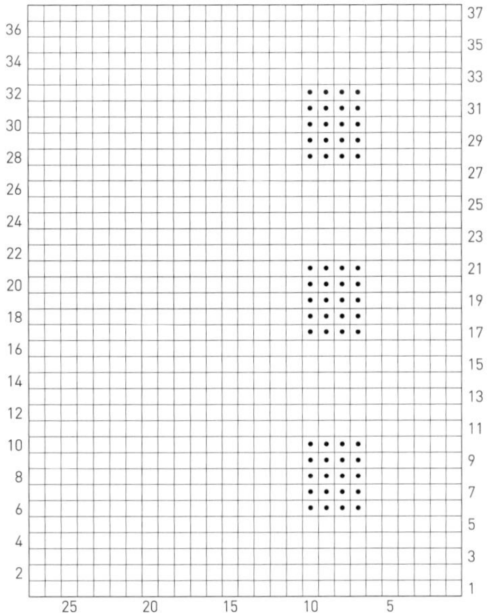

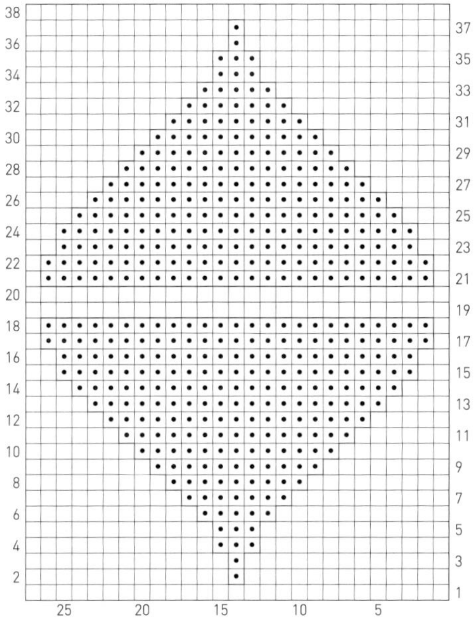

□ = 1 M re, in Rückr li str
⊡ = 1 M li, in Rückr re str

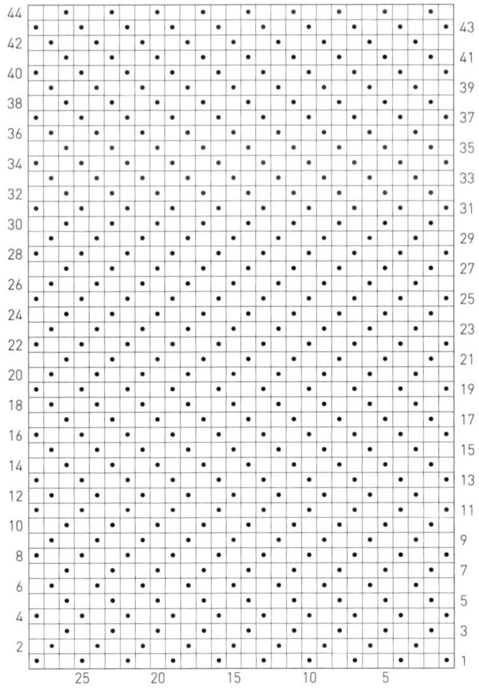

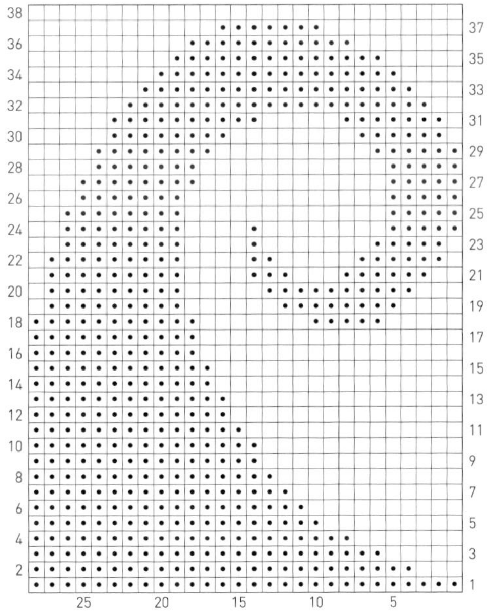

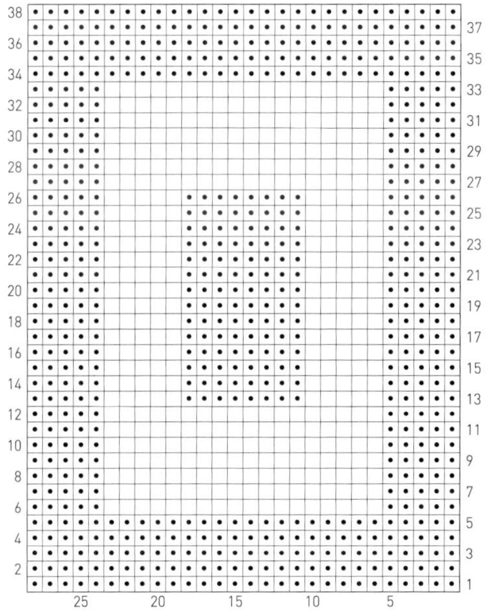

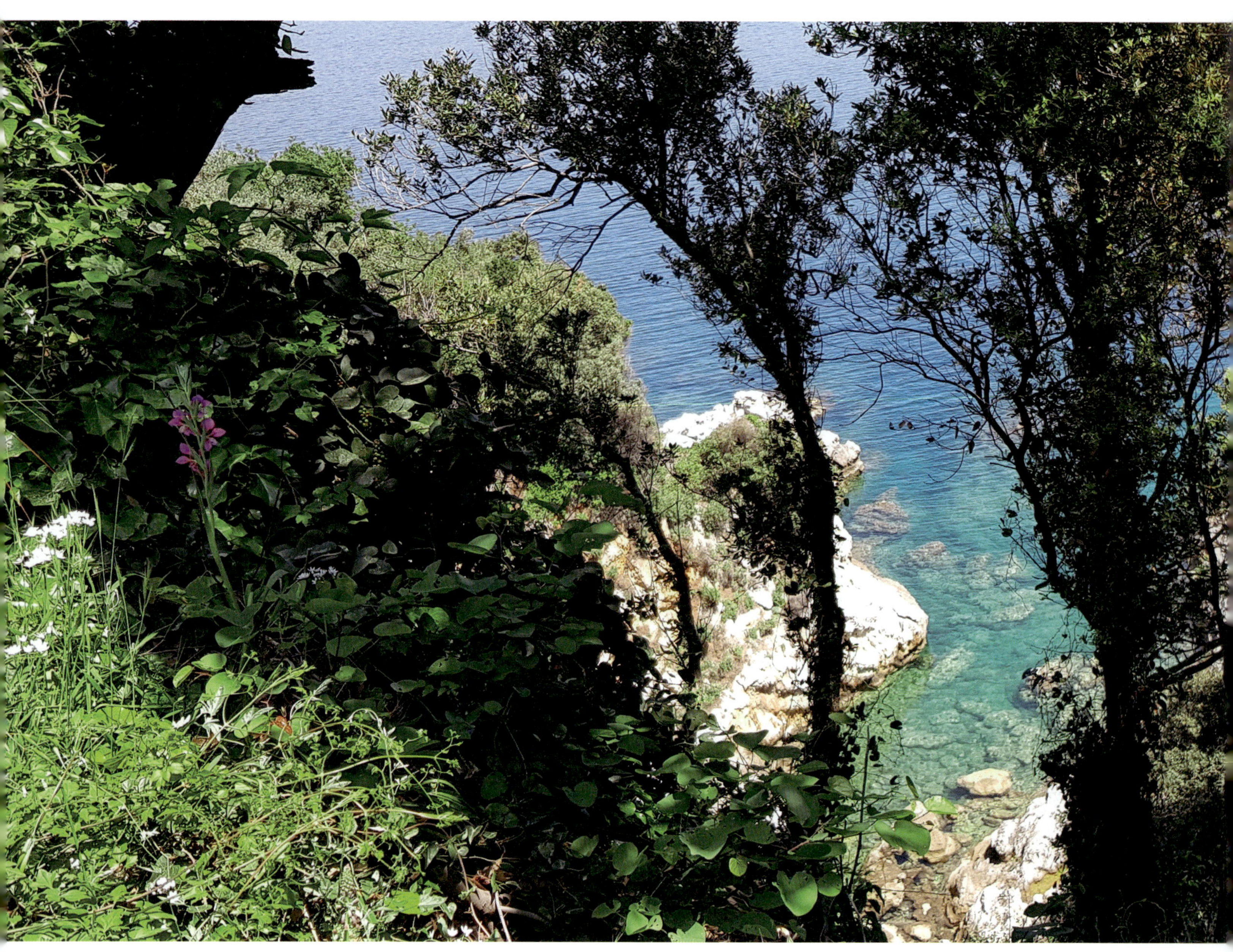

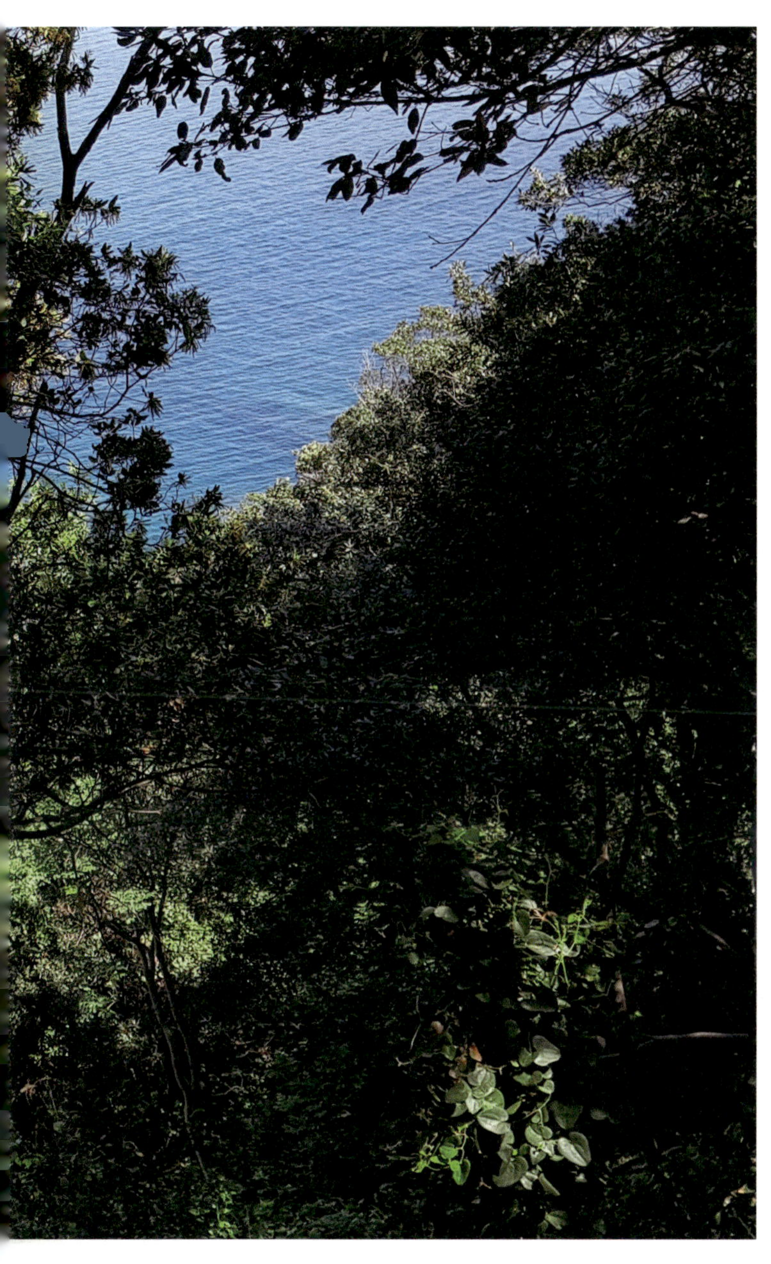

RÜCKFLUG

Ich fliege zurück über die Alpen mit Wolle, Fotos, Entwürfen und fertigen Strickstücken im Gepäck. Es ist eines jener Flugzeuge, in denen Speisen nur gegen Aufpreis angeboten werden, worauf ich wegen der Kürze des Fluges verzichte.

Neben mir sitzt eine ältere Griechin mit ihrem Mann. Ihr Flug war offensichtlich mit Verpflegung gebucht worden. Die Stewardessen verteilen das Essen an namentlich aufgerufene Passagiere, meine Sitznachbarin gehört dazu. Sie wartet mit dem Essen und als sie erfährt, dass ich keine Mahlzeit erhalten werde, wie ein Großteil anderer auch, will sie mir unbedingt ihre Portion abtreten. Ich lehne freundlich ab. Da entdeckt sie, dass eine alte Frau schräg vor mir auch ohne Mahlzeit dasitzt. Meine Griechin ist erst zufrieden, als ich auf ihr Bitten hin die alte Frau mit der Portion meiner Sitznachbarin versorge. Miteinander in einem Flugzeug reisen und dann nur Essen für Ausgewählte anzubieten war für sie unannehmbar. Erst durch das Weiterreichen ihrer Portion stellte sie die – vorher geteilte – Gemeinschaft wieder her.

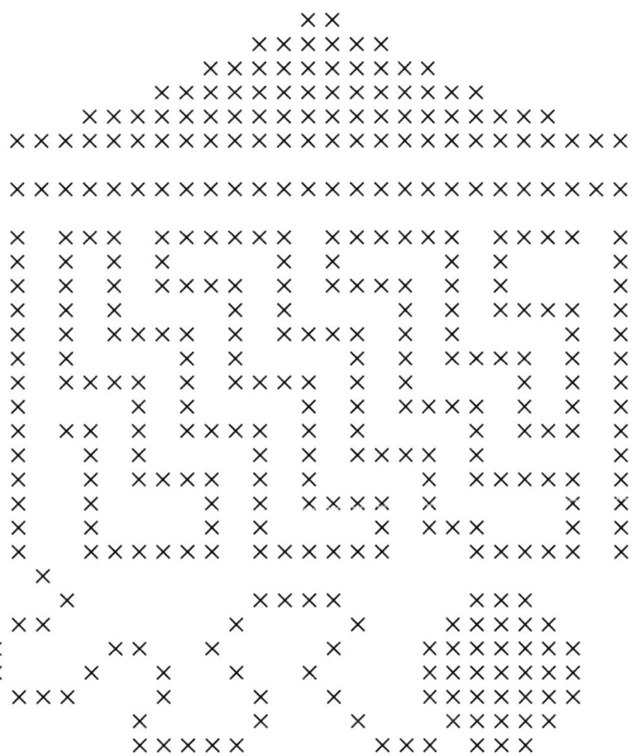

ARIADNES FÄDEN

Was verbinden wir mit Ariadnes Fäden? Den »Roten Faden« oder »in Fäden verstrickt« sein?
Erinnern Sie sich noch an die griechische Geschichte von Ariadne*? Wie war das noch-mal – damals auf Kreta?

Als Tochter des Königs Minos von Kreta weiß Ariadne, dass dem Ungeheuer im Labyrinth, genannt Minotaurus, alle sieben Jahre sieben Jungfrauen und sieben Jünglinge geopfert werden müssen. Jünglinge und Jungfrauen aus dem fernen, tributpflichtigen Athen, auf die das Los gefallen war.

Wieder sind sieben Jahre verstrichen. Das Schiff aus Athen legt an. Die Kreter empfangen die Ankömmlinge in allen Ehren, dabei wohlwissend, dass es für die jungen Menschen kein Entrinnen vor ihrem grausamen Schicksal geben wird. Nie zuvor war eine oder einer lebendig zurückgekehrt.

Ariadne zerreißt es schier das Herz vor Mitleid mit den jungen Athenern, die alle in ihrem Alter sind, aber hoffnungslos, in sich gekehrt und gesenkten Kopfes daherkommen.

Da fällt Ariadnes Blick auf einen der sieben Jünglinge, der so anders blickt, steht und geht: Alles im Wesen des jungen Athener Helden Theseus drückt Zuversicht, Entschlossenheit, Kraft aus, bar jeder Angst. Ihn traf kein Los, er selbst entschied sich dafür, Weggefährte der anderen zu sein.

Ariadnes Herz beginnt wild zu pochen und sie kann den Blick von Theseus nicht wenden. Sie liebt. Sie liebt brennend. Und sie kann es nicht ertragen, ihn, Theseus, seinem Schicksal zu überlassen. Wie kann sie nur helfen, das Unheil abwenden? Sie zermartert sich das Hirn und denkt daran, dass das Labyrinth von seinem Erbauer Dädalus so vollkommen angelegt worden ist, dass nicht einmal dieser selbst herausfinden würde.

Ein rettender Einfall blitzt in ihr auf, so einfach wie genial: Sie überreicht ihrem geliebten Theseus ein Wollknäuel, dessen Fadenbeginn sie selbst in der Hand behält. Dann weist sie Theseus an, beim Hineingehen in das Labyrinth den Faden abzuwickeln, dabei aber niemals das Knäuel aus der Hand zu lassen. Nur so würde er zu ihr zurückkehren können.

Theseus dringt mit Ariadnes Knäuel ins Innerste des Irrgartens vor, er bezwingt kämpfend das Ungeheuer, er folgt dabei stets dem aus der Liebe geborenen Rat Ariadnes und kehrt – lebendig – zu ihr zurück.** Und mit ihm die übrigen Jünglinge und Jungfrauen.

Die griechische Mythologie erzählt uns noch viele Geschichten über Ariadne und auch unterschiedliche Versionen über ihren weiteren Lebensweg. Ältere und jüngere Ariadne-Sagen stimmen aber stets darüber ein, dass sie es war, die mit ihrem Weg weisenden Wollknäuel dem Helden Theseus die Rückkehr aus dem Labyrinth ermöglichte, ihn dem sicheren Verderben durch Verirrung im Bauwerk entriss.

Konnten Sie Ariadnes Faden oder Fäden im Buch aufspüren? Ganz konkret oder eher metaphorisch?

Wenn Sie zur Frühlingszeit den nächtlichen Sternenhimmel betrachten und dabei ostwärts schauen, dann leuchtet Ihnen auch heute noch Ariadnes Sternenkranz als »Nördliche Krone« entgegen.

*Ariadne bedeutet »die Hochheilige« und wird in Griechenland auch heute noch als Mädchenname gewählt.

**Ariadnes Orientierungshilfe wird ebenso von Höhlenforschern unserer Zeit in Anspruch genommen.

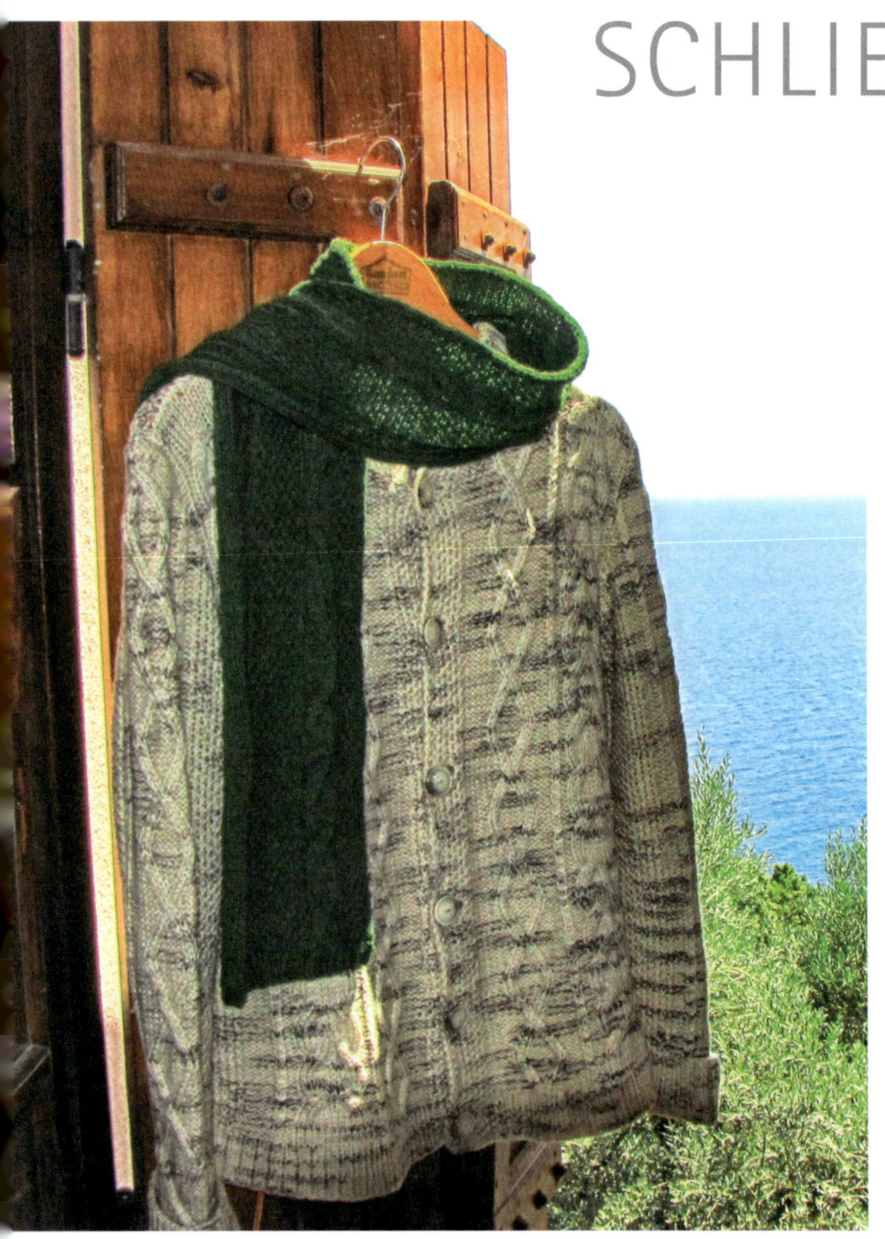

SCHLIERSEEJACKE

EINE HOMMAGE

Am Anfang war sie verschmäht worden. Eine Frau aus Schliersee ließ ihrem Mann von einer ortsansässigen Strickerin eine Jacke anfertigen. Dem Mann gefiel sie nicht, vielleicht war sie ihm nicht traditionell genug. Die Frau bot die Jacke zum Verkauf an. Meinem Mann würde sie gefallen, vermutete ich und erwarb das gute Stück, das mir so etwas wie Ehrlichkeit signalisierte. Mein Mann freute sich tatsächlich sehr über die Jacke, denn sie erinnerte ihn an die Alpengegend, in der wir so gerne gelebt hatten.

Mit ihren Metallknöpfen und der geflammten Wolle zeigte sie zwar unzweideutig ihre bayerische Herkunft, von spektakulärem Auftreten konnte aber keine Rede sein. Die Jacke war eher bescheiden, erreichte aber doch, überall hin mitgenommen zu werden. Und nach und nach machte sie sich unentbehrlich.

Unter dem ungefütterten Dufflecoat getragen, wärmte sie meinen Mann im kalten Berliner Winter, sie durfte stets mit auf die langen Reisen nach Griechenland und sie versah unter'm Friesennerz auf feuchtkalten Segeltouren bessere Dienste als die üblichen superwash Marinejacken im Patentstrick. Auch ich trage sie gern zur Gartenarbeit, zum Schneeschippen, auf Spaziergängen im Frühling oder Herbst. Weil sie sich so beliebt machte, muss die Jacke nicht zusammengefaltet mit anderen Jacken und Pullovern im Schrank vor sich hin dämmern. Nein, sie liegt stets im Zentrum des Hauses über eine Sessellehne gebreitet, ist somit immer parat und bekommt alles mit.

War meine wärmebedürftige Mutter zu Besuch, griff sie nach der Jacke, aber auch andere Hausbesucher und Familienmitglieder tun es ihr nach.

Nach zwanzig Jahren Lebensdauer fragte einer unserer Söhne, ob er die Schlierseejacke zum Studium nach München ausleihen dürfe. Dort wurde sie an rauhen Wintertagen mit einem in Europa etwas auffälligen, sibirischen Tungusenhut kombiniert. Die Jacke nahm's nicht krumm. Sie war ja mittlerweile welterfahren; außerdem passten Farbe und Wärmefaktor von Jacke und Hut exzellent zueinander.

Nach fünfundzwanzig Jahren Lebensdauer schnitt ich die schweren Metallknöpfe ab, da deren Gewicht die Jacke an der Knopfleiste zu sehr nach unten zog. Ich nähte zum Entsetzen meiner Kinder neutrale Knöpfe an. Ein Sohn drohte gar, dass er die »kastrierte« Jacke nun nicht mehr anziehen werde, was er Jahre später zu meinem Amüsement doch wieder wagte.

Nach dreißig Jahren Lebensdauer hatte sie verschiedene Moden erlebt und überlebt, von oversize bis hauteng. Ihr Selbstwertgefühl hat nicht darunter gelitten; sie blieb sich ihrer Qualitätsmerkmale einer geliebten, zeitlosen Jacke bewusst.

Dass wir sie in nunmehr fünfunddreißig Jahren nie schonten, sie etwa auf Wanderungen durch Gestrüpp und Dornen führten, lässt sie sich nicht anmerken. Ja, es ist geradezu phänomenal: Sie sieht nicht abgetragen aus, schon gar nicht schäbig, nicht ausgeleiert, sie hat keine durchgewetzten Ellbogen, keine Löcher und keine Flecken, ist farbfrisch wie eh und je. Lediglich an den Innenseiten der Ärmel wird die Wolle etwas glänzend und schütter. Das fällt aber offenbar nur mir auf. Denn auch in vorgerücktem Alter erntet die Jacke immer wieder Komplimente. Erst vor zwei Wochen sprach mich eine Kassiererin im Supermarkt an: »Sie haben aber ein schönes Jäckle an! Haben Sie das selbst gestrickt?« Da staune ich innerlich und frage mich natürlich, was zusammenkommen muss, damit ein Strickstück in so großem Maße gelingt.

Was wäre ich froh, wenn meine gestrickten Sachen nach fünfunddreißig Jahren auch noch Komplimente erhielten.

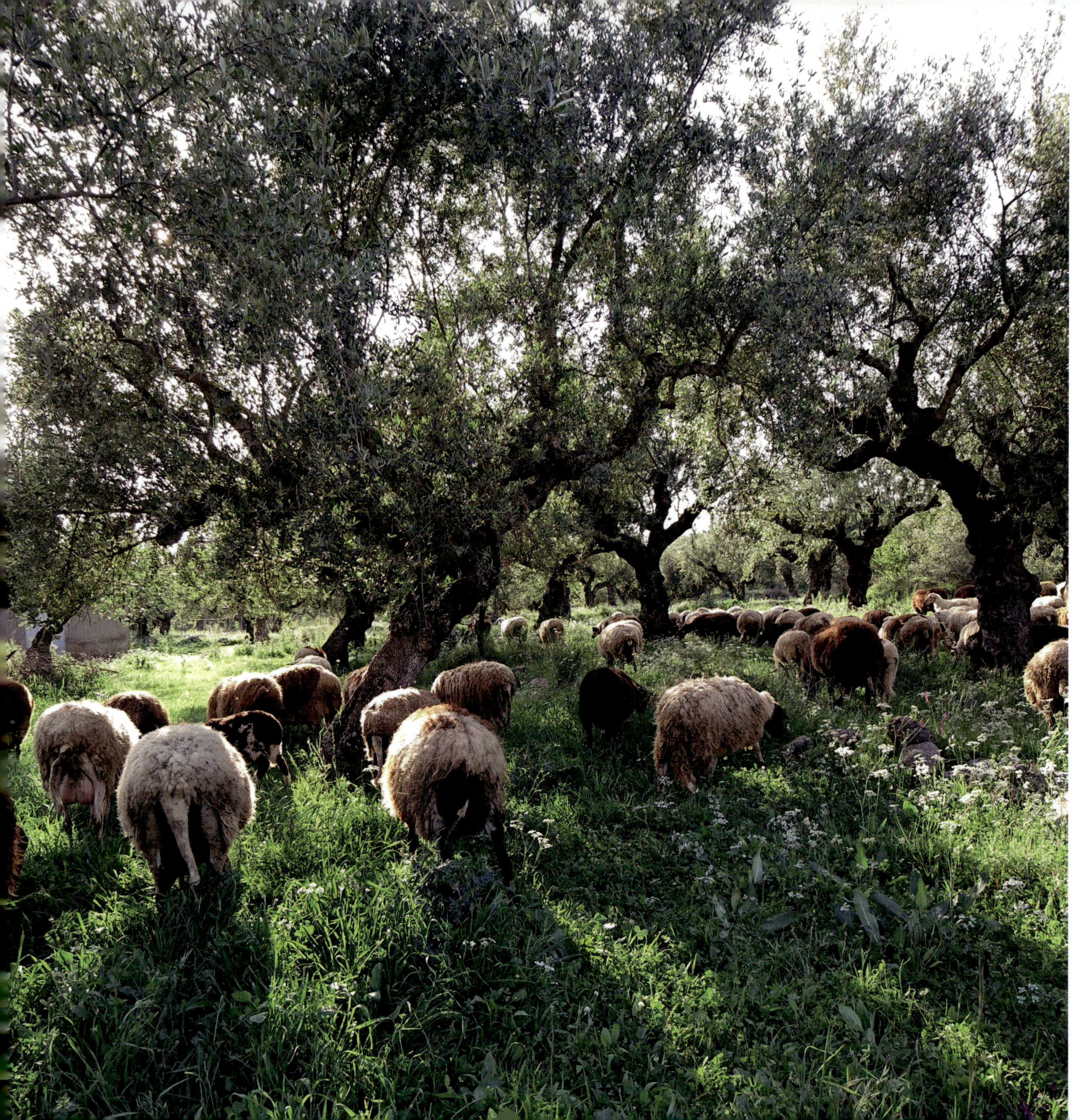

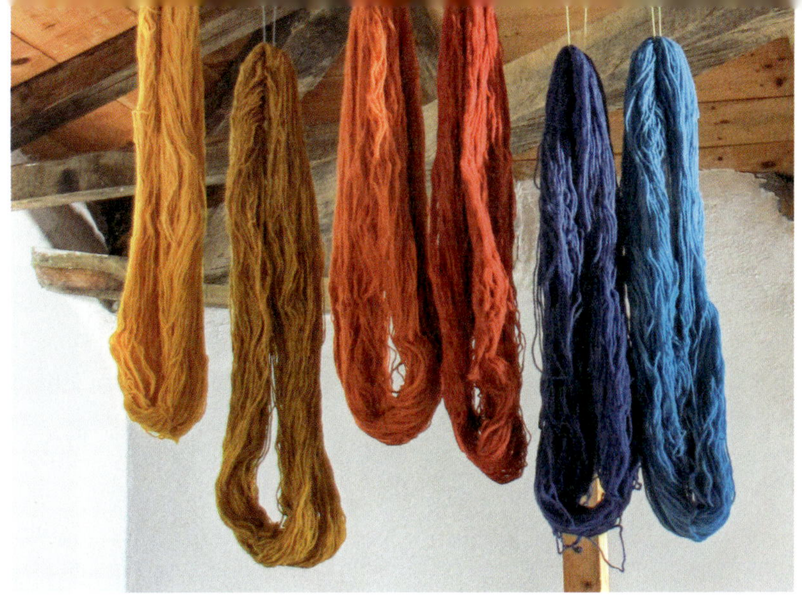

NACHHALTIGKEIT

ODER: VOM SCHAF ZUM PULLOVER

Lebendig oder geschlachtet beschenkt das Schaf uns reich: Lebendig mit Wolle, Milch und Schafskäse, danach mit Schafspelz und Fleisch, mit Knochen für die unverzichtbare Brühe der griechischen Ostersuppe, mit Gedärmen, die oft als Behältnis für Wurst, Wein u.a. Verwendung fanden oder finden. Und letztlich wurden auch die Hörner mancherorts zu Knöpfen verarbeitet oder als Musikinstrumente eingesetzt. Außerdem: Da, wo heute das Gras in Olivenhainen mit dem Motormäher gemäht und der Dünger für die Bäume gekauft wird, hielten früher die Schafe das Gras kurz und nebenbei düngten sie den Boden. Das Schaf – ein Paradebeispiel für Nachhaltigkeit.

So lebten die Menschen schon lange vor Abrahams Zeiten mit und von den Schafen. Als nach dem Zweiten Weltkrieg der Hunger gegenwärtig und die Ressourcen knapp waren, erinnerten sich ein junger Zimmerherr und seine Zimmerwirtin am Rande einer Großstadt an Abraham und seine Schafe: Was für ein lang anhaltender Segen, wenn sie bei einem Bauern ein Schaf kauften, es schoren, zu Hause schlachteten und restloser Wertschöpfung zuführten? Sie waren beide geschickt und so setzten sie den Plan in die Tat um. Nichts Außergewöhnliches, meinen Sie? Für einen wie Abraham natürlich nicht. Die Sache war nur, dass kurz nach dem Krieg Lebensmittel rationiert waren und nur gegen Marken gekauft werden durften. »Individuelles« Kaufen oder Schlachten war streng verboten. Hinzu kam, dass der Gatte der Zimmerwirtin das Amt des Ortspolizisten versah, damals »Schutzmann« genannt. Nein, er versah es nicht, er füllte es vielmehr restlos aus und eigentlich blieb von Schutzmann Schmid gar keine Privatperson Schmid mehr übrig. Und ausgerechnet in seinem Haus schoren und schlachteten der dreiste junge Zimmerherr und des Schutzmanns ungehorsame Frau nachts ein Schaf im Keller!

Zum Glück hat es niemand erfahren. Nur ich weiß es noch – und Sie jetzt auch. Woher ich's weiß? Der junge Zimmerherr war mein Vater und den unvergleichlich warmen Rippen-Pullover aus der Wolle des seligen Schafes trug zuerst er, danach mein Bruder, dann ich. Sogar für meine Kinder blieb noch Wolle übrig, die ich an einem Pullöverchen einsetzte – genau genommen Komplizenschaft bis ins dritte Glied.

In knappen Zeiten besinnt man sich oft auf brauchbare alte Techniken und so fanden sich damals – im Tausch gegen Warenanteile – verschiedene Frauen im Ort, die den einen oder anderen Schritt von der frisch geschorenen Wolle bis zum fertigen Pullover übernahmen – natürlich unter strikter Verschwiegenheit.

Und wie sehen die Schritte der Wollverarbeitung – damals wie heute – nun aus? Hundertprozentige Schurwolle, das heißt vom lebenden Schaf geschorene Wolle, will zuerst sortiert werden. Hals, Schulter und Seiten des Schafes schenken die beste Wolle. Stark verschmutzte Partien von Bauch, Beinen und Schwanz werden aussortiert. Nun folgt das Waschen und Trocknen der Rohwolle, die ab dann als Waschwolle bezeichnet wird. Bevor diese zu einem Faden versponnen werden kann, muss sie zuvor kardiert, das bedeutet gekämmt werden. Nach diesen Grundschritten kann bereits das Pulloverstricken beginnen. Findet die Verarbeitung der kardierten Wolle aber nicht am Spinnrad, sondern in einer Spinnerei statt, so werden die versponnenen Fäden meist zusätzlich verzwirnt, also miteinander verdreht, um größere Stabilität zu erhalten. Soll der Wunschpullover Farbe bekennen, muss der Zwirn noch ins Farbbad oder in die Wollfärberei, bis – endlich – mit dem Stricken begonnen werden kann.

Schurwolle erfährt oft sogenannte Ausrüstungen, das heißt, sie wird zum Beispiel chemisch vor Mottenfraß geschützt oder gegen das Verfilzen oder Kratzen behandelt. Wer Schurwolle in Superwash-Qualität kauft, sollte wissen, dass die Wolle dafür meist mit einer Kunstharzschicht ummantelt wird. Oft wird Schurwolle zusätzlich mit günstigen Kunstfasern, etwa Polyester, vermischt, welches zum überwiegenden Teil aus Erdöl besteht. Beim Waschen von Polyester-Strickstücken gilt es zu bedenken, dass bei jedem Waschgang kleine Mengen von Plastikpartikeln in den Wasserkreislauf gelangen. Von Meerestieren aufgenommen landen diese Partikel früher oder später wieder auf unserem Esstisch.

NATURWOLLE

Ich mag natürliche Schafwolle, die nur die notwendigen Arbeitsschritte durchlaufen hat wie Waschen, Kämmen, Spinnen und wahlweise umweltschonendes Färben. Mehr nicht. Nur dann kann das Naturgeschenk Wolle seine überragenden Textileigenschaften in vollem Umfang wirken lassen. In naturbelassenen Wollsachen fühle ich mich stets beheimatet und behütet.

Ich mag selbst den typischen Schafwollgeruch, ich mag die Weichheit, die Wärme und die feinen Farbschattierungen. Mir behagt die Gewissheit, dass der Werkstoff Wolle immer wieder auf dem Rücken des Schafes nachwächst und das ausgediente Strickstück eines Tages kein problematischer Abfall sein wird, sondern unbedenklich verrotten darf, so wie Rohwolle auch als Dünger eingesetzt wird.

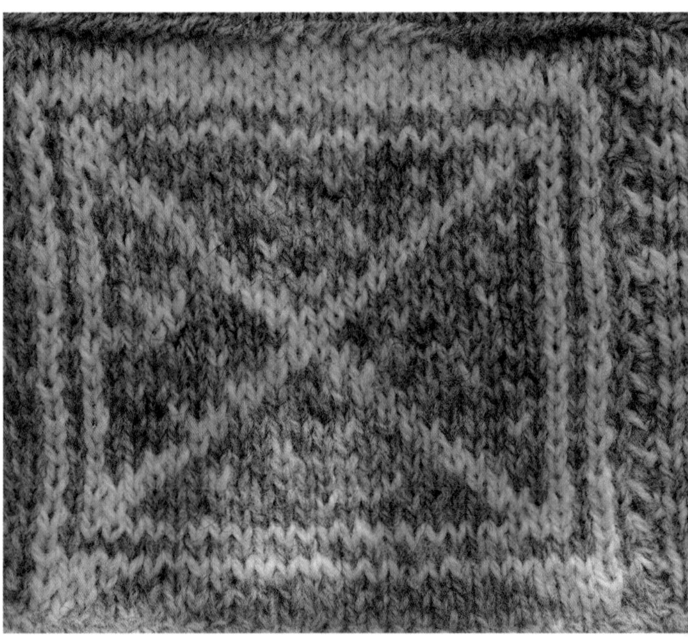

Meine Sympathien für unverfälschte Wolle sind nicht aus der Luft gegriffen, denn: Wie kein anderes Textilmaterial isoliert Wolle gegen Kälte und Hitze zugleich. Als Eiweißfaser ist sie unserer Haut verwandt. Wolle ist imstande, unsere Körperfeuchtigkeit aufzunehmen und an die Umgebung abzugeben. Andererseits lässt sie Wassertropfen und Schmutz von außen kaum in die inneren Fasern eindringen; Wassertropfen perlen ab, Schmutzpartikel brauchen oftmals von der Außenschicht nur abgebürstet werden. Schafwolle wird – im Gegensatz zu Baumwolle – nicht von Bakterien besiedelt und muss selten gewaschen werden. Wolle ist zudem atmungsaktiv, kann Körperschweiß neutralisieren und regeneriert sich hervorragend durch Lüften, etwa über Nacht. Wolle ist obendrein leichter als Baumwolle, knitterarm und – langlebig.

SELBST ENTWERFEN

ODER: MIT LÖCHERN SCHREIBEN, MIT LINKEN MASCHEN ZEICHNEN UND MIT FARBE MALEN

Wem rechte und linke Maschen flott von der Nadel gehen und wer vielleicht das eine oder andere Muster ausprobiert hat, will sicher früher oder später eigene Muster entwerfen, etwa als waagerechte oder senkrechte Bordüre, als Einzelmotiv oder als Flächenmuster.

Aus den schier unerschöpflichen Gestaltungsmöglichkeiten möchte ich drei einfache Techniken vorstellen, die Sie zum Experimentieren einladen mögen:

Das Entwerfen von Lochmustern nenne ich »mit Löchern schreiben«, das von Reliefmustern im Rechts-Links-Strick nenne ich »mit linken Maschen zeichnen« und das von Jacquardmustern nenne ich »mit Farbe malen«.

Grundsätzlich gilt für alle drei Techniken, dass Sie die Anregung zu Ihrem Entwurf keinesfalls von textilen Vorbildern herleiten müssen wie Gestricktem, Gewebtem, Gesticktem oder Geknüpftem. Jede Form oder jedes Muster im Sand, auf oder im Holz, auf Stein, Papier, Leder, Keramik, Eisen oder Blech, auf Blüten und Blättern und auch Gebärden von Pflanzen, Tieren, Menschen und Dingen können Ausgangspunkt für Ihren Entwurf sein. Zudem Stimmungen, Märchen, Gedichte, Literatur, Gemälde, abstrakte Begriffe usw.

Nehmen wir an, Ihnen ist unterwegs eine hübsche Weinbergschnecke über den Weg gelaufen oder Ihnen fällt eines morgens auf, wie einfach und schön doch die Blätterbordüre auf Ihrer Frühstückstasse ist. Sie möchten Schnecke und Blätter gerne stricken und haben vielleicht schon eine Bleistiftskizze angefertigt. Als direkte Strickvorlage brauchen Sie aber ein Zählmuster oder eine Strickschrift auf Karopapier. Und hier, auf dem Karopapier erweist sich dann, was von Ihrer Skizze umsetzbar ist oder nicht, welche Details Sie besser weglassen. Es gilt, das Grundsätzliche einer Form herauszuarbeiten, für Feinheiten steht oft kein Platz zur Verfügung. Bedenken Sie, dass die kleinste Einheit beim Stricken die einzelne Masche ist, die eine Grundfläche als Platz, also ein Karokästchen, für sich beansprucht und nicht nur ein Bleistiftpünktchen oder ein dünnes Pinselstrichlein, wie in der Malerei. Viertelmaschen – entsprechend Viertelkästchen – oder halbe Maschen – entsprechend halben Kästchen – gibt es nicht. Nochmals: Ein Karopapier-Kästchen steht für eine Masche. In der Realität ist eine

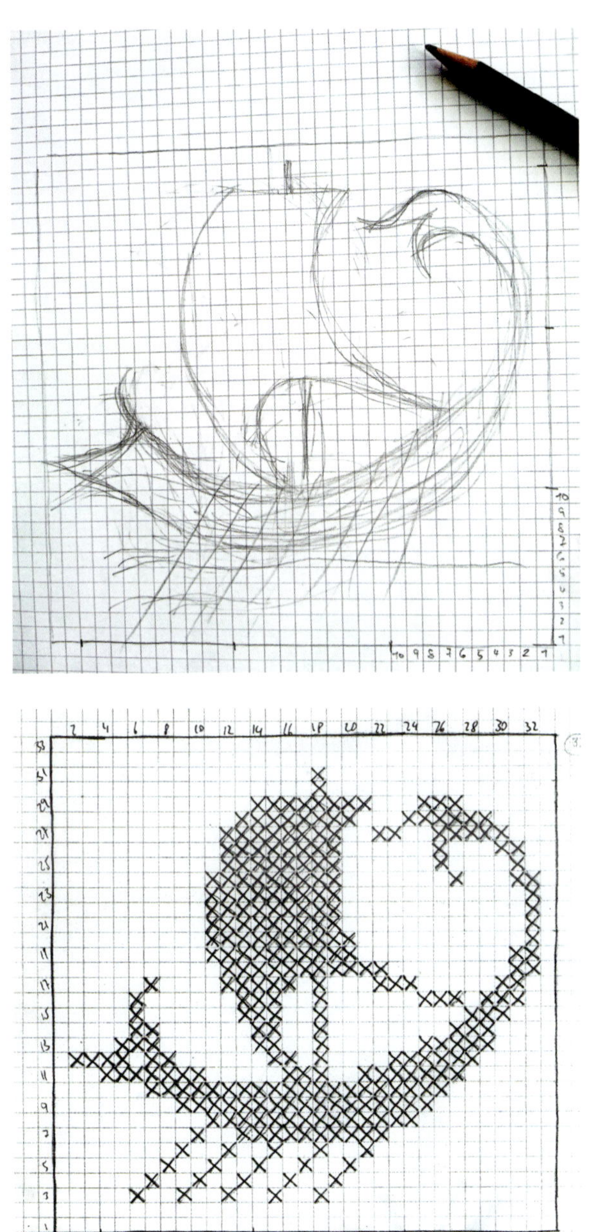

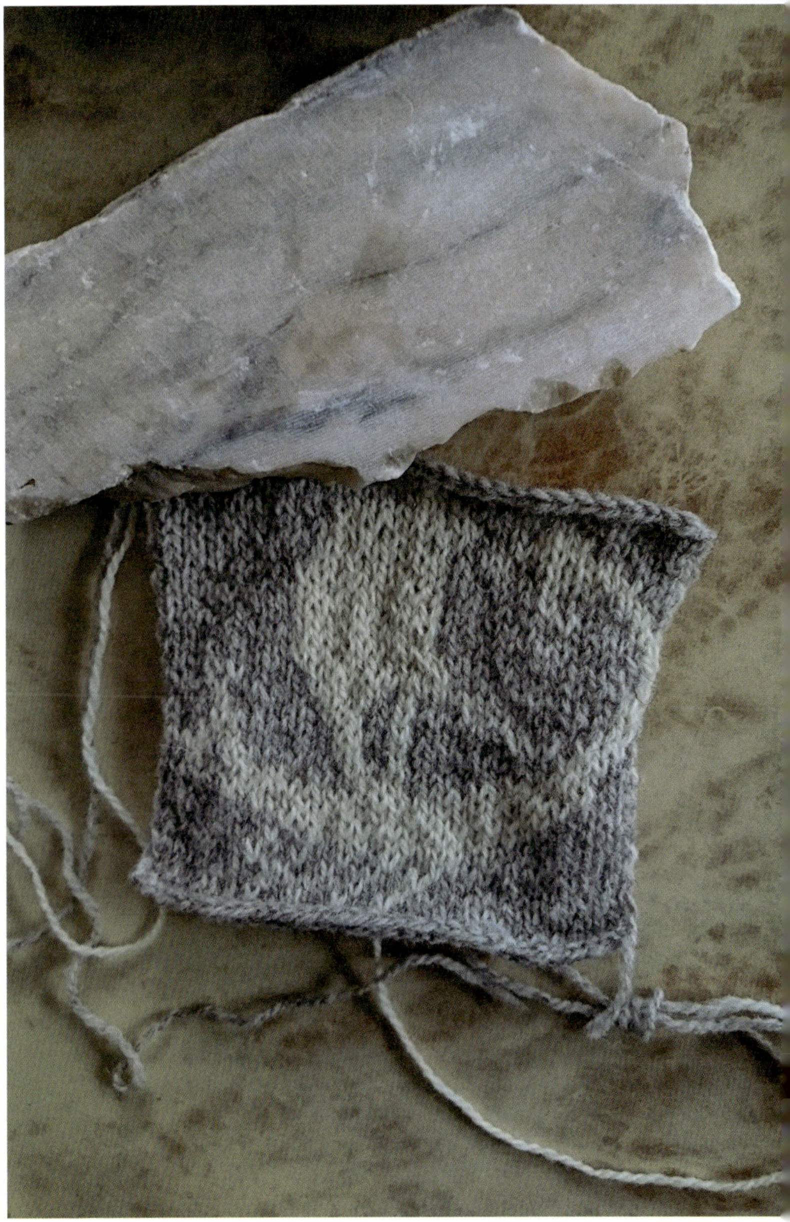

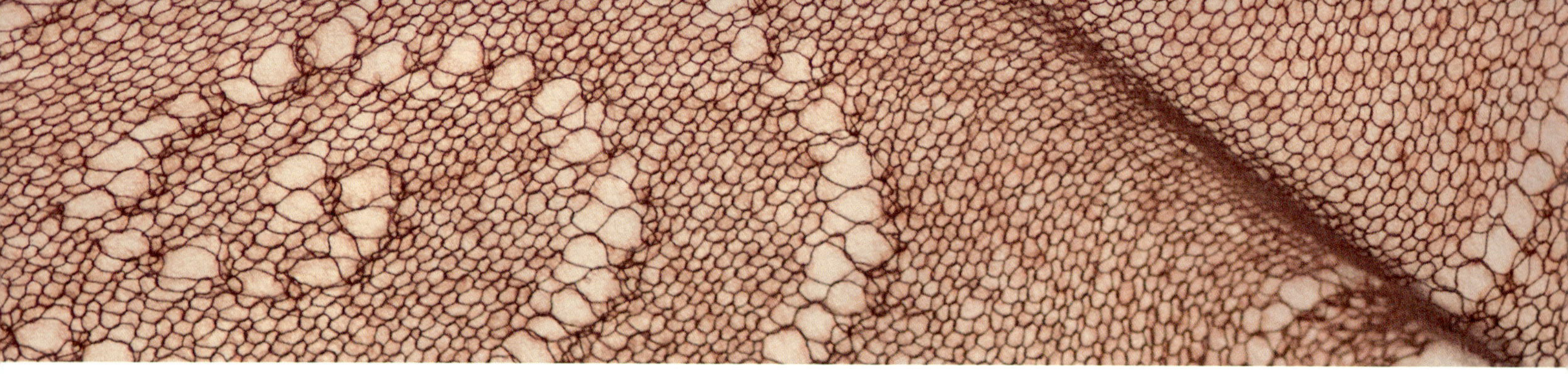

Strickmasche allerdings nicht exakt quadratisch, vielmehr etwas breiter als hoch. Diese Tatsache will beim Erstellen Ihrer Strickschrift auf gewöhnlichem Karopapier berücksichtigt werden. Aber keine Angst, Sie werden schnell Übung im »Strickschrift-Schreiben« gewinnen.

Welche Technik soll es nun sein für Schnecke, Blätter oder was immer Sie stricken wollen?

MIT LÖCHERN SCHREIBEN geht ganz einfach: Sie schreiben mit dem Bleistift – wie für Buchstaben – gerade, schräge oder gebogene Linien entsprechend Ihrer Wunschform auf Ihr Karopapier. Auf die Linie setzen Sie in gleichmäßigen Abständen – in jeder Hinreihe bei vertikalen Linien und in jeder zweiten Masche bei horizontalen Linien – Ihr Symbol für die Löcher. Ich verwende einen Kreis als Lochsymbol. Wenn Sie alle Lochsymbole gesetzt haben, zeigt sich Ihre Wunschform und die Bleistiftlinie kann weg radiert werden. Danach tragen Sie neben jedem Lochsymbol Ihr Symbol für die abgenommene Masche ein. Alle übrigen Maschen werden in der Hinreihe rechts gestrickt und in der Rückreihe links gestrickt – die Löcher werden jetzt sichtbar. Stricktechnisch wird das Loch durch einen Umschlag gebildet, also einer Maschenzunahme, die an anderer Stelle durch Zusammenstricken zweier Maschen wieder ausgeglichen werden muss. Wenn Sie die Spirale der Stola auf Seite 128 mit deren Strickschrift auf Seite 131 vergleichen, sehen Sie, dass die oval gezeichnete Spirale der Strickschrift letztlich eine runde Spirale am Werkstück ergibt.

Sie können das »Schreiben mit Löchern« auch wortwörtlich nehmen und wirkliche Buchstaben in Lochtechnik stricken. Gut geeignet wären Initialen am Ende eines Schals oder der Name eines Kindes auf seiner Babydecke.

Achten Sie beim Entwerfen darauf, dass nicht ein unübersichtlicher Wirrwarr von Löchern entsteht. Eine Linie oder Form soll klar erkennbar sein. Die Stola »Lebensspiralen« bezieht ihre elegante Wirkung aus der Reduzierung auf ein prägnantes Motiv und viel »ruhiger«, glatt rechts gestrickter Fläche darum herum.

Für eine optimale Wirkung Ihres Lochornamentes ist das Spannen und Anfeuchten Ihres Werkstücks unerlässlich. Löcher, aus zarten Lace-Garnen gestrickt, kommen besonders gut zur Geltung.

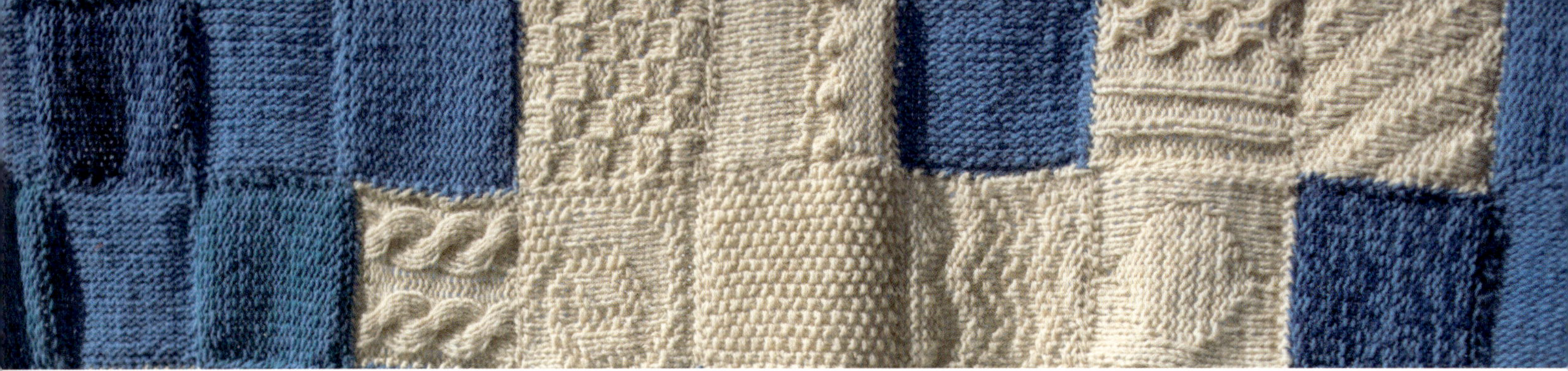

MIT LINKEN MASCHEN ZEICHNEN gelingt insbesondere auf flächige Weise wie etwa bei ausgefüllten Dreiecken, Kreisen, Blättern usw. Flächen von links gestrickten Maschen wirken als dezentes Relief, wie auf den naturweißen Quadraten der Decke »Neugier« auf Seite 44 zu sehen ist. Wenn Sie die Quadrate und ihre dazu gehörige Strickschrift betrachten, können Sie erkennen: Die linken Maschen auf glatt rechts gestricktem Grund geben den Ton an, bilden die Wunschform ab, genauso wie die Löcher das Ornament auf glatt rechts gestricktem Grund bei der Stola bilden. Bei beiden Techniken notiere ich zum klaren Erkennen der Strickschrift auf dem Karopapier *nur* die Symbole für die linken Maschen, den Punkt, oder nur die Symbole für die Löcher und Maschenabnahmen. Die Strickschrift zeigt also das Werkstück von der Vorderseite und setzt mein Wissen voraus, dass ich die übrigen Maschen in Hinreihen rechts stricke und in Rückreihen so, wie sie erscheinen. Bei beiden Techniken gilt wiederum: Eine Masche ist mehr breit als hoch. Wenn Sie zum Beispiel eine kreisrunde Form auf Ihrem Werkstück haben wollen, zeichnen Sie eine ovale Form auf das Karopapier. Bedenken Sie auch: Zu kleine und komplizierte Formen sind schwer zu erkennen. Betrachten Sie hierzu die Formen auf meiner Decke und ihre unterschiedliche Wirkung.

Zum Entwurfsmotiv kann alles in Ihrer Umgebung werden. Beim Zeichnen und Stricken der Deckenquadrate fiel mein Blick im Pilionhaus auf einen der Fensterläden, bestehend aus Nut- und Federbrettern. Gedanklich rutschte ich das obere Querbrett etwas näher zum unteren und schon war der einfache Rhythmus des Rechts-Links-Musters fertig. Wollte ich allerdings die markanten Schrauben des Fensterladens mit ins Muster einbeziehen, müsste ich eine andere Technik hinzuziehen: Die Noppe. Die Noppe ist sehr plastisch und hat den Vorteil, dass sie auf der Grundfläche von nur *einer* Masche einen solch dominanten Punkt bildet, für den ich im Rechts-Links-Strick weitaus mehr Platz für Maschen zur Verfügung haben müsste.

Die größtmögliche Wirkung Ihres Werkstückes erreichen Sie durch glattes, einfarbiges, helles Garn mit klarem Maschenbild (kein Mohair!), durch nicht zu lockeres Stricken und dem abschließenden Spannen und Anfeuchten.

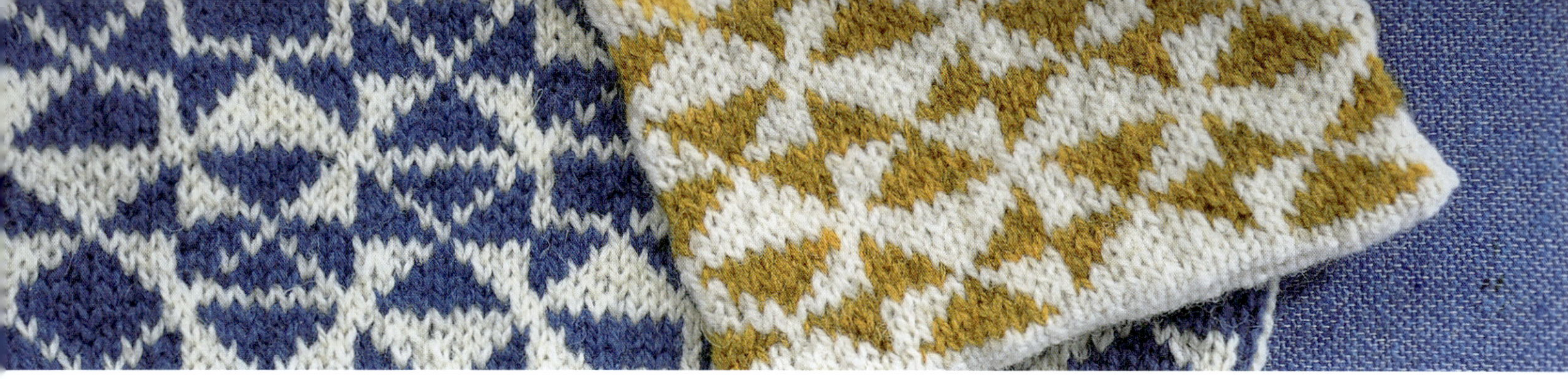

MIT FARBE MALEN, somit das Jacquardstricken, zählt zu meiner Lieblingstechnik, wie Sie unschwer beim Durchblättern des Buches feststellen konnten. Jacquardstricken ist viel einfacher, als man gemeinhin annimmt und ich mache es mir auch so einfach wie möglich, da ich nicht lebenslang an einem Werkstück tüfteln möchte. Nach dem Prinzip »weniger ist mehr« setze ich oft gezielt lediglich Bordüren an einem Modell ein, die auf »ruhigem« und einfach gestricktem Umfeld wirken. Außerdem arbeite ich gern nur mit der Mindestanzahl von Farben, nämlich zwei. Nie verwende ich mehr als zwei Farben in *einer* Reihe, was wenig Fäden vernähen bedeutet und meine Mobilität beim Stricken erhöht. Um das Risiko bei Großprojekten mit großem Rapport zu minimieren, erprobe ich das Muster an kleinen Projekten. Insbesondere aber stricke ich allermeist – bis auf kleine Strickproben – in Runden und nicht in Reihen.

Für meine Jacquardmuster verwende ich als Symbol ein Kreuzchen pro Masche und Zählmusterkästchen. Es gilt beim Entwerfen wiederum, das Charakteristische eines Motivs auf's Blatt zu bringen. Habe ich für mir Wichtiges zu wenig Grundfläche zur Verfügung oder will ich auf Details nicht verzichten, so muss ich auf andere Techniken, wie z.B. die des Stickens ausweichen. Vergleichen Sie dazu die gestickten Eulenaugen im Quadrat auf S. 168 und die gestickten Vogelfüße / der Schnabel im Quadrat auf S. 174 des Plaids »Schnee im Pindos«.

Farben und Formen bieten berauschend viele Möglichkeiten beim Jacquardstricken. Aber am Besten beginnen Sie zunächst mit wenig Farben, einem einfachen Motiv mit kleinem Rapport (Musterwiederholung) und einem kleinen Projekt, wie etwa einer Handyhülle oder Pulswärmern.

Es spricht aber auch nichts dagegen, alle besprochenen Techniken an ein und demselben Werkstück anzuwenden.

Um das Risiko vor Enttäuschungen klein zu halten, ist es gerade beim Selbstentwerfen unabdingbar, die Wollqualität, die Nadelstärke bzw. Maschenanzahl, die Farbzusammenstellung und das Muster an kleinen Probestückchen zu erkunden. Das Plaid »Schnee im Pindos« ist aus meinen Probestückchen entstanden. Aber Sie haben sicher noch viele andere Ideen für den Einsatz Ihrer Musterfleckchen.

HINWEISE

Meine Gewichtsangaben der Garne für die Modelle beziehen sich auf den *tatsächlichen* Verbrauch. So können Sie Ihre Wollvorräte gezielter einsetzen und mit gekauftem Garn besser kalkulieren. Dabei gebe ich stets die Gebindegröße/das Grundgewicht eines Garns an.

ICH STRICKE LOCKER!

Es ist also durchaus möglich, dass Sie dickere Nadeln als ich verwenden müssen, um das gleiche Ergebnis bei der Maschenprobe und letztendlich beim eigentlichen Strickstück zu erzielen.

JACQUARDMUSTER entstehen, indem mit zwei verschiedenen Farben gleichzeitig gestrickt wird und der aktuell nicht benötigte Faden locker auf der Rückseite der Arbeit mitgeführt wird (= Spannfaden). Strickt man nicht in Runden, sondern in Reihen, werden die Spannfäden in Hinreihen auf der Rückseite und in Rückreihen vor dem Strickstück mitgeführt.

Hat ein Faden über mehr als drei Maschen hinaus »nichts zu tun«, verkreuze ich ihn nach drei Maschen einmal mit dem Arbeitsfaden – zur Vermeidung zu langer Spannfäden.

Wichtig ist, die Spannfäden weder zu locker noch zu stramm mitzuführen. Dafür gilt es, ein Gefühl zu entwickeln. Es ist hilfreich, vor dem Farbwechsel immer wieder die zuletzt gestrickten Maschen auf der rechten Nadel auseinander zu schieben und so die richtige Fadenspannung zu erreichen.

Bei Jacquardmustern erscheint der Faden einer Farbe stets dominanter als der andere. Will ich erreichen, dass die Musterfarbe gegenüber der Grundfarbe dominiert, so nehme ich beim Wechsel von Grundfarbe zu Musterfarbe den Faden der Musterfarbe unter dem der Grundfarbe auf und umgekehrt: Beim Wechsel von der Muster- zur Grundfarbe nehme ich den Faden der Grundfarbe über dem der Musterfarbe auf.

Klingt komplizierter als es ist. Probieren Sie es aus – am Besten in Runden, da Sie sich auf diese Weise die Freude verschaffen, Ihr Muster (entsprechend dem Zählmuster) ausschließlich auf der Vorderseite zu betrachten und wachsen zu sehen. So ergibt sich auch eine bessere Fehlerkontrolle. Weitere Top-Argumente: Es werden nur simple, rechte Maschen gestrickt. Da es keinen Maschenwechsel von rechten und linken Maschen in Hin- und Herreihen gibt, entsteht ein gleichmäßiges Maschenbild. Bei einfarbigen Runden muss ich die zweite Farbe nicht mitführen, vielmehr wartet sie am Rundenende auf mich. Auch ein Zusammennähen von Nähten am Ende erübrigt sich.

Für offene Strickstücke, wie Jacken oder Decken, haben die Nordländer das Stricken mit Steek parat, eine Art Nahtzugabe, die nach Beendigung der Rundstrickarbeit aufgeschnitten und versäubert wird. Ich praktiziere das Steekstricken ebenso, siehe Decke »Akrotérion«, Decke »Choró« und Jacke »Athina«. Für den Steek werden am Anfang und Ende eines Rundenbeginns – zusätzlich zum Jacquardmuster – mehrere Maschen als Nahtzugabe gestrickt. Zur Sicherung der Arbeit bzw. der Maschen setzt man per Hand oder mit der Nähmaschine jeweils zwei dichte Nähte auf die »Nahtzugabe« und schneidet mit der Schere exakt zwischen den Nähten (= Rundenbeginn) auf. Die Schnittränder versäubere ich durch Umstechen mit doppeltem Wollfaden.

Unabhängig von den verwendeten Farben verwende ich im Zählmuster für die Musterfarbe stets ein schwarzes Kreuzchen, für die Grundfarbe stets ein leeres weißes Kästchen.

Bei Strickstücken im Glatt-Rechts-Strick in Kombination mit Jacquardbordüren stricke ich den Jacquard-Teil gerne mit etwas dickeren Nadeln, um die etwas geringere Elastizität des Jacquardgestricks auszugleichen, bzw. um dem Sich-Verengen des Jacquard-Teils entgegen zu wirken.

Nach einer Noppe stricke ich die folgende rechte Masche gerne verschränkt ab (dabei in das hintere Maschenglied einstechen), um die drohende Lücke besser zu schließen.

Nach Fertigstellung der Strickstücke achte ich auf sorgfältiges Vernähen der Anfangs- und Endfäden, damit sich bei intensivem Gebrauch der Teile nichts auflösen kann. Dazu gehört auch, dass man keinesfalls verknotete Fäden akzeptiert, vielmehr die Verknotung löst und vernäht.

Durch das Waschen der fertigen Modelle (mit wenig Wollwaschmittel, anschließend auf einem Handtuch liegend Trocknen) gleichen sich kleine Unregelmäßigkeiten im Gestrick oft aus. Insbesondere Lochstrick-Arbeiten, aber auch rechts-links gestrickte Teile wollen gespannt und angefeuchtet sein, damit das Muster zur Geltung kommt.

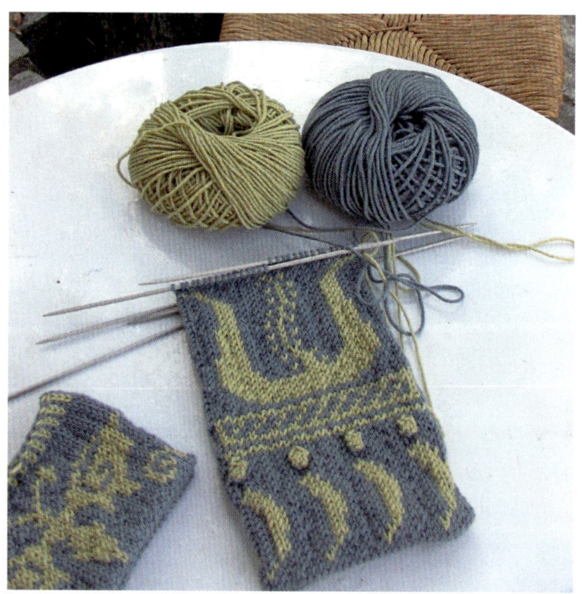

ABKÜRZUNGEN

abh	abheben
abk	abketten
abn	abnehmen
anschl	anschlagen
arb	arbeiten
Fb/fb	Farbe (n)
folg	folgende (n)
fortl	fortlaufend
fortf	fortfahren
forts	fortsetzen
gestr	gestrickt (e)
Grundfb	Grundfarbe (n)
Grundmu	Grundmuster
Häkelnd	Häkelnadel
Hinr	Hinreihe (n)
J	Jacquard
KM	Kettmasche (n)
li	linke (n, r, s)
LL	Lauflänge
LM	Luftmasche (n)
M	Masche (n)
MM	Maschenmarkierer
Mu	Muster
Mufb	Musterfarbe (n)
N	Noppe (n)
Nd/nd	Nadel (n)
Ndspiel	Nadelspiel
RM	Randmasche (n)
R	Reihe (n)
re	rechts, rechte (s, n)
Rd	Runde (n)
Rundnd	Rundstricknadel (n)
Rückr	Rückreihe (n)
str	stricken
Strnd	Stricknadel (n)
U	Umschlag/Umschläge
verkr	verkreuzt (e), verkreuzen
weiterarb	weiterarbeiten
weiterstr	weiterstricken
wdh	wiederholen
Wollnd	Wollnadel
Z-Mu	Zählmuster
Zopfnd	Zopfnadel
zun	zunehmen
zus	zusammen
zusgestr	zusammen gestrickt (e, en)
zusstr	zusammenstricken

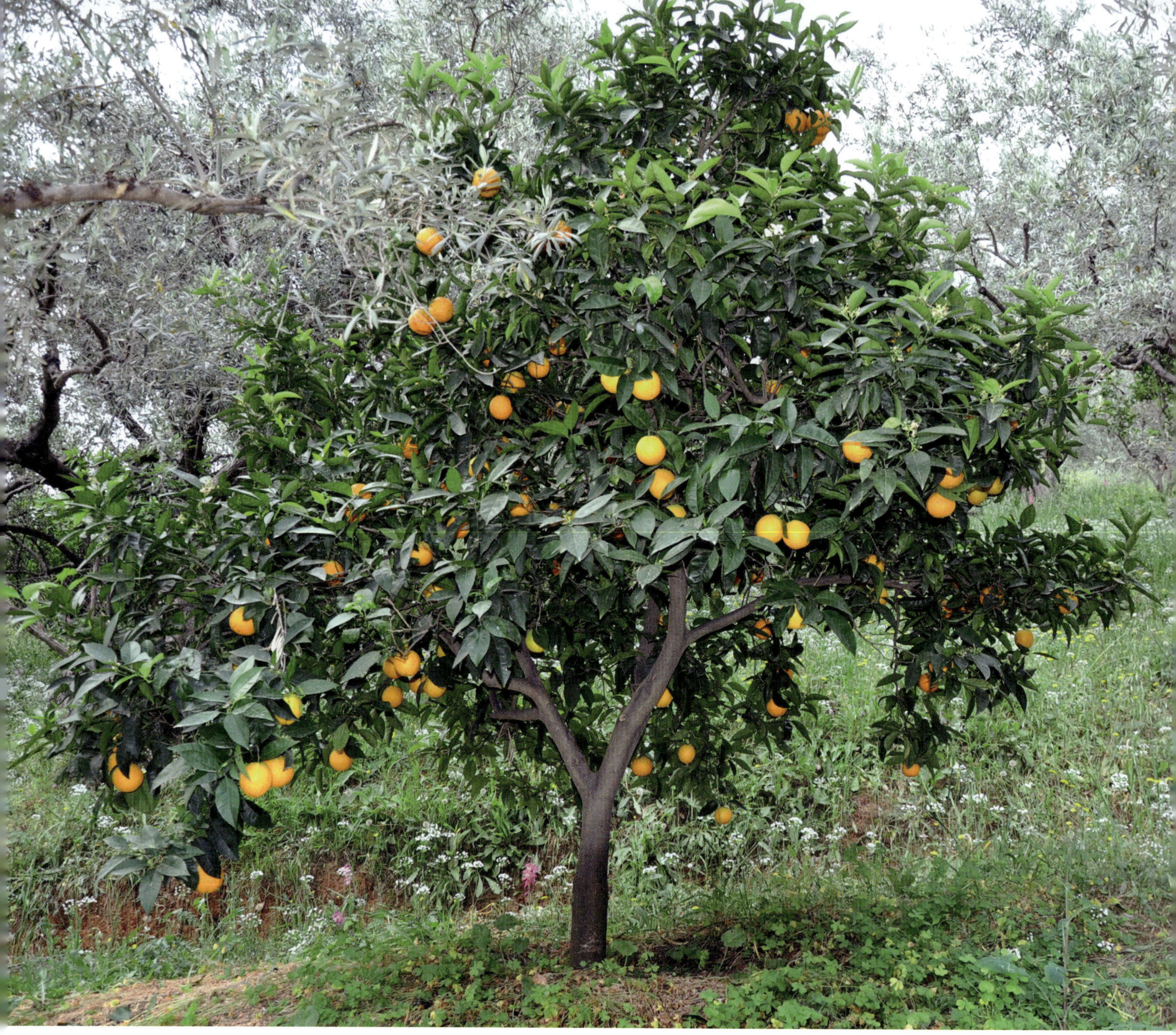

DAS STRICKEN UND ICH

In meiner Altersklasse der Nachkriegsgeneration wurde staatlichen Grundschülern – flächendeckend – Sticken, Nähen und Stricken beigebracht, jedenfalls dem weiblichen Teil der Schulpflichtigen.

Zu diesem Zeitpunkt hielt sich meine Begeisterung für das Stricken noch sehr zurück. Eigentlich hatten wir mit dem sogenannten Fräulein, das uns die ersten beiden Jahre in sämtlichen Schulfächern unterrichtete, reichlich Glück. Sie war kinderlieb, humorvoll und blitzte vor Lebensfreude in ihrer kleinen, kugeligen Gestalt. Dennoch war es dem Fräulein damals nicht vergönnt, die Saat ihrer Strickpädagogik bei mir aufgehen zu sehen.

Wir hatten damals, Ende der Fünfzigerjahre, Halbtagsunterricht von acht bis zwölf und ich betrachtete den Nachmittag stets als heilige Zeit, die ich je nach Wetter und Jahreszeit selbst einteilen konnte: Hausaufgaben machen, spielen mit Freunden, Hausarbeit, Einkäufe für die Familie erledigen, durch »Wald und Flur« stromern, tagträumen, basteln usw. Handarbeiten fand aber nachmittags in der Schule statt und ich fühlte mich meiner frei verfügbaren Zeit beraubt. Noch dazu war die Unterweisung nur für Mädchen vorgesehen, Buben durften ihrer nachmittäglichen Freiheit frönen. Hinzu kam, dass die nützlichen Werkstücke wie Mütze und

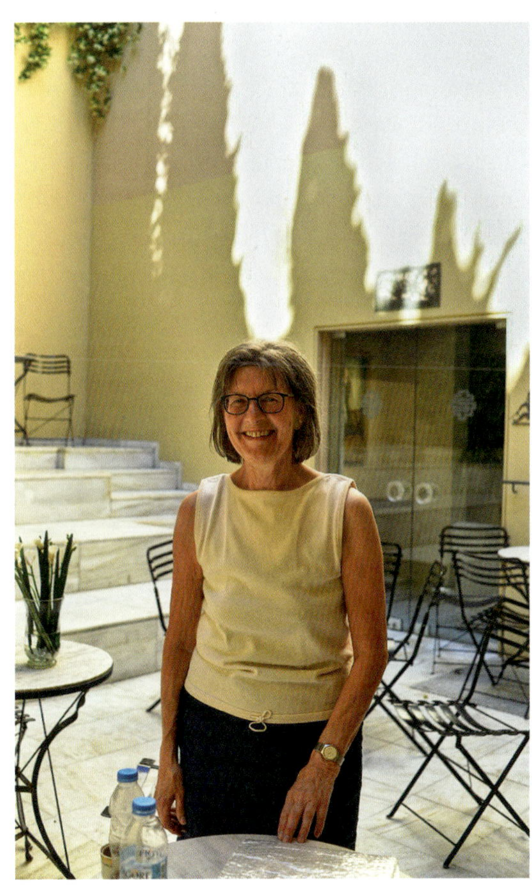

Fausthandschuhe, an denen wir rechte und linke Maschen sowie das Stricken mit fünf Nadeln übten, nicht meinen ästhetischen Vorstellungen entsprachen. Vorstellungen, die sich damals sicher an dem ausgeprägten Schönheitssinn meiner Mutter orientierten. Eigenes Gestalten war aber offenbar vom Oberschulamt nicht vorgesehen gewesen. Somit blieben meine frühen Auseinandersetzungen mit der Welt des Strickens noch so gut wie fruchtlos.

Als Teenager hatte ich, wie so viele, den Wunsch, meine Garderobe nicht mehr von den Vorstellungen und dem Portemonnaie meiner Eltern abhängig zu machen. Ich versuchte mich im Nähen, Stricken und Häkeln. Jetzt hätte sich das Fräulein, das so viel Strickmühe auf mich verwendet hatte, ein bisschen freuen können. Es entstanden mehr oder weniger gelungene Werkstücke, oft Geschenke für meine Familie, die stets mit wohlwollender Wertschätzung angenommen wurden.

Ich hatte keine Strickvorbilder in Gestalt einer Großmutter, Mutter oder Tante. Als ich aber das enorme Freiheitspotential des Strickens erkannte, war das Flämmchen der Liebe zum Stricken in mir entzündet. Zeitweise spielte es keine bemerkenswerte Rolle in meinem Leben, aber erloschen ist es nie mehr. Und nie konnte ich zu Stoff und Näharbeiten eine vergleichbare Sympathie entwickeln wie zu Wolle und Gestricktem.

Mich begeisterte die Freiheit, den »Stoff, aus dem die Dinge sind« ganz nach meinen Vorstellungen und lediglich aus einem Wollknäuel mit zwei Nadeln entstehen zu lassen. Dabei völlig losgelöst von technischen Einrichtungen oder Arbeitsplätzen. Außerdem sind Wolle und Holznadeln im Idealfall Geschenke der Natur, die nachwachsen und keinerlei Altlasten hinterlassen – was ich damals noch nicht in meine Überlegungen einbezog.

Im Laufe der Jahre entstanden zahlreiche Entwürfe und Strickstücke – hauptsächlich Kleidung – die mehr und mehr das Zeug zum zeitlosen »Lebensbegleiter« hatten, denn für Eintagsfliegen waren mir meine Zeit, Mühe und gute Wolle zu schade.

Ich heiratete in eine wunderbare, griechische Familie aus Alexandria in Ägypten hinein und auch wenn ich mit meinem Mann damals vorwiegend in Deutschland lebte, entwickelte ich zu Griechenland eine immer innigere Beziehung. Die Familie wuchs auf Drei-Buben-Stärke an und meine Strickkollektion für Babys und Kinder entfaltete sich ebenso. Auch mein Mann freute sich, wenn ich die Neugeborenen seiner Patientinnen mit Jäckchen bedachte, aber auch Projekte in Erwachsenengrößen rundum wollten entworfen und gestrickt sein.

Es folgten Jahre mit Anforderungen, die mein Stricken pausieren ließen.

Ich wurde Witwe. Und wie das oft so ist mit Witwen mit Kindern: Das recht übersichtlich gewordene Budget muss überlegt ausgegeben werden. Andererseits waren da nach wie vor und – Gott sei Dank – viele Verwandte, Freunde, Patienten und Kollegen, Einladungen und Geschenkanlässe.

Und so besann ich mich auf meine Wollvorräte, kaufte Wolle hinzu und machte mich ans Entwerfen, Stricken und Verschenken.

Analog zum Sprichwort »jeder Wunsch gebiert augenblicklich neue« stellte ich fest, dass oft während einer Strickarbeit die Ideen für weitere Objekte nur so sprudeln – aber das kennen Sie sicher. Aus diesem Grund habe ich beim Stricken meist Papier und Bleistift parat, denn: Einfälle können so flüchtig sein, wenn man sie nicht gleich »beim Schopf packt«.

Meine Liebe zum Jacquard-Stricken ist noch relativ jung. Sie begann damit, dass ich bemerkte, wie wirkungsvoll sich durch diese Technik in Farbbildern erzählen lässt. In Europa bildeten sich vor allem im skandinavischen, englischen und isländischen Raum Stricktraditionen in Jacquard-Technik wie Norwegerstrick oder Fair Isle-Technik mit herrlichen Motiven heraus, die ich bewundere.

Was wäre nun, wenn ich die Formen, Geschichten und Stimmungen meiner zweiten Heimat, Griechenlands, einfangen würde?

Die Antwort auf diese Frage halten Sie mit dem Buch »Ariadnes Fäden. Eine Strickreise durch Griechenland« in Ihren Händen.

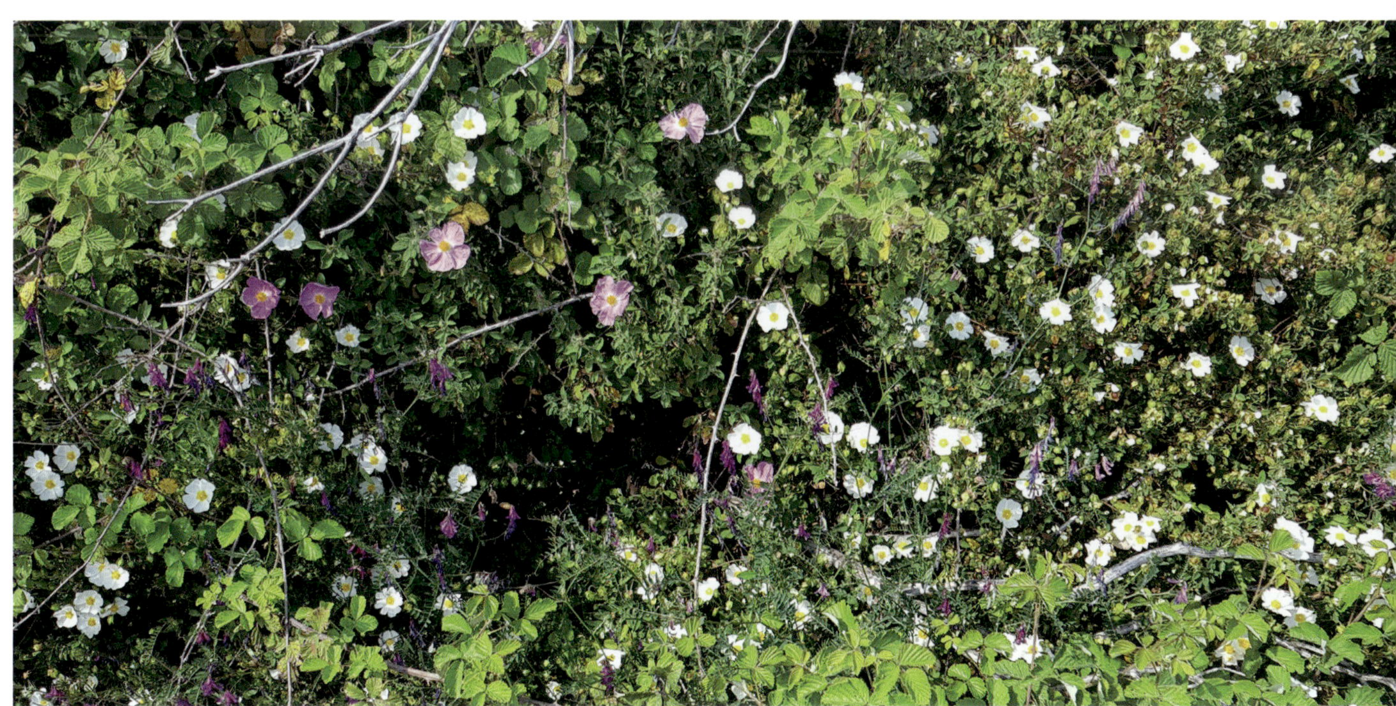

DANKE

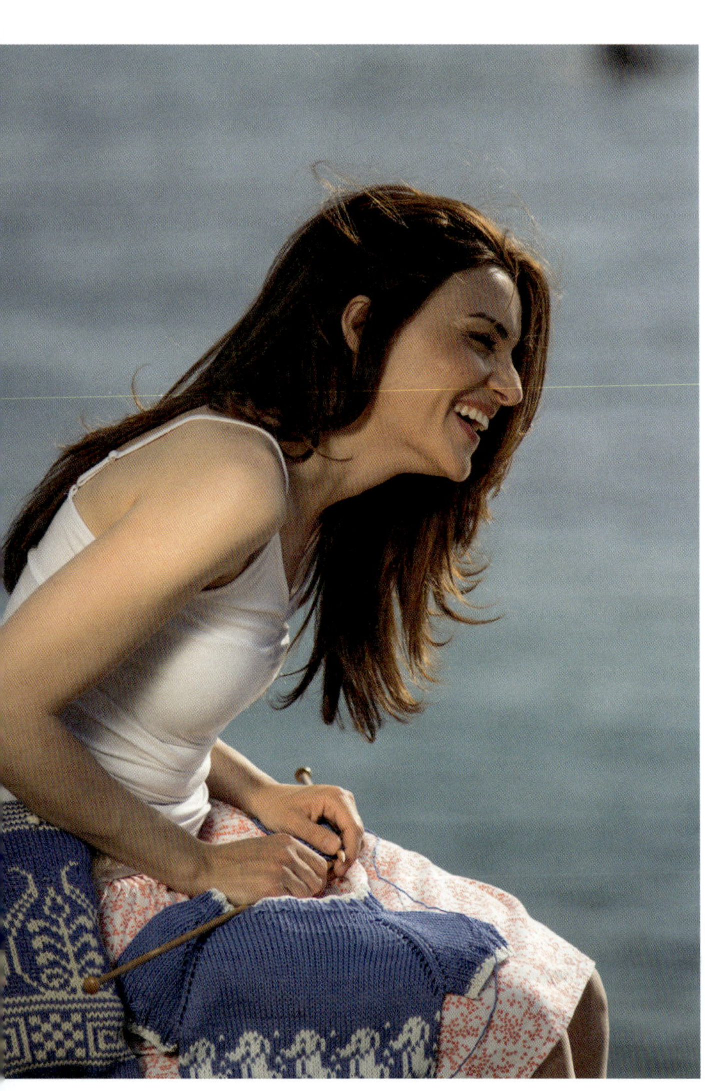

Über unsere Freundin, die Flötistin Natalía Gerákis, lernten mein Sohn Raphael und ich den gefragten Athener Fotografen Manos Mánios und das bezaubernde Model Evanthía Christopoúlou kennen, die zuerst neugierig, dann immer enthusiastischer unser Projekt angingen, denn: Strickbücher sind in Griechenland – noch – kein Thema.

Die Fotoaufnahmen gestaltete Manos sehr konzentriert, aber auch ausgesprochen fröhlich. Ich habe noch sein anspornendes »plexe, plexe, Evanthía!« (strick, strick weiter, Evanthía) im Ohr, wohlwissend, dass ihr Strickkünstlertum noch eher im Knopsenstadium weilt und ich sehe sie lichtumflossen über glitzernden Wellen auf der Klippe am Saronischen Golf sitzen, mit dem Strickzeug in der Hand. Ein leichtes Windchen spielte mit und zauste ihre Haare. Auf der Fahrt zum nächsten Schauplatz betörte uns Evanthía, die Klavier und Mezzosopran studiert, mit zauberhaften Liedern aus ihrem griechischen Repertoire. Danach schlüpfte Raphael wieder in die Rolle des Fotoassistenten, ich in die des »Mädchens für Alles« und Manos »dirigierte« subtil. Mit Anmut tanzte Evanthía als Braut mit der weißen Stola in der Altstadt Athens an verschiedenen Orten und es ist ein Jammer, dass man sich im Buch auf ein paar wenige dieser Fotos beschränken muss. Es war herrlich, mit Euch zu arbeiten, liebe Evanthía, lieber Mano. Einen großen Dank an Euch!

Freudig nahm ich die Möglichkeit wahr, im wunderbaren Innenhof des Lalaoúnis-Museums nahe der Akropolis fotografieren zu dürfen. Anklänge an alte Amphietheater – dazu noch aus weißem Marmor – zieren den Hof. Kaskaden von weißen, duftenden Blüten ergießen sich von den hohen Mauern. Vogelgezwitscher. Eine wahre Oase in der Vier-Millionen-Stadt, wo Kultur im Lalaoúnis-Design und Natur sich durchdringen. – Efcharistó, liebe Frau Lalaoúnis, für die Überlassung Ihres Ambientes und efcharistó, liebe Frau Eleni Mástoras, für Ihre liebenswürdige Vermittlung!

Mit meiner Freundin, der Malerin Sabine Staib, verbrachte ich erfrischende Frühlingstage an verschiedenen Orten Griechenlands: Zistrosen, wilde Malven und Gladiolen blühten. Unsere Wanderschuhe in Aktion. Kamillenduft und vielstrophiges Vogelgezwitscher. Fast täglich ein prickelndes Bad im Meer und abends Kaminfeuer aus am Strand gesammeltem Schwemmholz. Innigen Dank an Dich, liebe Sabine, für die vielen erlebten Augenblicke, Stimmungen und Situationen, an denen Du den Buchbetrachter durch Deine wundervollen Fotos teilnehmen lässt!

Und was wäre das Buch ohne Aikateríni, Aléxandros, Cordula, Hannah, Jorji, Frau Makri, Maren, Marianne, Natalía, Raphael, Sigrid, Sophia, Timon und Ulrike! Auf vielfältigste Weise brachten sie das Buchprojekt ins Rollen, unterstützten, hinterfragten und verhalfen ihm zur Verwirklichung: durch Ermutigung, durch Textanregungen oder Anregungen zu Modellen, durch Gespräche übers Stricken, über Kunst und Archäologie, durch kritische Begutachtung von Modellen und Texten, durch Gestalten des Bilder-Geschichten-Exposés, durch tatkräftigen Beistand beim Fotoshooting, durch Fotobeiträge, durch intensive medientechnische Hilfe und, und, und ... Ich danke Euch Lieben aus tiefstem Herzen!

Meine Verleger Benno, Sarah und Gabriel Käsmayr hatten den Mut, das nicht alltägliche Konzept eines Strickbuches anzunehmen und mit großer Gestaltungskraft, mit Feingefühl, Geduld und immenser Liebe zum Buchmachen wirklich werden zu lassen. Euch gilt mein großer Dank!

Besonders freute mich, wie Gabriel Käsmayr, der Strickschriftsetzer, über mein Buchmotto (auf dem Vorsatz) nachdachte und dann poetisch formulierte: »Stricken bedeutet Geruhsamkeit. Es sind Momente der Seelenruhe, wenn sich die Wolle um unsere Finger schmiegt und der atemlose Alltag geräuschlos in den Maschen verschwindet.«

INHALT

IN DER STADT

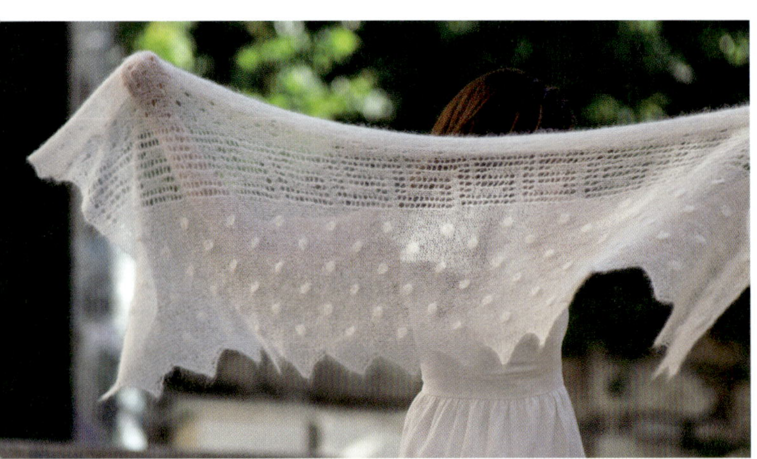

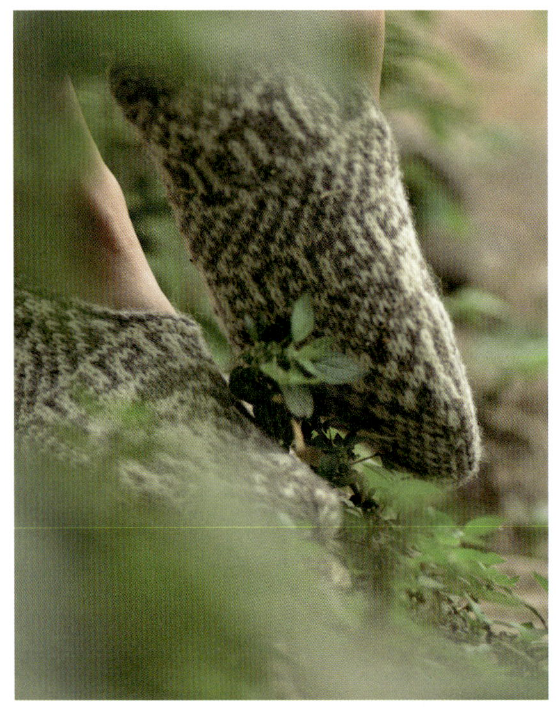

AUF DEM LAND